STAMMTAFEL DER FAMILIEN WERTHEIM UND WOLFF

Quellen: Georg Wertheim; Tagebuch LBI, Wertheim AR2630; Persönliche Angaben/Grabsteinangaben/LAB-OFP-Bestände

…hn

6
Carl Cohn
(vorm. Marcus Cohn)
⚭
von Tornow

Wolf Loeser Wolff
3.5.1802–4.5.1865
⚭ ①
Liebe Meyer
⚭ ②
Sarah Levin
8.1.1808–15.8.1881

3 Kinder

2
Ida Wolff
22.1.1830–19.12.1918
Berlin

…ertheim
…8.3.1921
⚭
…nberg
…17.5.1927

6
Helene Wertheim
17.5.1862–31.7.1941
⚭
Ludwig Ewer
gest. 1911

7
Franz Wertheim
17.6.1863–20.8.1933
⚭
Käthe Goldschmidt
27.11.1871–9.2.1935

8
Wolf Wertheim
23.3.1867–1940 Frankreich
⚭
Gertrud Pinkus
(geb. Tietzer)

9
Max Wertheim
19.6.1870–1872

4
Charlotte St.
21.8.1895–1960
USA
⚭
Oscar Haac
17.7.1886–1966
USA

…ler

1
Marie E.
1.10.1890–5.1.1980
⚭
Paul Lewenz
29.11.1882–4.4.1951

2
Margot E.
6.7.1894–1943
Auschwitz
⚭
Otto Fischbein
gest. 1952

4 Kinder

1
Hans Wertheim
gest. 11.3.1938
Gross-Schulzendorf

2
Fritz Wertheim
5.4.1899–1.3.1976
⚭
Agnes Dahm
gest. 29.9.1980

3
Günther Wertheim
24.1.1903–1954
⚭
Frieda Haseloff
8.5.1898–1988

… Haac
…2000

1
Stefan

2
George

1
Lore
14.3.1921–1943 Auschwitz

2
Gerhard
11.3.1924–1943 Auschwitz

3
Margret
geb. 1927

1
Klaus John

1
Barbara Principe
(geb. Wertheim)

2
Martin Wortham

rowohlt
BERLIN

Erica Fischer und
Simone Ladwig-Winters

DIE WERTHEIMS

Geschichte einer Familie

Rowohlt · Berlin

1. Auflage September 2004

Satz aus der Berling PostScript,
QuarkXPress 4.1, bei KCS GmbH,
Buchholz i. d. Nordheide
Druck und Bindung Clausen & Bosse, Leck
Printed in Germany
ISBN 3 87134 443 5

INHALT

Wertheim Leipziger Platz/Leipziger Straße, 1932.

ZU DIESEM BUCH

Berlin, im Sommer 2000. Barbara Principe steht vor dem riesigen Brachland im Herzen der Stadt und ist fassungslos. Hier, am Leipziger Platz, soll einst das Warenhaus ihres Großvaters Franz Wertheim gestanden haben? Von ihrem Vater hatte sie nur das Allernötigste über dessen Berliner Zeit erfahren, einen «Laden» habe die Familie besessen. Die heute 72-jährige Frau, die als junges Mädchen ins ländliche New Jersey ausgewandert war, hatte sich darunter stets einen «dime store» – einen Kleinpreisladen – vorgestellt.

Als Günther und Frieda Wertheim kurz nach der «Reichskristallnacht» Deutschland verließen, war Barbara, die damals noch Bärbel hieß, sechs Jahre alt. An ihre Kindheit kann sie sich nur schwach erinnern. Ein Besuch im Dampfbad mit dem Kindermädchen, die hohen Räume eines Krankenhauses, eine Krankenschwester stellt ihre Schuhe für den Nikolaus vor die Tür.

Mitten in der Nacht sei die Familie nach Holland geflüchtet, erzählten die Eltern. Dort gab es Stände, an denen man Rollmöpse kaufen konnte. Dann London und ein großes Schiff, das sie nach Kuba brachte.

In Havanna spielte Bärbel mit ihrem Bruder Martin am Strand, spanisch muss sie damals wohl auch gesprochen haben. Nicht vergessen ist die erste Kakerlake ihres Lebens, ganze fünf Zentimeter war sie groß. Zwei Jahre blieb die Familie in Havanna, und als der Vater eine Reise mit dem Wasserflugzeug buchte, war Bärbel schon acht. Diese Erinnerung ist deutlich: Auf dem Wasser stiegen sie ein, und auf dem Wasser landeten sie. In Florida.

Wenig später riet ein befreundeter Anwalt dem Vater, sich in New

Jersey eine Hühnerfarm zu kaufen. Irgendwer muss ihm dafür Geld geliehen haben, irgendwer muss ihn in die Landwirtschaft eingewiesen haben. Alles, was Günther Wertheim bis dahin über Hühner wusste, war höchstens, wie man sie zubereitete. Mit zusammengebissenen Zähnen ging er seiner Arbeit nach und sparte nicht mit schlechter Laune.

An sein früheres sorgloses Leben als Spross einer berühmten Warenhausfamilie wollte er sich nicht mehr erinnern, was hätte es ihm auch genützt? Er änderte seinen Namen in Gunther Wortham und bemühte sich, die deutsche Sprache zu verlernen. Von ihm erfuhr Bärbel nichts über ihre Kindheit in Berlin. Auch nicht, dass ihr Vater sich früher vor allem für Rennautos und Segelboote interessierte. Jetzt musste er Traktor fahren.

Auf dem Ödland, das Barbara Principe in Staunen versetzt, stand einst das größte und prächtigste Warenhaus Europas, eine Berliner Institution. Wie kein anderes Geschäft war Wertheim am Leipziger Platz der Inbegriff des modernen Konsums, hier trafen Menschen aus allen Schichten zusammen. Für jedes Bedürfnis war gesorgt, bei A. Wertheim gab es alles zu kaufen, von der Parsifal-Partitur bis zum ausgereiften Ziegenkäse. Man konnte Klaviere ausprobieren, Fernreisen buchen, Geld anlegen, Kunstausstellungen besuchen, in Büchern schmökern, sich fotografieren lassen oder im Teeraum bei gedämpftem Licht eine Verabredung zum Tête-à-tête treffen.

Alles, was für uns heute beim Einkauf selbstverständlich ist – wenn auch in wesentlich schlichterer Ausführung –, geht auf einige wenige Unternehmer zurück. Einer von ihnen, der sich nie in den Vordergrund drängte, war Georg Wertheim.

Als junger Mann war er 1885 von Stralsund in die Reichshauptstadt gezogen, um mit einem kleinen Geschäft im Zentrum des alten Berlins sein Glück zu versuchen. Er ging umsichtig, nüchtern kalkulierend und zugleich kühn vor, erweiterte sein Unternehmen Schritt für Schritt, bis das Warenhaus Wertheim Anfang des

20. Jahrhunderts weltweit zu einer Marke geworden war. Anders als sein Konkurrent Hermann Tietz konzentrierte Wertheim das Firmenimperium vor allem auf Berlin.

Georg Wertheim war nicht nur ein tüchtiger Unternehmer, sondern auch ein kunstsinniger Mann, der sich für sein Haupthaus an der Leipziger Straße einen der besten Architekten seiner Zeit aussuchte. Alfred Messel schuf für ihn ein Meisterwerk, dessen vornehme Zurückhaltung von Zeitgenossen gepriesen wurde.

Wie auch Alfred Messel und die Tietzes waren die Wertheims Juden. Georgs Vater Abraham Wertheim ging in Stralsund noch regelmäßig in die Synagoge und gehörte später der Berliner Reformgemeinde an. Für seine Söhne Georg, Wilhelm und Franz spielte die Religion ihrer Vorfahren keine Rolle mehr. Alle drei konvertierten zum Christentum. Ihr Streben war es, sich als Kaufleute zu bewähren, durch die hohe Qualität ihrer Leistung als deutsche Staatsbürger Anerkennung zu finden und dabei den Reichtum und das Ansehen ihrer Familie zu mehren.

Doch der Aufstieg der Familie, die wir bis Mitte des 18. Jahrhunderts zurückverfolgen können, war begleitet von Anfeindungen und Antisemitismus, die ihren Spielraum einengten – mal mehr, mal weniger. Durch die Familiengeschichte schimmert stets auch die deutsche Geschichte durch, nur für kurze Zeit – rund 65 Jahre – waren die Wertheims zumindest formal gleichberechtigte Bürger. Folgen wir der Familie von ihren ärmlichen Anfängen über den Triumph, den 1910 der Kaiserbesuch im Warenhaus markierte, bis zu Georg Wertheims plötzlichem Tod Ende 1939, dann begegnen wir in exemplarischer Weise zwei Jahrhunderten deutsch-jüdischer Beziehungen.

Nach der «Arisierung» im Nationalsozialismus findet die Geschichte des «jüdischen Unternehmens» zwar ihr Ende, doch der Name Wertheim lebt weiter – bis zum heutigen Tag. Nur haben die ursprünglichen Eigentümer nichts mehr damit zu tun.

Zwei Publikationen haben sich eingehend der Geschichte des

Warenhauses Wertheim gewidmet, und beide dienen als Grundlage für weitere Recherchen, die wir angestellt haben.*

In diesem Buch soll die Geschichte der Familie im Zentrum stehen. Die Hauptfigur ist Georg Wertheim, ein von seiner Arbeit, ja von seiner Mission besessener Unternehmer, den die Angestellten ehrfürchtig einen «königlichen Kaufmann» nannten. Natürlich gab es neben dem – anfangs noch recht jungen – Patriarchen, der das Familienunternehmen streng und zielstrebig durch gute und schlechte Zeiten steuerte, auch ein schwarzes Schaf – Wolf, den jüngsten der Wertheim-Brüder. Und es gab Frauen, treue und untreue. Während diese aber eher als Randfiguren erscheinen, bleibt Georgs Mutter Ida – die erste und einzige Frau bei den Wertheims, die unternehmerische Fähigkeiten entwickelte –, bis zu ihrem Tod der emotionale Mittelpunkt der Familie.

Eine wesentliche Quelle für dieses Buch bildet die Abschrift von Georg Wertheims 1904 begonnenem Tagebuch, dessen handschriftliches Original verschollen ist. Der nüchterne Firmengründer war kein Mann großer Worte, vor allem nicht über seine eigene Person. Manche Fragen müssen deshalb unbeantwortet bleiben. Einige Eintragungen sind bloß stichwortartige Zusammenfassungen, oft im Nachhinein geschrieben. Zu einigen Ereignissen mochte der Verfasser wohl nur noch schweigen. Georg Wertheims Tagebuchaufzeichnungen durchziehen das Buch wie ein roter Faden und sind der Klarheit wegen kursiv gesetzt.

Die Geschichte der Wertheims ist keineswegs zu Ende: Die Zeitenwende der deutschen Geschichte hat das Warenhaus wieder ins Gespräch gebracht. Nach dem Mauerfall sind Dokumente aufgetaucht, die die Frage der Besitzverhältnisse ehemaliger Wertheim-

* Simone Ladwig-Winters: Wertheim – ein Warenhausunternehmen und seine Eigentümer, Münster 1997 (Dissertation der Autorin), und Simone Ladwig-Winters: Wertheim. Geschichte eines Warenhauses, Berlin-Brandenburg 1997

Grundstücke in ein neues Licht rücken. Dem Justitiar des Unternehmens, der nach Georg Wertheims Tod dessen Witwe heiratete, war es nach Kriegsende gelungen, die nach der «Arisierung» noch verbliebenen Ansprüche der Erben in seinen Besitz zu bringen. Er verkaufte sie umgehend für ein Vielfaches an das Unternehmen Hertie, das später im Karstadt-Konzern aufging.

Knapp sechzig Jahre nach dem umstrittenen Deal beginnt eines der spektakulärsten Restitutionsverfahren der deutschen Geschichte: Die Erben der Warenhausdynastie leiten gegen KarstadtQuelle als potenziellen Rechtsnachfolger ein Betrugsverfahren ein.

Das Schlusskapitel zu diesem Buch muss noch geschrieben werden.

Erica Fischer
Simone Ladwig-Winters
Juli 2004

ERSTES KAPITEL

«WIR SIND VON GANZ ALTEM ADEL»

Der zweifache Witwer Joseph Lewin Wertheim war über siebzig Jahre alt und Vater von zehn erwachsenen Kindern, als er 1857 als Mitglied einer Spielgemeinschaft in der Lotterie ein Viertel von 40 000 Talern gewann.

Der alte Mann war schon immer ein Träumer gewesen, aber erst die überraschende materielle Unabhängigkeit von seiner großen Familie gab ihm den Schneid, ohne Wissen seiner Kinder nach Berlin zu reisen und das hübsche Mädchen zu freien, auf das er schon vor einiger Zeit ein Auge geworfen hatte.

Von ihr weiß man nur, dass sie früher bei Joseph Wertheims Nichte Bertha in deren Anklamer Haus in Stellung gewesen und danach in der Berliner Bellevuestraße bei der Witwe Meyer untergekommen war, ebenfalls einer Verwandten der Wertheims. Die Witwe zeigte Verständnis für den alten Mann auf Freiersfüßen, nahm Joseph Wertheim auf, und innerhalb von drei Wochen war die Hochzeit vollzogen.

Schnell erreichte die Kunde, wie der alte Wertheim seine Kinder ausgetrickst hatte, die alte Hansestadt Anklam, wo dieser sich vier Jahrzehnte zuvor niedergelassen hatte. Als das Paar von Stettin kommend dem Dampfschiff am Peenedamm entstieg, war die halbe Stadt auf den Beinen, um die frisch gebackene, fein herausgeputzte Ehefrau am Bollwerk zu begutachten.

Unter Geschnatter folgte die Menge dem Paar vom Hafen bis vor Joseph Wertheims Haus im Stadtzentrum, wo dieser eine *taktvolle hübsche Ansprache* hielt, *wodurch jede Neigung zur Ulkerei unterdrückt wurde.* So steht es in der Familienchronik.

Ob die junge Frau Jüdin war, wie es sich gehört hätte, ist nicht überliefert. Jüdische Familien stellten bevorzugt christliche Dienstmädchen ein, die als «Schabbesfrauen» am Sabbat all jene Arbeiten verrichteten, die Juden untersagt waren, wie Ofen anfeuern und Lichter anzünden. Auf jeden Fall bleibt sie in der Familienchronik namenlos.

Joseph Wertheims erwachsenen Kindern war die Angelegenheit peinlich. Sie überließen ihren Vater dem späten Eheglück und schwiegen sich noch lange nach dessen Tod gegenüber ihren eigenen Kindern über des Großvaters dritte Ehe aus. Ganz zu verheimlichen war sie ja nicht, denn immerhin zeugte er zwei weitere Nachkommen – Töchter, die gut erzogen wurden, wie die Chronik einräumt.

Lewin Cohn, der Vater des unwürdigen Greises, war 105 Jahre alt geworden und nur elf Jahre vor seinem Sohn Joseph gestorben. Die meisten seiner Kinder erreichten ebenfalls ein hohes Alter, und so loben die Annalen die Wertheims als *kräftigen, an Seele und Körper gesunden Menschenschlag*. Lewin Cohn ist der Erste in der Ahnenreihe der Wertheims, dessen Geburts- und Sterbedaten bekannt sind. Er und seine ältere Schwester hatten als Einzige aus dem großen Familienclan das verheerende Feuer von 1752 in Danzig überlebt. Von der Schwester ist, wie so oft bei Frauen, nichts überliefert. Ihr Bruder wurde von Verwandten erzogen, zog irgendwann in die Textil- und Hansestadt Salzwedel und war schon gut über vierzig, als ihm der Schadchen, der Heiratsvermittler der Jüdischen Gemeinde, Chanette zur Vermählung vorschlug.

Ob sie ihm gleich auf den ersten Blick gefiel, ist weder bekannt noch erheblich, denn Lewin Cohn war nicht in der materiellen Lage, wählerisch zu sein. Oft stellte sich die Liebe mit der Gewöhnung selbst bei jenen Paaren ein, die nur widerwillig unter die Chuppa, den Traubaldachin, getreten waren. Pünktlich neun Monate nach der Hochzeit wurde 1791 ihr erster Sohn Joel geboren, den man in der Familie Schmul nannte. Zwei Jahre danach kam Joseph. Weitere sechs Kinder folgten, fünf Söhne und eine Tochter namens Hannchen. Nur Joseph und Joel haben Spuren hinterlassen. Beiläufig erwähnt wird noch der dritte Sohn Marcus, alle anderen verlieren sich im Nebel der Vergangenheit, denn sämtliche Unterlagen der Stadt Salzwedel fielen im 19. Jahrhundert einem Brand zum Opfer.

Gemeinsam mit seiner Frau Chanette hatte Lewin Cohn im Laufe der Zeit zehn Mäuler zu stopfen. Ein Gewir, ein Reicher, war er nicht, und so handelte er wie die meisten armen Juden der damaligen Zeit mit Trödel und billigen Krämerprodukten, mit Ellen- und Schnittwaren. Sie wurden «unzünftig» von Handwerksgesellen hergestellt, die entweder zu arm waren, um sich bei der Zunft einen Meisterbrief zu kaufen, oder auf diese Weise überschüssige Ware absetzten. Beim Verkauf ihrer Produkte waren sie auf die Hilfe der wendigen jüdischen Hausierer angewiesen.[1]

Lewin Cohn bot auf dem Land Waren an, die für die Menschen dort sonst schwer zu beschaffen waren: Stoffe, Knöpfe und Seidenbänder, die zu jeder bäuerlichen Tracht gehörten. Neue Waren kaufte er auf Kredit, gebrauchte Kleider erstand er bei Auktionen.

Mit seinem schweren Tragegestell, in dem er den koscheren Reiseproviant aus getrockneten Würsten, Brot und Früchten und einen ebenso koscheren Kochtopf mittrug, zog er zu Fuß an sechs Tagen der Woche von Ort zu Ort, bis zu zwanzig Kilometer legte er täglich zurück. Unterwegs verköstigte er sich auch in jüdischen Garküchen und stieg in jüdischen Herbergen ab, die in größeren Orten eine karge Bettstatt anboten.

Lewin Cohn plante seine Reisen stets so, dass er bei Messen und Jahrmärkten rechtzeitig zur Stelle war. Möglicherweise hatte er auch eine Konzession zum Schlachten, womit er sich bei seinen jüdischen Kunden etwas dazuverdiente, und vielleicht erhielt er auch noch ein Biergeld.

An seinem langen schwarzen Oberrock, dem hohen Hut, am Bart und an den Schläfenlocken war er sofort als Jude erkennbar. Also trachtete er, die Kontrollpunkte zu umgehen, an denen von Juden Leibzoll erhoben wurde, eine beliebte direkte Steuer, die keiner behördlichen Bewilligung bedurfte. Kam er an Orte, in denen der Aufenthalt von Juden nachts verboten war, suchte er sich bei Bauern eine Unterkunft vor der Stadt und bereitete seine gebrannte Mehlsuppe im eigenen Kochtopf.

Der Klatsch und Tratsch, den er mitbrachte, war den weniger beweglichen Bauersleuten stets eine willkommene Abwechslung. Freilich konnte es auch passieren, dass ihm Reschoim, Judenfeinde, «Jud, mach Mores!» zuriefen. Dann hieß es rasch den Hut zum Gruß ziehen, damit sie ihn nicht mit Steinen bewarfen. Mit den Juden in den umliegenden Dörfern und Städten, die an den Feiertagen und gelegentlich zum Sabbatgottesdienst in Salzwedel zusammenkamen, hielt Lewin Cohn regen Kontakt und wusste die so ausgetauschten Neuigkeiten zu seinem Vorteil zu nutzen.

Am siebten Tag kehrte er heim, um nach dem Besuch der Schul* im Kreis der Familie das Schabbesmahl einzunehmen. Nach dem Segensspruch über der Challe, dem geflochtenen Weißbrot, gab es zu Beginn des Mahls stets ein Gericht aus Barben und Weißfischen, die Chanette zerteilt aus dem Messingkessel hob und mit Zwiebelringen und Zitronenscheiben verziert auf einer langen Schale anordnete. Das kräftigste mit der würzigen Fischsoße übergossene Kopfstück kam auf einen besonderen Teller und war für ihren Mann reserviert.

Chanette, stets in eine weiße Tüllhaube gepackt, trug die Verantwortung für alle Tätigkeiten im Haus, die weit mehr umfassten als Kochen und Backen. Sie machte die Speisen für die Geschäftsreisen ihres Mannes haltbar und verpackte sie in Kochkisten, sie kochte Seife, zog Kerzen, besohlte Schuhe, nähte und flickte Kleider, die man so lange trug, bis sie einem vom Leib fielen. Sie erzog die Kinder und achtete auf die Einhaltung der religiösen Tradition. Und dann half sie ihrem Mann abends noch bei der Buchführung.

* Traditioneller Ausdruck für Synagoge, da diese auch immer Stätte des Lernens ist.

Ludwig Manzel, der im Warenhaus Wertheim die Plastik «Die Arbeit» geschaffen hat, zeigt hier einen jüdischen Hausierer, der Kämme, Bänder und Hosenträger anbietet; o. J.

Vorausgesetzt, sie konnte lesen – und im Allgemeinen hatten Juden eine bessere Bildung als ihre nichtjüdischen Nachbarn –, las Chanette ihren Kindern jüdisch-deutsche Literatur vor: Lieder, Erzählungen, Legenden und die jüdische Version deutscher Balladen, viele von Frauen verfasst. Zu ihrer eigenen Erbauung las sie vielleicht das populäre «Zenne Urenne», ein Frauenbuch zur frommen Lebensführung. Man schrieb in hebräischen Lettern und sprach ein Gemisch aus Jüdisch-Deutsch, Hebräisch und Deutsch.[2]

Die Religion mit ihren über den Jahreszyklus verteilten Festen gliederte das Leben der Familie. Der Glaube ließ arme und wohlhabende Juden zusammenrücken und die immer wieder aufflammenden Feindseligkeiten ihrer Umwelt gottergeben ertragen. Jede Tätigkeit, vom Wassertrinken bis zur ehelichen Gemeinschaft, war mit einem Dank an Gott verbunden. Dreimal täglich, nach dem Aufstehen und Waschen, am späten Nachmittag und nach Sonnenuntergang, aber auch vor Antritt einer Reise und beim Erscheinen des Neumonds wurden Gebete gesprochen.[3]

Neben dieser Frömmigkeit gab es trotz großer Armut auch Vergnügungen und Spaß. Jüdische Schausteller, Bänkelsänger und Marionettenspieler, Männer und Frauen, zogen durch Salzwedel, und ihr Spott verschonte niemanden; im Lachen waren Christen und Juden vereint. Und wenn es zu bunt herging, gab es zur Abkühlung ein gottesfürchtiges Lied.

Wie immer leidlich sich der Handelsmann Lewin Cohn durchschlagen mochte, rechtlich gesehen war er in Preußen bloß ein geduldeter Untertan. Das 1750 von König Friedrich II. eingeführte «General-Privilegium und Reglement» des Königsreichs Preußen unterteilte die Juden in sechs Klassen. Die Reichsten erhielten ein persönliches Privileg, das sie beinahe zu vollwertigen Bürgern machte – wie etwa Daniel Itzig, der Oberhofbankier Friedrichs des Großen, der dessen Feldzüge finanzierte. Nur diesen Juden der ersten Klasse war es erlaubt, sich zu rasieren und nach der Mode zu kleiden. Im Gegenzug mussten die oberen Klassen für die Judensteuern und sonstigen von Gemeindemitgliedern zu entrichtenden Abgaben aufkommen.

Die Angehörigen der sechsten Klasse – Dienstboten und kaufmännische Angestellte von Schutzjuden – durften nicht einmal heiraten. Die große Zahl der heimatlosen Betteljuden war rechtlos, wurde verfolgt und immer wieder aus dem Land getrieben. Um die Linderung ihrer Not kümmerten sich die jüdischen Gemeinden, so gut sie konnten – heißt es doch in der jüdischen Tradition, Wohltätigkeit rette vor dem Tod.

Von alters her aus dem in Zünften organisierten Handwerk und aus der Landwirtschaft ausgeschlossen, ernährten sich die meisten

Juden in Norddeutschland wie Lewin Cohn vom Kleinhandel. Sie konnten aber auch unzünftige Berufe wie Uhrmacher, Juwelier, Brillenmacher und Buchbinder ausüben. Manche verdienten ihren Lebensunterhalt als Geldverleiher und Pfandleiher, Tätigkeiten, die von Christen nicht ausgeübt werden durften. In Krisenzeiten wurden sie als «Wucherjuden» beschimpft und bekamen den geballten Zorn der christlichen Bevölkerung zu spüren.

Das Leben der Juden unter preußischem Gesetz war von der Geburt bis zum Tod in einem dichten Netz von Geboten und Verboten gefangen. Sie waren in Judenschaften organisiert und der niederen Gerichtsbarkeit durch ihre Gemeindevorsteher und Rabbiner unterstellt. Diese mussten ihre Mitglieder überwachen: Bei Verstößen gegen die Halacha, das jüdische Gesetz, konnten sie Einzelnen jeden weiteren Kontakt zu anderen Juden untersagen.[4]

Von staatsbürgerlicher Gleichheit vor dem Gesetz waren die Juden weit entfernt. Bei Diebstahl und Hehlerei eines Juden haftete die gesamte Gemeinde, und jeder Jude musste bei der Einholung einer behördlichen Genehmigung – sei es Ortswechsel, Heirat oder die Anmeldung eines Gewerbes – von der Königlichen Porzellanmanufaktur minderwertiges «Judenporzellan» im Wert von etwa 300 Talern übernehmen. Was er damit anfing, war seine Sache.

Es bedurfte erst der Besatzung durch die Truppen Napoleons, um den Gedanken der Französischen Revolution Geltung zu verschaffen. Zum ersten Mal in der europäischen Geschichte sollten die Ideale von Freiheit, Gleichheit und Brüderlichkeit auch für Juden gelten. Obwohl die französischen Truppen plündernd ins Land einfielen und jeder Bürger, ob arm oder reich, etwas zu ihrem Lebensunterhalt abzuliefern hatte, so galt doch Napoleon als Ohew Israel, ein Judenfreund. In ihrem Verhältnis zu Napoleon waren Juden und Christen also gewiss nicht einer Meinung, trotzdem beteiligten sich später viele deutsche Juden an den Befreiungskriegen.

Napoleon trennte die Altmark von der Mark Brandenburg und fügte das Land zwischen Salzwedel und Tangermünde zum Königreich Westfalen, das von seinem Bruder Jérôme Bonaparte regiert wurde. Ob sich in Salzwedel die Lage der Juden spürbar besserte, muss dahingestellt bleiben.

1812 erreichten die unter napoleonischer Besatzung anderswo erzwungenen Reformen auch das, was von Preußen übrig geblieben war, und Staatskanzler Fürst Hardenberg setzte das königliche Edikt «betreffend die bürgerlichen Verhältnisse der Juden in dem Preußischen Staate» durch. Die seit der Französischen Revolution von jüdischen und christlichen Aufklärern herbeigesehnte Emanzipation der Juden war nun endlich festgeschrieben – ein Einschnitt, der die traditionelle Pariaexistenz der Juden beendete.

Nun wurden sie zu «Preußischen Einländern und Staatsbürgern», erhielten volle Freizügigkeit, und die Gewerbefreiheit galt nun auch für sie. Selbst akademische und kommunale Ämter standen ihnen offen, wenngleich ein Posten im Staatsdienst, geschweige denn die Offizierslaufbahn, nur mit dem Übertritt zum Christentum zu haben war.

Wie schon zuvor im Königreich Westfalen mussten sich Juden nach französischem Vorbild von ihrer traditionellen Namensgebung nach dem Vornamen des Vaters verabschieden und einen festen Familiennamen annehmen, nur so gelangten sie in den Genuss «voller» Bürgerrechte, die gleichwohl für Juden zahlreiche Ausnahmebedingungen enthielten. Bei orthodoxen Juden löste diese Maßnahme Protest aus, denn sie diente nicht nur der besseren Erfassung durch die Steuerbehörden, sondern sollte auch die Juden zum Verzicht auf ihre uralten traditionellen Werte und Gebräuche zwingen.[5]

Die als Triumph des zähen Kampfes der deutschen Juden begeistert gefeierte Gleichberechtigung hatte einen ökonomischen Hintergrund, der der Forderung nach staatsbürgerlichen Rechten Nachdruck verlieh. Die katastrophale Niederlage gegen Napoleon hatte dem überkommenen preußischen Staat schwer zugesetzt. Eine Welle von Reformen von oben machte nun den Weg frei für den Aufbau einer modernen Wirtschaft – für Preußen eine Überlebensfrage, zumal die von Napoleon verhängte Kontinentalsperre gegen Waren aus Großbritannien eine weitere Schwächung bedeutete.

Die Welt war im Umbruch. Mit Staunen beobachteten die Menschen, was die Maschinen in den Fabriken vollbrachten und wie der Dampf den Verkehr revolutionierte. Die mit der Dampfkraft ermöglichte Massenproduktion bedrohte das Zunftwesen. Eisenbahn, Großhandel und spezialisierte Absatzorganisation machten den jüdischen Hausierer, der die Waren von Haus zu Haus getragen hatte, zwar zunehmend überflüssig, doch verstanden es die jüdischen Gewerbetreibenden, ihre in Zeiten der Unterdrückung eingeübte Anpassungsfähigkeit und Wendigkeit zu ihrem Vorteil zu nutzen.

*

Lewin Cohns Erstgeborener Joel und sein Bruder Joseph lebten zu dieser Zeit nicht mehr im Salzwedeler Elternhaus. Um die Familie finanziell zu entlasten und in der Fremde eigene Erfahrungen zu sammeln, schlugen sie sich als Bänderjuden mit einem Bauchladen in Wertheim am Main durch. Die süddeutsche Stadt lag an einer stark frequentierten Handelsstraße und bot Juden in der Umgebung ein dichtes Netz von Ortschaften mit jüdischen Gemeinden. Wertheim am Main gehörte zum Großherzogtum Baden, das unter französischer Herrschaft noch vor Preußen ein Gesetz über die Gleichberechtigung der Juden verabschiedet hatte.

Joel und Joseph konnten sich zwar jetzt frei bewegen, doch kämpften sie mit der Schwierigkeit, an Manufakturwaren heranzukommen. Englische Ware wurde den Händlern abgenommen und teilweise verbrannt, deutsche Ware konnte die Grenze nicht passieren. Gelegenheitsgeschäfte ließen sich immer dann machen, wenn Truppen verschiedenster Herkunft durchs Land zogen – Franzosen, Österreicher, Holländer, Engländer, die ihre Beute rasch abstoßen wollten.

Die beiden Brüder waren die Ersten in der Familie, die den Namen Wertheim trugen. Sie sollen, so erzählte man sich nach ihrem Tod, bei der Wahl ihres Familiennamens vom Bürgermeister von Wertheim am Main beraten worden sein. Das damit angedeutete Vertrauensverhältnis mit dem obersten Bürger der Stadt erscheint allerdings angesichts des niedrigen Standes der erst kürzlich zugezogenen jungen Straßenhändler unwahrscheinlich. Außerdem war der Bürgermeister gar nicht für die Namenseintragung zuständig. Vermutlich erwarteten sie sich von dem neuen Namen schlicht einen Auftrieb fürs Geschäft.

Joel und Joseph behielten noch eine Weile den Namenszusatz Lewin bei, der an ihre Herkunft aus dem Priesterstamm der Leviten erinnerte. Beim Gottesdienst war es den männlichen Mitgliedern dieser Familien vorbehalten, den Toraschrein zu öffnen und die Tora, die fünf Bücher Mosis, herauszuheben und wieder hineinzustellen.

Zur gleichen Zeit entschieden sich die Eltern und die jüngeren Geschwister in Salzwedel für den Namen Cohn und betonten so ihre angebliche Abstammung vom Priestergeschlecht der Kohanim. *Unsere Familie,* schreibt Joel Wertheims Sohn Robert 1904 an seinen Großcousin Georg Wertheim, *gehörte demjenigen jüdischen Stamme an, der der angesehenste war und besondere Vorrechte hatte.* Tatsächlich dürfen die Kohanim auch heute noch in orthodoxen Gemeinden den Priestersegen sprechen und aus der Tora lesen, stets ein feierlicher Akt, bei dem die Priester den Kopf mit dem Tallit, dem Gebetsschal, verhüllen.

Wir sind also von ganz altem Adel, brüstet sich Robert Wertheim weiter, *älter ist keiner in Deutschland, selbst der von Kaiser Wilhelm nicht.* Als er diese erstaunlich selbstbewussten Worte notierte, die fast schon einer Majestätsbeleidigung gleichkommen, waren in den Wertheim-Warenhäusern 3200 Angestellte beschäftigt, und der spektakuläre Eckbau am Leipziger Platz in Berlin stand vor der Fertigstellung.

*

Ein Jahr nach dem königlichen Edikt – 1813 – heirateten die unzertrennlichen Wertheim-Brüder in Krojanke im südlichen Westpreußen zwei Cousinen. Joel trat mit Nache unter die Chuppa, der Tochter des dortigen Rabbiners; Joseph Wertheim mit Freide, der Tochter eines angesehenen Kaufmanns, die nicht nur wegen ihrer Frömmigkeit, sondern auch wegen ihrer Schönheit in der Gemeinde großes Ansehen genoss. Auch diese Ehen kamen durch einen Heiratsvermittler zustande, und wenn Kindersegen als Maßstab gilt, dann hatte dieser gut arrangiert.

Nache schenkte ihrem Mann Joel zwölf Kinder, die eindeutig als jüdisch erkennbare Namen erhielten, wie Blümchen, Täubchen, Gette, Julie, Mendel und Aaron; Freide und Joseph hatten miteinander zehn Kinder, vier Töchter und sechs Söhne. Ob alle Kinder überlebten, ist nicht bekannt, aber generell war die Säuglingssterblichkeit bei jüdischen Familien erheblich geringer als bei christlichen.

Die jüdische Bevölkerung von Krojanke, deren Anteil zu Beginn des 19. Jahrhunderts noch bei vierzig Prozent gelegen hatte, verließ nun die Stadt in Scharen. Auch die beiden Wertheim-Paare zogen nach einigen Jahren – Ende 1817 – in die pommersche Hansestadt Anklam. Als «Einlieger» mieteten sie einen kleinen Laden in der Steinstraße 2, einer der wichtigsten Geschäftsstraßen Anklams unweit des von Giebelhäusern umsäumten großen Marktes.

Wahrscheinlich war der Textilhändler Bär Teppich, durch seine Frau Laura mit den Wertheims verwandt, schon vor ihnen zur Stelle und bei der Suche nach einem geeigneten Haus behilflich. Die Teppichs hatten ein Geschäft in einem schönen vierstöckigen Giebelhaus am Markt 9. Innerhalb weniger Jahre ließen die Brüder ihre Eltern und die sechs jüngeren Geschwister nachkommen. Nun waren wieder alle zusammen.

Nach mehr als anderthalb Jahrhunderten der Teilung Anklams zwischen Preußen und Schweden war die ganze Stadt preußisch geworden. Für die Wertheims galten von Anfang an bessere Bedingungen als für jene Juden, die in dem bisher unter schwedischer Verwal-

Geschäft, das Bär Teppich mit seiner Frau Laura, einer Schwester von Abraham Wertheim, in Anklam etabliert hatte. Aufnahme vom Ende des 19. Jahrhunderts.

tung stehenden Teil der Stadt nördlich der Peene gelebt hatten. Diese, so verfügte die Bezirksregierung in Stettin, sollten als auswärtige Juden behandelt werden, denen der Handel auf dem Peenedamm – der ehemaligen Grenze – nicht gestattet war.

Doch der Traum von der rechtlichen Gleichstellung war auch für die Wertheims kurz. Napoleon wurde besiegt, der Rheinbund aufgelöst, und Metternich machte sich von Wien aus daran, die alte Ordnung in Deutschland wiederherzustellen. Auf dem Wiener Kongress endete die Debatte über die Gleichberechtigung der Juden mit dem Sieg der Judenfeinde. Die Teilstaaten mit ehemals französischer Gesetzgebung waren nicht verpflichtet, die den Juden eingeräumten Rechte beizubehalten.

Unverzüglich begannen an vielen Orten alteingesessene Kaufleute den Magistrat zu bearbeiten, den Juden die Konzession für den Tuchhandel zu entziehen. In Hannover etwa wurden die jüdischen Händler 1818 angewiesen, sich mit ihren Konzessionen im Rathaus einzufinden, und erhielten dort neue, die ihnen fortan untersagten, mit Tuch und Wollzeug zu handeln.[6] In den neu hinzugekommenen Gebieten behielt Preußen die dort jeweils herrschenden Regelungen bei. Das Emanzipationsedikt galt also für nicht einmal ein Drittel der jüdischen Bevölkerung.

Bei der Ankunft der Wertheims lebten 33 Juden in Anklam. Die jüdische Gemeinde verhandelte gerade mit dem Magistrat über die Anlage eines eigenen Friedhofs. Erst 1812 hatte der erste Anklamer Jude die vollen Bürger- und Geschäftsrechte erhalten.[7] Nach Danzig und Salzwedel war es die dritte Hansestadt, in der sich die Familie in der Hoffnung auf wirtschaftliche Verbesserung niederließ.

Doch die Zeiten waren unruhig. Verbitterung über die schlechten Zukunftsaussichten nach der Euphorie der siegreichen Befreiungskriege, Polizeischikanen aus nichtigem Anlass und die steigenden Brotpreise nach den Missernten von 1816/17 schürten den Konkurrenzneid christlicher Kaufleute, die die Juden zum Sündenbock für die schlechte Wirtschaftslage machten. Im Großherzogtum Mecklenburg-Schwerin war 1817 wieder die Zahlung von Schutzgeldern für die Ausstellung eines Schutzbriefes eingeführt worden, der – je nach Verhandlungslage – sechs, acht und in seltenen Fällen 12 oder 16 Jahre gültig war.

Die Juden standen verfassungsrechtlich wieder auf dem Stand von 1755.

Aus der Auflehnung gegen die Herrschaft Frankreichs hatte sich eine Woge des deutschtümelnden Nationalismus entwickelt. Und auf dessen Fahnen standen die Wiedergeburt Deutschlands als einer Einheit und die Erneuerung des christlichen Geistes – ein «Übermaß an Nationalglückseligkeit», vor der Moses Mendelssohn schon 1784 gewarnt hatte. So wurde etwa 1811 in Berlin die «Christlich-deutsche Tischgesellschaft» gegründet. Seine Mitglieder waren prominente Männer: Heinrich von Kleist, Johann Gottlieb Fichte, Clemens Brentano, Achim von Arnim, Friedrich Schleiermacher. Der patriotische Verein des Bildungsbürgertums schloss Frauen, Juden und «Philister» aus.

Besonders der Rektor der Berliner Universität, Fichte, wetterte gegen die Macht, über die Juden seiner Meinung nach im preußischen Staat verfügten. Anders als früher, als Juden aus religiösen Gründen als Volk der Gottesmörder verfolgt wurden, lehnten Fichte und seine Bundesgenossen die Forderung nach Bürgerrechten für Juden mit politischen Argumenten ab. Auf Bilderbögen, die in ganz Deutschland vertrieben wurden, kursierte die Karikatur des klein gewachsenen, krummnasigen, krummbeinigen «Emanzipationsjuden», auf dessen Fahne das Wort «Profit» geschrieben stand und der sich anmaßte, sogar ein Gewehr bedienen zu wollen.

Im Alltag von Christen und Juden griff die antijüdische Schmutzpropaganda nicht immer. Robert Wertheim berichtet, die Familie Wertheim habe wegen ihrer guten Geschäftsverbindungen hohes Ansehen in ganz Pommern und Mecklenburg genossen. Joel Wertheim soll bei der Einführung der Geschworenengerichte sogar erster gewählter Geschworener gewesen sein. Der leutselige, stets zu Scherzen aufgelegte Mann nahm es mit seinem Glauben nicht so genau und wirkte deshalb auf seine Nachbarn weniger fremd. Vielleicht wurde er deshalb von ihnen zum «christlichen Juden» geadelt.

Unbeliebt machte er sich wegen seiner Leichtlebigkeit nur bei der streng orthodoxen Schwägerin Freide. Sie hatte bald noch mehr Grund zur Empörung, als ihr Schwager Marcus Cohn vorzog, ein – selbst gewähltes – Fräulein von Tornow zu ehelichen, zum Christentum überzutreten und sich fortan Carl zu nennen.

Anfangs war die Familie bestürzt über diese unerhörte Abkehr von der jahrhundertealten Tradition, nur innerhalb der eigenen Gemeinschaft zu heiraten. Doch die junge Adelige war von liebenswürdigem Wesen und eröffnete der Familie Wertheim den Aufstieg in die – christliche – Oberschicht. Es dauerte also nicht lange, bis sich die Wogen geglättet hatten.

An diesem ersten größeren innerfamiliären Konflikt zeichnet sich das Erfolgsrezept der Wertheims ab: der unbedingte Zusammenhalt der Familie. In anderen jüdischen Familien jener Zeit wurde ein Sohn, der eine Christin heiratete und zum Christentum übertrat, geächtet, wenn nicht gar verstoßen. Die Wertheims hingegen verstanden es, das, was ja doch nicht zu ändern war, pragmatisch zu ihrem Vorteil zu nutzen.

Am 18. November 1819 brachte Freide Wertheim ihr viertes Kind zur Welt, und der Knabe erhielt den Namen Abraham. Während die drei vor ihm geborenen Geschwister noch ausschließlich biblische Namen trugen, wurde Abraham der Chronik seines Sohnes Georg zufolge *auch Adolf genannt.*

Das Jahr von Abraham Wertheims Geburt war kein gutes Jahr für die Juden. Die Wirtschaftskrise des Jahres 1819 löste in mehreren Regionen antijüdische Pogrome aus. Bauern, die ihre Felder an Juden verpfändet hatten, verarmte Handwerker und kleine Ladenbe-

Hep-Hep-Unruhen in Frankfurt, 1819. Der Ausruf wurde vermutlich abschätzig als Treiberruf gegen Juden wegen ihrer Barttracht verwendet.

sitzer plünderten unter «Hep-Hep»-Kampfrufen* jüdische Häuser und misshandelten Juden. Nicht selten wurden diese Exzesse auch von Kaufleuten unterstützt, die darüber aufgebracht waren, dass Juden den Kaffee um einige Kreuzer billiger verkauften.[8]

Nach dem patriotischen Attentat in Mannheim auf den russischen Staatsrat August von Kotzebue wurden Universitäten und Presse einer strengen Kontrolle unterzogen. Offen ausgetragene Debatten, ob patriotischen oder demokratischen Inhalts, waren nicht mehr möglich. Es herrschte politische Friedhofsruhe in Deutschland, was für die Juden in der Regel Unheil verhieß.

* Von Hierosolyma est perdita (Jerusalem ist verloren), was aber der Pöbel der Hep-Hep-Schreier gewiss nicht wusste.

Als 1823 unter Friedrich Wilhelm III. das Zulassungsverbot zu Staatsstellen für Juden eingeführt wurde, entschieden sich immer mehr Juden zur Taufe. Einer von ihnen war der Jurist und später verfemte Schriftsteller Heinrich Heine. Ein bewusstes Bekenntnis zum Christentum war dieser Schritt auf keinen Fall. «Keinen Kaddisch* wird man sagen …», schrieb Heine später traurig über sich selbst.

*

Im Mai 1821 teilte der Magistrat der Bezirksregierung in Stettin mit, dass die Anklamer Juden sich als selbständige Gemeinde betrachteten, einen Vorsteher gewählt und einen Lehrer namens Hirsch Jacobsohn eingestellt hatten.[9] Und kurz darauf wurde gemeldet, ihr Gotteshaus befinde sich in einer gemieteten Stube eines Privathauses, sie hätten allerdings in den letzten acht Jahren diese Einrichtung schon einige Male verlegt.[10]

Da auch jüdische Kinder seit 1822 von sechs bis 14 Jahren schulpflichtig waren, besuchte Abraham die Stadtschule in der Schulstraße und nahm vielleicht an der jüdischen Volksschule Religions- und Hebräischunterricht. Bei Streitereien unter Schulern mussten jüdische Kinder sich gefallen lassen, als «Judenstinker» beschimpft zu werden. Die wenigsten wehrten sich, und der sanfte Abraham gewiss nicht.

Die Aufsicht über die jüdische Religionsschule lag in der Hand des evangelischen Superintendenten und Rektors der Anklamer Lateinschule. Zu den Aufgaben des Religionslehrers gehörten auch das Vorlesen und Vorsingen im Gottesdienst und das Schächten. Im Jahr, als Abraham am Sabbat nach seinem 13. Geburtstag Bar Mizwa, religionsmündig, wurde, schrieb der Lehrer Raphael Israel Israelsohn, er musse nicht nur das Vieh selbst schlachten, sondern

* Jüdisches Totengebet

auch so lange im Schlachthaus bleiben, bis alles Fleisch verteilt war, «welches noch mehr Zeit als die der Schulhaltung erforderte».[11]

Wollte die Familie Wertheim zu den hohen Feiertagen einen Tempel aufsuchen, musste sie den langen Weg nach Stralsund auf sich nehmen, wo es seit 1787 eine Synagoge gab. Entsprechend der Auflage für die schwedische Provinz Pommern, die zwar die freie, nicht jedoch die öffentliche Religionsausübung erlaubte, verbarg sie sich im Hof eines gewöhnlichen Wohnhauses, verfügte aber doch über 200 Plätze und eine Mikwe, das rituelle Tauchbad.

Juden und Christen lebten nebeneinanderher, trafen sich am Marktplatz und trieben Handel miteinander, Freundschaften entwickelten sich jedoch selten. Die Gemeinde war klein, man blieb unter sich. Feiertage und Familienereignisse – Bar-Mizwa-Feiern, Verlobungen, Hochzeiten und Todesfälle – schweißten zwangsläufig zusammen, auch wenn man weder miteinander verwandt noch befreundet war.

*

Als Abraham Wertheim 22 war und sein Bruder Theodor 17, schickte sie der Vater 1841 in die Fremde – ins viktorianische England. Welchem Broterwerb die beiden jungen Wertheims dort nachgingen, ist nicht überliefert. In den 1840er Jahren lebten etwa 20 000 Juden in London, es ist denkbar, dass die Brüder dank der Beziehungen des Vaters bei einem in der Textilbranche tätigen Kaufmann unterkamen.

England befand sich in einer Phase rapiden kapitalistischen Aufschwungs, von dem die Preußen nur träumen konnten. Es war ein Aufschwung freilich, der die einen sagenhaft reich machte, die Mehrheit der Bevölkerung jedoch verelenden ließ. Gewiss entgingen den beiden Brüdern nicht die unter Brücken schlafenden Obdachlosen und die Arbeitslosen, die sich als Tagelöhner verdingten, die Bettler und Verstümmelten, die Prostituierten und Ganoven, die die Stadt unsicher machten.

Der Moloch London, die größte Stadt der Welt mit einer Bevölkerung von über zwei Millionen, muss die jungen Männer aus Anklam zweifellos beeindruckt haben. Mehr als ein Drittel der Bevölkerung waren Ausländer: Italiener, Chinesen, Inder, Afrikaner, Polen, Franzosen und Juden bevölkerten die Straßen. Es herrschte ein Gewusel von Menschen, Pferdegespannen, Pferdeomnibussen und Arbeitswagen, das auch nachts nicht verebbte, denn die Straßen waren mit Gaslicht erleuchtet, eine Technik, die überall sonst noch weitgehend ungebräuchlich war.

Zudem machten die vielfältigen Handelsverbindungen Großbritanniens mit allen Teilen der Erde die Stadt zum wichtigsten Kapitalmarkt Europas. In den zügig ausgebauten Docks mit Tausenden von ein- und auslaufenden Schiffen wimmelte es vor Geschäftigkeit. Der Kohlenrauch aus Hunderttausenden Kaminen und Schloten vermischte sich mit dem Gestank menschlicher Exkremente, deren Entsorgung nicht mehr zu bewältigen war. Selbst die Friedhöfe waren überfüllt.

In der Zeit, als sich die Brüder in London aufhielten, hatten Mitglieder der Londoner sephardischen (spanischen und portugiesischen) Synagogengemeinde Änderungen am Ritus eingefordert, die sich an jenen in der Hamburger Reformsynagoge orientierten. Sie verlangten eine Kürzung der Liturgie, günstigere Gottesdienstzeiten, Predigten in der Landessprache, die Einführung eines Chors und die Abschaffung der Teilnahmepflicht an den Gottesdiensten am zweiten Tag der hohen Feiertage. Im April 1840 hatten sie es geschafft: Im noblen West End wurde eine Reformgemeinde gegründet und bald darauf ihre Synagoge eingeweiht. Es kann sein, dass die Wertheim-Brüder mit diesen neuen Gedanken in Berührung kamen.

Mit Sicherheit lasen die beiden in England darüber, dass sich in den Märztagen des Jahres 1848 in Deutschland eine Revolution vollzog, deren Forderungen auch die Emanzipation der Juden betrafen: vollständige Religions-, Gewissens- und Lehrfreiheit, deutsche Staatsbürgerschaft für alle und die Abschaffung aller Vorrechte.

Es war also nicht weiter verwunderlich, dass sich viele Juden an den republikanischen Versammlungen, Demonstrationen und Barrikadenkämpfen beteiligten und auch einen hohen Blutzoll erbrachten. Bei den Kämpfen vom 18. auf den 19. März in Berlin gab es mindestens zehn Todesopfer «mosaischen Glaubens». Insgesamt waren 183 Tote zu beklagen.

Die volle Emanzipation der Juden war auch Teil des am 21. Dezember 1848 in der Frankfurter Paulskirche proklamierten Grundrechtskatalogs. Dem Parlament mit 568 männlichen Abgeordneten gehörten auch 16 Männer jüdischer Herkunft an, zehn von ihnen getauft. Für den Vizepräsidenten der Nationalversammlung, den jüdischen Politiker und Publizisten Gabriel Riesser, bedeutete Emanzipation in erster Linie das Recht der Juden, sich als Deutsche zu fühlen: «Wir sind nicht eingewandert, wir sind eingeboren.»

Natürlich erreichte der Geist der neuen Zeit auch Pommern. In Stralsund wurden nach 1848 keine besonderen Judenakten mehr geführt, und in amtlichen Vorgängen fehlen die Angaben, ob es sich bei den Genannten um Christen oder Juden handelte.

Obwohl die Revolution blutig niedergeschlagen wurde und eine Periode der Reaktion einsetzte, bekam Preußen Anfang 1850 eine revidierte Verfassung, die die Gleichheit aller Preußen vor dem Gesetz festschrieb – mit der schon bekannten Einschränkung, dass Juden aus «Einrichtungen des Staates, die mit der Religionsausübung im Zusammenhang stehen», also Erziehung und Kultur, sowie aus allen Ämtern, die einen Eid erforderten, ausgeschlossen waren.

Trotz der langjährigen Stagnation, die folgte, bewirkten die revolutionären Sturmjahre einen grundlegenden Wandel im Selbstbewusstsein der deutschen Juden. Ihr Zusammengehörigkeitsgefühl als Juden schwächte sich deutlich ab und wich einem individuell gelebten Judentum, das sich im deutschen Vaterland fest verankert sah.[12] Der Herausgeber der «Allgemeinen Zeitung des Judentums», der Magdeburger Rabbiner Ludwig Philippson, versuchte gar zu beweisen, dass die biblischen Gesetze mit der liberalen Demokratie übereinstimmten, und wollte tatsächlich im altjüdischen Staat die Freiheit des Individuums entdecken.

1851 kehrten Abraham und Theodor Wertheim aus London in die Heimat zurück, um am Begräbnis ihres Großvaters Lewin Cohn teilzunehmen, der 105 Jahre alt geworden war. Ihre Familie hatte sich in der Zwischenzeit in Anklam gut eingelebt. In den Annalen des Konzert- und Reformvereins wird der Name Wertheim zehnmal genannt.[13]

53 jüdische Familien lebten nun in der Stadt, insgesamt 248 Personen, überwiegend jüngere Leute, die fast alle ihr Brot im Handel verdienten. Dazu kamen zwei Kürschner, ein Nadler und ein Horndrechsler, zwei Ärzte, ein Privatlehrer und der Kantor Isaak Tonn.[14] Seit zehn Jahren gab es die Synagoge an der Mägdestraße, Ecke Mauerstraße, die unter Teilnahme von Vertretern der Stadt und christlichen Geistlichen feierlich eingeweiht worden war. Sie versteckte sich nicht mehr wie die Synagoge von Stralsund im Hinterhof eines Wohnhauses, sondern war in einem frei stehenden Gebäude untergebracht, das seine Fassade mit den vielen Fenstern selbstbewusst zur Schau stellte.

Abraham und Theodor Wertheim ließen sich aber nach ihrer Rückkehr aus England gar nicht erst in Anklam nieder. Sie zog es nach Stralsund. Hier begann sich die jüdische Gemeinde zu etablieren – erst kurz zuvor war an der heutigen Greifswalder Chaussee einem Ackerbürger ein Stück Land für die Anlage eines eigenen jüdischen Friedhofs abgekauft worden. Unweit des Stralsunder Hafens mit seinen großen Backsteinspeichern eröffneten die Wertheims am 15. April 1852 in einem Mietshaus einen winzigen Laden.

In der «Etablissement-Anzeige» in der «Stralsundischen Zeitung» machen die Gebrüder Wertheim dem «hochgeehrten Publikum» die «ergebenste Anzeige, dass wir heute am hiesigen Platze zwischen dem Baden- und Semlowerthor Litt. A. 117 ein Manufactur- und Modewaaren-Geschäft eröffnet haben». «Gehorsamst» bitten die

Etablissements-Anzeige.

Einem hochgeehrten Publikum machen wir hiermit die ergebenste Anzeige, daß wir heute am hiesigen Platze zwischen dem Baden- und Semlowerthor Litt. A. 117. ein

Manufactur- und Modewaaren-Geschäft

eröffnet haben.

Unser Lager, ganz neu complettirt, bietet eine große Auswahl in allen Stoffen dar und werden wir stets bemüht sein, durch Reellität und Billigkeit das Vertrauen der uns Beehrenden zu gewinnen.

Um geneigten Zuspruch und Ansicht unseres Etablissements bitten gehorsamst

Gebrüder Wertheim.

Stralsund, den 15. April 1852.

Zeitungsanzeige anlässlich der Eröffnung des gemeinsamen Geschäfts der Brüder Abraham und Theodor Wertheim in Stralsund im Jahr 1852.

frisch gebackenen Ladenbesitzer «um geneigten Zuspruch und Ansicht unseres Etablissements». Die Annonce hatte nunmehr endgültig den Marktschreier abgelöst.[15]

An Markttagen hatten die Brüder auf dem Alten Markt einen Stand und kündigten – wie am 7. Dezember 1853 – in der «Stralsundischen Zeitung» an, was es bei ihnen zu kaufen gab:

> Während des Marktes verkaufen wir: 6/4 breite Cattune, deren Preis 5 und 6 Sgr. [Silbergroschen], zu 3 und 4 Sgr., Orleans und Paramattas von 5 Sgr. an, Lamas von 3 1/2 Sgr. an, Mousselines de laines und Jaconnets von 5 Sgr. an, Taffet- und Atlastücher für Herren von 20 Sgr. an, seidene Westen von 15 Sgr. an, carrierte Bezugzeuge von 2 Sgr. an, Federleinen und Drilliche von 4. Sgr. an, kleine wollene Tücher und Umschlagetücher zu auffallend billigen Preisen, schürzenbreite Ginghams von 4 Sgr. an. Gebrüder Wertheim.

Als die beiden Wertheims ihren Laden eröffneten, befanden sich unter den 18 596 Stralsunder Einwohnern nur 67 Juden, weit weniger als in Anklam. Gerade junge Leute verließen die Stadt, sodass die Überalterung der Gemeinde immer weiter zunahm.

1854 wurde der Synagogenbezirk erweitert, wodurch nun alle jüdischen Bewohner von ehemals Neuvorpommern zur Stralsunder Synagogengemeinde gehörten und zu ihrer Finanzierung beitragen mussten – eine potenzielle jüdische Kundschaft von 55 Familien. Doch das geschäftliche Interesse der Wertheims galt nicht dieser begrenzten Käuferschicht. Die alte Hansestadt Stralsund lag an einem bedeutenden Handelsplatz an der Ostsee und hatte gute Verkehrsverbindungen nach Schweden, Polen und Ostpreußen.

Am 17. April 1855 heiratete Abraham Wertheim im späten Alter von 36 Jahren auf Vermittlung eines Cousins die 25-jährige Ida Wolff aus Prenzlau, eine schlanke, stets züchtig in dunkle hochgeschlossene Kleider gehüllte Person mit einem ernsten, entschlossenen Gesicht. Sie war die Tochter des angesehenen Textilhändlers Wolf Loeser Wolff.

Wäre nicht ihr Alter gewesen, mit dem sie bereits als altes Mädchen galt, Abraham Wertheim hätte nicht unbedingt als gute Partie gegolten. Sein Manufakturwarengeschäft brachte wenig ein, und er trennte sich geschäftlich bald von seinem Bruder. Abends ging Ida mit einem Paket auf dem Rücken zu ihr bekannten Familien und bot billige Kleiderstoffe aus Berliner Konkursmasse an. Abraham versuchte es mit einem Lederwarenvertrieb, doch daraus wurde nichts. Schließlich steckte er seine restlichen Ersparnisse in die Vertretung größerer Firmen – alles keine geschäftlichen Erfolge, deren Aufzeichnung sich gelohnt hätte.

Verzeichnet sind nur die Kinder. In der kurzen Zeitspanne von 14 Jahren brachte Ida neun Kinder zur Welt, denen die Eltern allesamt deutsche Namen gaben, manche eindeutig in Anlehnung an europäische Königs- und Kaiserhäuser: Hugo, Georg (Großbritannien), Luise (Preußen), Wilhelm (Preußen), Hedwig, Helene, Franz (Österreich), Wolf und Max (Bayern).

Georg Wertheim, der zweite Sohn, wurde am 11. Februar 1857 geboren, im Jahr der dritten Hochzeit von Großvater Joseph.

Georgs Vater hatte es nicht leicht. Unter anderen Bedingungen wäre er wahrscheinlich Beamter geworden, denn energischer Unternehmergeist scheint nicht Abraham Wertheims Stärke gewesen zu sein. Er war ein weichherziger Mensch, der seine wesentlich tatkräftigere Frau und die ständig wachsende Kinderschar über alles liebte. Es muss ihm schwer ums Herz gewesen sein, dass er seiner Familie nicht mehr als ein äußerst bescheidenes Leben bieten konnte.

An Markttagen mussten die Kinder schon in jungen Jahren mit anpacken. Im Laden zog es Ida vor, allein zu bleiben und mit ihrem freundlichen Wesen die Kunden für sich zu gewinnen. In Stralsund erzählte man sich boshaft, sie habe Abraham täglich 25 Pfennig gegeben, damit er spazieren gehe und sie bei der Arbeit nicht störe.[16] *In Stralsund hingen nicht nur die Personen, mit denen sie in persönlichem Verkehr stand, mit außergewöhnlicher Freundschaft an ihr, sondern geradezu alle diejenigen, die überhaupt mit ihr in Berührung gekommen waren*, schrieb ihr Sohn viele Jahre später in sein Tagebuch.

Abraham musste sich für den wiederholten Neuanfang von der Familie seiner Frau Geld leihen, und sein hohes Anstandsgefühl ließ ihn nicht ruhen, ehe er alles auf Heller und Pfennig zurückgezahlt hatte. Gutmütig, wie er war, ließ er seine Kunden anschreiben und machte wenig Druck beim Eintreiben der Schulden. Bei den kleinen Leuten genossen die Wertheims deshalb hohes Ansehen. Zu den Bällen und Tanzvergnügungen des Bürgertums jedoch wurden sie nicht eingeladen, hätten dazu wohl auch wenig Neigung verspürt.

Eine Auswanderung nach Übersee, wie sie viele Juden zu jener Zeit wagten, kam Abraham Wertheim nicht in den Sinn – nicht aus Angst vor dem Ungewissen, denn Abraham Wertheim kannte die Fremde. Es war vielmehr eine bewusste Entscheidung für ein Leben in Preußen. Längst hatte er gelernt, sich zu arrangieren. So blieb Wertheims Laden wie alle jüdischen Einzelhandelsgeschäfte zwar am Samstag geschlossen und am Sonntag offen, aus Rücksicht auf die christliche Umgebung legte er jedoch sonntags während der Kirchzeit zwischen zehn und zwölf eine Ruhepause ein.[17]

Gerade weil Abraham Wertheim sich als Preuße fühlte, lag ihm die Umgestaltung des orthodoxen Gottesdienstes und die Stärkung einer liberalen jüdischen Gemeinschaft am Herzen. Er war der Einzige in der Familie, den solche religiöse Fragen beschäftigten. Schon Ida hatte eine ungewöhnlich säkulare Vorstellung von Religion: Für sie bedeutete ein religiöser Lebenswandel nichts anderes, als «gut zu sein», eine Einstellung, die ihr zweitältester Sohn später übernehmen sollte.

Als Kind jedoch begleitete Georg seinen frommen Vater in die Stralsunder Synagoge im Hof des Hauses Langenstraße 69 und verfolgte mit Ehrfurcht und Stolz, wie dieser und Onkel Theodor das Vorrecht des Priesterstamms der Leviten in Anspruch nahmen.

Feierlich gemessen traten sie vor die heilige Lade am Ostende des Tempels, schoben den bestickten Vorhang zur Seite, schlossen den Kasten auf und hoben behutsam die in Samt gehüllte Pergamentrolle heraus. An den hohen Feiertagen und bei Bar-Mizwa-Festen trugen sie die an den beiden Rollhölzern mit silbernen Glöckchen versehene Tora durch den Synagogenraum, und die Männer und Knaben drängten sich heran, um die klimpernde Samthülle zu küssen oder auch nur zu berühren. Dann wurde die handgeschriebene Rolle auf die Bima, die Kanzel, gelegt, des Samtes entkleidet und für die Lesung aufgerollt.

Die Würde, mit der sein Vater in der Synagoge auftrat, mochte Georg über das geringe gesellschaftliche Ansehen der ärmlichen jüdischen Familie hinweggetröstet haben. Manche Eltern verboten ihren Kindern den Verkehr mit «Krämerjungen», und vielen waren sie nicht fein genug, um sie in ihr Haus einzuladen.[18]

Er war ein Mensch von edlem Charakter, gottgläubig, jedoch dabei [30] *freidenkend*, dass er seine Kinder in den ersten Schuljahren am christlichen Religionsunterricht teilnehmen ließ, schrieb Georg Wertheim über seinen Vater. So kannte der aufmerksame Schüler das Vaterunser und das Credo ebenso gut wie mancher Christ. Nur die beim Studium des Neuen Testaments durchgenommene «Weissagung Christi von der Zerstörung Jerusalems» ängstigte ihn vielleicht. «An solche Sachen glauben wir nicht», mochte ihn sein Vater beruhigt haben, «was nicht in der Tora steht, ist auch nicht wahr.»

Georgs Großvater mütterlicherseits, Wolf Loeser Wolff, war aus anderem Holz geschnitzt als Abraham Wertheim. In der Stadt Prenzlau, wo der erste Jude schon 1320 das Bürgerrecht erhalten hatte, betrieb er ein Manufakturwarengeschäft. Manufakturwaren waren Textilprodukte, die in Heimproduktion, in kleinen industriellen Betrieben oder in der Zusammenarbeit von beiden hergestellt wurden. Der Laden war bei Schneiderinnen und Schneidern beliebt, weil dort alles zu haben war, was die modern gekleidete Dame zur Anfertigung ihrer Garderobe benötigte. *Er war nicht nur eine stattliche Erscheinung, sondern er machte durch sein ganzes Wesen einen besonders würdigen Eindruck.*

Wolf Loeser Wolffs Bruder war Sanitätsrat und schon aus Karrieregründen frühzeitig zum Christentum übergetreten. Ein anderer in Georgs Erinnerung ebenso stattlicher Bruder des Großvaters lebte in Berlin. Er muss dort nur zu gern das Tanzbein geschwungen haben, was ihm den Beinamen Polkawolff einbrachte. *Stets vergnügt und witzig* sei er gewesen, notiert Georg Wertheim, aber von *etwas leichtlebiger Natur.*

Als Kinder waren die beim Großvater in der lieblichen Uckermark verbrachten Wochen für Georg und seinen um ein Jahr älteren Bruder Hugo eine willkommene Abwechslung von den beengten Verhältnissen in Stralsund. Sarah Lewin, Wolf Loeser Wolffs junge zweite Ehefrau, die dessen Kinder aus erster Ehe wie ihre eigenen großzog, faszinierte die Buben mit ihren raschelnden stoffreichen Kleidern. Manche von ihnen waren so kurz, dass sie beim Gehen die in Stiefeletten steckenden Füße freigaben. Und die Kinder bestaunten die dunklen Löckchen, die sich unter ihren kecken

Hütchen kräuselten, kannten sie doch von ihrer Mutter nur straff aus dem Gesicht gekämmtes Haar mit strengem Mittelscheitel.

Sarah Lewins überquellender Kleiderschrank war Georg Wertheims erste Berührung mit der aufregenden Welt von Seide, Satin, Crêpe de Chine, Tüll, Samt und Spitze.

ZWEITES KAPITEL

DIE NÄCHSTE GENERATION ÜBERNIMMT

Georgs Eltern mussten jeden Groschen dreimal umdrehen, und die Mühe, sieben Kinder zu versorgen (zwei waren gestorben), lastete schwer auf Abraham Wertheims Schultern. Wolf, der Jüngste, stand 1872 kurz vor der Einschulung und war ein besonders anstrengender Bursche, den Ida nicht sich selbst überlassen konnte, ohne dass er etwas anstellte.

Auch das Geschäft lief schleppend. Obwohl die Stadt an die Eisenbahnstrecke Berlin–Pasewalk–Greifswald angeschlossen wurde und endlich eine Fähre Stralsund mit Rügen verband, blieb die erhoffte Steigerung der Umsätze aus. Dem Leder- und Produktenhändler Lazarus Israel, dem Leinen- und Strumpfwarenhändler Fraenkel und dem Kommissionsbüro Löwenthal ging es wesentlich besser.[1]

Ich sah die Sorge, die der Unterhalt der Familie unseren Eltern bereitete, erinnert sich Georg Wertheim. Schweren Herzens verzichtete der Musterschüler nach Abschluss der Untersekunda auf das Abitur und verließ das Stralsunder Gymnasium, um am 13. Oktober 1872 in Berlin bei seinem Onkel, einem Bruder seiner Mutter, eine kaufmännische Lehre anzutreten.

Der Beginn des neuen Lebensabschnitts in der Textilgroßhandelsfirma Wolff & Apolant im Berliner Zentrum wurde dem 15-Jährigen dadurch erleichtert, dass sein Bruder Hugo dort schon ein Jahr vor ihm als Lehrling angefangen hatte. Die Brüder sollten gemeinsam in die Lehre gehen, so wollten es die Eltern. Wenn sie schon in so jungen Jahren in die Fremde mussten, um die Familie zu entlasten, dann sollten sie sich wenigstens gegenseitig stützen und die Welt zu zweit kennen lernen – so wie einst Abraham mit seinem Bruder nach England gegangen war.

Die politischen Verhältnisse hatten sich in der Zwischenzeit grundlegend gewandelt. Im Juli 1869 hatte der preußische Ministerpräsident Otto von Bismarck für den Norddeutschen Bund ein «Gesetz, betreffend die Gleichberechtigung der Konfessionen in bürgerlicher und staatsbürgerlicher Beziehung» erlassen, das nach der Proklamation des Kaiserreichs ab 1871 für ganz Deutschland galt.

Doch schon ein Jahr zuvor waren 12 000 Juden als vollwertige Staatsbürger unter der Parole «Mit Gott für König und Vaterland» in den Deutsch-Französischen Krieg «zur Befreiung von Elsass-Lothringen» gezogen. Berühmt geworden ist das Tuch zur Erinnerung an den Gottesdienst bei Metz zu Jom Kippur 1870, dem Versöhnungstag, auf dem jüdische Soldaten mit Pickelhaube und Gebetstuch in einem hebräischen Gebetsbuch lesend zu sehen sind. «Haben wir nicht alle einen Vater? Hat uns nicht alle ein Gott geschaffen?», steht fast flehentlich unter dem Davidstern in hebräischer und deutscher Sprache.

Die von oben angeordnete Gleichberechtigung machte aus Juden in Deutschland deutsche Juden und eröffnete einer breiteren Schicht erstmalig die Chance des Aufstiegs in den bürgerlichen Mittelstand. Eine Karriere im Justiz-, Militär- und Schuldienst blieb indes, wenn auch informell, weiterhin an die Taufe gebunden.

Nach 1848 hatte es Juden zunehmend in die Politik gezogen, und es erstaunt nicht, dass sich die meisten jüdischen Abgeordneten aller Parteien mit der sozialen Frage beschäftigten. Juden gehörten zu den führenden Köpfen der aufkommenden sozialistischen Bewegung. Die Mehrheit der jüdischen Wähler stand der Sozialdemokratie jedoch skeptisch gegenüber, denn diese lehnte gerade jene liberale Wirtschaftsordnung ab, in der sich Juden als freie Unternehmer entfalten konnten.[2]

Die jungen Wertheims kamen in Berlin an, als die Zeit des überschwänglichen Jubels gerade abzuklingen begann. Christen und Juden waren in gleicher Weise von der Proklamation des Kaiserreichs in Versailles im Januar 1871 begeistert gewesen. Dass nach dem

Sieg über Frankreich Deutschland endlich geeint war, erfüllte viele mit einem berauschenden Gefühl von Stolz und militärischer Machtfülle. Deutsche Offiziere waren die Helden des Tages. Der an den Sieg über Napoleon III. am 2. September 1870 erinnernde Sedanstag wurde zum Nationalfeiertag, der im Volk die Erinnerung an die Demütigung Frankreichs aufrechterhielt.[3]

Und Berlin war das Herz des Kaiserreichs, eine Stadt der ungeahnten Möglichkeiten. Tausende Ostpreußen flüchteten aus ihren kümmerlichen ländlichen Verhältnissen in die Metropole, in der sie als Fabrikarbeiter ebenso kümmerlich weiterlebten. Berlin wurde zum Anziehungspunkt für unzufriedene und ehrgeizige Leute aus der Provinz, darunter auch Juden, wenngleich die große ostjüdische Massenflucht erst nach den Pogromen in Russland Anfang der achtziger Jahre einsetzte.

Der Überschwang des Sieges und das plötzliche Einströmen von fünf Milliarden Franc an Reparationszahlungen löste eine Welle von Unternehmensgründungen aus, die allerdings während des so genannten Gründerkrachs bald in die Krise gerieten.

Es waren strenge Lehrjahre, die Hugo und Georg Wertheim unter der Aufsicht von Onkel Wolff in der Firma Wolff & Apolant durchliefen. Neben Ausbildung, Unterkunft und Verpflegung erhielten die beiden ein geringes Taschengeld, von dem Georg sich noch etwas ersparte. Sie mussten wesentlich mehr arbeiten als die anderen Lehrlinge, erhielten aber auch einen tieferen Einblick in die einzelnen kaufmännischen Bereiche, weil sie zu allen schriftlichen Arbeiten herangezogen wurden.

Anfangs spendierte Onkel Wolff seinem Neffen Georg noch Sonntagskurse an der Kunstakademie, wo er klassischen Malunterricht nahm. Sein hoher Anspruch an sich selbst ließ ihn allerdings bald die eigene Mittelmäßigkeit erkennen. Nach einem halben Jahr brach er den Unterricht ab und beschränkte fortan sein künstlerisches Interesse auf die Lektüre kunstgeschichtlicher Bücher und den Gang ins Museum.

Die 1866 eingeweihte liberale Neue Synagoge in der Oranienburger Straße, Berlin.

Berlin muss die beiden Brüder ähnlich beeindruckt haben wie London dreißig Jahre zuvor ihren Vater und Onkel Theodor. Im Herzen des deutschen Eisenbahnnetzes gelegen und mit einer Vielzahl von Wasserstraßen ausgestattet, weitete sich der Absatzmarkt der Stadt rasch aus. Als Georg und Hugo nach Berlin kamen, lebten 750 000 Menschen in der Metropole, nunmehr die drittgrößte Stadt auf dem europäischen Kontinent. Ganze Stadtteile wurden aus dem Boden gestampft, während das barocke Berlin allmählich verschwand.[4]

In ihrer knappen Freizeit fuhren die jungen Wertheims mit dem Pferdeomnibus zu den Wochenmärkten auf dem Gendarmenmarkt und dem Dönhoffplatz. Wie einst dem Vater in London dürfte ihnen aber auch das Elend der in düsteren Mietskasernen hausenden Arbeiterfamilien nicht entgangen sein.

Unweit der Grenadier- und der Gendarmenstraße, wo die armen Juden wohnten, erhob sich in der Oranienburger Straße der goldglitzernde Prachtbau der 1866 eingeweihten liberalen Neuen Synagoge, die Platz für mehr als 3000 Personen bot. Unter den hebräischen Worten des Propheten Jesaja «Tuet auf die Pforten, dass einziehe das gerechte Volk, das bewahret die Treue», die in goldenen Lettern auf der Fassade prangten, waren zur Einweihung Ministerpräsident Bismarck und der Polizeipräsident in das Gebäude getreten, um dem Gottesdienst beizuwohnen. Gewiss nahm Onkel Wolff seine Schutzbefohlenen zum Sabbat-Gottesdienst mit, weniger aus Frömmigkeit denn aus Stolz – auf das Erreichte der Berliner Juden ebenso wie auf seine halbwüchsigen Neffen.

Der Gottesdienst – mit Orgelmusik und vierstimmigem Knaben- und Mädchenchor – war stets ein gesellschaftliches Ereignis, und die jungen Damen erschienen in der Taille eng geschnürt, was ihre Rundungen darunter und darüber umso praller erscheinen ließ. In der Eingangshalle warfen sie unter ihren mit Blumen und Schleifen verzierten Hütchen noch einen letzten Blick auf die jungen Männer, ehe sie in der Frauengalerie verschwanden. Vielleicht streifte ein solcher Blick auch den hoch aufgeschossenen Hugo, der mit seinem blonden welligen Haar und dem frischen Teint der hübscheste der Wertheim-Brüder war.

«Ein täglicher Kontrast sind übrigens die jungen Jüdinnen», schreibt der 21-jährige Franzose Jules Laforgue, der Ende 1881 in die junge und noch ungehobelte Stadt Berlin kam, um bei der Kaiserin seinen Dienst als Vorleser französischer Literatur anzutreten. Über die Kleidung der sonstigen Berliner Weiblichkeit findet er nur abfällige Worte. Vor allem stört ihn der Mangel an Einheitlichkeit, Harmonie und Zurückhaltung. Ein Stück passe so wenig zum anderen, dass es oft grotesk anzusehen sei. Keine sei gut frisiert, keine richtig beschuht. «Ihr Gang ist ohne Anmut, die Bewegungen sind zu natürlich, die Stimmen laut und eintönig, das Lachen ohne Abstufungen.»[5]

Bei so viel Kritik ist seine Beschreibung der Jüdinnen umso schmeichelhafter: «... am Morgen sieht man sie überall mit ihren Musiktaschen; ihre Kostüme sitzen straff, die Taille ist deutlich markiert, sie haben einen Stil und nicht dieses Sichgehenlassen der Deutschen; hinzu kommt ihre Vorliebe für dunkle warme Farben im Anzug.»[6]

Laforgue macht sich auch über die Modegeschäfte lustig, in denen selbst die Kaiserin einkaufte. Sie «hängen geradezu zynisch dieses höchst bezeichnende Schild aus: Mode-Basar. Und so ist es auch: alle diese Damen haben sich ganz nach Lust und Laune mit einzelnen Stücken herausgeputzt, wie man sie eben in einem Basar zusammenrafft.» Die Schrift der Ladenschilder, bekrittelt er, sei selten in Gold, sondern stets trübe schwarz auf weiß, also gar nicht lustig. «Nie ein pittoreskes Schild wie ‹Au Bon Marché› oder ‹Au Printemps›. Nichts als der Name des Geschäftsinhabers und was er Ihnen verkaufen will.»[7] Mit der Überheblichkeit des Zivilisierten, der unter die Barbaren geraten ist, beschreibt er, was Georg Wertheim wenige Jahre später selbst in Berlin umsetzen wird:

> In Paris ist das Schaufenster nicht bloß eine Auslage, sondern so etwas wie eine Augenlust; jeden Morgen wird es erneuert und frisch hergerichtet. Es ist nicht überladen, man will nicht so viel wie möglich zeigen, und das Fenster endet dort, wo man sich aufstützt. Hier muss man sich meistens auf ein Geländer stützen, denn der Gehsteig hat Lücken, und das Schaufenster reicht schräg bis ins Souterrain, der Blick wird nach unten gezogen. Das ist hässlich, aber dafür gibt es auch Waren in Hülle und Fülle, wenn sie auch selten abgestaubt werden.[8]

Während man an Sonntagen in Paris «eiserne Vorhänge» herablässt, wundert sich Laforgue, ziehe man in Berlin ein Stück Leinwand von oben herunter, auf dem in schwarzen Druckbuchstaben der Name des Geschäftsinhabers und die Bezeichnung seines Handels steht. Die Leipziger Straße, die Friedrichstraße und die Straße Unter den Linden waren damals noch nicht jene eleganten Geschäftsstraßen, zu denen sie später wurden. Wahre Arsenale an Schund und Plunder wurden in den Geschäften als – laut Ladenschild – «Schmucksachen» angeboten. Perlenketten zu fünf Groschen, Armbänder zwischen einer und vier Mark, Schmuck aus böhmischem und Tiroler Granat und aus Berliner Eisen. Vorhemden mitsamt Krawatte aus Metall! Und Glücksreifen mit eingraviertem «Gott mit Dir!» oder «Gott schütze Dich!». «Die Zahl dieser Geschäfte, ich wiederhole es, ist enorm. Das also fabriziert man hier – und exportiert es mit Erfolg. Die Hamburger Händler bezeichnen es als ‹good for niggers›.»[9]

Da die beiden jungen Wertheims aus Stralsund kamen und nicht aus Paris, waren sie von all dem Tand wahrscheinlich eher beeindruckt als abgestoßen. Die Mehrheit der Bevölkerung war wie sie «zugereist», und so fühlten sich Georg und Hugo in Berlin rasch als Einheimische.

Die beiden schlossen sich einem Kreis *strebsamer* Studenten an, mit denen sie abends Schach und Skat spielten. Der Einsatz war äußerst maßvoll und überstieg nie mehr als einen viertel Pfennig. Die Gewinne steckten sie in einen *Fonds*, sparten also, um sich damit eine gemeinsame Spreewaldfahrt mit der Bahn zu leisten, bescheiden in der vierten Klasse, einem dachlosen Waggon ohne Sitzbänke.

Strebsam muss auch Georg Wertheim gewesen sein, denn der Onkel erließ ihm ein Dreivierteljahr seiner Lehre und stellte die beiden Wertheim-Söhne gleichzeitig im April 1875 als vollwertige Angestellte mit einem richtigen Gehalt in seiner Firma ein.

Hugo und vor allem Georg, dessen kaufmännische Begabung sich immer stärker bemerkbar machte, stürzten sich mit Elan in ihre neue Aufgabe. Zielstrebig begannen sie Kontakte in alle Richtungen zu knüpfen. Gemeinsam mit Onkel Wolff animierten sie die Eltern in Stralsund, sich nicht mit ihrem kargen Leben zufrieden zu geben. Ida Wertheim unterstützte diese Bemühungen, erlebte sie doch Tag für Tag mit, wie überfordert ihr nicht mehr junger Mann mit seiner Aufgabe war, für den Lebensunterhalt der großen Familie zu sorgen.

Am 17. November 1875 war es so weit: Sie eröffneten ein eigenes Wertheim-Geschäft in der Mühlenstraße 50, Ecke Mönchstraße, einem Mietshaus in der Nähe des Alten Marktes. Es war der Tag vor Abraham Wertheims 56. Geburtstag, kein Alter, in dem man noch große Sprünge wagte. Und so war es auch ein bescheidener Neubeginn: Von der Wohnung, in der die Familie lebte, war ein zur Straße gehendes Zimmer abgetrennt und mit einer Eingangstür versehen worden. Während Ida Wertheim in diesem Verkaufsraum bediente, konnte sie ein Auge auf ihr Sorgenkind Wolf werfen.

Der Gewinn war knapp kalkuliert, die günstigen Einkaufspreise, die ihnen die Firma Wolff & Apolant und Ida Wertheims Schwager K. Guttman einräumten, gaben sie an die Kunden weiter. Die niedrigen Preise sprachen sich bald in der Stadt herum, und so entwickelte sich das Geschäft erstaunlich gut.

Am 30. September 1876 ließen Hugo und Georg Wertheim Berlin hinter sich, um in die Firma ihrer Eltern einzutreten und sie *anzuschieben*. Hugo war 20, Georg 19 Jahre alt. Gewiss fiel es den jungen Männern nicht leicht, nach ihren aufregenden Berlinjahren in das kleinstädtische Stralsund mit seinen schmucken Giebelhäusern und dem geschäftigen Seehafen zurückzukehren. Doch wie immer bei den Wertheims stand das Wohl der Familie an erster Stelle.

Abraham Wertheim akzeptierte seine Söhne von Anfang an als gleichberechtigte Partner. Es war unübersehbar, dass sie mit Schwung und einer Menge neuer Ideen an die Arbeit gingen. Nun konnte sich Ida endlich wieder den anderen Kindern widmen. Zwei waren früh verstorben, Louise mit drei Jahren an Scharlach, Max, der Jüngste, mit kaum zwei Jahren. Neben ihren beiden erwachsenen Söhnen Hugo und Georg hatte sie noch fünf minderjährige Kinder: Wolf war neun, Franz 13, Helene 14, Hedwig 16 und Wilhelm 17 Jahre alt.

*

Mit dem Eintritt von Hugo und Georg in das elterliche Geschäft begann eine neue Ära. Der Lagerraum in der Mühlenstraße war klein, und um die Ware zügig zu verkaufen, führten die Brüder neue Geschäftsprinzipien ein. Wenn Kundschaft in den Laden kam, bemühte man sich um sie, setzte sie aber nicht unter Druck – die Ware konnte in aller Ruhe begutachtet werden, ohne dass man sie gleich kaufen musste. Das war eine absolute Neuheit.

Das Betreten eines Geschäfts galt damals für gewöhnlich als erster Schritt zum Kauf, von dem der Rückzug schwierig war. Käufer und Verkäufer standen einander eher als Gegner denn als Geschäftspartner gegenüber, der eine drängte, der andere versuchte manchmal zu entkommen. Die Wertheim-Brüder überzeugten ihren Vater, dass es effektiver war, mehreren Kunden das Angebot zu zeigen, auch wenn nicht alle etwas erwarben, als einzelne Unwillige zum Kauf zu überreden und somit zu riskieren, sie nie wieder im Geschäft zu sehen. Man konnte nun auch Waren umtauschen, ja sogar gänzlich zurückgeben, ein in Deutschland noch nie da gewesenes Entgegenkommen eines Händlers.

Als Gegenleistung erwartete man strikte Barzahlung, was zu erheblichen Irritationen führte, denn gerade Abraham Wertheim war dafür bekannt gewesen, großzügig anschreiben zu lassen. Einen solchen zinslosen Kredit konnte sich die Firma angesichts der knappen Kalkulation nicht mehr erlauben. Auch feste Preise waren zur damaligen Zeit kaum bekannt, die Kunden waren es gewöhnt, so lange zu feilschen, bis man sich in der Mitte einigte. Bis dahin hatte der Händler die Waren mit nur für ihn entzifferbaren Zeichen als Hinweis auf den Einkaufspreis chiffriert. Erst wenn sich ein potenzieller Käufer dafür interessierte, bestimmte der Kaufmann den Preis nach dem Eindruck, den die Kundschaft auf ihn machte. Nun beschleunigte sich der Kaufvorgang, und der Verkäufer konnte sich schneller anderen Kunden widmen.

Früher wäre es einem Kaufmann nie eingefallen, von einer reichen und einer armen Kundschaft denselben Preis zu verlangen. Im 18. Jahrhundert wurden Kleinhändler sogar dafür bestraft, wenn sie Handzettel verteilen ließen, auf denen Artikel zu festen Preisen angeboten wurden. Man war der Meinung, eine solche Anpreisung widerspreche dem Kaufmannsgeist.[10]

Selbst nachdem sich die Auspreisung der Waren schon eine Zeit lang eingebürgert hatte, betrachteten die Kunden die Preise immer noch als Verhandlungsbasis. Nur langsam erkannten sie, dass eine solche Verbindlichkeit auch für sie von Vorteil war. Die mühsame Prozedur des Feilschens entfiel, und die Kundschaft konnte selbst einschätzen, ob sie sich eine bestimmte Ware leisten konnte, ohne sich dem Händler zu offenbaren. Der Kaufakt wurde anonymer und ließ mehr Entscheidungsfreiheit.

Anregungen für diese Geschäftsprinzipien kamen aus dem Ausland. Zweifellos hatten Hugo und Georg Wertheim bei Onkel Wolff von einer sensationellen Geschäftsgründung 1852 in Paris gehört. Seither strömten die Pariserinnen in immer größerer Zahl zu «Au Bon Marché». Durch permanente Vergrößerung und Sortimentserweiterung war der Umsatz des Geschäfts innerhalb von acht Jahren auf das Zehnfache angestiegen.[11]

Doch Stralsund war bekanntlich nicht Paris, und so machten die Wertheims vorerst klein weiter. Hugo kümmerte sich um den Einkauf, und in der ersten Zeit beschränkten sie sich weiterhin auf Stoffe und wagten es noch nicht einmal, Kurzwaren zu führen. Neben Ida Wertheims Verwandtschaft kam als Lieferant von Kleiderstoffen bald Rudolph Hertzog dazu, der seit 1839 in Berlin ein Kaufhaus besaß.

Als Georg Wertheim 21 war, führte ihn Hertzog höchstpersönlich durch sein Geschäftshaus. *Ich fühlte mich aber erleichtert, als er wieder von mir ging, weil sein schroffes Wesen gegenüber den Angestellten und die zu derbe Art seines Auftretens auf mich beklemmend wirkten,* notiert er über diesen Berlin-Besuch in sein Tagebuch. Doch war er von der zupackenden Persönlichkeit des Unternehmers beeindruckt. Ein so großes Detailgeschäft hatte Georg noch nie gesehen, und er bekam eine Ahnung davon, welcher logistische Aufwand hinter der Leitung eines Unternehmens mit einer breiten Angebotspalette steckte.

Nicht lange blieben die Wertheims die Einzigen in Stralsund, die mit der neuen Kundenfreundlichkeit Käuferinnen und Käufer anlockten. 1879 war der in Birnbaum in der Provinz Posen geborene Leonhard Tietz aus Frankfurt an der Oder nach Stralsund gezogen. Mit einem Startkapital von 3000 Talern eröffnete er am 14. August in der Ossenreyerstraße 31, also gleich um die Ecke, ein «Garn-, Knopf-, Posamentier- und Woll-Waaren-Geschäft en gros & en détail, verbunden mit einer besonderen Abtheilung Specialität sämmtlicher Artikel zur Damen- und Herren-Schneiderei». Auch Leonhard Tietz' Geschäft folgte einem ähnlichen Konzept.

«Langjährige Thätigkeit in einer Wollstrickgarnfabrik, als auch in einem Export- und Engros-Haus für oben benannte Artikel berechtigen mich zur Hoffnung, allen an mich zu richtenden Ansprüchen genügen zu können», kündigte Tietz in seiner Eröffnungsanzeige in der «Stralsundischen Zeitung» an. «Indem ich Sie ganz ergebenst bitte, dieses mein Unternehmen durch Ihre eilige Zuwendung unterstützen zu wollen, spreche ich die Versicherung aus, daß ich durch streng reelle Bedienung, billigste Preise stets bemüht bleiben werde, Ihr Vertrauen zu gewinnen und für dauernde Zeit zu erhalten. In Hochachtung und Ergebenheit, Leonhard Tietz.»

In dem Textilladen mit einer Verkaufsfläche von sechzig Quadratmetern und zwei Schaufenstern arbeiteten zunächst der dreißigjährige Leonhard Tietz selbst, seine Frau, eine Verkäuferin und ein Lehrling. Bald kam sein Bruder Oscar dazu, der in der Familie als «Phantast und Neuerer» galt.[12] Die beiden Brüder harmonierten nicht miteinander, und nach einer kurzen Zwischenperiode in Berlin ließ sich Oscar Tietz 1882 mit einem Manufakturwarengeschäft in Gera nieder. Aus Dankbarkeit für den Kredit, den ihm sein Onkel einräumte, benannte er es nach Hermann Tietz.

Schon ein Jahr nach der Eröffnung machte Leonhard Tietz ein paar Häuser weiter ein wesentlich größeres Geschäft auf, mit einem erweiterten Sortiment und zehn – männlichen – Angestellten. Als Tietz vorübergehend die Tochter eines Geschäftsfreunds als Gehilfin einstellte, fürchtete seine Frau um den guten Ruf des Hauses, sollte sich ihr ein männliches Wesen nähern.[13]

Der Laden war im Erdgeschoss, die Lagerräume im ersten Stock und im Keller. Die damalige Damenmode mit ihren vielen Verschnürungen brachte Tietz auf den Gedanken, im Obergeschoss mit einer kleinen Posamentierfabrikation zu beginnen, und in der Strumpfwarenabteilung wurde zum Anstricken der Strümpfe eine Strickmaschine aufgestellt, die ersten Anfänge der Eigenfabrikation.[14]

Über diese neue Situation bleibt Georg Wertheim, der sonst alles, was das Geschäft betrifft, minuziös in seinem Tagebuch festhält, eigenartig zurückhaltend. Mit keiner einzigen Notiz geht er auf den Konkurrenten ein. Dass sich die beiden jüdischen Familien kannten, steht außer Zweifel, über die Art ihres Umgangs lässt sich jedoch nur spekulieren. Gewiss traf man sich in der Synagoge.

Vermutlich war es gerade die Konkurrenz mit Tietz, die die

Wertheims veranlasste, außer Schnittwaren nun auch Kurz- und Posamentierwaren anzubieten – Borten, Quasten und Besatzstücke, die man von der Firma Wolff & Apolant bezog, die Seidenbänder von K. Guttman. Die Kurz- und Posamentierwaren ließen sich gut verkaufen. Die Röcke waren 1879 schon schmaler geschnitten, die Verrücktheit der unpraktischen Krinoline war dem ungesunden Korsett gewichen. Schleifen für die Culs de Paris, Volants, Spitze und allerhand Besatzmaterial durften auch bei Tageskleidern nicht fehlen.

Ab nun ging es bei Wertheims trotz der Konkurrenz gleich nebenan steil bergauf. Schon bald konnten auch sie Angestellte einstellen, die im Haushalt wohnten und für geringen Lohn arbeiteten. Das Geschäft, das immer mehr erweitert wurde, war für Stralsunder Verhältnisse *schon bedeutend zu nennen,* stellt Georg Wertheim zufrieden fest. Die Hansestadt bot Kaufleuten wie Wertheim und Tietz günstige Startbedingungen als Standort für den Handel mit Polen und Schweden und als Einkaufsplatz für Bauern und Städter, Stamm- und Laufkundschaft. Überdies war das Geschäftsrisiko gering, da sich das erforderliche Startkapital in überschaubaren Grenzen hielt.

Gleichzeitig mit den Wertheims und Leonhard Tietz eröffneten noch andere «neue» Händler ähnliche Geschäfte: Rudolph Karstadt 1881 in Wismar, Oscar und Hermann Tietz 1882 in Gera, Theodor Althoff 1885 in Dülmen und Adolf Jandorf 1892 in Berlin, der einzige der frühen Warenhausgründer, der sich vom Anfang an in die Metropole wagte. Bis auf Karstadt waren alle Kaufhausgründer Juden, die nicht in die ansässige Kaufmannschaft integriert und meist nicht in den Städten geboren waren, in denen sie sich niederließen. So konnten sie unabhängig von den etablierten Kaufleuten agieren. Sie standen mit ihnen nicht im geschäftlichen oder privaten Kontakt und mussten nicht fürchten, von den Alteingesessenen geschnitten zu werden, wenn sie neue Ideen erprobten.

Weil sie niemals einer Zunft angehört hatten, blieben jüdische

Kaufleute stets darauf angewiesen, eigene Einkaufs- und Verkaufsgemeinschaften zu bilden. Diese Gemeinschaften waren keine kapitalkräftigen Organisationen, sondern beruhten in der Regel auf familiären Beziehungen. Auf diese Weise hatte man oft gute Kontakte ins Ausland und konnte neue Ideen zu Hause leichter umsetzen.

Die etablierten Händler reagierten zögernd auf die immer bedeutender werdende Konkurrenz. Es dauerte lange, bis sie erkannten, dass die durch die industrielle Revolution veränderte Produktionsweise auch Veränderungen für den Handel nach sich ziehen musste. Die traditionellen Einzelhändler sahen in den gesunkenen Herstellungskosten, die der Großhändler an sie weitergab, eine Möglichkeit, ihre eigene Gewinnspanne zu vergrößern. Sie erkannten nicht, dass mit der Massenproduktion eine Ware an Einmaligkeit verloren hatte und den Herstellern daran gelegen war, ihre Erzeugnisse vor allem rasch abzusetzen.

Die neuen Einzelhändler waren flexibler und verständigten sich mit den Herstellern über die direkte Abnahme größerer Warenmengen. Die Ausschaltung des Zwischenhandels bedeutete eine weitere Ersparnis, an der sie die Endverbraucher teilhaben ließen. Diese honorierten die günstigen Preise, und die neuen Geschäfte florierten. Da störte es die Kunden wenig, dass zeitweilig nicht immer dasselbe Angebot zu haben war. Diese anfänglichen Schwierigkeiten waren bald überwunden, und das Sortiment der «Gemischt-Warenläden» verstetigte sich.

Um den Fabrikanten große Mengen zu günstigen Einkaufspreisen abnehmen zu können, bildeten auch die Wertheims eine Einkaufsgemeinschaft mit den Berliner Verwandten Wolff und Bär Teppich, der schon längere Zeit zuvor von Anklam nach Berlin gezogen war und dessen Geschäft sich wie Wolff & Apolant in der Spandauer Straße befand. Schon bald begann der kleine Laden in Stralsund aus allen Nähten zu platzen.

Vier Jahre nach dem Eintritt der beiden ältesten Söhne in das elterliche Geschäft konnte die Familie – gewiss wieder auf Drängen

Georg Wertheims – 1880 vom Regierungs-Feldmesser das stattlichste Privatgebäude der Stadt erwerben. Das Haus in der Mühlenstraße 56 lag direkt am Alten Markt mit seinem imposanten gotischen Backsteinrathaus. Man hatte sich eine feine Adresse ausgesucht, im ersten Stock über ihrem Laden wohnte der Oberbürgermeister. In ihrer Wohnung im zweiten Stock konnte die große Familie nun endlich ausreichend Raum für sich beanspruchen.

Der Schriftzug A. Wertheim auf dem Schild über der Ladentür war zu beiden Seiten flankiert von der in großen Ziffern gemalten Zahl 56, so wurde den Kunden die Adresse stets von neuem in Erinnerung gerufen. Geraffte Gardinen umrahmten die großen Auslagenfenster zu beiden Seiten des Eingangs und luden ein, einen Blick auf die kunstvoll arrangierte Ware zu werfen. Gewiss befanden sich darunter Schürzen, die sowohl von Schulmädchen als auch von feinen Damen und ihren Dienstmädchen getragen wurden.

Der für damalige Stralsunder Verhältnisse große Laden lief sofort gut an, sodass Georg Wertheim stolz in sein Tagebuch schreiben konnte: *Wir hatten nun unstreitig das größte Detailgeschäft in Stralsund.* Der Umsatz stieg im ersten vollen Geschäftsjahr 1876 von etwa 76000 auf etwa 174000 Mark im zweiten und in den folgenden zwei Jahren jährlich um etwa 50000 Mark. Der bis dahin höchste Tagesumsatz wurde am Heiligen Abend 1879 mit 2758 Mark erzielt, eine Summe, die erst am 24. Dezember 1886 wieder erreicht werden konnte.

Schon 1881 leistete sich die Familie eine Sommerfrische in Zinnowitz, dem aufstrebenden Badeort auf Usedom, in dem Juden allerdings – im Gegensatz zum nahe gelegenen Heringsdorf – nicht gern gesehen waren. Bequem mit der Bahn angereist, überquerten die Wertheims mit der Fähre die Peene und ließen sich mit der Postkutsche nach Zinnowitz bringen.

Noch war das Baden strengen Regeln unterworfen. Außerhalb des Damenbads auf der östlichen Seite des Strandes und des Herrenbads auf der westlichen war Baden in der Ostsee verboten. Wäh-

Das Wertheim'sche Geschäft in Stralsund,
Aufnahme zwischen 1893 und 1896.

rend der Badestunden von sechs Uhr morgens bis zwölf Uhr mittags durften sich am Strand bis auf eine durch Tafeln gekennzeichnete Entfernung von 75 Metern zu beiden Seiten der Damenbadeanstalt keine männlichen Personen aufhalten.

Natürlich ergingen sich Abraham und Ida nicht in Badefreuden, doch die Spaziergänge in Kleid und Anzug an der frischen Seeluft und der ungewohnte Müßiggang waren für das älter werdende Paar eine neuartige und beglückende Erfahrung. Wohltuend ermattet mochte sich Abraham Wertheim abends angesichts der erstaunlichen Wende, die sein Leben genommen hatte, die Augen reiben. Bis zum Ersten Weltkrieg konnte sich nur eine winzige Elite der deutschen Bevölkerung einen solchen Urlaub leisten. Wer ins Bad reiste, galt als reich.[15]

So erholsam war ihr erster Aufenthalt am Meer, dass die Familie schon im folgenden Jahr ihre Sommerfrische an dem spektakulären Kreidefelsen von Sassnitz auf Rügen verbrachte, einem Urlaubsort, der sich bei Prominenten großer Beliebtheit erfreute.

Abraham Wertheim war mit dem Erreichten zufrieden, doch sein Sohn Georg drängte auf eine Erweiterung des Geschäfts. Jetzt sah er die Chance, durch die Sicherheiten des neu erworbenen Grundbesitzes mit relativ geringem Kapitaleinsatz eine Filiale zu eröffnen. Als Standort hielt er die 120 Kilometer von Stralsund gelegene Hansestadt Rostock für geeignet.

Rostock war das Zentrum des Großherzogtums Mecklenburg-Schwerin und dreimal so groß wie Stralsund. Zudem gab es hier die 1418 gegründete Universität. Es fehlte nur noch eine Eisenbahnverbindung nach Stralsund, dafür gab es aber eine nach Hamburg.

Ende 1882 erkrankte Hugo Wertheim an Tuberkulose, und die Familie kannte keinen anderen Gedanken als seine Genesung. Der Hausarzt empfahl, ihn den Winter an der Riviera verbringen zu lassen. Aber die Krankheit war weiter fortgeschritten als angenommen. Auf der langen Reise nach San Remo verschlechterte sich sein Zustand. Hugo Wertheim starb kurz vor seinem 28. Geburtstag am 23. Januar 1883, eine Woche nach seiner Ankunft in Italien. Er wurde am 4. Februar in Stralsund beerdigt.

Georg Wertheim, der Hugo naher gestanden hatte als irgendeinem seiner Geschwister, nahm sich den frühen Tod seines Bruders sehr zu Herzen. Die Trauer, vielleicht aber auch die Angst vor der auf ihn zukommenden alleinigen Verantwortung für das Familienunternehmen, ließ ihn an einem *gastrischen Fieber* erkranken. Zur Erholung und Ablenkung machte er seine erste *richtige* Reise nach Bad Kissingen und besuchte anschließend Eisenach und die Wartburg. Zum ersten Mal sah der Flachlandbewohner, dessen südlichstes Reiseziel bislang Berlin gewesen war, die *Berge*.

*

Am 1. April 1883 eröffnete Georg Wertheim die erste Filiale in Rostock. Die Waren wurden auf drei großen Pferdefuhrwerken in die andere Hansestadt transportiert. Erst gegen Mitternacht traf die Fuhre ein, auf die Georg Wertheim vor den Toren der Stadt seit Stunden gewartet hatte. Schon von fern hörte er das Krachen der schweren Wagen auf der gepflasterten Chaussee. Die direkt zum Markt führende Straße hatte eine zu große Steigung, deshalb musste ein Umweg genommen werden. Georg Wertheim setzte sich neben den Kutscher und geleitete die Karawane auf den Marktplatz, auf dem die Wagen bis zum Morgen unter Bewachung stehen blieben.

Die Rostocker, denen der Name Wertheim schon bekannt war, begeisterten sich vom ersten Tag an für das Angebot und strömten in Scharen in das neue Geschäft. Und wieder war es das Ungewohnte der festen Preise, das anfangs irritierte. Doch die *größte Reellität* machte zusammen mit der *Billigkeit* wie in Stralsund die Zugkraft aus, wenn es auch der Kundschaft aus den «besseren» Kreisen anfangs peinlich war, ein Geschäft zu betreten, in dem alle gleich behandelt wurden. Fast verschämt gaben sie vor, nur für die Dienstboten einkaufen zu wollen, und baten darum, die erstandenen Gegenstände neutral einzuwickeln.[16]

Unsere Geschäfte waren reine Spezialgeschäfte, führten also nur Manufakturwaren, Modewaren und Damenkonfektion. Und wieder prangte in großen Lettern A. Wertheim quer über dem Eingang und den beiden großen Schaufenstern. Sie gingen über die gesamte Straßenseite des zweistöckigen Hauses in der Kröpeliner Straße, das zufällig wieder die Nummer 56 trug. Wenn die Sonne schien, wurde eine helle Markise ausgefahren. Das Foto zeigt ein zweites, etwas kleineres A.-Wertheim-Geschäft mit ebenfalls zwei Auslagen gleich nebenan. Vor dem Eingang stehen zwei Verkäufer, die wie livrierte Diener auf Kundschaft warten.

Für den Aufbau des Geschäfts scheint Georg Wertheim mit einigen Mitarbeitern seines Vertrauens weitgehend allein verantwort-

Das Wertheim-Warenhaus in Rostock in der Kröpeliner Straße 56, Ende des 19. Jahrhunderts.

lich gewesen zu sein, seine Brüder – Wilhelm war 24, Franz 20 – erwähnt er in seinen Erinnerungen nicht.

1884 war das Jahr, in dem der Maler John Singer-Sargent in Paris das «Bildnis Madame X» ausstellte und wegen des tiefen Dekolletés der Dame einen Skandal auslöste. Madame X trägt ein schlichtes schwarzes Abendkleid mit Schleppe, das die bleichen Arme der Trägerin freilässt und über den nackten Schultern nur mit dünnen Strassträgern festgehalten wird. Sie hat ihren Körper in ein enges Korsett gezwängt, das Hüften und Brüste stark betont.

In der kreuzbraven Küstenregion hätte sich wohl keine Dame in einem solchen Kleid in die Öffentlichkeit gewagt. Doch auch hier interessierte man sich für Mode, konnte sie doch dazu dienen, das Vermögen der zu Geld gekommenen Bürgerfamilien zu zeigen und Selbstbewusstsein zu demonstrieren. Die Stoffmenge, in die sich die

Damen hüllten (und manchmal auch ihre Körperfülle), waren zudem ein sichtbares Zeichen ihres Müßiggangs.

Seit der Jahrhundertmitte wurden die meisten Stoffe und sogar Spitzen, Stickereien und andere Luxuswaren maschinell hergestellt. Sukzessive setzte sich mit der Nähmaschine die Konfektionsindustrie durch. Während die Bekleidungsindustrie in der ersten Jahrhunderthälfte noch vorwiegend Arbeitskleidung und andere billige Massengüter produzierte, begannen ab 1850 englische und deutsche Unternehmen die sozial aufgestiegene und nach Luxus strebende Mittelschicht zu bedienen.[17]

Für die Verbreitung der neuen Kreationen sorgten vor allem das Theater und die Gesellschaftsmaler. Auf den Bühnen ließen die Pariser Modeschöpfer ihre Modelle vorführen und auf ihre öffentliche Wirksamkeit erproben. Ein «Kleiderkünstler» wie der 1884 verstorbene Salzburger Maler Hans Makart bediente die Eitelkeiten der Bourgeoisie, indem er die Damen in üppige Abendroben steckte, ihnen große Radhüte aufsetzte oder in die Hand drückte und die Frisur und das Dekolleté mit Blumen und Federn verzierte.

Die Mode änderte sich so schnell, dass jeweils nur die Reichen «modern» gekleidet sein konnten. Für die Spitzen der Gesellschaft galt ein Hut aus der vergangenen Saison als Zeichen sozialen Abstiegs. Den Kundinnen der Modeindustrie blieb nichts anderes übrig, als hinter der Zeit zurückzubleiben und sich mit billigen Imitationen zufrieden zu geben.[18]

Um die ästhetischen und praktischen Kleidungsbedürfnisse der ärmeren und arbeitenden Frauen kümmerte sich die Modeindustrie nicht. Sie fertigten ihre Kleidung entweder selbst oder bezogen sie aus Trödelläden. Die Armen trugen ihre Kleider so lang, bis sie ihnen vom Leib fielen. Wenn sie untragbar geworden waren, wurden sie als Lumpen verkauft und zu Papier verarbeitet.[19]

Georg Wertheims Sortiment in den Kleinstädten Stralsund und Rostock war jedoch so breit, dass hier alle etwas finden konnten.

*

Rostock hatte sich jahrhundertelang gegen den Zuzug von Juden gesträubt, doch seit das Großherzogtum Mecklenburg-Schwerin 1867 der Verfassung des Norddeutschen Bundes zugestimmt hatte, konnten sie sich in der damals etwa 30 000 Einwohner zählenden Hansestadt niederlassen. Als erster Jude kam der Zigarrenmacher Gustav Israel, und nach und nach ließen sich immer mehr jüdische Familien nieder. Sie übersiedelten meist aus mecklenburgischen Kleinstädten, aus der Landeshauptstadt Schwerin und aus Pommern, vereinzelt aber auch aus Hamburg, Lübeck und Berlin. Fast ausnahmslos waren es junge Familien, die ihre wirtschaftliche Lage verbessern wollten.[20]

Die eingesessenen Kaufleute reagierten erstaunlich rasch auf die neue Entwicklung und ermöglichten den Juden die Mitgliedschaft in der Kaufmanns-Compagnie, der einflussreichsten Vertretung der städtischen Handelsbourgeoisie.

Allmählich entstand in der Hansestadt neben Schwerin und Güstrow die größte jüdische Gemeinde Mecklenburgs. Alle im Gebiet der Stadt Rostock lebenden Juden mussten Gemeindemitglieder werden – im Gründungsjahr 1870 waren es 118 Personen. Stimmberechtigt waren allerdings nur Männer, die Einwohnerrecht besaßen und einem selbständigen Erwerb nachgingen oder von einer Rente lebten.

Georg Wertheim gehörte nicht dazu. Er blieb bei seiner Familie in Stralsund und interessierte sich mehr für Geschäftliches denn für die Angelegenheiten der jüdischen Gemeinde, die in Rostock Ende der siebziger Jahre hohe Wellen schlugen. Die Umsätze seines Geschäfts stiegen stetig und sollten bald jene des Haupthauses in Stralsund überflügeln.

1884 war Georg Wertheim 27 Jahre alt, ein schlanker, hoch gewachsener, stets makellos gekleideter junger Mann, der leise sprach und nie ein ärgerliches oder ungeduldiges Wort über die Lippen brachte. Mit dem Einkommen, das er für sich und seine Familie in den beiden Geschäften erzielte, hätte er bequem an die Gründung einer eigenen Familie denken können. Doch so ruhig er äußerlich wirkte, so sehr drängte es ihn, Größeres zu schaffen.

Eine weitere Filiale an der Ostseeküste – in Wismar – kam nicht in Betracht, weil sich hier bereits Rudolph Karstadt etabliert hatte. Dann lieber gleich Berlin, das seit 1878 durch eine zweite Eisenbahnlinie – die über Neubrandenburg führende Nordbahn – mit Stralsund verbunden war. Durch seine regelmäßigen Einkaufsfahrten in die Reichshauptstadt wusste Georg Wertheim gut Bescheid über die Geschäftsstruktur in der Metropole, die scheinbar ungebremst weiterwuchs.

«Charakteristisch für Berlin war es, dass unter den 140 Festgebern ungefähr 90 Juden waren», schrieb der Londoner Korrespondent der «Times» schon 1868 in seinem Bericht über ein Fest der Berliner Kaufmannschaft, das anlässlich des dort tagenden Zollparlaments gegeben wurde. «Der alte Glaube ist hier nicht nur ebenso industriell und pekuniär erfolgreich wie anderswo, sondern hat auch durch Kultur und geistige Errungenschaften eine soziale Stellung geschaffen, welche ihm in manchen andern Teilen der Welt untersagt ist ...»[21]

Ein Jahr nach der erfolgreichen Eröffnung der Rostocker Filiale gönnten sich die Wertheims einen Sommerurlaub in der «Perle der Ostsee» Misdroy auf der Insel Wollin, das sich zu einem mondänen Kurbad entwickelt hatte. Georg Wertheim spazierte mit den Eltern den kilometerlangen weißen Sandstrand entlang und bereitete sie auf eine Zeit der Trennung vor. Er war nun bereit, den großen Sprung zu wagen.

DRITTES KAPITEL

DAS WAGNIS BERLIN

Am 1. Oktober 1885 eröffnete Georg Wertheim in der Rosenthaler Straße 27 im Haus einer gewissen Frau Meirowsky seine Berliner Niederlassung. Er gehörte damit zum Kreis derer, die aus der Provinz kamen, um die junge Reichshauptstadt zu erobern. Auch die jüngeren Brüder Wilhelm (26), Franz (22) und Wolf (18) folgten ihm, und gemeinsam gründeten sie eine offene Handelsgesellschaft (OHG). Wie sie damals die Aufgaben untereinander verteilten, ist nicht bekannt, doch dass Georg Wertheim, der Älteste, die Linie des Unternehmens vorgab, ist gewiss. Die Firma nannte sich weiterhin A. Wertheim, obwohl Abraham Wertheim, der Vater, keinen Anteil mehr an den Unternehmensentscheidungen hatte.

Berlin war im Aufbruch: der richtige Zeitpunkt für eine Firmengründung. Die bis dahin eher provinzielle Residenzstadt hatte sich nach dem Ende des Deutsch-Französischen Kriegs und der Gründung des Deutschen Reichs rasant entwickelt. Frankfurt, Köln und Breslau mussten ihre führende Rolle im Banken- und Börsenwesen an die Reichshauptstadt abtreten. Tausende und Abertausende ließen sich von den Pferdebussen der Allgemeinen Berliner Omnibus-AG und von der Berliner Pferde-Eisenbahn-AG kutschieren, und seit 1881 gab es auch eine von Siemens & Halske gebaute elektrische Trambahn, die in den Vorort Lichterfelde fuhr. Wer besser betucht war, nahm die Pferdedroschke.

Der enorme Arbeitskräftebedarf im Maschinenbau, in der pharmazeutisch-chemischen Industrie und in der Elektroindustrie ließ die Bevölkerung sprunghaft ansteigen. Lebten 1858 rund 457 000 Menschen in der Stadt, so hatte sich die Bevölkerungszahl bis 1875

Bauarbeiten in der Alten Leipziger Straße/
Ecke Niederwallstraße, 1907.

schon mehr als verdoppelt. Fünf Jahre später war die Millionengrenze überschritten. 1895 hatte Berlin 1,68 Millionen Einwohner, fast eine Vervierfachung innerhalb von knapp vier Jahrzehnten.[1]

Auf der Suche nach Arbeit strömte verarmte Landbevölkerung aus allen Teilen des Reichs nach Berlin. Als Wertheim sein erstes Geschäft hier eröffnete, lebten etwa 100 000 Fabrikarbeiter in der Stadt.

Die Eisenbahn brachte nicht nur Arbeitskräfte, sie beschleunigte und erleichterte auch den Güterverkehr, der bis dahin weitgehend auf dem Wasserweg erfolgt war. Große Fernbahnhöfe wurden gebaut, für die Görlitzer, die Anhalter und die Stettiner Bahn entstanden Kopfbahnhöfe. Die ersten elektrischen Bogenlampen brannten 1882 in der Leipziger Straße und auf dem Potsdamer Platz, zwei

Jahre darauf gingen die Berliner Elektrizitätswerke in Betrieb. Überall wurde die Erde umgepflügt, und in die aufgerissenen Straßen versenkte man Gas- und Wasserrohre.

Um die vielen Menschen unterzubringen, zog man Häuser mit mehreren aneinander gereihten Innenhöfen hoch. Die Höfe genügten gerade noch der Vorschrift, den Wenderadius der Feuerspritze zu berücksichtigen, ausreichende Belichtung und Belüftung boten sie nicht. Auch in den schlecht isolierten Kellern und Souterrains der Mietshäuser wurden – überteuerte – Wohnungen ausgebaut: Berlin, der Fläche nach die kleinste Millionenstadt der Welt, wurde zu einer Mietskasernenstadt.

Immer häufiger waren auch Frauen erwerbstätig, eine völlig neue Entwicklung. Sie arbeiteten in Fabriken oder nahmen Stellungen in Haushalten an. Bei Arbeitszeiten von zwölf Stunden konnten sie nicht mehr wie einst viele Dinge selbst herstellen. Kleidung wurde nur noch zum Teil selbst genäht, Brot kaum noch zu Hause gebacken, Obst nicht mehr selbst eingekocht, Federn für die Betten nicht mehr von der Hausfrau gerupft.

Massenverkaufsstätten zur Versorgung der Bevölkerung wurden gebraucht. Bereits existierende Kaufhäuser wie N. Israel (seit 1815), Gebr. Gerson und Rudolph Hertzog (beide seit 1836) boomten. Alle drei hatten ihre Geschäfte in der alten Mitte Berlins. Eines der ersten deutschen Einzelhandelsgeschäfte, das Fertigkleidung führte, war Herrmann Gerson. Nach einem 1855 in der Modezeitschrift «Bazar» erschienenen Bericht trug dieses Unternehmen wesentlich dazu bei, Berlin zu einer Weltstadt zu machen. «Bei der außerordentlichen Schnelligkeit, mit welcher auch die neuen Pariser Moden jetzt hier an Ort und Stelle sind, möchte man wahrlich glauben, das Haus Gerson erhalte seine Nouveautés auf telegrafischem Wege.»[2]

Der Berliner Magistrat veranlasste in der ganzen Stadt zu dieser Zeit den Bau riesiger Markthallen, deren heute noch erhaltene Bauten nur einen blassen Eindruck von der damaligen Vielfalt vermitteln. In der Folge verschwanden immer mehr innerstädtische Wochenmärkte, wie etwa auf dem Gendarmenmarkt.

Georg Wertheim kannte das Viertel der Spandauer Vorstadt aus seiner Lehrzeit bei seinem Onkel Wolff. Auch nach fast neun Jahren Abwesenheit war ihm noch vieles vertraut: die Zufahrtswege, die Kundschaft und auch einige der Geschäftspartner, mit denen er in seiner Stralsunder und Rostocker Zeit vorausschauend Kontakt gehalten hatte.

Während erste Warenhäuser wie die Ende der achtziger Jahre gegründeten Warenhäuser für Armee und Marine und für Beamte sehr bald wieder schließen mussten, weil sie sich um einen zu eng umrissenen Kundenkreis bemühten, ging Wertheim vorsichtig und weitsichtig zugleich vor. Mit dem kleinen gemieteten Laden in der Rosenthaler Straße erprobte er zunächst den Standort. Wie die Geschäfte in Stralsund und Rostock war auch der Berliner Laden ursprünglich als reines Manufaktur-, Modewaren- und Damen-Konfektionsgeschäft angelegt. Doch in Berlin führten viele solcher Läden auch Schneidereibedarf, sodass Wertheim bald auch Trikotagen und Garne anbot, um gegen die Konkurrenz bestehen zu können.

Die Spandauer Vorstadt war mit 113 000 Einwohnern ein dicht besiedeltes Arbeiterviertel, in dem Heimarbeiter, Weber, Kleinsthändler und Arbeiter der nahe gelegenen Manufakturen und Fabriken wohnten. Ihre Armut sprang jedem, der es sehen wollte, sofort ins Auge.

Anfangs musste Wertheim deshalb das Warenspektrum verengen: *Es gelang mir auch nicht, das Geschäft in Berlin auf einem besseren Niveau zu halten. Während wir in Stralsund und Rostock ebenso die einfache wie die beste Kundschaft hatten, musste ich in Berlin schon in den ersten Tagen einsehen, dass ich dem Geschäft eine Wendung nach der einfachsten Seite geben musste, wenn ich nicht den völligen Misserfolg erleben wollte. Das Geschäft gewann dann durch die geführten billigen Waren, durch die Reellität und billigen Preise sehr schnell an Zugkraft, und im Laufe der nächsten Jahre verbesserte sich auch das Niveau der Kundschaft, die vielfach aus entfernten Stadtteilen zu uns kam.*

Immer häufiger verbanden nun Kundinnen und Kunden aus den damals noch selbständigen Vororten Charlottenburg, Spandau, Rixdorf und Schöneberg ihren Einkauf bei Wertheim mit einem Kaffeehausbesuch in der Stadt.

Mit der «Verbesserung des Niveaus» kamen auch neue Artikel dazu. Die Mode erforderte Bordüren, Rüschen, Schleier und Schleifen, Dessous und Korsetts. Die eng an den Körper geschneiderten Damenkleider wurden mit Stickereien, Bändern und Fransen verziert, die Hüte mit Straußenfedern und verschiedensten Garnituren geschmückt. Über dem Dekolleté lagen Spitze und Tüll, aus Brüssel importiert oder auch aus dem Erzgebirge angeliefert.

Schon im ersten vollen Geschäftsjahr 1886 hatte die Berliner Filiale, die ja zunächst auf eine weniger kaufkräftige Kundschaft eingestellt war, die Umsätze von Stralsund und Rostock weit überflügelt.

Die Familie war nun wohlhabend genug, um jedes Jahr an die Ostsee zu fahren. In den Sommermonaten 1885, 1886 und 1887 verbrachte Georg Wertheim seine Sommerfrische mit der Familie im mondänen und traditionsreichen Heringsdorf auf der Insel Usedom, wo man jedes Mal in der bei der Kirche gelegenen Villa Töbelmann abstieg.

Das «Kaiserbad» Heringsdorf war geographisch von Zinnowitz und Bansin flankiert, die sich betont antisemitisch gaben, um sich von den «Judenbädern» Heringsdorf, Oostende und Norderney abzugrenzen. Zinnowitz und Bansin buhlten um die konservativen Adelsgäste, von denen viele eine tiefe Aversion gegen die jüdischen «Parvenüs» hegten, die sich als gut verdienende Selbständige und Freiberufler eine Urlaubsreise ans Meer leisten konnten.[3]

«Fatal waren die Juden; ihre frechen, unschönen Gaunergesichter (denn in Gaunerei liegt ihre ganze Größe) drängen sich einem überall auf.» So schrieb kein Geringerer als Theodor Fontane 1882 aus

Norderney an seine Frau Emilie: «Wer in Rawicz oder Meseritz ein Jahr lang Menschen betrogen oder wenn nicht betrogen, eklige Geschäfte besorgt hat, hat keinen Grund darauf, sich in Norderney unter Prinzessinnen und Comtessen mit herumzuzieren. Wer zur guten Gesellschaft gehört, Jude oder Christ, darf sich auch in der guten Gesellschaft bewegen; wer aber 11 Monate lang Kattun abmisst oder Kampfer in alte Pelze packt, hat kein Recht, im 12. Monat sich an einen Grafentisch zu setzen.»[4]

In den «Judenbädern» hatte sich eine Infrastruktur entwickelt, in der Natur und Stadtgepräge auf angenehme Weise verschmolzen. So diente der Aufenthalt nicht nur der Erholung, sondern auch der Selbstdarstellung und der Pflege gesellschaftlicher Beziehungen. Nicht verwunderlich, dass in der Muße der Urlaubszeit der Heiratsmarkt blühte.[5]

In Badeorten wie Karlsbad und Marienbad trafen deutsche Juden oft zum ersten Mal in ihrem Leben leibhaftige «Ostjuden», wie sie die jüdischen Flüchtlinge aus dem Zarenreich geringschätzig nannten. Es gab zwar in Berlin genügend aus Osteuropa eingewanderte Juden, die eingesessenen jüdischen Familien hatten mit ihnen aber weit weniger gesellschaftlichen Umgang als mit Christen. Die Ostjuden gehörten überwiegend orthodoxen Gemeinden an und besuchten andere Synagogen.

Äußerlich allerdings hatten sie sich schon stärker angepasst. In Marienbad dagegen konnte man noch Juden in historischer Kleidung begegnen, mit langen Röcken, Bärten und Schläfenlocken. Den jüdischen Kindern aus Berlin, Hamburg und Köln kam das befremdlich und komisch vor.

Auch in den folgenden Jahrzehnten wählte Wertheim für seine Urlaube stets als «judenfreundlich» bekannte und entsprechend gern von Juden besuchte mondäne Badeorte. Mitunter verbrachte er den Sommer auch im französischsprachigen Ausland, etwa in den eleganten Badeorten Dieppe und Trouville, wo er sein in der Sprachschule Berlitz erlerntes Französisch praktisch anwenden konnte.

Die stetige Expansion der Firma A. Wertheim verlangte bald, dass die ganze Familie ihren Wohnsitz nach Berlin verlegte. Im Drei-Kaiser-Jahr[6] 1888 gaben Abraham und Ida Wertheim ihre schöne Wohnung in Stralsund auf und zogen im April nach Berlin, in die im damals noblen Bezirk Tiergarten gelegene Brückenallee 36, nicht weit vom Bahnhof Bellevue. Es war ein schwerer Schritt für die alten Eltern, aber die Familie musste zusammenhalten.

Stralsund blieb ihre Heimat. Gewiss dachten sie mit Wehmut an die Strände der Boddengewässer zurück, an denen die Seegrasfischer das angespülte Meergras einsammelten und es, nachdem es auf den Wiesen getrocknet war, am Fährkanal zu den Polsterwarengroßhändlern verschifften. An ihren mitgebrachten Sofas konnten sie mit viel Phantasie noch das Meersalz riechen. An freundliche Giebelhäuser, frische Seeluft und einen weiten Himmel gewöhnt, musste ihnen die lärmende Reichshauptstadt grau, unübersichtlich und bedrohlich erschienen sein.

So ist es verständlich, dass Abraham Wertheim, der in der Stralsunder Synagoge Vorbeter war, in der jüdischen Reformgemeinde Anschluss und neue Orientierung suchte. Schließlich war er schon in seinen Londoner Jahren mit den Bestrebungen, das Judentum an die neue Zeit anzupassen, in Kontakt gekommen.

Die Reformgemeinde verfügte seit 1854 über einen eigenen Tempel, in der Johannisstraße, nördlich des alten Zentrums. Er wurde ausdrücklich nicht Synagoge genannt, denn er sollte auf den anders gearteten Ritus verweisen. Um zum Gebäude zu gelangen, musste man über das lang gestreckte, von drei Seiten umbaute Grundstück gehen. Eine zweigeschossige Halle führte in den von einer Kuppel überspannten Hauptraum. Ein Fensterband sorgte tagsüber für gleichmäßiges Licht.

In diesem Raum war alles hell, freundlich und festlich zugleich. Hier sollten die Menschen nicht für sich allein beten, sondern in die Gemeinschaft eingebettet mit Gott Zwiesprache halten. Hier wurden die Frauen auch nicht auf die Empore geschickt. Die Orgel als

Begleitung menschlicher Stimmen bildete in der Reformgemeinde ein wesentliches Element des Gottesdienstes und wurde später auch von der liberalen Gemeinde übernommen.[7]

Die Gemeindemitglieder stammten aus der Mittel- und Oberschicht. Viele von ihnen wohnten im Tiergarten und in den besseren Teilen des alten Berlins. Man gab sich hochgradig preußisch. Anlässlich des 200-jährigen Jubiläums des preußischen Königshauses 1901 beschrieb Prediger Moritz Levin die preußischen Tugenden als wertvolle Leitlinien: «sittlicher Ernst, Ehrlichkeit, Arbeitsamkeit, Ausdauer, Ordnungsliebe, Pünktlichkeit, Gewissenhaftigkeit, Bescheidenheit, Einfachheit, Sparsamkeit, Reinlichkeit, Häuslichkeit».[8]

Unter Menschen mit derartigen Wertvorstellungen konnte sich Abraham Wertheim aufgehoben fühlen. Und er befand sich in ausgezeichneter Gesellschaft. Die Liste der Mitglieder der jüdischen Reformgemeinde liest sich wie ein «Who's Who?» der Berliner jüdischen Elite.

Das Reformjudentum, das heute in aller Welt und vor allem in den Vereinigten Staaten weit über eine Million Anhänger zählt, hatte seinen Ursprung in Deutschland und besonders in Berlin. Moses Mendelssohn, der berühmteste Vertreter der Haskala, der jüdischen Aufklärung, hatte dort schon im 18. Jahrhundert mit der Forderung nach Privatisierung des Judentums die Grundlagen für die religiöse Reform gelegt. Obwohl er selbst die jüdischen Gesetze und Sitten streng einhielt, betrachtete er die religiöse Praxis als eine persönliche Angelegenheit zwischen den Gläubigen und Gott. Die Gemeinde sollte kein Recht haben, sich einzumischen.[9]

Auf der anderen Seite standen die überwiegend orthodoxen «Ostjuden», die ab Anfang der achtziger Jahre des 19. Jahrhunderts massenhaft aus Osteuropa einwanderten, auch wenn nur wenige in Deutschland bleiben konnten. Das Land Schillers galt als Inbegriff freiheitlichen Denkens und humaner Regierung. Manche Einwanderer waren auf Anforderung von Industriellen als Facharbeiter für neue Fabrikationszweige gekommen. Viele waren Handwerker und

Gewerbetreibende und betrieben den Import von Eisen, Holz und Leder oder die Erschließung von Märkten für deutsche Industrieprodukte. Viele kamen mittellos an und schlugen sich zunächst als Trödler, Marktfahrer und mit Schwarzarbeit durch.

Ihre wirtschaftliche Tüchtigkeit und der außergewöhnliche Bildungshunger der Zuwanderer stieß – anders als in den Vereinigten Staaten – in Deutschland keineswegs auf ungeteilte Freude. Jedenfalls glichen sie den zahlenmäßigen Schwund der deutschen Juden durch Geburtenrückgang, Taufe und Auswanderung aus und wirkten erfrischend auf das jüdische Leben. Zu gesellschaftlichen Kontakten zwischen den oft hochmütigen «alteingesessenen» und den «ausländischen» Juden kam es dennoch äußerst selten.

*

Im Sommer und Herbst 1888 hatte sich das Geschäft in der Rosenthaler Straße so weit eingespielt, dass Georg Wertheim es seinen Brüdern anvertrauen konnte und allein eine fast sechswöchige Reise antrat. Sie führte ihn über Heidelberg an den Vierwaldstätter See, in das idyllische Bergdorf Mürren im Berner Oberland, dann weiter nach Genua und Mailand und schließlich nach Baden-Baden, von wo aus er eine Rheinfahrt unternahm.

Schon im März des folgenden Jahres war er wieder unterwegs, diesmal mit seinem Bruder Franz. *Ich war infolge längeren Darmkatarrhs erholungsbedürftig.* Nun ging es nach Italien, nach Meran, Gardenone, Bordighera, San Remo und Menaggio. Auf der Rückreise machten sie in Heidelberg Halt. Georg Wertheim fuhr dann weiter nach Karlsbad, dem elegantesten Badeort der österreichisch-ungarischen Monarchie, wo er auf Empfehlung eines Professor Kussmaul eine einmonatige *leichte Kur* einlegte. Danach verbrachte er weitere vier Wochen mit seinem Bruder Wolf am Vierwaldstätter See und dann noch einmal drei mit Wolf und ihrer 27-jährigen Schwester Helene in den Schweizer Voralpen.

Alles in allem war Georg Wertheim fast fünfeinhalb Monate unterwegs.

Seine erstaunlich lange Abwesenheit von der Firma war wohl eine Besinnungs- und Ruhepause, die er benötigte, ehe er mit ungebremster Energie neue unternehmerische Wege einschlug.

Fünf Jahre nach ihrem Umzug nach Berlin (und wenige Tage nach der Entlassung Bismarcks im Streit mit dem jungen Kaiser Wilhelm II.) eröffneten die Brüder am 31. März 1890 unweit des Moritzplatzes in der Oranienstraße 149/150 ein weiteres kleines Geschäft.

Die Luisenstadt, Teil des heutigen Kreuzbergs und Mitte, hatte sich zu einem dicht bevölkerten Arbeiterbezirk mit etwa 300000 Bewohnern entwickelt. Es war zum Exportviertel Berlins geworden, dessen Zentrum nordöstlich des Görlitzer Bahnhofs rund um den Moritzplatz lag. Hier produzierten kleinere und mittlere Betriebe vor allem Haushaltsgeräte, Galanterie-, Leder- und Schmuckwaren, Lampen und Lampenschirme. Berliner Produzenten wie Auswärtige präsentierten hier ihre Dauerausstellungen.

Es kümmerte Wertheim wenig, dass bereits ein Gemischtwarenhändler ansässig war: A. Lubasch war mit seinem «Ramschbazar» weit über die Gegend hinaus bekannt. Konkurrenz in der unmittelbaren Nachbarschaft kannte Georg Wertheim aus Stralsund, auch wenn er dort der Erste gewesen war.

Vielleicht fand er es sogar reizvoll, denn im direkten Wettkampf um die Gunst der Kunden konnte er messen, wer besser ankam – Lubaschs billiger Laden, der die Kundschaft allein über den Preis warb, oder Wertheims teureres Geschäft, in dem die Käufer dafür sicher sein konnten, keinen Ramsch zu erwerben. Überdies wusste er über die Firma A. Lubasch ausreichend Bescheid, denn sie betrieb auch in der Rosenthaler Straße einen Laden, der Textilien und Partiewaren auch an größere Betriebe verkaufte, Glas- und Porzellanartikel an Bahnhofswirtschaften zum Beispiel.

Wie sich im Wettstreit mit Lubasch sein eigenes Geschäft veränderte, beschreibt Georg Wertheim in seinem Tagebuch: *Infolge der Konkurrenz mit A. Lubasch (seinerzeit Ecke Oranienstraße und Kommandantenstraße) mussten die von diesem geführten Artikel, Wirtschaftswaren und Galanterie-Artikel, auch bei uns geführt werden. Dies bedeutete den ersten Schritt zu der Wandlung des Manufaktur-Geschäfts in den so genannten Warenhaus-Betrieb. Wir gerieten unbeabsichtigt auf diese Bahn und ohne uns bewusst zu sein, zu welchem Ziele dieser Schritt führen würde. Warenhäuser gab es damals in Deutschland noch nicht; nur A. Lubasch führte außer Manufakturwaren auch Glas, Porzellan und Wirtschafts- sowie Galanterie-Artikel, jedoch in einer partiewarenmäßigen Art und nur in billigsten Qualitäten; er machte jedoch seinerzeit auf diese Weise ein großes Geschäft. Als wir also gezwungenermaßen dazu übergingen, seine Artikel ebenfalls zu führen, entstanden daraus bei uns ordnungsgemäß geführte Abteilungen, wie sie unserer ganzen Geschäftshandhabung entsprachen.*

In der Oranienstraße machte Wertheim den ersten Schritt vom Manufakturwarenhandel zum Warenhausbetrieb. Er begann getrennte Abteilungen für Haushalts- und Textilwaren einzurichten.

«Wertheim führte im Anfang hauptsächlich Posamentierartikel: Schürzen, Hemden, Strümpfe, Bänder, Zwirn etc.; eine auffällige Reklame, pfennigweise Abrechnung der Preise, Lockartikel und ähnliche Mittel bewirkten, dass sein Geschäft namentlich von Frau en der unteren Stände gestürmt wurde», berichtet Gustav Stresemann, der bedeutende Staatsmann der Weimarer Republik.[10] Diese Aussage steht im Gegensatz zu Wertheims Tagebucheintragung, wonach er erst nach der Etablierung in der Leipziger Straße in Zeitungen zu annoncieren begann.

Auf jeden Fall sorgte Wertheim dafür, dass sich sein Angebot nicht aus Partiewaren, also Waren mit Fehlern, und aus Mängel- oder Überproduktionen zusammensetzte. Er achtete auf eine Verstetigung des Sortiments und vor allem auf gute Qualität. Und seine Bemühungen wurden belohnt. Schon bald wusste die Kundschaft zu unterscheiden, und der feindselige Spruch der Warenhausgegner

«Wer bei Wertheim kauft, bringt nichts von Wert heim» verkehrte sich in sein Gegenteil: «Wer bei Lubasch kauft, bringt nichts von Wert heim.»[11]

Im Mai 1891 eröffneten die Wertheim-Brüder neben dem ersten ein weiteres Geschäft in der Rosenthaler Straße 28/29, was Georg Wertheim keine Tagebucheintragung wert war. Auch den Herztod seines Vaters im Juli 1891 während einer Reise an den Vierwaldstätter See hielt er erstaunlicherweise nicht fest.

Abraham Wertheim wurde nach Berlin überführt und auf dem Friedhof Weißensee beigesetzt. «Hier ruhet Abraham Wertheim, geb. den 18. November 1819, gest. den 3. Juli 1891», steht in deutscher Schrift auf dem schlichten schwarzen Marmorstein. Der Grabhügel ist von Efeu umrankt. Kein Mogen David (Davidstern), keine Inschrift in hebräischen Lettern wie sonst bei jüdischen Gräbern.

*

Am 10. Oktober 1892 öffnete eine Filiale in einem gemieteten Neubau in der verkehrsreichsten Gegend der Stadt seine Tore: in der Leipziger Straße. *Das Geschäft erhielt von Anfang an ein wesentlich besseres Niveau als Rosenthaler- und Oranien-Straße.*

Die Leipziger Straße war ein ungewöhnlicher Standort, kein Geschäftsviertel, eher noch Randlage. Auf der Schnittstelle von Potsdamer und Leipziger Platz, die nach dem Abriss der Stadtmauer wie Zwillinge aneinander stießen, hatte sich früher eines der 15 Stadttore befunden, das man beim Eintritt in die Stadt nach Entrichtung des Zolls passieren musste. Wohlhabendere Berliner hatten sich im unmittelbar davor gelegenen Bereich des Tiergartens (Bellevuestraße, Matthäikirchstraße, Lennéstraße) niedergelassen. Das zwischen dem proletarischen Osten Berlins (Berlin O) und dem aristokratischen Westen (Berlin W) gelegene Bellevueviertel (Berlin NW) wurde im jüdischen Volksmund «Nebbichwesten» genannt.

Der Bereich zwischen dieser Villengegend und der alten Innenstadt war noch nicht definierter Raum, hier traf sich die alte Mitte mit dem neuen Westen. In der City – vom Spittelmarkt über den Dönhoffplatz bis zum Leipziger und Potsdamer Platz – lagen mehrere Bahnhöfe, der Potsdamer, der Ring- und Wannseebahnhof und der Anhalter Bahnhof für den Verkehr Richtung Süden. Die Leipziger Straße gehörte zum Regierungsviertel, und im südwestlich gelegenen «Geheimratsviertel» hatten sich seit einigen Jahren zahlreiche gewerbliche und landwirtschaftliche Betriebe angesiedelt. Banken und Versicherungen waren in der Nähe, große Zeitungsverlage mit ihren Nachrichtenbüros, Druckereien und Buchbindereien. An der Leipziger Straße prangten das Reichspostamt mit dem Reichspostmuseum, gegenüber das Reichskriegsministerium. Und seit 1871 tagte in der Leipziger Straße 4 der Reichstag, bis er 1894 in den von Paul Wallot errichteten Bau am Tiergarten umziehen konnte. Selbstverständlich wurde dieses wichtige Einzugsgebiet auch zu einem Zentrum von Hotels und Gaststätten.

Der sonst so bescheidene Georg Wertheim kann seinen Stolz nicht verhehlen: *Das Haus hatte nur eine schmale Front – zwei Schaufenster im Erdgeschoss und in den oberen Stockwerken je vier Fenster. Da es aber bis zum obersten Stock dem Geschäftsbetriebe diente, machte es doch, besonders abends bei Beleuchtung, einen recht imposanten Eindruck. In der Leipziger Straße war es damals eigentlich das erste Haus, welches vom Keller bis zum Dach einem Detailgeschäft diente. Durch die Wirtschafts-, Galanterie-, Putz-, Kurz- und Wollwaren-Abteilungen entstand zum ersten Mal in Berlin ein Geschäft, welches den Eindruck eines einheitlichen Warenhauses, und zwar von einer gewissen Eleganz machte; doch blieben die Mode-, Manufakturwaren und Konfektions-Abteilungen im Vordergrunde des ganzen Geschäfts.*

Dieses Geschäft florierte trotz der vermeintlich ungünstigen Lage vom ersten Tag an, der Name A. Wertheim hatte bereits einen guten Klang. *Die Eröffnung des Geschäfts in der Leipziger Straße war daher an sich schon eine Sensation für Berlin.* Die nunmehr größeren Verkaufsflächen ermöglichten es den vier Wertheim-Brüdern, das

Angebot innerhalb der einzelnen Warengattungen auszuweiten, namentlich in der Damenbekleidung. Hier ging man nun verstärkt zur maschinell hergestellten Konfektion über, die bis dahin überwiegend für die weniger betuchten Schichten – mitunter sogar im Straßenhandel – angeboten wurde.

Das neue Haus von A. Wertheim war ein Meilenstein in der Entwicklung des Handels, die während des 19. Jahrhunderts vom Detailgeschäft für Textilien – vor allem Kurz- und Meterwaren – über die Gemischtwarenhandlung und die Magazine und Basare zum Kauf- und Warenhaus führte.

Den Anfang in Europa hatte Aristide Boucicaut 1852 mit dem bereits erwähnten «Au Bon Marché» in Paris gemacht, gefolgt 1855 vom «Louvre» und 1865 von «Au Printemps», dessen Gründer Jules Jaluzot sein Warenhaus in der Nähe des Bahnhofs Saint-Lazare errichtete, einer damals noch eher randständigen Lage. In den Vereinigten Staaten hatte sich «Lord & Taylor» in Chicago schon seit Ende der zwanziger Jahre auf ähnliche Weise durch stetige Sortimentserweiterung zum Warenhaus entwickelt. In London wuchs aus dem Krämerladen, den Mr. Harrods 1849 von einem bankrotten Bekannten übernahm, das heute exklusivste Warenhaus Europas.

Auf deutschem Boden stand Berlin im Zentrum der Geschichte des Warenhauses. Doch in Deutschland mussten die Pioniere nach anfänglichen Erfolgen härter als anderswo kämpfen, wie sich an der antisemitischen Stimmungsmache gegen Tietz ablesen lässt.

Der Bruder von Wertheims Stralsunder Konkurrenten Leonhard Tietz – Oscar – hatte 1882 in Gera unter dem Namen seines Onkels und Förderers Hermann Tietz das Stammhaus der später bedeutenden Warenhauskette gegründet. Vorerst war es nicht viel mehr als ein «Kleinpreisladen», ein großes Parterrelokal mit Schaufenstern, Gasbeleuchtung und einer notdürftig zusammengezimmerten Einrichtung. Obwohl der erste Verkaufstag mit einer Tageseinnahme von 34,50 Mark nicht gerade berauschend war, wurde das Geschäft wegen der niedrigen Preise bald zu einem Riesenerfolg. Nun baten

Harrods 1924, in der Brompton Road.

auch größere Industrielle darum, Oscar Tietz diskret in der Wohnung aufsuchen zu dürfen – im Geschäft fürchteten sie, gesehen zu werden. Sie legten ihre Muster vor und verkauften ihre Erzeugnisse in neutraler Verpackung, dafür aber zu einem günstigeren Preis.[13]

Galt Oscar Tietz bis dahin als ein «Romantiker des Handels», dem man keine wirtschaftliche Überlebensfähigkeit zutraute, wurde er jetzt von einigen seiner Berufsgenossen als «Schädling des Handels» beschimpft. Besonderen Zorn riefen die guten Arbeitsbedingungen seiner Angestellten hervor. So hatte Tietz, um sein Personal gesund zu erhalten, die völlige Sonntagsruhe eingeführt, eine unerhörte Neuerung.

Seine Konkurrenten ließen verbreiten, dass es unmöglich sei, auf anständige Weise so billig zu verkaufen. Sie überzogen Tietz mit einer Prozesslawine, in der er des Betrugs, falscher Maße und Gewichte und unlauteren Wettbewerbs bezichtigt wurde. Antisemitische Hetzblätter unterstützten das Verfahren mit einer regelrechten Verleumdungskampagne. Doch Oscar Tietz konnte vor Gericht alle Vorwürfe widerlegen. Die Publizität, die ihm die Prozesse und deren Ausgang einbrachten, erwiesen sich für die Kläger als Bumerang: Der Umsatz des Hauses Hermann Tietz stieg nur noch schneller.[14]

Dennoch verlegten Oscar und Betty Tietz, von den Querelen zermürbt, die Geschäftsleitung nach München, wo sich der Rest der Familie aufhielt. Aber auch dort erging es ihnen nicht gut. Als Oscar Tietz 1895 gegen den Willen seines Onkels Hermann das Bürohaus Imperial gegenüber dem Justizpalast kaufte, kündigten sämtliche Mieter auf einen Schlag – sie wollten nicht im «Jud-Tietz-Palast» ihre Büros haben.[15]

Nachdem sie vergeblich neue Mieter gesucht hatten, beschlossen Hermann und Oscar Tietz, das ganze Haus für eigene Zwecke zu nutzen. Sie ließen das Gebäude umgestalten, brachen Etagen heraus und bauten ein großes Portal und an jeder Straßenfront zehn Schaufenster ein. Auf diese Weise entstand ein Lichthof mit Galerien, die durch eine repräsentative Treppe miteinander verbunden waren.

Der mit Glas überdachte Lichthof war kein genialer architektonischer Einfall, keine Vorwegnahme dessen, was später zum Nonplusultra der Warenhausarchitektur werden sollte, sondern entstand aus der pragmatischen Überlegung heraus, dass man kaum genügend

Waren für alle Etagen anschaffen konnte. Das Glanzstück des neuen Geschäfts waren zwei Fahrstühle, ein Lasten- und ein Personenfahrstuhl, «und das erste elektrische Licht in einem Münchener Haus!».[16]

Es waren Kohlestaub-Bogenlampen, die im zweiten Stock ein Glasschild mit der Aufschrift «Warenhaus» und über dem Portal eines mit der Aufschrift «Hermann Tietz» von innen beleuchteten. «Das erste Warenhaus in Deutschland war entstanden. Erst ein paar Monate später eröffnete Wertheim sein Haus in Berlin», freut sich Georg Tietz in seinen Memoiren.[17]

Hier irrt er allerdings, denn Wertheims erstes richtiges Warenhaus in der Oranienstraße gab es seit dem 30. November 1894.

1893 unternahmen Georg und Wolf Wertheim eine Reise, bei der sie das Geschäftliche mit dem Angenehmen verbanden: Oostende, London, die Insel Wight, Brighton, Paris und später Helgoland. Neben geschäftlichen Kontakten, die geknüpft oder intensiviert wurden, besichtigten sie sicherlich die großen Warenhäuser in London und Paris.

In etwa 18 Jahren waren fünf Filialen errichtet worden, von denen 1893 das Stammhaus in Stralsund das umsatzschwächste war und in Zukunft auch bleiben sollte. Das Rostocker Geschäft brachte es auf fast 480 000 Mark, und in Berlin wetteiferten drei Filialen um den größeren Erfolg. Die beiden Läden in der Rosenthaler Straße lagen mit einem gemeinsamen Umsatz von 2,6 Millionen Mark an der Spitze, dicht gefolgt von dem eben erst eröffneten Haus Leipziger Straße 111. An dritter Stelle stand die Oranienstraße mit 1,7 Millionen Mark. Der Gesamtumsatz hatte also eine stolze Höhe von mehr als 7,5 Millionen Mark erreicht.

Aber Georg Wertheim gab sich nicht zufrieden.

Das Geschäft in der Oranienstraße, unweit des Moritzplatzes, entwickelte sich so gut, dass er nun bereit war, die finanzielle Belastung eines Neubaus auf sich zu nehmen, der die Anforderungen eines richtigen Warenhauses erfüllte.

Bis dahin waren lediglich bereits vorhandene Häuser für den Geschäftsbetrieb umgebaut worden – mit allen Mängeln, die ein Umbau nicht korrigieren konnte. Sie waren zu eng und wirkten voll gestopft, an ein Flanieren zwischen den präsentierten Waren wie bei «Au Printemps» oder in dem gigantischen Warenhaus «La Belle Jardinière» war nicht zu denken. Durch die Zusammenlegung vorhandener Räume waren die Raumaufteilungen ungünstig, aus statischen Gründen musste der Verkauf teilweise auf das Erdgeschoss beschränkt bleiben. Und wegen der zu niedrigen Raumhöhen und des Mangels an Tageslicht war alles doch recht düster. Helles künstliches Licht, das anfänglich über Gas gespeist wurde, stand noch nicht ausreichend zur Verfügung.

In Paris, der europäischen Hauptstadt der Warenhäuser, hatten Georg und Wolf Wertheim erlebt, wie ein Grand Magasin auszusehen hatte. Das 1881 fast völlig ausgebrannte Warenhaus «Au Printemps» war wenige Jahre später in neuer Pracht wiedererstanden. Eine von Palmen gekrönte doppelarmige Freitreppe, von der die Käuferinnen in ihren langen Kleidern hoheitsvoll wie Königinnen herabschritten, führte in die oberen Etagen. Sie überragten den keinen Verkaufszwecken dienenden Lichthof zwar zu beiden Seiten um mehrere Stockwerke, bildeten aber dennoch einen einzigen Raum, den man sozusagen mit einem Blick erfassen konnte.[18]

Ende 1892 stand an der Oranienstraße 53/54 ein Grundstück zum Verkauf. Georg Wertheim ging das Wagnis ein und kaufte, obwohl er erst wenige Monate zuvor in der Leipziger Straße ein ganzes Haus umgebaut hatte. Doch ließ er sich auf nichts ein, das er nicht schon kannte: Den Standort in der Luisenstadt und die Bedürfnisse seiner Arbeiterkundschaft hatte er drei Jahre lang unter den verschärften Bedingungen der Konkurrenz von A. Lubasch getestet.

Nachdem ein erster Bauantrag für ein neues Gebäude durch den Architekten Richard Laude abgelehnt worden war, empfahl Joseph Rosenthal, Inhaber der Firma Rosenthal & Tobias, Georg Wertheim den Architekten Alfred Messel. Rosenthal stand Wertheim *Jahre hin-*

Szene in einem Berliner Warenhaus, Holzstich nach einer Zeichnung von E. Cucuel, 1901.

durch mit großer Freundschaft als uneigennütziger Berater zur Seite, besonders in Grundstücks-, Bau- und Hypotheken-Angelegenheiten, in denen er große Erfahrung besaß.

Der 1853 in Darmstadt geborene Messel hatte bis dahin gediegene, aber wenig Aufsehen erregende Bauten entworfen und stand mit dem geplanten Bau eines Warenhauses vor einer besonderen Herausforderung. Nach Pariser Vorbild entwarf er einen mit Glas überdachten Lichthof, von dem eine breite Treppe in die oberen Etagen führte. Um dem Odium des «billigen Einkaufs» zu entkommen, sollte das Warenhaus außen und innen elegant wirken. Und um der wohlhabenderen Kundschaft die ungewohnte «demokratische» Tuchfühlung mit Arbeiterinnen und kleinen Angestellten zu versüßen, sollte das Interieur einen Hauch von Luxus verströmen.

Messels Bauantrag vom November 1893 wurde schon vier Wochen später genehmigt.

*

1894 war Georg Wertheim 37 Jahre alt, ein soignierter Herr mit gepflegten Manieren und sanfter Stimme. Abraham Wertheim war in seinem Alter gewesen, als er Ida Wolff heiratete und neun Monate später Vater wurde. Vielleicht setzte die Mutter ihren Sohn auch deshalb nicht unter Druck. Gelegenheiten hätte es gewiss genügend gegeben, denn Georg Wertheim verkehrte mittlerweile in den besten Kreisen. Doch er war schüchtern, bei Frauen ebenso wenig ein Draufgänger wie bei der Führung seines Unternehmens. Schritt für Schritt ging er vor und ließ niemals einen Zwischenschritt aus.

So war es wohl auch mit der Ehe: Er war nicht so weit, hatte noch einiges vor. In seinem Alter war sein Vater ein armer Schlucker, er hingegen ein reicher Mann, und mit ihm die ganze Familie. Aber Geld stand bei seinem Ehrgeiz nicht im Vordergrund. Abgesehen von seinen ausgedehnten Reisen führte Georg Wertheim ein eher bescheidenes Leben und bevorzugte zurückhaltende Eleganz. Sein geschäftlicher Erfolg bedeutete gewiss in erster Linie Bestätigung für sich selbst, dessen Eltern zu arm gewesen waren, um ihn bis zum Abitur zur Schule zu schicken.

Über das, was er in der Freizeit tat, gibt sein Tagebuch kaum Auskunft. Sicher ist, dass er sich mit Kunst beschäftigte und regelmäßig alle in Berlin angebotenen Ausstellungen besuchte. Und er lernte Sprachen. Zwischen 1893 und 1896 nahm er nach der Berlitz-Methode – in Kleingruppen und mit muttersprachlichen Lehrkräften – englischen, französischen und italienischen Sprachunterricht, *und zwar immer abends nach Geschäftsschluss. Meine Kenntnisse waren nur oberflächlicher Art; ich konnte mich aber in den Ländern gut verständigen.*

Während Architekt Messel die Bauarbeiten an der Oranienstraße beaufsichtigte, reiste Georg Wertheim nach Italien und in die Schweiz: Florenz, Rom, Sorrent, Capri, Bellaggio, Lugano, Interlaken. *Kleine Zeichnungen auf der Reise gemacht.* Im Juni besuchte er seine Mutter, die in Bad Schandau in der Sächsischen Schweiz Urlaub machte.

Das erste Gebäude, das eigens für den Betrieb eines Warenhauses errichtet wurde: A.Wertheim in der Oranienstraße. Dies war zugleich der Beginn der Zusammenarbeit von Georg Wertheim und dem Architekten Alfred Messel. Aufnahme um 1895.

Am 30. November wurde dann der Neubau in der Oranienstraße 53/54 eröffnet: *Es war dies das erste Warenhaus in Berlin, welches einen großen Lichthof zum Mittelpunkt hatte. Der Stil war vornehm, gehört aber noch zu der alten Bauepoche von Messel.*

Das viergeschossige Gebäude (mit zwei zusätzlichen Dachetagen) konnte sich sehen lassen. Es war noch im herkömmlich neubarocken Stil mit korinthischen Säulen gehalten, und das Tonnendach mit der großen transparenten Inschrift «A. Wertheim» überragte nur geringfügig die umliegenden Häuser. Keineswegs war es so imposant, dass es die Arbeiterkundschaft eingeschüchtert hätte. Vom

Lichthof führte eine freischwingende Treppe zu einer Galerie, dann weiter in zwei Obergeschosse, die sich wiederum mit umlaufenden Galerien zum Lichthof öffneten.[19]

Anders als das Konfektionsgeschäft des kaiserlichen Hoflieferanten Rudolph Hertzog sollte das neue Warenhaus nicht auf einen Warenbereich beschränkt sein. Es fehlten Hartwaren und auch an den Verkauf von Nahrungs- und Genussmitteln war noch nicht gedacht. Doch das Warenhaus versuchte organisatorisch zusammenzufassen, was bisher getrennt voneinander in kleineren Läden angeboten wurde.

«Warenhaus Wertheim» war eine leicht ins Ohr gehende Alliteration, deren Einprägsamkeit sich für die Reklame nutzen ließ. Und die Umsätze stiegen stetig. Sechs Jahre später wurde das Geschäft auf die Grundstücke Oranienstraße 52–55 erweitert und das kleinere in der Oranienstraße aufgegeben.

*

Es scheint paradox, und doch hatte gerade das Bemühen vieler Juden, sich gesellschaftlich anzupassen, eine umso heftigere Reaktion zur Folge. Mit ihrer rechtlichen Gleichstellung im Deutschen Reich zogen sie den Hass von Leuten wie dem Hofprediger Adolf Stöcker und dem Berliner Historiker Heinrich von Treitschke auf sich.

Im Januar 1878 gründete Adolf Stöcker in Berlin die erste politische Partei, die den Antisemitismus explizit auf ihre Fahnen schrieb. Die «Christlich-soziale Arbeiterpartei» sollte insbesondere sozialdemokratische Arbeiterkreise ansprechen. Schon ein Jahr später entstand die «Antisemitenliga». Beide Parteien waren mäßig erfolgreich, doch der politische Antisemitismus war nunmehr zu einem anerkannten Gesprächsthema geworden.

Erfolgreicher als Stöcker war Heinrich von Treitschke. Am 15. November 1879 veröffentlichte er in den «Preußischen Jahrbüchern» einen Artikel, in dem er die Juden als Personifizierung des profitorientierten Kapitalismus hinstellte, aber gleichzeitig auch das Bild des Juden heraufbeschwor, das vom tradierten christlichen Judenhass herrührte. In einer berühmt gewordenen Stelle schreibt er: «Bis in die Kreise höchster Bildung hinauf, unter Männern, die jeden Gedanken kirchlicher Unduldsamkeit oder nationalen Hochmuts mit Abscheu von sich weisen würden, ertönt es heute wie aus einem Munde: die Juden sind unser Unglück.»[20]

Der öffentliche Disput, der dieser Veröffentlichung folgte, ging als «Berliner Antisemitismusstreit» in die Geschichte ein und erlebte seinen Höhepunkt in der Auseinandersetzung zwischen Treitschke und dem Nestor der deutschen Historiker, Theodor Mommsen.

Auch die einst liberal eingestellte «Gartenlaube», mit einer Auflage von über 350 000 Exemplaren die meistgelesene Wochenzeitschrift, veröffentlichte nun antisemitische Beiträge, wie 1874/75 die Fortsetzungsserie über den «Börsen- und Gründungsschwindel in Berlin».[21] «Sie [die Juden] schieben uns Christen stets beiseite, sie drücken uns an die Wand, sie nehmen uns die Luft», ereiferte sich der Autor Otto Glagau. «Vom getauften Minister bis zum polnischen Schnorrer bilden sie eine Kette.» (Anfang des 20. Jahrhunderts kehrte die «Gartenlaube» wieder zur ihrer ursprünglichen liberalen Linie zurück und nahm in ihren Kalender kommentarlos auch die jüdischen Festtage auf.)

Eine Flut antisemitischer Broschuren sollte dem Publikum einhämmern, dass Wirtschaftsliberalismus und Börsenspekulation mit «jüdischem Finanzgebaren» gleichzusetzen war. Bis 1890 erschienen über 500 solcher Schriften.[22]

Wilhelm Buschs Karikatur des Schmulchen Schievelbeiner («Kurz die Hose, lang der Rock, krumm die Nase und der Stock, Augen schwarz und Seele grau, Hut nach hinten, Miene schlau – So ist Schmulchen Schievelbeiner. [Schöner ist doch unsereiner]») beeinflusste durch seine weite Verbreitung das Judenbild vieler Deutscher und wurde sogar von jüdischen Lesern amüsiert als Karikatur anderer Juden aufgefasst.

Besonders abstoßend war seit 1896 die Karikierung von Juden im «Simplicissimus», der angesehenen satirischen Wochenzeitschrift, in der später Größen wie Thomas Mann, Rainer Maria Rilke, Hermann Hesse und Karl Kraus publizieren sollten.

Wie kam es dazu, dass dieser bösartige Antisemitismus bei immer mehr Menschen auf fruchtbaren Boden fiel? Der Rausch der «Gründerzeit» nach dem siegreichen Ende des Deutsch-Französischen Krieges war nach dem spektakulären Börsenkrach von 1873 einer großen Ernüchterung gewichen.[23] Die Grundstücks- und Bauspekulationen hatten wahnwitzige Dimensionen angenommen: Neubauten für eine Stadtbevölkerung von neun Millionen Einwohnern wurden projektiert. So waren die Verantwortlichen für den «Gründungsschwindel» rasch gefunden: «Die Juden sind unser Unglück.»

Der 1890 veröffentlichte Gründungsaufruf des «Vereins zur Abwehr des Antisemitismus» wurde von namhaften nichtjüdischen Persönlichkeiten wie dem Kulturhistoriker und Schriftsteller Gustav Freytag, dem Schriftsteller Paul Heyse und Theodor Mommsen unterzeichnet. Drei Jahre später hatte der Verein schon 13 000 Mitglieder[24], veranstaltete überall im Land öffentliche Versammlungen und publizierte Broschüren und Flugschriften. Der von ihm veröffentlichte «Antisemitenspiegel» brachte es dennoch nur auf eine Gesamtauflage von 10 000 Exemplaren, während Theodor Fritschs «Antisemiten-Katechismus», der gegen den «Spiegel» gerichtet war, zehnmal so oft verkauft wurde.[25]

Im März 1893 wurde der «Centralverein deutscher Staatsbürger jüdischen Glaubens» gegründet. Er lehnte die Idee einer jüdischen Nation ab, betrachtete das Judentum ausschließlich als religiöse Gemeinschaft und wollte den Antisemitismus durch systematische Aufklärung bekämpfen. Ausländischen Juden war die Mitgliedschaft verwehrt.

Mommsen, der Vorsitzende des «Vereins zur Abwehr des Antisemitismus», glaubte schon nicht mehr an Aufklärung: «Sie täuschen sich, wenn Sie glauben, dass man da überhaupt mit Vernunft etwas machen kann ... Darauf hört doch kein Antisemit. Die hören nur auf den eigenen Hass und den eigenen Neid, auf die schändlichsten Instinkte. Alles andere ist ihnen gleich. Gegen Vernunft, Recht und Sitte sind sie taub ... Gegen den Pöbel gibt es keinen Schutz – ob es nun der Pöbel auf der Straße oder der Pöbel im Salon ist, das macht keinen Unterschied. Canaille bleibt Canaille, und der Antisemitismus ist die Gesinnung der Canaille ... man kann ihn weder erklären noch teilen. Man muss geduldig warten, bis sich das Gift von selber austobt und seine Kraft verliert.»[26]

Antisemitismus gab es aber nicht nur in Deutschland. In Paris wurde dem jüdischen Hauptmann Alfred Dreyfus wegen angeblichen Verrats militärischer Geheimnisse an das Deutsche Reich auf der Grundlage gefälschten Beweismaterials der Prozess vor einem Militärgericht gemacht. Als die Unrechtmäßigkeit des Verfahrens ruchbar wurde, entwickelte sich die Dreyfus-Affäre später zur größten innenpolitischen Krise der dritten französischen Republik.

Erst als der charismatische Wiener Theodor Herzl 1894 bei einer Parisreise den entfesselten Antisemitismus mit eigenen Augen erlebte, erwachte in ihm das Gefühl für ein nationales Judentum. Dass im republikanischen Frankreich hundert Jahre nach der Erklärung der Menschenrechte die Straßen von Paris mit dem Ruf «Tod allen Juden!» widerhallen konnten, überzeugte ihn von der Notwendigkeit der «Rückkehr zum eigenen Volke und [der] Übersiedlung nach dem eigenen Lande» – dieser Gedanke bildete den Kern von Herzls Broschüre «Der Judenstaat». «Der Feind», heißt es dort, «macht uns ohne unseren Willen zum Volke.»[27]

Mit dem ersten Zionistenkongress in Basel wurde 1897 die Zionistische Weltorganisation gegründet.

In Russland, in Rumänien und im österreichischen Galizien führte das Elend der Juden seit Anfang der achtziger Jahre zu einer panischen Massenflucht, in erster Linie in die Vereinigten Staaten. Die traditionelle Rolle der osteuropäischen Juden, die häufig als Mittler zwischen Stadt und Land wirkten, war mit der einfachen Warenfertigung verbunden. Mit der Massenproduktion stiegen neue Schichten zu ihren Konkurrenten auf, und schnell stellte sich die «Judenfrage». Sie wurde mit zunehmender Ausgrenzung und Gewalt beantwortet. Auswanderung blieb für viele Juden die einzige Perspektive.[28]

Für die meisten «Ostjuden» war Berlin nur ein Zwischenstopp auf der Weiterreise. Die wenigen, die bleiben durften, hausten in den Elendsquartieren des Scheunenviertels in Berlin-Mitte, wo Prostitution und Verbrechen grassierten. Die germanisierten Juden der Berliner Bourgeoisie fühlten sich durch deren bloße Anwesenheit in schmerzlicher Weise daran erinnert, in welcher Situation sie sich selbst noch vor wenigen Generationen befunden hatten.

Seit Beginn der Einwanderung von Juden aus Osteuropa bemühten sich deshalb auch jüdische Organisationen um eine Begrenzung des Zuzugs. Gleichzeitig riefen jüdische Intellektuelle wie Martin Buber eine «Jüdische Bewegung» ins Leben, die sich der Suche nach den Ursprüngen verschrieb und den Ostjuden als Gegenbild zum etablierten deutschen Judentum romantisch verklärte.[29]

Georg Wertheim und seine überwiegend jüdischen Freunde setzten sich gewiss mit diesen Fragen auseinander, kein Jude konnte sich ihnen entziehen: Was sind wir? Was wollen wir sein? Deutsche Staatsbürger jüdischen Glaubens, jüdische Deutsche oder Deutsche und Juden zugleich? In seinem letzten grundsätzlichen Beitrag zum Antisemitismusstreit hatte Mommsen die deutschen Juden, «mögen sie Hosen verkaufen oder Bücher schreiben», aufgerufen, «alle Schranken zwischen sich und den übrigen deutschen Mitbürgern mit entschlossener Hand niederzuwerfen».[30]

Genau das hatte Wertheim vor, denn weder vermochte er der Verklärung der osteuropäischen «Luftmenschen» etwas abzugewinnen, die gewiss nicht seiner Vorstellung von «edelster Lebensauffassung» entsprachen, noch der Sehnsucht nach einer Heimstatt für Juden im Land der Väter. Er hatte sich fest im preußischen Berlin etabliert und wollte nur eins: expandieren und seine Zugehörigkeit zum Deutschen Reich unmissverständlich deutlich machen. So ließ er im Mai 1900 anlässlich der Großjährigkeitsfeier des Kronprinzen Wilhelm sein City-Haus im Lichterglanz erstrahlen.

Trotz sporadischer antisemitischer Anfeindungen ließ es sich in Berlin als wohlhabender Jude gut weiterkommen. Und man war längst nicht mehr allein: Zwei Drittel der jüdischen Bevölkerung Deutschlands lebten in Preußen, um 1900 waren es 380000. In Berlin hatte sich die Zahl der Juden zwischen 1871 und der Jahrhundertwende auf 106 000 verdreifacht.[31]

Die große Mehrheit der Berliner Juden waren davon überzeugt, dass sich ihre doppelte Identität als deutsche Staatsbürger und Juden durchsetzen würde. Und so stand in den jüdischen Gemeinden weniger die Beschäftigung mit der eigenen religiösen Praxis im Vordergrund als die immer noch nicht gleichberechtigte Stellung der Juden im deutschen Staat. In der preußischen Armee war Juden der Offiziersrang verwehrt, und an den Hochschulen wurden sie kaum zu ordentlichen Professoren ernannt. Selbst an den Volksschulen durften sie oft nur Mathematik und Naturwissenschaften unterrichten, nicht aber Geschichte und Deutsch, jene Fächer, denen eine besondere Bedeutung «für die Erziehung der Jugend im politischen Geiste» beigemessen wurde.[32]

Bei einer Anfrage im preußischen Abgeordnetenhaus im Februar 1901, in der Justizminister Karl Heinrich Schönstedt gefragt wurde, aus welchen Gründen er jüdische Juristen nicht in den öffentlichen Dienst aufnahm, antwortete dieser: «Ich leugne nicht die ausgezeichneten Eigenschaften der jüdischen Notare, ihre Ehrlichkeit, Gewissenhaftigkeit und Pflichttreue, aber ich kann nicht die Tatsache unberücksichtigt lassen, dass ein großer Teil der christlichen Bevölkerung den Juden misstrauisch gegenübersteht.»[33]

Jene, die sich mit diesen Widrigkeiten nicht mehr auseinander setzen wollten, traten zum Christentum über. Insgesamt ließen sich im 19. Jahrhundert etwa 30 000 Juden taufen.[34]

Das war das Klima, in dem die Gebrüder Wertheim begannen, ihr Firmenimperium aufzubauen. Zwar wurde jüdischen Geschäftsleuten in der Presse vorgeworfen, die Kunden mit Lockartikeln ins Warenhaus zu ziehen, wo sie dann mit minderwertigen Waren abgespeist würden, das Angebot würde die Kunden «sittlich gefährden», und den Verkäuferinnen drohten gesundheitliche Gefahren – doch in Berlin blieben die Angriffe moderater als in Gera und München. Großbetriebe im Einzelhandel waren hier schon länger bekannt.

Wie sehr Wertheim die allgemeine Stimmung zusetzte, geht aus seinem Tagebuch nicht hervor. In seiner gewohnt zurückhaltenden Art bezeichnet er die Angriffe bloß als *gehässig* und begegnet ihnen, indem er seinem Unternehmen einen besonderen Charakter gibt: *Um dem Worte Ramschbazar, das durch das Geschäft von Lubasch und die 50-Pfg.-Bazare, die damals aufgekommen waren, starke Verbreitung, besonders durch antisemitische Zeitungen, gefunden hatte, entgegenzuwirken, setzten wir auf meine Veranlassung in unseren Inseraten und auf den Reklamewagen beharrlich unserer Firma A. Wertheim die Bezeichnung Warenhaus hinzu.*

So bürgerte sich allmählich der Begriff «Warenhaus» ein. Wertheim verband diesen Begriff mit Qualität, doch seine Feinde warfen ihm vor, Partiewaren, also Restposten, anzubieten. Er verteidigt sich für seine Verhältnisse ungewöhnlich emotional: *Das Gegenteil war der Fall. Wir haben weder in Berlin noch vorher in Stralsund jemals Partiewaren gekauft; unser Geschäft ist immer nur auf die reellste Weise und mit regulär eingekauften Waren betrieben worden; ebenso wenig reklamehaft; wir haben z. B. in Berlin erst nach der Etablierung in der Leipziger Straße mit Zeitungsinseraten begonnen. Alle herabwürdigenden Geschichten, die zur damaligen Zeit mehr oder weniger in Umlauf kamen, sind ohne Ausnahme unwahr gewesen. Der Aufschwung unseres Geschäftes war erstaunlich sensationell; dementsprechend gehässig waren die Anfeindungen von der so genannten Mittelstandspartei, die*

Eine Zeitungsannonce des Warenhauses. In der Umrandung wiederholt sich das Signet der Firma – der auf dem «W» stehende Globus. Diese Anzeige aus dem Jahr 1904 ist ansonsten eine reine Schrift- und keine Bildreklame.

sich gleichzeitig in antisemitischem Fahrwasser bewegte. Diese Gehässigkeiten haben uns aber schließlich nicht geschadet.

Solang die antisemitischen Anwürfe nicht den Umsatz beeinflussten, war Georg Wertheims Energie ungebremst. Er hatte schon wieder neue Pläne. Das Geschäft in der Leipziger Straße 111 erwies sich immer mehr als Goldgrube: Schon 1893 war es mit einem Umsatz von fast 2,5 Millionen Mark dem Gesamtumsatz der beiden Häuser in der Rosenthaler Straße 27 und 28/29 nahe gekommen. Doch eine Vergrößerung war am alten Standort nicht möglich.

Der rasche Erfolg des in einem Jahr fertig gestellten Neubaus in der Oranienstraße und der nunmehr erleichterte Zugang zu Krediten ließ Wertheim sein Tempo beschleunigen. Als sich eine günstige Gelegenheit bot, kaufte er kurz entschlossen die beiden Grundstücke Leipziger Straße 132/133 für 4,5 Millionen Mark.

Wieder beauftragte er Alfred Messel mit dem Entwurf und Bau eines großzügigen Hauses, mit dem das Geschäft in der Leipziger Straße 111 ersetzt werden sollte. Im neuen Haus sollten die kaufmännischen Vorstellungen und neuartigen Organisationskonzepte des Auftraggebers, aber auch seine künstlerischen Ansprüche umgesetzt und optimiert werden. Messel sollte ein Haus schaffen, dessen äußere Gestalt sich in die Umgebung mit ihren repräsentativen Gebäuden einfügte und einen würdigen Charakter hatte. Es sollte außen und innen vornehme Zurückhaltung ausstrahlen, nichts durfte marktschreierisch sein.

Anfang Dezember 1897 wurde der erste Bauabschnitt des Neubaus Leipziger Straße 132/133 der Öffentlichkeit übergeben: *Dieser Teil der Leipziger Straße galt damals noch als schlechte Geschäftslage, und man bezweifelte, wie man den für Berlin unerhört großen Bau emporwachsen sah, vielfach, dass unsere Firma die Sache überstehen würde.*

VIERTES KAPITEL

ALLES UNTER EINEM DACH

Die Eröffnung des Warenhauses an der Leipziger Straße 132/133 war für Georg Wertheim der Höhepunkt seines bisherigen Lebens. *Dieser Bau, der jetzt nur einen kleinen Teil unseres Komplexes in der Leipziger Straße bildete, machte damals bei der Eröffnung durch seine Größe und künstlerische Ausbildung einen geradezu überwältigenden Eindruck auf das Publikum. Professor Messel zählte von da an in den interessierten Kreisen zu den ersten Architekten Deutschlands, während der großen Menge auch des gebildeten Publikums sein Name noch fremd blieb.*

Vier bis vor das Dach emporgezogene Pfeiler betonten den Mitteltrakt der breiten vertikal gegliederten Hausfront. Über dem hohen Hauptportal nahm sich der Name «Warenhaus A. Wertheim» angesichts der Größe des Gebäudes eher bescheiden aus. Das mit schwarzgrün glasierten Ziegeln gedeckte Dach schien auf den Granitpfeilern förmlich zu schweben.[1] Nicht nur die Traufhöhe war gegenüber den Nachbarhäusern nach oben verschoben, der ganze Bau wies durch seine vertikale Gliederung himmelwärts.

Innen öffnete sich das Vestibül in das Herz des Gebäudes: den Lichthof, dessen viereckige, mit Märchenreliefs geschmückte Marmorsäulen durch die Etagen über zwanzig Meter zum tonnenartig gewölbten Glasdach in die Höhe stiegen. An den Wänden zwei Kolossalgemälde – ein antiker Hafen und ein moderner Hafen mit dem Dampfer «Deutschland». Und in der Mitte eine überlebensgroße, aus Kupfer getriebene Frauenfigur, «Die Arbeit» von Ludwig Manzel, einem Bildhauer aus der Anklamer Gegend. Die auf einem Sockel stehende Figur mit einem Korb voller Waren im rechten Arm lehnte an Maschinenteilen; Technik, Wirtschaft und Kunst bildeten den symbolischen Rückhalt für den Menschen, der diese Produkte «erntete». Schon sehr bald erhielt sie von den Verkäuferinnen den Spitznamen «Frau Wertheim». Vom Erdgeschoss des großen Lichthofs, wo unter anderem Taschentücher verkauft wurden, führten hinter der Figur zwei Treppen zwischen vergoldeten Kandelabern in den ersten Stock. In einem solchen Haus konnte es keinen «billigen Einkauf» geben. 1907 verfasste der sozialistische Publizist Paul Göhre in der von Martin Buber herausgegebenen Zeitschrift «Die Gesellschaft» ein Heft zum Warenhaus. Zur Veranschaulichung wählte er A. Wertheim, «das größte und beste deutsche Warenhaus». Seine Begeisterung kennt keine Grenzen:

> Ein Warenhaus? Aber kein Schild, keine Fahne, nichts Buntes kündet am Tage, keine Lichteffekte am Abend seinen Zweck. Nicht das Geringste an ihm, was nach Reklame riecht ... Vielmehr alles andere eher denn ein Warenhaus. Schwer und breit steigen die grauen Mauerpfeiler empor. Schwer und breit stehn zwischen ihnen die Fenster ... So winkt von ferne dieser Bau über den Platz herüber, wahrlich nicht wie ein Geschäftshaus, eher wie ein Stück eines alten, gotischen Doms, an dem man alles Spielzeug gespart, oder wie eine der edelsten, lieblich ernsten Kapellen eines Oxforder Kollegs ... Vornehmste Zurückhaltung ist der Gesamteindruck dieses Hauses. Fast ist es zu vergleichen mit einer schönen Frau, die edel und doch ohne aufzufallen gekleidet ist, die nur dem auffällt, der Augen hat für erlesenen Geschmack ... Das ist – in der allerknappsten Schilderung – das glänzende Äußere des Warenhauses Wertheim. Der, der es schuf, ist ein großer Künstler. Alfred Messel. Es ist in Wahrheit eine organische Schöpfung voll hoher Harmonie und vollendeter Zweckdienlichkeit. Nicht in dem Sinne, dass der Mann für die neuen Zwecke dieses Hauses einen neuen Stil erfand.[2]

Messel bediente sich aller Stilelemente. Barock, Renaissance, Gotik und selbst die Antike machte er seinem Zweck dienstbar, ein Gebäude zu schaffen, das den höchsten technischen Anforderungen eines Warenhauses entsprach. Stein und moderne Baustoffe wie Glas und Eisen gingen miteinander eine Symbiose ein. «So fließen

Wertheim, Leipziger Straße: der Mittellichthof mit der von Manzel geschaffenen Plastik «Die Arbeit», zwanziger Jahre.

alle Teile des gigantischen Baues fast ineinander und leben eine triumphierende Einheit», schreibt Göhre.

Eine solche Schilderung musste Georg Wertheim eine große Genugtuung gewesen sein, denn er hatte sich vorgenommen, die Mängel des vorangegangenen Neubaus in der Oranienstraße zu vermeiden. Hier sollte die Idee von «Alles unter einem Dach» zur Vollendung gelangen. Die Anlieferung der Waren, die in der Luisenstadt noch von der Straße aus erfolgte, konnte diskret in den beiden Innenhöfen abgewickelt werden. Auch in diesem Haus gab es einen Lichthof, der für Licht in den Räumen des tiefen Gebäudes sorgte. Und neben den großzügigen Verkaufsflächen wurde erstmals für die Kunden ein Erfrischungsraum für etwa 300 Personen eingerichtet.

Georg Wertheim und sein Architekt harmonierten aufs trefflichste. Alfred Messel verstand es, Wertheims Angaben über den betrieblichen Ablauf architektonisch kongenial umzusetzen, und auch im Wesen waren die beiden einander ähnlich. Der vier Jahre ältere Messel hatte sich zum Ziel gesetzt, «natürlich, einfach und anständig» zu bauen.[3] Auch Ida Wertheim schätzte an ihm die feine, ernste, stille Art. Zurückhaltend und sicher zugleich, verströmte der getaufte Jude Vornehmheit und Takt.[4]

Messels Biograph Walter Curt Behrendt vermutet sogar, dass er «im Grunde seines Herzens tief erschrocken gewesen sein [musste], als er das nackte Pfeilergerüst der Wertheimfassade in der Leipziger Straße aus dem Boden emporwachsen sah. Einem Architekten wie Bruno Schmitz wäre eine solche Kühnheit viel eher zuzutrauen, er hat auch äußerlich die Konstitution danach». Messel hingegen war ein bleicher, kränklicher Mensch mit einer müden, fast lässigen Körperhaltung, dessen Streben nach Harmonie und Synthese ihn das Aristokratische der alten Kulturen verehren ließ. So versuchte er, die Zweckidee des Warenhauses durch die Rhythmen gotischer Kathedralarchitektur zu adeln.[5]

Wertheim hatte volles Vertrauen. Das Büro Messel & Altgeld erarbeitete nicht nur die rein baulichen Entwürfe, sondern auch die

Details, die Handläufe der Treppen, die Bleiverglasungen der Fenster, die Lampen und sogar das Verpackungspapier. Auch die Gestaltung der Lieferwagen legte Wertheim in Messels Hände. So erhielt das gesamte Unternehmen eine Geschlossenheit, die man heute «corporate identity» nennt.

Nicht alle waren von Messels Eklektizismus begeistert. Sein Wiener Kollege Adolf Loos, der im Ornament ein «Verbrechen» sah, übte harsche Kritik an dem seiner Meinung nach Übermaß schmückender Elemente: «Seit dem Wertheim-Bau sind die Deutschen von dieser Architektur ganz benebelt.»[6]

Doch der Bau wurde zu einer Berliner Sehenswürdigkeit, deren Erwähnung in keinem Berlin-Führer fehlen durfte. Noch war die Kundschaft nicht reif für die Nüchternheit des Kaufvorgangs, wie wir ihn heute kennen. Zwar begannen sich die Konsumenten, wie Walter Benjamin beobachtete, zum ersten Mal in der Geschichte «als Masse zu fühlen»[7], die sich über die schon aus Sicherheitsgründen kreisförmig um die Verkaufsräume angeordneten Treppenhäuser hierarchielos fortbewegte, doch bedurfte es noch der Erinnerung an den feudalen Luxus, den der Lichthof und die einzig der Repräsentation dienende Haupttreppe erfüllten. Von dieser Haupttreppe, die gleichsam ihre Arme einladend ausbreitete, wurden die flanierenden Besucher aufwärts gezogen, nur um oben in den Kreislauf der dargebotenen Warenmassen gesogen zu werden. Auf der anderen Seite der eleganten Freitreppe lockte die moderne Zeit: die lautlos auf- und niedergleitenden offenen Käfige der Aufzüge, verziert mit etwas Gitterwerk.

*

Georg Wertheim liebte Menschen, die zurückhaltend und kultiviert, zugleich aber auch gesellschaftlich arriviert waren. Über den Vertreter der New Yorker Lebensversicherungsgesellschaft Hans von Adelson, der ihn nach Joseph Rosenthals Tod in Grundstücks-

und Bauangelegenheiten beriet, schrieb er in sein Tagebuch: *Dieser stand nicht nur durch seine gesellschaftliche Stellung, sondern durch Bildung und edelste Lebensauffassung auf einer höheren Stufe* [als Rosenthal], *sodass der persönliche Umgang mit Adelson mir ein größeres Vergnügen bereitete.*

Umso besorgter war er, als sein jüngster Bruder Wolf, schon immer das Sorgenkind der Familie, sich mit einer in seinen Augen höchst zweifelhaften Person liierte, die im Tagebuch nur *die Mielitz* heißt. Schlimmer noch: Im August 1898 verlobte sich Wolf Wertheim in St. Moritz mit *der Mielitz, geb. Milkow.*

Wer war die Dame? Eine Schauspielerin, ein Malermodell, eine «Demimondaine»? Auf jeden Fall war sie eine, die nicht zu der untadeligen Kaufmannsfamilie auf dem Weg ins Pantheon des Berliner Geldadels passte. Gewiss wusste sie genau, welchen kostbaren Fang sie mit Wolf Wertheim gemacht hatte, der den Verführungen eleganter Selbstdarstellerinnen nur zu leicht verfiel. Doch sie konnte ihn nicht halten, die Macht des durch das gemeinsame Unternehmen aneinander geschweißten Familienclans war zu groß. Im Oktober hatte sich Georg Wertheim durchgesetzt, und sein Bruder löste die Verlobung. *Es gelang uns erst im letzten Augenblick, Wolf den wahren Charakter der Mielitz nachzuweisen und seine Trennung herbeizuführen.* Die Zähmung des widerspenstigen «Benjamins» wurde in Wiesbaden vollzogen, wo es zwischen Wolf, Georg und *Mama* eine Aussprache gab.

Im November machte Georg Wertheim mit Wolf eine Geschäftsreise nach Paris, Bournemouth, Brighton und London, wo es zu einer erneuten *Begegnung mit der Mielitz* kam, bei der Georg Wertheim der Dame wohl unmissverständlich klar machte, dass sie die Finger von seinem Bruder zu lassen hatte. Der 31-jährige Wolf ließ sich aber nicht ganz brechen, wie Georg Wertheims genervte Tagebucheintragung vom April des folgenden Jahres verrät: *Dauernde Schwierigkeiten mit Wolf wegen seiner heimlich fortgesetzten Beziehungen zu der Mielitz.*

Doch Familienzwist konnte Georg Wertheim nicht davon abhalten, sein Firmenimperium weiter auszubauen. Im März 1898 eröffnete er ein Konfektionshaus in der Rosenthalerstraße, Ecke Gormannstraße – *das Haus mit dem Brunnen an der Straße*. Ein Jahr später, im August 1899, wurde angesichts des großen Erfolgs in der Leipziger Straße der Erweiterungsbau begonnen. Sukzessive näherte man sich dem Leipziger Platz.

Und die Zeit drängte, denn die Konkurrenz blieb nicht untätig. Im selben Jahr erwarben Oscar und Hermann Tietz die Grundstücke eines Vergnügungsunternehmers an der Leipziger Straße 46–49 und begannen unverzüglich mit den Bauarbeiten für ihr neues Warenhaus.

*

Vom Fortschrittsglauben beseelt, beeilten sich die Menschen, das 19. Jahrhundert zu verabschieden und ins 20. voranzustürmen. Das neue Jahrhundert würde nach den Vorstellungen der «Frankfurter Zeitung» «Beherrschung der Natur und Herstellung des Reiches der Gerechtigkeit» bringen. In einer von der «Berliner Illustrierten» durchgeführten Umfrage zogen die Leser eine Bilanz des 19. Jahrhunderts: An erster Stelle nannten sie die Eisenbahn als «wohltätigste Erfindung oder Entdeckung», gefolgt von Elektrizität, Dampfkraft, Narkose, Schutzimpfung, Serumtherapie, Augenspiegel und Nähmaschine. Die angesagten Modeworte waren «enorm» und «kolossal».[8]

«Kraftdroschken» ersetzten in Berlin allmählich die Pferdegespanne, und 1902 wurde die von Siemens erbaute U-Bahn-Linie 1 als Hochbahn eröffnet. Zwischen den Stationen Gleisdreieck und Bülowstraße führte die Bahntrasse durch ein Wohnhaus, zur damaligen Zeit eine Sensation.[9]

Auch der richtigen Untergrundbahn stand ein Haus im Weg. Seit 1901 wurde über die Durchführung der Untergrundbahn unter das Reichsmarineamt verhandelt. Auf das Grundstück, auf dem es stand, hatte wiederum Georg Wertheim ein Auge geworfen, weil es direkt an sein Haupthaus angrenzte und so eine günstige Erweiterungsmöglichkeit darstellte. Als der Reichstag dem Reichsmarineamt aber die Finanzierung eines neuen Dienstgebäudes verweigerte, kam auch Wertheims Geschäft nicht zustande. Er einigte sich jedoch mit der Gesellschaft für Hoch- und Untergrundbahnen über den Bau eines Tunnels unter seinem Haus Leipziger Platz/Voßstraße. Für Wertheim bedeutete das zwei Ein- und Ausgänge der Untergrundbahn in unmittelbarer Nähe seines Warenhauses. Kein Wunder, dass unter den Warenhausgegnern die Wellen der Empörung hochschlugen.

Auch die Große Berliner Straßenbahn erhob einen Konkurrenzeinwand. Gegen die Verlegung des zentralen U-Bahnhofs vom Potsdamer Platz weiter nördlich zur Voßstraße wurden sowohl verkehrstechnische als auch wirtschaftliche Einwände vorgebracht. Zum einen würden die Menschen, die mit der Straßenbahn, dem Omnibus und den Fern- und Vorortezügen am Potsdamer Platz ankamen, gezwungen, einen Fußweg von mehreren Minuten bis zur nächsten U-Bahn auf sich zu nehmen, was sie bei der Überquerung des Potsdamer Platzes einer unzumutbaren Gefahr aussetzen würde.

Zum anderen würden die Einzelhandelsgeschäfte an der Leipziger Straße dadurch geschädigt, dass der «Polyp» Wertheim «mit seinen Fangarmen unwiderstehlich das kauflustige Publikum an sich zieht». In seiner Streitschrift, die zu «schärfstem Protest» gegen die Begünstigung der Firma Wertheim aufruft, wettert Fritz Bernhard: «Man kann doch nicht Plakate auf dem Potsdamer Platz aufstellen, die dem Publikum verkünden, dass im Geschäftsinteresse des Warenhauses Wertheim der Untergrundbahnhof vier Minuten nach Norden verlegt werden musste.»[10]

Die Feststellungsklage der Großen Berliner Straßenbahn ging durch alle drei Instanzen, bis das Reichsgericht schließlich den Prozess zugunsten der U-Bahn-Bauer entschied.[11] Im September 1907 wurde die U-Bahn-Station Leipziger Platz eröffnet, und die nächste

Leipziger Platz/Leipziger Straße, Bau der Innenstadtlinie der Untergrundbahn, links das Warenhaus A. Wertheim.

Station lag direkt am Wilhelmplatz, genau gegenüber dem Hintereingang von Wertheim an der Voßstraße. Der inmitten einer Gartenanlage gelegene Eingang erhielt eine reichere architektonische Ausgestaltung, so einen mit Majoliken der Kaiserlichen Werkstätten in Cadinen ausgekleideten Vorraum. Alle übrigen U-Bahnhöfe hatten identisch gestaltete portalartige Eingänge aus Schmiedeeisen.

Die Konkurrenz zog nach. Im September 1900 eröffnete Tietz seinen sechsstöckigen Eisen- und Glasbau in der Leipziger Straße. Es war das erste Hermann-Tietz-Geschäft in Berlin, ein prachtvolles Warenhaus mit einem schräg gestellten Globus auf dem Türmchen über dem Hauptportal. Doch das Unternehmen hatte sich verkalkuliert. Vielleicht waren zwei derart große Warenhäuser in unmittelbarer Nachbarschaft – zusätzlich zu Jandorf am Spittelmarkt – etwas zu viel. jedenfalls blieb im ersten Geschäftsjahr der Umsatz des neuen Warenhauses weit hinter den Erwartungen zurück. Es galt als offenes Geheimnis, dass Tietz mit diesem Neubau hart an den Rand des Konkurses geriet, als eine der Kredit gebenden Banken in die Pleite schlitterte. Da nützten auch die amerikanischen Herren nichts, die Oscar Tietz als leitende Angestellte aus den Vereinigten Staaten mitgebracht hatte.

Georg Tietz bewertet in seinen Memoiren das Warenhaus seines Vaters in Aufmachung, Reklame und Warengattungen als seiner Zeit um zehn Jahre voraus. Über Wertheim schreibt er: «Inzwischen hatte unser Konkurrent Wertheim am Potsdamer Platz gleichfalls mit dem genialen Architekten Messel einen Bau errichtet, der in die Berliner Umgebung besser passte als unser hypermodernes Haus.»[12]

«Zweitausendsiebenhundert Ladenfräuleins, schwarz gekleidet ...», schreibt Alfred Kerr zur Eröffnung des Tietz'schen Warenhauses. «Alle in einem gigantischen Glaskasten, welcher acht Hausnummern einnimmt. Das ist Tietz. Tietz ist zwischen Jandorf und Wertheim. Jandorf liegt nach dem Spittelmarkt zu, Wertheim nach dem Potsdamer Platz, Tietz in der Mitte. Alle drei in der Leipziger Straße. Diese Straße wird hierdurch eine Kaufstraße ersten Ranges. Einst hatte sie politischen Charakter. In einer vergangenen Epoche deutscher Geschichte stand dort der Reichstag.»[13] Wo zuvor Bismarck große Reden gehalten hatte, sei die Straße heute nur noch merkantil, ein Symbol für die Zeitläufte. Die Bauart des neuen Hauses Tietz: «so zweckmäßig wie nur denkbar .... Bei Wertheim sieht man noch die Steingerippe des Gebäudes. Tietz ist lediglich Glas und schmale eiserne Säulen.»[14]

Wie so oft bei wichtigen Ereignissen erwähnt Georg Wertheim die Eröffnung des Warenhauses Hermann Tietz in seinem Tagebuch nur mit knappen Worten. Doch der Streit um das Warenzeichen der Firma – den schräg gestellten Globus auf dem Dach des neuen Hauses – zeigt, wie sehr ihm die neue Konkurrenz zusetzte.[15] Wertheim

Ansichtskarte des Warenhauses Hermann Tietz am Alexanderplatz, das ebenfalls einen Globus als Firmensymbol verwendete.

verwendete das 1899 eingetragene Warenzeichen der von dem Buchstaben «W» getragenen Weltkugel, und die Berliner spöttelten: «Wertheim trägt die Last der Welt.» Als sich die beiden Unternehmer außergerichtlich nicht einigen konnten, wurde die Frage juristisch geklärt – mit dem Ergebnis, dass keiner der Kontrahenten den Globus für sich allein beanspruchen durfte. Dies musste Georg Wertheim umso mehr geärgert haben, als er das Logo selbst entworfen hatte.[16]

Für die Wertheims war die Jahrhundertwende eine Zeit hektischer Aktivität. Im September 1900 kauften sie die traditionsreiche Hauptwache in Stralsund. Am 17. November feierte das Stralsunder Geschäft sein 25-jähriges Bestehen. Und am 10. Dezember eröffnete man gleich zwei Erweiterungsbauten: in der Leipziger Straße 134/135 durchgehend zur Voßstraße 31/32 und in der Oranienstraße 52 in Kreuzberg.

Das seit den Anfängen in Stralsund kontinuierlich weiterentwi-

Das Warenhaus A. Wertheim in der Leipziger Straße mit erster Erweiterung; um 1899/1900.

ckelte Organisationsprinzip war um diese Zeit so weit ausgereift, dass es sich ohne grundlegende Änderungen in die kommenden Jahrzehnte hinein bewährte. Wegen seiner Einzigartigkeit wurde auf strengste Geheimhaltung geachtet. Die Zentrale für das gesamte Firmenimperium, auch für die Häuser in Stralsund und Rostock, war im Haus an der Leipziger Straße angesiedelt.

Die oberste Leitung des hierarchiebewussten Unternehmens lag bei Georg Wertheim, der sich in seine patriarchalisch gefällten Entscheidungen nicht hineinreden ließ. Sein jüngerer Bruder Franz betreute die Zweiggeschäfte und die Reklame, also auch die Dekoration der Schaufenster und Auslagen. Zu den vielen Angestellten und Arbeitern dieses Ressorts gehörten zehn Dekorateure, fünf Tapezierer, ein Obergärtner und sechs Gärtner. Wilhelm Wertheim war für den Ein- und Verkauf verantwortlich, Wolf für das Personalwesen. Ihm standen zwei Herren als Führungskräfte für das männliche und zwei Damen für das weibliche Personal zur Seite. Als juristischer Berater wirkte seit 1897 Justizrat Dr. Max Meschelsohn, ein Verwandter von Wilhelm Wertheims Frau Martha.

Den vier Chefs, die sich in allen Fällen die letzte Entscheidung vorbehielten, unterstanden die Abteilungsleiter, die ihre Ressorts als

Spezialgeschäfte führten und der Geschäftsleitung monatlich nach einem Fragenkatalog Wünsche und Vorschläge vorzulegen hatten. Dann folgten die Einkäufer, die Lagerchefs und die Damen, die für die Auspreisung der Waren verantwortlich waren.

Der Einkauf wurde für alle Wertheim-Häuser über das Einkaufskontor abgewickelt. Hier empfing man an bestimmten Tagen und Stunden Vertreter und Reisende, die ihre Angebote unterbreiteten. Die Einkäufer gehörten zur oberen Hierarchie des Wertheim-Personals und trafen Entscheidungen unter anderem über Artikel, deren Preise herabgesetzt werden sollten. Das ihnen zur Verfügung stehende Einkaufsbudget wurde aufgrund des bisher erzielten Umsatzes von Monat zu Monat neu festgesetzt.

Über die Disposition des Gesamteinkaufs waren nur wenige Personen des Hauses unterrichtet. Grundsätzlich sollte der Lagerbestand klein gehalten, dafür aber oft umgesetzt werden. Die Einkäufer hatten sich an strenge Auflagen zu halten, freundschaftliche oder gar verwandtschaftliche Kontakte mit den Lieferanten waren ebenso verboten wie die Annahme von Geschenken oder Einladungen. Gingen sie auf Dienstreise, mussten sie alle zwei Tage Bericht erstatten, bei den Tagesspesen ließ sich die Firma aber nicht lumpen. In der Eisenbahn fuhren die Einkäufer zweiter Klasse (insgesamt gab es vier Personenklassen), bei Schiffsreisen durfte es sogar erster Klasse sein.

Natürlich war auch die Kalkulation streng geheim. Aufgabe des Lagerchefs und der Einkäufer war es, den Preis für Firma und Kundschaft vorteilhaft festzulegen. Immer wieder herrschte Staunen darüber, wie günstig Wertheim seine Ware abgeben konnte. Als zum Beispiel der in Berlin von der Firma Gilka hergestellte Getreidekümmel im Warenhaus für 85 Pfennig die Flasche verkauft wurde, verwahrte sich der Inhaber der Spirituosenfabrik gegen die «Verramschung» seiner Ware, verlangte er selbst doch in seinem Geschäft zehn Pfennig mehr. Gilka löste den Liefervertrag mit Wertheim und musste nach der gerichtlichen Auseinandersetzung 50 000 Mark

Schadensersatz zahlen, da keine Vereinbarungen zwischen den beiden Firmen über den Verkaufspreis getroffen worden waren.

Als durchschnittlicher Bruttonutzen wurden etwa 28 Prozent vom Verkauf kalkuliert, keine hohe Gewinnspanne. Erst die Masse brachte das Geschäft. Man gab sich unter Umständen in einer Abteilung mit einem geringen Nutzen zufrieden, wenn in einer anderen ein höherer Gewinn erzielt werden konnte.

Die kundenfreundliche Preiskalkulation verband sich für die Kundschaft mit einem sinnlichen Erlebnis. «Wenn man heute in der Familie hört: Wir gehen zu Wertheim, so heißt das nicht in erster Linie, wir brauchen irgend etwas besonders notwendig für unsere Wirtschaft, sondern man spricht wie von einem Ausfluge, den man etwa nach irgend einem schönen Orte der Umgebung macht» – so beginnt der spätere Reichskanzler Gustav Stresemann die Beschreibung seiner Eindrücke im Jahre 1900.

> Man wählt sich dazu einen Nachmittag, an dem man möglichst viel Zeit hat, verabredet sich womöglich noch mit Bekannten. In der Leipzigerstraße angekommen, bewundert man erst eine ganze Zeit lang die Schaufenster, dann ergeht man sich in den Erdgeschossräumen, sieht sich die verschiedensten Auslagen an, kauft vielleicht hier und da, lässt sich durch den Fahrstuhl nach dem ersten Stock befördern und nimmt womöglich eine Tasse Chokolade nebst dem obligaten Stück Torte oder Apfelkuchen … Die Zeit verfliegt mit dem Betrachten der verschiedenen Rayons, der Toiletten der einkaufenden Damen, der Unterhaltung und anderem, und wenn man an der Uhr plötzlich sieht, dass es höchste Zeit sei heimzukehren, so macht man oft wohl gleichzeitig die Wahrnehmung, dass man anstatt der einen Cravattenschleife, die man anfänglich kaufen wollte, mit einem ganzen Bündel der verschiedenartigen Sachen beladen ist … Und zwar spüren die Frauen der verschiedenen Gesellschaftsklassen gleichmäßig die Anziehungskraft, welche das Warenhaus gerade in dieser Hinsicht ausübt; die vornehmen Beamtenfrauen aus dem Westen Berlins oder aus Charlottenburg geben sich dem Trubel ebenso willig hin wie die Handwerker- und Arbeiterfrauen des Ostens und Nordens, die stets ihr sonst für Festtage aufgespartes «gutes Kleid» anziehen, wenn sie zu Wertheim gehen.[17]

*

Am 18. Juli 1900 verabschiedete das preußische Abgeordnetenhaus nach französischem und bayerischem Vorbild das Warenhaussteuergesetz, das ausschließlich auf die Besteuerung von Warenhausumsätzen abzielte. Nach einer heftigen Debatte zwischen eher liberalen Abgeordneten und vehementen Gegnern der Warenhäuser war es der mittelständischen Lobby gelungen, die Mehrheit der Abgeordneten dazu zu bewegen, eine Sondersteuer für Warenhäuser zu beschließen, die einen Jahresumsatz von über 400 000 Mark erzielten.

In einer an das Abgeordnetenhaus gerichteten Petition hatte sich Georg Wertheim noch im März 1900 vergeblich gegen eine derartige «Strafsteuer» gewandt. Ebenso wie Oscar Tietz sprach er sich für eine umsatzbezogene allgemeine Besteuerung aus, die gerade Kleinbetriebe entlasten würde.[18]

Mit der Verabschiedung des Gesetzes, das sich in erster Linie gegen den – maßlos übertrieben eingeschätzten – geschäftlichen Erfolg der Firma A. Wertheim richtete und auch «Lex Wertheim» genannt wurde, traf man eine willkürliche Unterscheidung zwischen den beiden Großbetriebsformen im Einzelhandel, dem Kaufhaus und dem Warenhaus. Unter einem Warenhaus wurde ein Einzelhandelsbetrieb verstanden, der mehr als vier verschiedene Warengruppen aus einer eher zufällig zusammengestellten Liste führte und eben einen Jahresumsatz von über 400 000 Mark erzielte. Die existierenden Kaufhäuser beschränkten sich hingegen weitgehend auf bestimmte Branchen wie den Textilhandel.

In der zeitgenössischen Literatur gab es eine derartig scharfe Unterscheidung zwischen Kauf- und Warenhaus nicht. Ein Vergleich der realen Umsatzzahlen macht die Willkür des beschlossenen Gesetzes nur noch deutlicher. So lag der jährliche Umsatz des Kaufhauses Rudolph Hertzog um die Jahrhundertwende bei über vierzig Millionen Mark, während Wertheim auf «lediglich» 33 Millionen kam. Zudem nahm sich Wertheims Gewinn von 936 884,89 Mark oder 2,8 Prozent bescheiden aus im Vergleich zu Hertzog, bei dem man mindestens den doppelten Prozentsatz vermutete. Doch Hertzog fiel nicht unter das Warenhaussteuergesetz.

Die Steuer, die in der Regel ein bis drei Prozent vom Umsatz betrug, sollte also nicht reale Gewinnspitzen kappen, sondern zielte eindeutig gegen eine bestimmte Betriebsform und deren Ausweitung. Offensichtlich hatten sich die Kaufhausinhaber – christliche ebenso wie jüdische – mit dem mittelständischen Einzelhandel abgestimmt, um gemeinsam die unliebsame Konkurrenz zu bekämpfen. Denn die Warenhäuser waren für die Kaufhäuser eine weit gefährlichere Konkurrenz als für den «kleinen» Einzelhandel.

Doch schon bald sollte sich zeigen, dass der Erfolg der Warenhäuser trotz der Steuer nicht aufzuhalten war. Sie nahmen einfach einen dreiprozentigen Abzug auf alle Lieferantenpreise vor, den die Produzenten und Zulieferer schlucken mussten, wollten sie nicht ihre besten Großabnehmer verlieren. Die Steuer führte damit nicht bei den Warenhäusern, sondern eher bei den Produzenten und Lieferanten zu Einbußen. «Es steht fest, dass jede Steuer, die sie den Warenhäusern auferlegen, auf die Fabrikanten und Handwerker abgewälzt wird», folgerte ein Abgeordneter des preußischen Abgeordnetenhauses im Frühjahr 1911.[19]

Auch hatten die Betreiber der (erst nach dem Ersten Weltkrieg abgeschafften) Warenhaussteuer nicht bedacht, dass sie damit den existierenden Warenhäusern die Konkurrenz durch Neugründungen weitgehend ersparten. Galt ein Unternehmen bislang als Kaufhaus, konnte es sein Sortiment nicht einfach erweitern und eine Ware aus einer neuen Warengruppe aufnehmen, ohne die Neueinstufung als Warenhaus in Kauf zu nehmen. Viele kleinere Warenhäuser reduzierten ihr Sortiment, um als Kaufhaus zu gelten, und beschränkten sich auf die ertrag- und umfangreichste Abteilung der Textilwaren.

So verringerte sich die Zahl der Warenhäuser zwischen 1901 und 1903 um dreißig Prozent. Die bereits eingeführten großen Warenhäuser blieben unter sich und machten sich, wie Wertheim und

Tietz, in den Krisenjahren 1901/02 und 1907/08 durch besonders preiswerte Angebote beliebt.

Trotz der Belastung durch die Warenhaussteuer eröffnete das Unternehmen Wertheim in einem fort weitere Häuser. Am spektakulärsten war natürlich der Eckbau am Leipziger Platz, der am 28. November 1904 der Öffentlichkeit übergeben wurde. *Derselbe erregte allgemeine Bewunderung. Professor Messel galt von da an als der erste Künstler unter den Berliner Architekten; man stellte ihn in Deutschland nur noch Gabriel Seidl in München an die Seite.*

Bald darauf wurde im hinteren Teil des Gebäudes ein Teesalon eingerichtet, zu dem einige Stufen vom Erfrischungsraum hinunterführten. Dort fing der weiche Teppich jedes Geräusch ab, sodass die grünseiden bezogenen Altberliner Stühle in geheimnisvolle Stille getaucht waren. Die Lämpchen mit den goldseidenen Fransen auf jedem Tisch, vom Nachbartisch getrennt durch dicke Säulen und Gänge, hellten das allgemeine Dämmerlicht kaum auf. Wie geschaffen also für eine Ruhepause nach einem anstrengen Einkaufsnachmittag.

Wichtiger als der vierstöckige Neubau in Rostock, der Georg Wertheim in seinem Tagebuch keine Erwähnung wert war, war die Eröffnung des Neubaus in Stralsund im Jahre 1903. Für das für dortige Verhältnisse Aufsehen erregende Gebäude in der Ossenreyer Straße 8–10 hatte Wertheim vier Giebelhäuser abreißen lassen. Kurze Zeit vor ihm hatte Leonhard Tietz in derselben Straße einen Neubau mit einer eleganten Stahl-und-Glas-Konstruktion errichtet. So war die Straße nun endgultig zur attraktiven Einkaufsmeile geworden.

Am Eröffnungstag, dem 6. Dezember 1903, meldet die «Stralsundische Zeitung» es herrsche so großer Andrang, dass alle zehn Minuten nur jeweils fünfzig Personen eingelassen wurden, «um eine Überflutung zu verhindern». Gelobt wird das Haus nicht nur für seine im gotischen Stil gehaltene Fassade aus weißem Sandstein und die «Großartigkeit seines Lichthofs», sondern auch für «die prakti-

Szene vor dem Eingang des Warenhauses am Leipziger Platz,
um 1905.

Wintergarten im Wertheim-Warenhaus in Rostock, Ansichtskarte.

schen, allen Anforderungen der Neuzeit entsprechenden inneren Einrichtungen». Anerkennend wird hervorgehoben, dass der Bau selbst und die gesamte Inneneinrichtung von einheimischen Gewerbetreibenden und Handwerkern hergestellt wurden. Beanstandet werden lediglich die Notausgänge, zu denen nur der Portier einen Schlüssel hatte. Bei einem Feuer würde es zu lange dauern, bis die Türen geöffnet werden könnten.

Ob der Vorwurf bezüglich der Notausgänge gerechtfertigt war, und ob und wie Wertheim auf diese Kritik reagierte, ist nicht bekannt. Bekannt ist jedoch, dass er wegen der Angriffe in den antisemitischen Medien besonders hohe Maßstäbe anlegte, bei der Qualität der Waren, bei der zurückhaltenden Reklame und bei den Sicherheitsbestimmungen, die er über das von der Bauaufsicht geforderte Maß hinaus erfüllte. So gab es im Berliner Haupthaus 130 Hydranten und 144 Feuermelder, von denen einige direkt mit der öffentlichen Feuerwehr in Verbindung standen, die übrigen mit den zehn hauseigenen uniformierten Feuerwehrleuten. Überdies mussten die männlichen Angestellten einen Lehrgang zum Feuerwehrmann absolvieren.[20]

Die Warenhaussteuer hatte den Effekt, dass die Warenhäuser ihr Sortiment nun ungehindert ausdehnen konnten, ohne weitere wirtschaftliche Nachteile befürchten zu müssen. Im Jahre 1909 verzeichnete das Patentamt bei Wertheim 41 Warengruppen, von «Ackerbau-, Forstwirtschafts-, Gärtnerei- und Tierzucht-Erzeugnissen, Ausbeute von Fischfang und Jagd» bis «Web- und Wirk-Stoffe, Filz». Nun war in der Tat «alles unter einem Dach». Es fehlte nichts, alles, was man zum Leben und weit darüber hinaus benötigte, konnte bei Wertheim erstanden werden – auch Zahnfüllmittel, Asbestfabrikate, Hufnägel, Luftfahrzeuge, Treibriemen, Fleckenvertilgungsmittel, Munition, Särge, künstliche Gliedmaßen und Schornsteine.[21]

In der Lebensmittelabteilung, die in Konkurrenz zu den Markthallen trat, erfreuten sich die zu kunstvollen Türmen aufgeschichteten Konserven wachsender Beliebtheit. Freitags und samstags wie-

Wertheim, Leipziger Straße: die Konserven-Abteilung, zwanziger Jahre.

sen detaillierte Anzeigen in den Tageszeitungen auf preisgünstige Angebote in der Fleisch-, Wurst- und Fischwarenabteilung hin, und viele Berliner Familien deckten daraufhin ihren Wochenbedarf bei Wertheim. Man nahm auch auf die vielen Neu-Berliner Rücksicht, die auf die Nahrungsmittel ihrer Heimat nicht verzichten wollten. Wertheim am Leipziger Platz war das erste Geschäft in Berlin, das rheinisches Schwarzbrot anbot.

Längst war das Warenhaus A. Wertheim nicht nur in seinem Sortiment international. Auch sein Ruf hatte sich über ganz Europa ausgebreitet. Im Briefroman «Marienbad»[22] lässt Scholem Aleichem die Warschauerin Beltschi Kurländer auf ihrem Weg in das tschechische Kurbad Marienbad in Berlin Halt machen. «Für zehn Pfennig bist du in der Leipziger Straße beim Kaufhaus Wertheim», schreibt sie ihrem Mann Schlojme nach Warschau. «Und wie ist es möglich, in Berlin zu sein, ohne für eine Minute zu Wertheim hineinzugehen?»

Den Namen Wertheim hatte Beltschi Kurländer schon in Warschau gehört, aber niemals hätte sie sich selbst in ihren kühnsten

Träumen ein Warenhaus diesen Ausmaßes vorgestellt. «Was soll ich dir sagen, mein teurer Gemahl? Was das Auge begehrt und der Mund ausspricht! Und alles spottbillig! Genau halb so teuer wie bei uns auf der Nalewki.» Da Frau Kurländer die Sparsamkeit ihres Mannes kennt, beginnt sie mit den kleinen Dingen: «Stell dir vor: Zwei Mark das Dutzend Taschentücher! Oder 98 Pfennig ein Paar Seidenstrümpfe, die du bei uns nicht einmal für einen Rubel zwanzig bekommst!»

Begleiten wir Frau Kurländer zu Wertheim, um die Wirkung des gigantischen Warenangebots nachzuempfinden. Wir ahnen, dass ihr Aufenthalt länger als eine Minute dauern wird. Vielleicht ist es ein Tag, an dem eine einseitige Reklame in der «Vossischen Zeitung» ein besonders günstiges Angebot angekündigt hat. «Und Menschen! Keine Stecknadel kann zu Boden fallen!» Die hineindrängende Menschenmasse erleichtert der Berlin-Besucherin den Eintritt ins Warenparadies. Denn am Hauptportal steht ein vornehmer Herr in einer braunen Livree mit gelben Besätzen und goldenen Knöpfen, von dem sie sich, wäre sie allein in das prächtige Haus hineinspaziert, vielleicht hätte einschüchtern lassen. Mit einem Blick, der scharf und diskret zugleich ist, mustert er die Hereinströmenden. Wird er ihr ansehen, dass sie eine Auswärtige ist?

Aber schon gerät sie in den Sog der Menge. In dem jüngst eröffneten dritten Lichthof muss sie erst einmal vor lauter Licht die Augen zukneifen. Sie legt den Kopf in den Nacken, um die gewölbte, in ein kassettiertes Bronzegerippe eingelassene Glasdecke zu bestaunen. Oben an den Wänden tun sich immer neue Säle auf, viele Stockwerke hinauf, und überall blitzt und funkelt es von den unzähligen Lampen, die in langen Kettenreihen im Raum hängen. In der Höhe der vierten Etage laufen zwei gewaltige Brücken parallel zueinander und legen sich quer über den Raum, ganz aus leuchtender Bronze. Wie großzügig hier alles ist! Wohl sind Verkaufstische aufgestellt, aber so spärlich, als verfüge man über grenzenlosen Raum.

Zwischen den unaufdringlich zur Schau gestellten Stoffen tun sich breite Gänge auf, auf denen man lustwandeln kann wie auf der Nalewki. 700 Quadratmeter Raumfläche und 24 Meter Höhe! Frau Kurländer hat darüber gelesen, aber wer kann sich schon 700 Quadratmeter vorstellen? Ein ganzes Mietshaus könnte man hier unterbringen, ohne dass es irgendwo anecken würde. Scheu betastet die Besucherin eine der ins Grau spielenden Säulen: echter Marmor! Schöner kann auch das Schloss des Kaisers nicht sein.

Nachdem sich Frau Kurländer im Lichthof mit Taschentüchern eingedeckt hat, gewiss in der guten Absicht, es dabei bewenden zu lassen, wirft sie einen Blick auf die Kundinnen um sie herum. Die feinen Damen stürzen nicht mit dem Kassenblockzettel zur Kasse, sondern hantieren entspannt mit kleinen bunten Heftchen. Sie schleppen keine Pakete mit sich, die man leicht im Gewusel verlieren kann. In einem solchen Fall wäre der Einkauf rettungslos verloren, denn nie wieder würde man in diesem Labyrinth an den Punkt zurückfinden, wo man sein Päckchen das letzte Mal gesehen hat.

Eine zuvorkommend lächelnde Verkäuferin im schwarzen Kleid erklärt der aufgeregten Frau den Vorgang: Für drei Mark, die beim Kauf verrechnet werden, kann sie ein Sammelbuch erwerben. Je nach Ort, an den die Ware geliefert werden soll, hat es eine andere Farbe. «Wo wohnen Sie?», fragt das liebenswerte Fräulein und lässt sich mit keiner Miene anmerken, dass sie den jiddischen Akzent der Kundin sehr wohl bemerkt hat. Beltschi Kurländer nennt den Namen ihrer Pension in der Meinekestraße und wird angewiesen, unbedingt ein Sammelbuch für Berlin und nicht irrtümlich eins für einen Vorort oder gar für Potsdam zu kaufen. Es enthält dreißig Coupons, von denen beim Kauf jeweils einer abgetrennt und auf den Kassenzettel geklebt wird. Dann wird die Ware zur Expedition gebracht, und zum Schluss kann sie alle Einkäufe an der Sammelkasse auf einmal zahlen.

Für Frau Kurländer ist diese Methode ebenso verführerisch wie heute die Kreditkarte. Wo doch alles so billig ist. Für nur 68 Pfennig ersteht sie eine Wanduhr. «Na, was sagst du dazu?», wird sie später ihrem Schlojme schreiben. «Wenn ich – so Gott will – gesund heimreise, habe ich vor, wieder über Berlin und nicht über Wien zu fahren. Wien ist – so sagt man mir – ein Nest, eine Wüste gegen Berlin! Und erst dann will ich mich bei Wertheim richtig umtun und in Ruhe, mit freiem Kopf, alles für den Haushalt einkaufen, was man braucht: ein wenig Glaszeug und ein wenig Fayence und andern Wohnungszierrat. Dann Seidenstoffe und Möbel und Parfums. Wegen der Zollgrenze brauchst du dir keine Sorge zu machen. Ich werde mir sicher Rat schaffen. Chawele Tschapnik bringt jedes Jahr ganze Kisten hinüber. Vorläufig habe ich fast nichts gekauft, nur ein wenig Wäsche, ein paar Sommerschuhe, einen Hut und einen Schlafrock mit Seidenschleifen, ein halbes Dutzend Unterröcke, einen grünen Seidenschirm, Handschuhe, Spitzen und Rüschen und noch anderes mehr, was ich in Marienbad brauche. Und da ich schon bei Wertheim war, konnte ich mich nicht zurückhalten und habe gleich noch ein halbes Dutzend Servietten und eine Buttermaschine dazupacken lassen. Ich zerspringe vor Reue, dass ich dir nicht gefolgt und noch ein paar Hunderter mitgenommen habe. Es war eine große Dummheit von mir, dir unbedingt zeigen zu wollen, dass ich keine solche Verschwenderin bin, wie du glaubst.»

Viel Zeit verbringt Frau Kurländer in der Hutabteilung. Sie kann es einfach nicht fassen, dass die Verkäuferin sie immer gewagtere Hüte vor dem Spiegel anprobieren lässt, wo doch sonnenklar ist, dass eine, die aussieht wie sie, kaum ein solches mit ganzen Blumenbeeten geschmücktes Prachtstück erstehen wird. Und hegte sie eine solche Absicht, würde sie die Verkäuferin nur in Verlegenheit bringen. Hat diese das Recht, ihr abzuraten? Oder soll sie lieber lügen? Am besten ist wohl, so zu tun, als wäre nichts. Auf jeden Fall wird Frau Kurländer nicht zum Kauf gedrängt.

Sie weiß nicht, dass genau dieses Verhalten Firmengesetz ist. Durch diese Zurückhaltung und die Anweisung an die Verkäuferinnen und Verkäufer, alle Kunden gleich ernst zu nehmen, egal, ob sie

Aus dem Versandkatalog des Warenhauses Wertheim, 1903/04.

Wertheim, Leipziger Straße: Teesalon mit «Sterbender Amazone», zwanziger Jahre.

über ein dickes oder ein dünnes Portemonnaie verfügen, gelingt Wertheim die Gratwanderung, sowohl als Einkaufsstätte für die «gute Gesellschaft» anerkannt zu werden als auch den Kontakt zu den ärmeren Schichten nicht zu verlieren, die in der Anfangszeit sein Geschäft groß gemacht haben.

Um ihren Mann bei ihrer Rückkehr zu besänftigen, kauft Frau Kurländer ihm noch eine silberne Zigarettendose mit einem blauen Monogramm aus Email und ein paar Päckchen lächerlich billiger bosnischer «Regiezigaretten». Schon allein wegen des feschen Rayonchefs im Cutaway, der sie behandelt wie eine Dame. In ihrem Kopf dreht sich alles. Angestrengt bemüht sie sich dennoch, kein einziges Detail zu übersehen. Ihre Freundinnen werden aus dem Staunen nicht herauskommen. Wie wird sie ihnen den Geruch in der Parfümerieabteilung beschreiben? Wie die betäubende Süße des

Parfümbrunnens? Die vom Duft edler Schokolade getränkte Luft in der Konfitürenabteilung? Nach Besichtigung der mit italienischem Nussbaumholz getäfelten und reich vergoldeten Teppichabteilung und dem Saal aus brasilianischem Onyx mit Garnen, Zwirnen und Handarbeitszubehör in allen Farben der Welt muss sich Frau Kurländer erst einmal im Palmenhaus auf eine Ruhebank fallen lassen. Das ist kein Warenhaus, das ist Museum und Kurhaus in einem!

Erschöpft und echauffiert lässt sich die korpulente Dame mit dem Fahrstuhl in den ersten Stock fahren. In der Konditorei verspeist sie mit einem silbernen Löffel mit Wertheim-Emblem unter Kristalllüstern einen Apfelstrudel mit Schlagsahne. Und mit einem Mal kommt ihr eine Idee: Wie wäre es, Schlojme mit einer Postkarte mit ihrem Konterfei zu überraschen? Also noch schnell zum Friseur und mit der Brennschere das krause Haar glätten lassen. Und dann ab ins fotografische Atelier.

Im eleganten Empfangsraum mit Gemälden an den Wänden hat sie Zeit, sich auf das Ereignis vorzubereiten, denn vor ihr warten noch vier andere Kunden. Beltschi Kurländer entscheidet sich für zwölf Chamois-Postkarten mit einem kleinen geprägten Rand zu drei Mark fünfzig das Stück, die preisgünstigste Variante. Man kann sie hinten beschreiben und als Grußkarte an Verwandte und Freunde schicken.

Nun gilt es, anhand des Musterkatalogs eine bestimmte Pose und das dazu passende Requisit auszusuchen. Frau Kurländer entschließt sich für ein Kniebild, beide Hände auf der Lehne eines Korbstuhls, den der Gehilfe aus dem Lager holt. In dem nüchtern ausgestatteten Atelier mit dem feinen glänzenden Fischgratparkett werden die Tageslichtlampen justiert und werfen ein mildes Licht auf das Modell. Der Fotograf entfernt noch schnell mit der Puderquaste den Glanz von ihrer Stirn, dann verschwindet er unter seinem schwarzen Tuch.

Schon am nächsten Tag werden die Bilder von einem Fahrradboten in die Pension gebracht. Beltschi Kurländer betrachtet ihr Abbild mit Wohlgefallen und stellt sich schon vor, wie Schlojme staunen wird. Mit einem so ernsten Gesichtsausdruck, der sie irgendwie hoheitsvoll erscheinen lässt, hat er sie noch nie gesehen. Das Foto (zusammen mit dem Zigarettenetui) wird ihm darüber hinweghelfen, dass sie bei Wertheim doch ein wenig zu viel ausgegeben hat.

*

Die Wertheim-Brüder versuchten, in jeder Hinsicht dem Renommee eines Musterbetriebs zu entsprechen. Es wurde sehr kulant umgetauscht, zurückgenommen und repariert. Im Haus am Leipziger Platz konnten Kunden sogar von sechs Telefonzellen aus unentgeltlich innerhalb Berlins und Umgebung telefonieren. Es gab eine Garderobe, einen Leseraum, zwei Schreibstuben, ein firmeneigenes Reisebüro, eine Leihbibliothek und ein Klavierzimmer, in dem die Instrumente vorgeführt wurden.

Man konnte Briefmarken kaufen und seine Post über eigene Briefkästen gleich verschicken. Man konnte Theaterkarten ordern und sie sich von Fahrradboten liefern lassen. Luxus- und Massenartikel wurden mit der gleichen sorgfältigen Inszenierung dargeboten, sodass es gelang, auch Massenware mit der Aura der Einzigartigkeit zu versehen.

Die Gleichbehandlung, die der Besucherin aus Warschau imponiert hatte, war für die damalige Zeit sehr ungewöhnlich und mochte so manche Geheimratswitwe verärgert haben. Wurde der Wunsch nach Bedienung geäußert, hatte das Personal sofort zu reagieren, bei Andrang der Reihe nach, ohne Ansehen der Person. Wurde dieser Wunsch nicht geäußert, hatte es sich zurückzuhalten.

Größte Freundlichkeit und Höflichkeit waren vorgeschrieben, gleichgültig ob jemand viel oder wenig kaufte, vornehm war oder aus einfachen Verhältnissen. Es war sogar verboten, so genannte hoch gestellte Personen, deren Namen und Rang die Verkäuferin

Aufnahme
des Photographischen
Ateliers Wertheim,
Oranienstraße.

kannte, in Gegenwart anderer mit Titel oder Namen anzusprechen, geschweige denn, sie besonders freundlich oder unterwürfig zu bedienen.

Jeder Streit mit einem Kunden war natürlich zu vermeiden. Bei einem Konflikt zwischen Personal und Kundschaft erhielt zunächst stets die Kundschaft Recht. Hatte sich eine Verkäuferin eines Verstoßes schuldig gemacht, konnte sie sogar veranlasst werden, der Kundin in ihrer Wohnung einen Entschuldigungsbesuch abzustatten.[23]

Die Verkäuferinnen und Verkäufer fügten sich den Regeln, galt es doch als etwas Besonderes, bei Wertheim zu arbeiten, auch wenn der Arbeitsdruck zu Weihnachten und zu den Sonderverkaufszeiten sehr hoch war. Die Lage des Verkaufspersonals hatte sich seit der Gründung der Warenhäuser rasant verändert. Früher hatte es lediglich männliche Verkäufer gegeben. Nur Frauen, die zur Familie gehörten, waren – wie Ida Wertheim – im Geschäft tätig. Der Geschäftsinhaber musste seine Angestellten in seinem Haus beherbergen, was zu völliger Abhängigkeit führte.

Im Jahre 1908 beschäftigte die Leonhard Tietz AG, in ihrer Personalstruktur mit Wertheim vergleichbar, bereits 3030 Angestellte in ihren Geschäften, 612 davon waren Männer, 2418 Frauen. Die Frauen stellten also achtzig Prozent des Personals, hauptsächlich Lehrmädchen und Verkäuferinnen.[24]

Zwar achtete Wertheim streng auf die Tugendhaftigkeit besonders seines weiblichen Personals, doch wusste er andererseits ihre Weiblichkeit verkaufsfördernd zu nutzen. Adrettes Aussehen und ein Lächeln auf den Lippen waren Pflicht. Männer wurden nur in bestimmten Abteilungen eingesetzt: bei der Herrenkonfektion und den Rauchwaren, bei den Teppichen, Stoffen, Möbeln und Großgeräten. Ansonsten bekleideten sie, wenn sie nicht Hausdiener, Gärtner, Handwerker oder Fahrer waren, höhere Stellungen in der Firmenhierarchie. Die höchste Position, die eine Frau erreichen konnte, war die der Aufsichtsdame. Die Kassenmädchen, die die gekaufte

Ware vom Verkaufstisch zum Packtisch brachten, waren zwischen 14 und 16 Jahre alt.

Angenommen wurden Damen bis zum Alter von dreißig Jahren, Herren bis zu 35 Jahren. Bei Dienstantritt verlangte man von ihnen Auskunft über ihre Person und die Tätigkeit ihrer Familienmitglieder. Und sie mussten sich mit einer Konkurrenzklausel einverstanden erklären: Ausscheidende Angestellte durften innerhalb eines Jahres nach Austritt aus der Firma weder bei Tietz noch bei Jandorf noch in einer Firma arbeiten, bei der die beiden beteiligt waren. Sie mussten auch sofort melden, wenn ein Verwandter dort eine Stelle annahm.

Das Personal durfte sich im Geschäft nicht duzen, auch nächste Verwandte nicht. «Liebeleien kommen in meinem Haus nicht vor», war eine der strengen Anweisungen Georg Wertheims. Wollte ein Angestellter heiraten, hatte er wie beim Militär bei der Geschäftsleitung eine Erlaubnis einzuholen. Diese wurde nur dann erteilt, wenn der Betreffende eines Gehalts von 225 Mark für würdig erachtet wurde. So sorgte man bei Wertheim für die ausreichende Absicherung eines jungen Paars. Auch musste der Bräutigam melden, ob seine künftige Frau einen Beruf ausübte und welchen. Eines großzügigen Hochzeitsgeschenks von der Firmenleitung konnten sich die Brautleute danach sicher sein.

Das Warenhaus A. Wertheim war eine Sensation und kommt entsprechend oft in zeitgenössischen Texten vor. Georg Hermann ist in «Der kleine Gast» von der schieren Masse überwältigt: «Und vor allem ja: es darf nicht leer sein, nicht tot! Man muss fühlen, wie die Berge von Waren zusammenschmelzen, in 10 000 Hände wandern, abbröckeln, sich wieder erneuern. Nicht des Morgens muss man es sehen. Nein, am Nachmittag unter Hochflut. Alles muss von Menschen gefüllt sein. Die Treppen müssen sie hinabströmen und sich entgegendrängen – ‹bitte rechts gehen!› Man muss Tausende von Schritten hören und doch nicht hören.»[25]

Wie Georg Hermann drängt sich auch Paul Göhre im Hinblick

Wertheim, Leipziger Straße: das Reisebüro, zwanziger Jahre.

auf die geplante U-Bahn-Station am Potsdamer Platz die Wassermetaphorik auf: «Es ist, als ob die Anziehungskraft dieses Warenhauses auf das Leben und die Menschen eine magnetische wäre: also wird in Zukunft der Menschenstrom nicht bloß durch das ganze Haus hinfluten, es nicht bloß auf den stets überfüllten Straßen, an denen es erbaut ist, umbranden, nicht nur, in seinen letzten Ausläufern wenigstens, selbst über sein Dach hinspritzen, sondern auch noch im Bauche der Erde, auf der es steht, unaufhörlich strömend es berühren.»[26]

1904, als Georg Wertheim sich mit 47 Jahren für seinen Stammbaum zu interessieren begann und seinen Großcousin Robert bat, die Geschichte seiner Vorfahren aufzuschreiben, hatte das Unternehmen mindestens 3200 Angestellte. Zur Reisesaison im Sommer und zu Weihnachten wurden zusätzliche Hilfskräfte eingestellt.

Über die Gehälter zu sprechen, war streng verboten. Die Zeitschrift «Deutsche Konfektion» veröffentlichte für das Jahr 1902 dennoch einige Zahlen: Das Mindestgehalt einer Verkäuferin betrug monatlich siebzig Mark, wenn sie bei den Eltern, und achtzig Mark, wenn sie allein wohnte. Ein Verkäufer verdiente mindestens 150 Mark. Aushilfspersonal wurde täglich entlohnt, Frauen erhielten drei bis vier, Männer fünf bis sechs Mark.[27]

Die durchschnittliche tägliche Arbeitszeit betrug bei Wertheim im Jahre 1907 effektiv neun Stunden, womit eine gewerkschaftliche Mindestforderung erfüllt wurde. Doch da die Mittagspause zwei Stunden dauerte, die Frühstücks- und Vesperpause jeweils eine Viertelstunde, erstreckte sich der Arbeitstag in der Regel über elfeinhalb Stunden.

Für die Pausen standen den Angestellten Ruheräume zur Verfügung, mit Sesseln und Chaiselongues. Die firmeneigenen Kantinen boten eine Tasse Kaffee für fünf Pfennig und das Mittagessen für monatlich zwölf Mark an. Zusätzlich zu den Pausen konnten die Angestellten wöchentlich zweimal eine halbe Stunde für Einkäufe im Haus beanspruchen und erhielten einen Angestelltenrabatt von zehn Prozent. Ansonsten wurden ihnen beschädigte oder beschmutzte Artikel, die nicht mehr in den allgemeinen Verkauf gegeben werden konnten, verbilligt angeboten.

«Anschläge in den Kantinen und Garderoberäumen machen regelmäßig diese Ausverkäufe bekannt; sie werden radikal ausgenutzt», berichtet Göhre. «Selbst die Familien der Angestellten werden an solchen Vergünstigungen auch ausdrücklich mitbeteiligt; so erhalten sie für ihren Hausbedarf Bonifikationen auf Kohle, Briketts und Flaschenbier.»[28]

Der jährliche Urlaub richtete sich nach der Betriebszugehörigkeit und schwankte zwischen vier und zwanzig Tagen. Das Unternehmen hatte eine eigene Betriebskrankenkasse eingerichtet, und die firmeneigene Sparkasse verlangte von jedem festen Mitarbeiter eine Einlage, die langsam angespart werden konnte, hundert Mark für Frauen, 150 Mark für Männer. Doch bemühten sich die Mitarbeiter, möglichst schnell möglichst viel anzulegen, denn die Verzinsung war äußerst attraktiv: zehn Prozent bis 500 Mark, sechs Prozent von 501 bis 6000 Mark und fünf Prozent bei Summen über 6000 Mark. So konnte das Unternehmen mit dem Geld der Mitarbeiter arbeiten und sie gleichzeitig an das Unternehmen binden, was in ungewöhnlich hohem Maße gelang. Mitunter war diese Treue allerdings nicht ganz freiwillig, sondern auf die berüchtigte Konkurrenzklausel zurückzuführen.

Es herrschte eine militärische Disziplin im Hause Wertheim: Ohne Passierschein gelangten die Angestellten weder ins Haus hinein noch aus dem Haus hinaus; es wurden Führungslisten geführt; die Aufsicht kontrollierte die pünktliche Einhaltung der Arbeitszeiten, wer im Monat mehr als 25 Minuten zu spät zur Arbeit kam, musste eine Strafe von 25 Pfennig zahlen; die Kleidung des Verkaufspersonals, für die die Angestellten selbst aufkamen, hatte makellos zu sein – schwarze Kleider für die Damen, Gehrock, schwarze Stiefel und schwarze Halsbinde für die Herren. Im Sommer durften die Damen helle Blusen tragen, aber ohne Schmuck, Bänder und Ausschnitt. Nach zehn- und 25-jähriger Tätigkeit konnten die Angestellten mit Geldgeschenken rechnen, und für in die Jahre gekommenes Personal gab es ein Pensionsheim.

Die für alle zum Betrachten und Betasten ausgelegte Ware machte die Warenhäuser zu einem «Paradies der Kleptomanen und Langfinger»[29], eine bislang kaum bekannte Erscheinung und für die Presse ein Indiz für die Verderbtheit der Warenhäuser. Mit ihrer freien Präsentation würden sie schwache Charaktere zu sündigem Verhalten verführen. Göhre berichtet von einem solchen Vorfall:

> Vor einiger Zeit wurde ... eine Dame bei der Entwendung eines wertlosen Fächers erwischt. Man führte die Jammernde in den für solche Fälle reservierten Untersuchungsraum, wo man sie eingehend untersuchte. Der kostbare Pelz, den sie trug, stammte ebenfalls von der Firma, und auch ihn hielt man zunächst für gestohlen. Als aber der Verkäufer der Pelzabteilung herbeigerufen wurde, erkannte dieser in der Diebin eine seiner besten Kundin-

nen, die alljährlich für viele tausend Mark Pelze nicht etwa stahl, sondern kaufte und bar bezahlte ...[30]

Der Etat eines Warenhauses musste mit einem bestimmten Prozentsatz gestohlener Waren rechnen. Im Jahre 1907 wurden allein in den letzten Tagen vor Weihnachten in den Berliner Warenhäusern 96 Diebe gefasst. Drei beliebte Verstecke der Ladendiebe und vor allem -diebinnen waren neben dem Schirm weite Kimonoärmel und Röcke mit geheimen Taschen. Teure Ringe wurden gegen billigen Tand vertauscht, und in Hutschachteln, die von einem eben gemachten Einkauf herzurühren schienen, konnte man allerhand unterbringen.

Ein häufig benutztes Versteck war das Haar der Frauen: Unter dem Vorwand, die Frisur zu ordnen, konnte die Diebin kleine feine Gegenstände geschickt in ihrem Haarwulst verschwinden lassen. Auch wurden gern Artikel vom Ladentisch geworfen, nach denen die Komplizen dann suchten, während die Diebin so lange den Fuß darauf hielt, bis einer auf allen vieren das gute Stück in der Tasche verschwinden ließ. Und mit der größten Unverfrorenheit spazierten Herren in nagelneuen Überziehern und Frauen in kostbaren Pelzen aus dem Warenhaus hinaus. Bisweilen fanden sich Helfershelfer auch unter dem Verkaufspersonal selbst.[31]

Bei Wertheim erhielt ein Dieb, der erstmalig ertappt wurde, Hausverbot. Erst im Wiederholungsfall wurde die Polizei eingeschaltet.[32] Da es sich häufig um Täterinnen handelte, wurden bald auch Detektivinnen eingestellt, was Göhre für ein Kuriosum hält: «Es ist dem Warenhause vorbehalten gewesen, den weiblichen Schutzmann zu erfinden und zu einer ständigen Einrichtung zu machen.»[33] Mitarbeiterinnen und Mitarbeiter, die beim Diebstahl erwischt wurden, verloren in der Regel die Stelle. Bei Wertheim soll es weniger diebisches Personal gegeben haben als in anderen Warenhäusern.

Dafür gab es ein umfangreiches Überwachungssystem. Jeder Angestellte hatte auch bei den Kollegen auf die korrekte Einhaltung der

Vorschriften zu achten. Wer einen Diebstahl aufdeckte und meldete, erhielt eine Prämie bis zu hundert Mark. Die Fräuleins in der Beschwerdestelle konnten für jeden gemeldeten Fehler eines Angestellten mit einer Prämie von zehn Pfennig rechnen, die dem Gemeldeten vom Lohn abgezogen wurde. Auch die Packmädchen, die beim Verpacken der Ware einen Rechenfehler entdeckten, wurden belohnt, ebenso wie Boten, die eine Verkäuferin dabei ertappten, einem auszutragenden Warenpaket die falsche Adresse beigefügt zu haben.

«Es muss für einen Musterbetrieb, der das Warenhaus Wertheim in gewissem Sinne in der Tat ist, doch möglich sein, auch auf anderem Wege zum gleichen Ziel einer allseitig funktionierenden Kontrolle des Personals zu gelangen», kritisiert Göhre und vermutet als unausbleibliche Folge «ängstliche Vorsicht, Misstrauen, Unsicherheit auf Seiten der Besseren, Schnüffelei, Verklatscherei, Intrigen auf Seiten der Schlechteren, Protektionswirtschaft und ungerechte Zurücksetzungen».[34]

Für jene am oberen Ende der Hierarchie scheint es leichter gewesen zu sein, ihr Gehalt unrechtmäßig aufzubessern. Im Mai 1908 berichtete eine Zeitung, ein kürzlich verstorbener ehemaliger Wertheim-Angestellter habe jahrelang Geld unterschlagen, ohne dass die Geschäftsleitung etwas bemerkte. Er war längere Jahre Zollbevollmächtigter der Firma gewesen und hatte sich Doppelquittungen ausstellen lassen, die er als Originale einschob. Auf diese Weise sei eine Summe von 100000 Mark in seine Taschen geflossen. Einige Jahre zuvor hatte der Vorsteher des Baubüros ebenfalls dieselbe Summe unterschlagen, was erst bekannt wurde, als er aus dem Geschäft ausschied. Bekannte der Familie Wertheim beobachteten den Mann dabei, wie er in Meran ungewöhnlich große Summen ausgab, und erstatteten Meldung. Unverzüglich fuhr ihm Justizrat Meschelsohn hinterher und holte den Betrüger nach Berlin zurück. Die Firma unterließ eine Strafanzeige, nachdem der Mann seinen Tresor geöffnet und immerhin 50000 Mark ausgehändigt hatte.[35]

Bei der Reklame unterwarf sich Wertheim in seinen Plakaten und etwa hundert jährlichen Inseraten in allen größeren Blättern Berlins der selbst auferlegten Zurückhaltung, bildlos zu werben. Doch das Firmensignet mit den von einem «W» getragenen Globus war allgegenwärtig: in den Zeitungsinseraten, auf dem Verpackungsmaterial und auf den zahlreichen Lieferwagen, die ständig durch die Stadt fuhren.

Eine entscheidende Rolle bei der Außengestaltung der Warenhäuser spielte die firmeneigene Fahne als identitätsstiftendes Symbol und weithin sichtbares Zeichen. Wertheim ließ weiße Fahnen mit blauem Firmensignet auf dem Dach wehen, die dem Gebäude Leichtigkeit verliehen und die Kunden schon von weitem zu sich heranwinkten. Zu besonderen Anlässen kamen nationale Fahnen dazu.

Den größten Werbeeffekt erzielten jedoch die Sonderveranstaltungen. Allen voran hatte Hermann Tietz mit seiner «Weißen Woche» nach dem französischen Vorbild der «Vente en blanc» eine Attraktion ins Leben gerufen. In der umsatzschwachen Zeit im Februar gab es unter diesem Motto einen Sonderverkauf aller weißen Produkte. Für die Dekorateure der großen Berliner Warenhäuser wurde die Weiße Woche zu einem Wettkampf um die originellsten Ideen und die aufwändigste Gestaltung. Vertreter der einschlägigen Fachzeitschriften besichtigten ein Warenhaus nach dem anderen und vergaben Noten.

Anfang des Jahrhunderts unternahm Wertheim auch den Versuch, sich als Versandgeschäft zu etablieren. Geleitet über die Berliner Zentrale, konnten Kunden Produkte aus dem Katalog ordern, der allerdings bei weitem nicht das Sortiment des Hauses am Leipziger Platz bot. Doch das Versandgeschäft rentierte sich nicht in der erwarteten Form, sodass es nach einigen Jahren wieder aufgegeben wurde.

Geblieben ist ein 1988 neu aufgelegter Modekatalog aus den Jahren 1903/04. Er bietet einen detailgenau gezeichneten Einblick in eine bunte Palette von Produkten der damaligen Zeit. Die abgebildeten Damen sind eng korsettiert und wirken mit ihrem vorstehenden Oberkörper und abstehenden Po ziemlich deformiert. Ihr Haar ist hochgesteckt, die Hüte sind mit Federn und Rüschen garniert, die Füße verschwinden unter langen Roben. Gleichzeitig werden aber auch so genannte Reformkleider angeboten, die dem Körper mehr Freiraum geben, die Damen allerdings unförmig erscheinen lassen.

Die Abteilung Damenkorsetts verrät das Darunter, das sich bei zeitgenössischen Gemälden nur erahnen lässt. «Bei Bestellung wird um Angabe der Taillenweite gebeten.» Interessant sind auch die Herrenkragen und Manschetten mit Bezeichnungen wie «Mekka», «Anglais», «Handicap», «Rivoli», «Elberfeld» und «Curt». Neben Wisch- und Staubtüchern kann man edle Spitzenstores bestellen, Chinchilla-Stolas, Möbel, «elegant gekleidete Puppen», Wanduhren, Bücher, jede Menge Zinnfiguren und – für 95 Pfennig – einen Rückenreiber mit Holzstiel und Lofah-Polster.[36]

Als der Katalog erschien, hatte der Neubau am Leipziger Platz an Berühmtheit die Pariser Kaufhäuser überflügelt. Das Haus wurde zu dem Einkaufszentrum Berlins schlechthin und als Vorbild für alle anderen Warenhäuser unter Denkmalschutz gestellt. Der Grundstückswert des Haupthauses wurde auf 18, der Wert des Gebäudes auf 33 Millionen Mark geschätzt.[37] Und der Umsatz stieg stetig. Betrug er im Jahr 1903 am Leipziger Platz noch fast 28,3 Millionen Mark, erhöhte er sich bis 1905 auf beinahe 37,4 Millionen, ein Anstieg um etwa 32 Prozent. Der Umsatz in den anderen vier Wertheim-Häusern blieb weit hinter dem Leipziger Platz zurück. Insgesamt stieg der Gesamtumsatz von 45 Millionen Mark im Jahr 1904 auf 53 Millionen im darauf folgenden Jahr.

Dennoch muss die für den 27. März 1907 vorgesehene Eröffnung des Kaufhauses des Westens (KaDeWe) in Charlottenburg – damals noch eine selbständige Stadt – die Wertheims nervös gemacht haben. Denn im Februar 1907 wurden vor dem Berliner Kaufmannsgericht neunzig Klagen der Firma A. Wertheim wegen Verstoßes gegen die Konkurrenzklausel verhandelt.[38]

Die erste dieser Klagen richtete sich gegen die Lagerdame Emilie Eisenstädt. Sie war drei Jahre zuvor mit achtzig Mark Gehalt bei Wertheim eingetreten und hatte die Konkurrenzklausel unterschrieben. Nicht wissend, dass das Kaufhaus des Westens Jandorf gehörte, bewarb sie sich in dem neuen Warenhaus und wurde zu einem höheren Gehalt eingestellt. Die Firma Wertheim beantragte die sofortige Beendigung ihrer Tätigkeit und die Androhung einer Haftstrafe für jeden Tag des Zuwiderhandelns.

Der Antrag auf Haftstrafe wurde abgewiesen und die Angeklagte bloß dazu verurteilt, sich jeder weiteren Tätigkeit bei ihrem neuen Arbeitgeber zu enthalten, andernfalls sie mit zehn Mark Strafe pro Tag zu rechnen hätte. Fräulein Eisenstädt legte Berufung ein, die im August abgewiesen wurde. Sie musste neben den Prozesskosten in beiden Instanzen in der Höhe von 200 Mark 380 Mark Entschädigung zahlen, 38 Tage zu je zehn Mark. Die Firma Wertheim beantragte für die Zukunft eine Erhöhung der Entschädigung auf fünfzig Mark täglich, was abgewiesen wurde.

Georg Wertheim sollte in den kommenden Jahren noch öfter die Justiz bemühen müssen.

FÜNFTES KAPITEL

CHRONIQUE SCANDALEUSE

Im Jahr 1902 mietete Georg Wertheim für seine Mutter eine Wohnung in einer prächtigen Villa im noblen Bezirk Grunewald, Winklerstraße 12. Nach dem Tod ihres Mannes zog Ida Wertheims Tochter Helene 1911 in die unmittelbare Nähe ihrer Mutter. Georg Wertheim selbst wohnte im Haus einer gewissen Frau A. Marckwald in der Matthäikirchstraße 33 (hinter der Matthäikirche, heute nicht mehr existent) zur Miete, war es ihm doch wichtiger als alles andere, seinen Arbeitsplatz zu Fuß zu erreichen. Er besaß in Berlin nie ein eigenes Haus, und in den Berliner Adress- und Telefonbüchern suchte man seinen Namen vergeblich. Franz und Wilhelm hingegen drängte es mit ihren Familien in die Wohngegenden der Berliner Elite. Georgs drei Brüder ließen sich alle von Alfred Messel Häuser entwerfen. Franz und Käthe lebten luxuriös in einem Haus mit über fünfzig Zimmern in der Jagowstraße (heute Richard-Strauß-Straße) im Grunewald, Wilhelm und Martha in der Grunewalder Messelstraße und Wolf vergleichsweise bescheiden am Temmeweg im idyllischen Kladow bei Spandau. Wolf Wertheim war einer der Ersten, die sich 1906 in Kladow eine Villa bauen ließen, andere folgten ihm und machten den Ort zu einem Villenviertel. (Seit 1955 gibt es ihm zu Ehren unweit seines Wohnsitzes einen Wertheimweg.)

In Wilhelm Wertheims großem Garten, in dem auch ein Kälbchen und ein Schwein gehalten wurden, spielten die Kinder aus der Verwandtschaft an Besuchstagen Trapper und Indianer. Wilhelm war ein liebenswürdiger, eher schweigsamer Mann, der viel auf seine Kunstsammlung hielt. Er und Martha führten ein offenes Haus, in dem die Verwandten öfter zusammenkamen.[1]

Villa von Franz und Käthe Wertheim, Gartenseite, in der Jagowstraße (heute: Richard-Strauß-Straße) im Grunewald, um 1910.

Jeden Donnerstag war bei Ida Wertheim in der «Villenkolonie Grunewald» Familientag, und die alte Dame freute sich über jedes neue Enkelkind. Zu Georg Wertheims Künstlerfreunden, die auch gern Mutter Ida besuchten, zählten neben Alfred Messel der Maler Heinrich Lessing, ein Verwandter des berühmten Dichters Gotthold Ephraim Lessing, und die Bildhauer Cuno von Uechtritz-Steinkirch und Ludwig Manzel, der «Die Arbeit» im Lichthof des Haupthauses entworfen hatte. Mitglieder der von Max Liebermann gegründeten Berliner Secession, die der Kaiser als «Rinnsteinkünstler» diffamierte, waren nicht darunter.

Anfang Dezember 1903 gab Wolf Wertheim im Hotel Bristol, Unter den Linden, eine Gesellschaft, an der seine Brüder und die nunmehr 67-jährige Ida Wertheim mehr aus Anstand denn aus Neigung teilnahmen. Wohl war ihnen nicht zumute dabei, denn was es zu feiern galt, ging ihnen drastisch gegen den Strich. Wolf Wertheim, dem sie gerade erst «die Mielitz» ausgeredet hatten, verlobte sich mit der eleganten Gertrud Pinkus. Diesmal konnte sich der Primus inter Pares nicht durchsetzen: Sehr zum Missvergnügen der Familie wurde schon Anfang 1904 Hochzeit gefeiert. *Wir hatten ihm vergeblich davon abgeraten*, heißt es schmallippig in Georg Wertheims Tagebuch.

Gertrud Pinkus war nicht gerade das, was sich der distinguierte große Bruder unter einer Verbindung vorstellte, die geeignet war, das Renommee der Firma zu heben. Auch für das private Auftreten der Familienmitglieder galt vornehme Zurückhaltung und vollkommene Identifikation mit dem Unternehmen. Zwischen Familie und Firma durfte es keinen Konflikt geben.

Besonders die Ehefrauen hatten sich im Hintergrund zu halten und nur edlen Betätigungen nachzugehen. Käthe, die Frau von Franz, und Martha, Wilhelms Gattin, verrichteten die von ihnen erwarteten gesellschaftlichen Pflichten zur Zufriedenheit des Patriarchen, nahmen Einladungen zum Tee wahr und veranstalteten Empfänge. Martha Wertheim engagierte sich sozial und stand dabei durchaus mit der Frauenrechtlerin und Sozialdemokratin Lily Braun in Verbindung. Daran hatte die Familie nichts auszusetzen.

Gertrud Wertheim, verwitwete Pinkus, geborene Tietzer, war aus anderem Holz geschnitzt. Unter dem Pseudonym Truth veröffentlichte sie ebenso geschwätzige wie erfolgreiche Gesellschaftsromane, die um Liebe, Verrat, Ehre und eine Menge Klatsch kreisten. Die Ähnlichkeit ihrer Figuren mit real existierenden Personen war nicht zu übersehen, was bei jedem neuen Buch für Skandale sorgte.

«Mit Geist und Galle, Humor und Spott schilderte sie alle Schwächen und Torheiten der Berliner Gesellschaft, und infolgedessen war Madame Truth recte Pinkus damals die bestgehasste und gefürchtetste Schriftstellerin dieser Kreise», resümiert die Wochenzeitung «Die Wahrheit».[2]

Die Männer in ihren zahlreichen Romanen mit Titeln wie «Frauenehre – Frauenliebe», «Hefe im Schaum» oder «Der Apoll von Bellevue» verkehrten in geheimen Klubs und auf der Galopprennbahn

Hoppegarten und waren Halunken und Spieler, wie «der berühmte Marseiller Sardellenspekulant», oder Edelmänner, die die sanft errötende Braut in den Hafen der Ehe führten. Die Frauen wiederum waren entweder kreuzbrave Mädel oder Exzentrikerinnen, Schauspielerinnen, Intrigantinnen und Demimondaines. Die Männer trugen Claques (Zylinder) und tranken Portwein aus geschliffenen Kelchgläsern, die Frauen Spitzenshawls und Muffs und tauschten am frühen Morgen ihre Balltoilette gegen einen bequemen Peignoir, vulgo Frisiermantel. Truths Bücher sind gespickt mit französischen Ausdrücken, eine Manieriertheit, die an die heutigen Anglizismen denken lässt.

Auch Gertruds Bruder Georg Tietzer tat sich gelegentlich als Schriftsteller hervor, war aber in erster Linie in allerhand undurchsichtige Finanzgeschäfte verwickelt. Streitereien um Geld waren auch die Ursache, weshalb die Truth mit ihrer eigenen Verwandtschaft über Kreuz lag. Doch der rebellische Wolf Wertheim zog eine solche Frau einer sittsamen Dame aus der guten Gesellschaft vor, die eher den Vorstellungen seiner Brüder entsprochen hätte.

Gertrud war alles andere als sittsam. Sie liebte öffentliche Auftritte und hatte ein bewegtes Leben hinter sich. Ihr erster Mann, Rechtsanwalt Georg Pinkus, der Sohn eines bekannten Bankiers, jagte sich nach zehnjähriger Ehe 1901 in Monte Carlo eine Kugel in den Kopf. Es hieß damals, Spielschulden hätten ihn in den Tod getrieben.

Eine andere Quelle macht den Chef eines der ersten Berliner Bankhäuser für die Ehetragödie verantwortlich. In ihrem 1903 erschienenen Roman «Baron Max» legte Gertrud Pinkus eine freimütige Spur, die unverkennbar zu Hans von Bleichröder führte, dem widerspenstigen Sohn des jüdischen Großbankiers Gerson von Bleichröder. Die gesamte Auflage wurde aufgekauft und eingestampft.

Als Pinkus sich das Leben nahm, war ihre gemeinsame Tochter Dolly neun Jahre alt. Sie war ihrer Mutter entfremdet, denn nur die Kinderfrau hatte sich zu Pinkus' Lebzeiten um das empfindsame

Kind kümmern dürfen. Schwindsüchtig sei Dolly damals gewesen, schreibt Truth, und musste, um zu Kräften zu kommen, täglich fünf rohe Eier und ein halbes Pfund Butter sowie Sahne und Baumkuchen am Morgen und Ölsardinen am Abend zu sich nehmen.[3]

Die einzige Konzession, die seine Brüder Wolf abtrotzen konnten, war die Einstellung der «Spitzen», eine von seiner Frau herausgegebene monatliche Klatschpostille, die dieselben voyeuristischen Bedürfnisse bediente wie «Baron Max». Finanziell war Truth als Frau Wertheim nicht mehr auf die Zeitschrift angewiesen. Auch ohne ihr Blatt war sie nicht mittellos, denn sie brachte als Heiratsgut das Verlagsrecht an einer großen Anzahl von Romanen in die Ehe, die alle – mit Ausnahme des eingestampften Titels – in den Globusverlag des Hauses Wertheim übergingen und dort nun vertrieben wurden.

Es dauerte nicht lange, bis Truth sich auch als Frau Wertheim etwas Exzentrisches einfallen ließ. In Köpenick hatte sich nach einem Bericht des «Berliner Lokal-Anzeigers» am 17. Oktober 1906 ein Vorfall ereignet, «wie er in der heimischen Verbrechergeschichte seinesgleichen sucht». Ein als Gardeoffizier verkleideter Gauner hatte mit Hilfe einer Abteilung durch eine gefälschte Kabinettsorder getäuschter Soldaten den Bürgermeister und den Stadt-Rendanten im Rathaus verhaftet. Er ließ beide unter militärischer Bewachung nach Berlin bringen und erleichterte die Stadtkasse um etwas über 4000 Mark in bar. «Polizei und Gendarmerie sind in fieberhafter Tätigkeit, des Gauners, der mit seinem Raube unangefochten entkam, habhaft zu werden.»[4]

Der Schuster Wilhelm Voigt, der sich auf diese Weise einen auf normalem Amtsweg angeblich nicht erhältlichen Pass zu ergaunern suchte, wurde am 26. Oktober verhaftet und zu einer Gefängnisstrafe von vier Jahren verurteilt, die der Kaiser später um zwei Jahre verkürzte. «Wer die Uniform trägt, der siegt, nicht weil er besser oder klüger oder weitsichtiger wäre, sondern weil er uniformiert ist», schlussfolgerte der «Berliner Lokal-Anzeiger» in einem kritischen Kommentar.

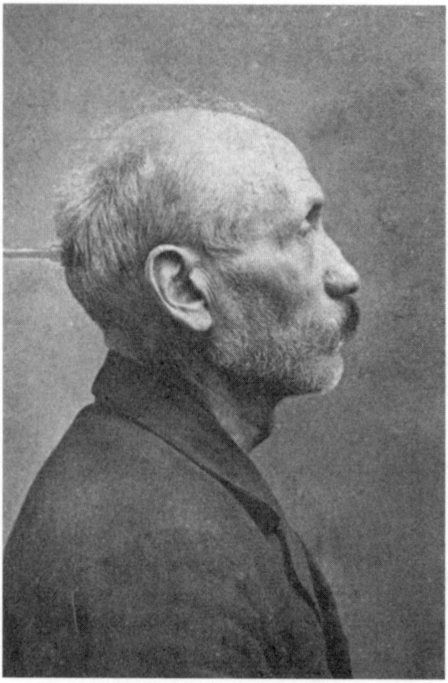

Ansichtskarte nach dem Polizeifoto von Wilhelm Voigt, dem Hauptmann von Köpenick.

Der Romanautorin gefiel das Schelmenstück des «Hauptmanns von Köpenick», der Affront gegen das preußische Obrigkeitsdenken. Sie zahlte dem Mann im Gefängnis eine monatliche Dotation von fünfzig Mark und setzte ihm für die Zeit nach seiner Freilassung eine lebenslängliche Monatsrente von hundert Mark aus, eine Verpflichtung, die auch auf ihre Erben übergehen sollte.

Wolf Wertheim protestierte nicht, ob aus Sympathie für den Aktionismus seiner Frau oder aus Hilflosigkeit, muss dahingestellt bleiben. Die Bandbreite der Beschreibungen von Wolf Wertheim bewegt sich zwischen einem Partylöwen in seidenen Strümpfen und Lackschuhen und einem seiner Frau verfallenen ungehobelten Tölpel. So wenigstens beschreibt ihn der Schriftsteller Artur Landsberger in seinem erfolgreichen Roman «Wie Hilde Simon mit Gott und dem Teufel kämpfte».[5]

So oder so wird Wolf Wertheim in dem 1905 erschienenen 500 Seiten starken «Tout Berlin» unter etwa 130 Personen als einer genannt, der «eine elegante Frau» hat – neben klingenden Namen wie Gerson von Bleichröder, Fürst Hans Adolf von Bülow, dem Theologen Adolf Harnack, dem Schriftsteller Ernst von Wildenbruch und S. Karow, dem Verleger des für die Textilbranche wichtigen Fachblatts «Der Confectionaire».

«Bildungspöbel aus dem Tiergartenviertel», geiferte die antisemitische «Wahrheit», «reich gewordene Börsenschieber und Winternachtsexistenzen», ein «Konglomerat aus Warenhausbesitzern, Großkneipiers und Konfektionären» und außerdem: «jüdisch-anarchistische Nichtigkeiten».[6]

Wolfs diskrete Brüder waren keineswegs amüsiert über den Humor ihrer Schwägerin, die zu allem Überdruss auch noch mit ihrer jüdischen Herkunft kokettierte, was der auf Assimilation bedachten Familie erst recht unangenehm war.

Gertrud dachte nicht nur «modern» über die Ehe, sie betrieb auch in ihrem Domizil in der Tiergartenstraße 5a einen demonstrativen Aufwand, dem auf Dauer selbst ein Wolf Wertheim nicht gewachsen war. Überdies drängte sie Wolf zur Übernahme von Verpflichtungen, die ihr als Spieler und Hasardeur bekannter Bruder eingegangen war.

All dies beobachtete Georg Wertheim mit Argwohn. Und doch verdankte er es schließlich einer der pompösen Abendgesellschaften von Herrn und Frau Wolf Wertheim, dass er endlich die Frau fürs Leben fand.

Anfang Dezember 1905 luden Wolf und Gertrud Wertheim ins Hotel Bristol. Droschken und Coupés fuhren Unter den Linden vor. Livrierte Diener in weißen Handschuhen eilten herbei, und aus den Wagen schälten sich Damen in knisternden Garderoben. Sie trugen ihre großen Entrees, königsblaue, bischofslila und rotsamtene Capes um die Schultern, die meisten mit Pelz besetzt.[7] Ihre weiten Röcke aus Brokat, Damast und Samt bauschten sich hinten zu einem nur noch angedeuteten Cul. Anfang des Jahrhunderts war die Form «sans ventre» in Mode gekommen – ohne Bauch. Die vorne vertiefte Taille wurde in äußerst ungesunder Weise eingeschnürt und spitz heruntergezogen. Der Leib war zusammengedrückt und das Gesäß hinausgepresst, sodass durch das extreme Hohlkreuz eine unnatürliche S-Haltung entstand.

In den breiten Wulstfrisuren steckten Brillantsterne, Blumen und Federn. In den Händen hielten die Damen Fächer aus Spitze, Elfenbein und Straußenfedern, an Armen und Hals blitzten Edelsteine. Die Sensation des Abends war vielleicht ein Kleid aus schwarzem Tüll über cremefarbener Seidenmusselin mit einem gewagt tiefen Ausschnitt. Wie überhaupt keine Dame ohne Dekolleté erscheinen konnte, selbst die älteren nicht, die ihre Blöße allenfalls mit einer Lage Tüll verhüllten. Die Herren kamen in Frack und Zylinder, eine Blume im Knopfloch, weiße Glacés an den Händen. An Schmuck hatten sie nicht mehr aufzubieten als die Uhrkette, die allerdings perfekt zu sitzen hatte.

Die Gäste waren überwiegend Geschäftsleute und Bankiers, und zum Aufputz hatte man sich um den einen oder anderen Adeligen bemüht. Möglichst war auch ein Offizier darunter, darauf legte das Paar besonderen Wert. Diesen Ehrengästen schenkte Madame Truth – Gertrud Wertheim – übertriebene Aufmerksamkeit.

Nachdem die Gäste ihre Oberbekleidung abgelegt hatten, wurden sie von den Gastgebern persönlich in Empfang genommen. Unter dem Glitzern der Kristalllüster begrüßten die Herren die ihnen zugeteilten Tischdamen mit angedeutetem Handkuss auf fast bis zur Achsel reichendem Handschuhe aus feinem Leder. Die Paare waren von Frau Wertheim wohlbedacht zusammengestellt worden. An manch einem mit weißem Damast gedeckten Tisch waren auch französische und russische Wortfetzen zu hören.

Für Georg Wertheim hatte seine Schwägerin Ursula Gilka als Tischdame ausgewählt.

Gewiss war es die Frische der Jugend, die Georg Wertheim ver-

Ursula Gilka (rechts), spätere Wertheim, vermutlich mit ihrer Schwester Ellen und Bruder Horst, Anfang des 20. Jahrhunderts.

anlasste, dem unbefangenen und ihm auffallend zugewandten Geplauder der klein gewachsenen Ursula Gilka sein Ohr aufmerksam zu leihen und ihr dabei, womöglich ein wenig nachsichtig lächelnd, tief in die Augen zu schauen.

Zwanzig Jahre jung war die Tochter von Klara und Maximilian Gilka, und Georg Wertheim erinnerte sich noch gut an den Schnapsfabrikanten, mit dem er gerichtlich zu tun bekommen hatte, als er dessen Getreidekümmel in seinem Warenhaus für 85 Pfennig die Flasche verkaufte. Auch darüber scherzte er über dem Dessert mit dem Mädchen, das ihr krauses blondes Haar à la mode aus dem Gesicht gekämmt und auf dem Kopf zu einer Rolle getürmt trug.

Vielleicht merkte er durch die vom Weingenuss angeregte Unterhaltung nicht, dass ihr Gesicht mit den wasserblauen Augen, der glatten Haut und den gepolsterten Wangen etwas Ungeformtes, Teigiges hatte. Oder es war ihm egal. Sie war jung, und ihr Dekolleté war milchig weiß.

Auch wenn die Gilkas längst nicht so begütert waren wie die Wertheims, so stammte Ursula doch aus einer alten preußischen Familie, die in Weissagk (heute Märkisch Heide) bei Luckau in der Niederlausitz ein 6500 Morgen großes Rittergut besaß.

Ihr Großvater, Carl Joseph Aloys Gilka, hatte 1836 in einer Parallelstraße zur Leipziger Straße eine «Destillation, Liqueur-, Rum-, Sprit- und Essigfabrik» gegründet. Die junge Firma erhielt bereits 1844 auf der Berliner Ausstellung «Vaterländischer Gewerbe-Erzeugnisse» einen ersten Preis. Der «Gilka-Kümmel» in der charakteristischen eckigen Flasche wurde in ganz Europa getrunken. C. J. A. Gilka wurde zum Königlichen Preußischen Kommerzienrat ernannt und mit dem Roten-Adler-Orden 4. Klasse ausgezeichnet. Er erwarb das Eckhaus Leipziger Platz 11/Leipziger Straße, genau gegenüber dem berühmten Warenhaus-Eckbau. Nach seinem Tod wurde es von den Kindern erbteilungshalber für über eine Million Mark an den preußischen Fiskus verkauft.

Wenn sich die Familie Gilka in Berlin aufhielt, wohnte sie an dieser Adresse. *Es ist ein erwähnenswerter Zufall, dass diese beiden Eckgrundstücke der Leipziger Straße so mit den Namen Wertheim und Gilka verknüpft sind.* Sie hätten einander tatsächlich von Haus zu Haus zuwinken können.

Noch eine Generation zuvor hatte der Potsdamer Platz am Stadtrand Berlins gelegen. Ursulas Tante, Frau Kommerzienrat Phaland, hatte dort als Kind, so erzählte sie ihrer Nichte, eine Ziege über die Straße getrieben, um sie in der Nachbarschaft weiden zu lassen. Das war nun wirklich eine Gemeinsamkeit zwischen dem reifen Mann und der jungen Frau, über die sie herzlich lachen konnten. Erstaunlich, wie schnelllebig die Zeit war!

Nachdem der bald fünfzigjährige Georg Wertheim wirtschaftlich alles erreicht hatte, wovon sein Vater niemals zu träumen gewagt hätte, war er bereit, eine eigene Familie zu gründen. Für Ursula

Gilka sprach zweierlei: Sie stammte aus einer alteingesessenen christlichen Fabrikantenfamilie, und sie versprach mit ihrer Jugend eine geeignete Mutter für seine Erben abzugeben. Viel mehr erwartete man damals in diesen Kreisen selten von der Ehe. Für Ursula war Georg Wertheim eine hervorragende Partie, die ein Leben in Müßiggang und Luxus versprach. Als seine Tischdame auserwählt zu werden, war eine große Ehre, für die sich die mit der Familie Gilka befreundete Gertrud Wertheim nachdrücklich eingesetzt hatte.

Als auch Ida Wertheim, deren Meinung Georg in allen wichtigen Lebensfragen einholte, das heitere Wesen der jungen Frau lobte, ging alles schnell. Immer öfter machte Georg Wertheim im Hause Gilka seine Aufwartung, und schon im März 1906 wurde auf Ursulas großväterlichem Gut Verlobung gefeiert.

Mit der Verlobung machte Georg Wertheim am 9. Mai einen Schritt, der ihm schon lange ein Bedürfnis gewesen war, er hatte nur auf einen Anlass gewartet: *Ich trat darauf zum Christentum über*. Mehr hatte er dazu nicht zu sagen, schließlich holte er bloß nach, was seine Brüder Wilhelm und Franz schon vor ihm getan hatten. Beide waren zwar mit jüdischen Frauen die Ehe eingegangen, hatten sich aber danach gemeinsam mit ihnen taufen lassen. Nur Wolf und Gertrud Wertheim blieben ihrem Judentum treu.

Vielleicht vollzog Georg Wertheim seine Taufe standesgemäß in der Ende des Jahrhunderts eingeweihten Kaiser-Wilhelm-Gedächtniskirche am Zoologischen Garten, die bald nach der Eröffnung des imposanten Kaufhaus des Westens an der Tauentzienstraße im Jahre 1907 vom jüdischen Volksmund despektierlich «Taufhaus des Westens» genannt wurde.

Am 30. Mai 1906 heirateten Georg Wertheim und Ursula Gilka in Weissagk. Begleitet von Brautjungfern in weißen Kleidern und mit weißen Blütenkränzen auf dem Kopf, folgte das Paar nach der Zeremonie dem Pastor aus der Kirche. Langsam bewegte sich der Hochzeitszug auf das Gut zu. Ursula trug ein hochgeschlossenes

Hochzeit von Georg Wertheim und Ursula Gilka am 30. Mai 1906 in Weissagk, wo die Gilkas ein Gut besaßen.

weißes Kleid, und ihr Brautschleier reichte bis zum Boden. Georg Wertheim, dessen Gesicht damals noch ein Kaiser-Wilhelm-Schnauzer zierte, trug Frack und Zylinder, und seine Hände steckten ebenso wie die seiner Braut in weißen Glacéhandschuhen.

Als die Hochzeitsgesellschaft das Gut betrat, wurde das Paar von der Dorfbevölkerung mit Hurrarufen empfangen. Wertheim streifte den rechten Handschuh ab und zog aus seiner Westentasche Geldmünzen, die er in die Menge warf. An dem Gejohle und Gebalge beteiligten sich nicht nur die Kinder. Dann konnte das Hochzeitsfest beginnen, über das sich Georg Wertheims Tagebuch ausschweigt.

Mit hundert Böllerschüssen habe er seine Eheschließung angezeigt, erfahren wir hingegen aus der «Wahrheit».[8] Der Herausgeber dieses selbst ernannten «Freien Deutschen Wochenblatts», Wilhelm Bruhn, Reichstagsabgeordneter der Deutschnationalen Reformpartei, verstand sich als Sprachrohr des Deutschen Antisemiten-Bundes und des mittelständischen deutschen Handwerks, das «durch das

Hochzeitsgesellschaft in Weissagk. Hinter der Braut, halb verdeckt, Ida Wertheim

Großkapital seinem Ruin zustrebt». Vom Anfang an waren der «Wahrheit» die Warenhäuser ein Dorn im Auge, und dem Warenhaus A. Wertheim schenkte Bruhn seine besondere Aufmerksamkeit. Deshalb erweist sich das Blatt trotz seiner tendenziösen Sprache als wertvolle Quelle für die Ereignisse im Hause Wertheim ebenso wie für die antisemitische Hetze gegen die vermeintliche Konkurrenz des deutschen Mittelstands.

Georg Wertheims Übertritt zum Christentum kommentiert die Zehn-Pfennig-Zeitung mit süffisanten Worten: «Seiner jungen Frau zuliebe brach er mit seinem ganzen Volkstum! ... Zur Hochzeitsfeier ist auch nicht ein einziger jüdischer Bekannter des Wertheim eingeladen gewesen. Darob große Entrüstung. Gilkas wollten sich also nicht ganz und gar mit allem ‹Drum und Dran› verschwägern. Wer A sagt, muss auch B sagen.»[9] Was immer die Wertheims taten oder unterließen – «Die Wahrheit» verstand es stets, jede ihrer Handlungen denunziatorisch zu kommentieren.

Wolf Wertheim behauptete in einer wütenden, 1915 in London herausgegebenen Streitschrift, Max Gilka, der Vater der Braut, habe Georg Wertheim schriftlich sein Unvermögen mitgeteilt, für Hochzeit und Aussteuer aufzukommen, und das Zustandekommen der Ehe sei nur den angestrengten Bemühungen seiner Frau Gertrud zu verdanken gewesen.

Ganz so dramatisch kann es nicht gewesen sein, denn immerhin taucht Albert Gilka im 1913 erschienenen «Jahrbuch des Vermögens und Einkommens der Millionäre in der Provinz Brandenburg einschließlich Charlottenburg, Wilmersdorf und alle anderen Vororte Berlins» unter der Grunewalder Adresse Winklerstraße 16 (also in unmittelbarer Nachbarschaft zu Ida Wertheim) mit einem Vermögen von neun bis zehn Millionen Mark und einem Einkommen von über einer halben Million auf.[10]

Wolf Wertheim weiß außerdem zu berichten, dass sein Bruder vor seiner Ehe ein jahrelanges Verhältnis mit der ersten Aufsichtsdame über das weibliche Personal gehabt habe. Sie sei die «Tugendwächterin von A. Wertheim» gewesen und habe gemeinsam mit dem Chef die drakonischen Regeln für das Wertheim-Personal entworfen. Als Georg Wertheim angesichts des bevorstehenden Verlöbnisses mit Ursula das Verhältnis gelöst und seine Geliebte – unter Missachtung der für andere Angestellte geltenden strengen Konkurrenzregel – an ein anderes nicht näher bezeichnetes Warenhaus weitergereicht habe, sei sie weinend durch das Haupthaus gelaufen. Doch Georg habe sich dahinter verschanzt, Fräulein D. könne keine Ansprüche gegen ihn geltend machen, denn er habe sich «wie bei allen anderen» von ihr schriftlich geben lassen, dass er «nicht der Erste» war.[11]

Mehr ist über die Affäre nicht zu erfahren. Üblich war, dass der verlassenen Geliebten eine der Finanzkraft ihres Galans angemessene Summe oder eine Apanage ausbezahlt wurde, als Schweigegeld und zur Beruhigung des schlechten Gewissens. Nicht selten wurde das Verhältnis aber auch nach der Eheschließung munter weitergeführt. Ein solches Verhalten kann bei Georg Wertheim ausgeschlossen werden.

Die Hochzeitsreise in Gesellschaft von Angehörigen und Freunden dauerte acht Wochen. Und wieder entnehmen wir dem Tagebuch nichts als eine Liste der Orte, an denen die Reisegesellschaft Halt machte und in feinen Hotels abstieg: Von Dresden ging es über München nach Lindau am Bodensee, nach Montreux in die Schweiz, dann weiter nach Mailand, zum Comer See, wieder zurück in die Schweiz nach St. Moritz und abschließend nach Heidelberg.

Ein Jahr nach der Verlobung wurde am 30. März 1907 Ursula Irene Eva Wertheim geboren und Ende Mai getauft. Schon im Juni ging es *mit Kind* nach Heringsdorf.

Eine Gemeinsamkeit hatte das Ehepaar Georg und Ursula Wertheim auf jeden Fall: die Lust am Reisen. Georg Wertheim macht den Eindruck eines Menschen, der äußerlich gelassen mit kühler Strenge und Umsicht sein Warenhausreich regiert, innerlich aber rastlos von einem Ort zum nächsten hastet.

*

In Berlin bahnte sich derweil ein gigantischer Familienzwist an. Während einer von Georgs Reisen versuchte Wolf sich im Unternehmen eine einflussreichere Stellung zu verschaffen. Wilhelm und Franz fügten sich der Dominanz des ältesten Bruders, der Jüngste jedoch wollte sich weder in privaten noch in geschäftlichen Angelegenheiten seinen Vorgaben beugen.

Wolf entließ den juristischen Berater der Firma, Justizrat Dr. Max Meschelsohn, weil er in den vorangegangenen Jahren eine zweistellige Millionensumme an Abschreibungen vorgenommen haben soll, nach Wolf Wertheims Meinung steuerlich bedenklich. Außerdem soll er mit seinen Brüdern Verträge ausgehandelt haben, die Wolf Wertheim zum Nachteil gereichten. Meschelsohns Entlassung, von seinen Brüdern umgehend zurückgenommen, sei die wahre Ursache für den Streit in der Familie gewesen – davon war Wolf überzeugt.

Dessen Brüder hingegen wiesen stets jeden geschäftlichen Zusammenhang zurück und bestanden darauf, dass es sich um ein rein innerfamiliäres Zerwürfnis handele, für das ausschließliche Wolfs Frau verantwortlich sei. Und es bedarf fürwahr keiner blühenden Phantasie, sich vorzustellen, wie Gertrud Wertheims extravaganter Lebensstil und ihre Lust an der Selbstinszenierung ihre Schwäger auf die Palme brachten.

Die Liste von Truths Verfehlungen ist lang. Vor der Fertigstellung ihrer neuen Wohnung in der Bellevuestraße 11a, in unmittelbarer Nähe zum Potsdamer Platz, wohnten Wolf und Gertrud Wertheim im November 1908 im Hotel Bristol. Dort veranstalteten sie zum Beispiel ein Kostümfest mit dem Titel «Old England». Es kostete 25 000 Mark, obwohl nur hundert Personen geladen waren, denn alle Gäste erschienen auf Kosten der Gastgeber in Kostümen aus dem 18. Jahrhundert. Auch die Musikkapelle war entsprechend ausstaffiert, und Künstler inszenierten lebende Bilder, die Landsberger später in seinem Schlüsselroman karikierte. Gertrud Wertheim hatte wohl den Ehrgeiz, ein Zentrum der Berliner Gesellschaft zu werden. Den fehlenden Geist einer Rahel Varnhagen ersetzte sie durch Prunk.

Wenn Truth reiste, hatte sie stets mindestens einen Diener und eine Kammerzofe dabei. Ihrer Tochter kaufte sie für 8000 Mark einen Pelzmantel – bei Gerson und nicht im Familiengeschäft, um die exorbitante Anschaffung geheim zu halten. Und auf seinem Gut in Kladow ließ Wolf für seine Frau ein Denkmal ihres Lieblingsdichters Heinrich Heine errichten[12], eine Ausgabe, die den kunstsinnigen Wertheim-Clan gewiss weniger störte als die antisemitische Öffentlichkeit.

Durch solche Extravaganzen angeheizt, spitzte sich der Konflikt zwischen Wolf und seinen drei Brüdern immer weiter zu. Schließlich stellte Georg ein Ultimatum: entweder Trennung von Truth oder Trennung von der Firma. Wolf entschied sich für seine Frau.

Das Gerücht um das bevorstehende Ausscheiden des jüngsten Bruders war nun nicht mehr zu verheimlichen, und so ließ man durch die Branchenzeitschrift «Der Konfektionär» bekannt geben, «dass keinerlei geschäftliche Gründe die drei älteren Brüder zu dem Schritt gegen den jüngeren veranlassten. Die Herren Georg, Wilhelm und Franz Wertheim waren schon bisher die eigentlichen Leiter des Geschäfts, sodass durch den Austritt des Herren Wolf Wertheim keine geschäftlichen Änderungen entstehen werden.»[13]

Nun war der Streit öffentlich, und die Klatschpresse hatte ihren Braten. Die Angestellten hätten die Nachricht von Wolf Wertheims Ausscheiden mit Bedauern zur Kenntnis genommen, wird berichtet. Als humaner Chef, der häufig vermittelnd eingriff, manche Kündigung rückgängig machte und manche Unterstützung gewährte, sei er beim Personal beliebt gewesen.[14]

Während eines Urlaubs, den Wolf und Gertrud Wertheim – angeblich an getrennten Orten – in der Schweiz verbrachten, erreichte Wolf die Nachricht von der Klage seiner älteren Brüder auf Aufhebung der offenen Handelsgesellschaft A. Wertheim zum 1. Januar 1909. Dieser Schritt sollte ihm ermöglichen, im Interesse des Geschäfts aus der Firma auszuscheiden.

Zur Klärung der Gesellschaftsverhältnisse, zu denen seit Ende 1906 auch eine Bank gehörte, ging die Firma A. Wertheim am 31. Dezember 1908 in die Liquidation. Die vom Gericht zu Liquidatoren ernannten drei «besonders angesehenen und erfahrenen Kaufleute» verkauften das Geschäft am 14. Januar 1909 an die meistbietenden Georg, Wilhelm und Franz Wertheim. Wolf Wertheim gab kein Gebot ab.[15]

Stattdessen verklagte er die Liquidatoren auf eine halbe Million Schadensersatz, weil sie seiner Meinung nach das Geschäft zu billig verkauft hatten. Wolf Wertheim soll außerdem von Meschelsohn erpresst worden sein, eine ihm vorgelegte Bilanzanerkennung und sein Einverständnis mit der Liquidation zu unterzeichnen.[16]

Georg, Franz und Wilhelm erwarben die Firma zu gleichen Teilen wieder, Wolf Wertheim wurde ausbezahlt.

Vielleicht hatte Georg Wertheim angenommen, sein Bruder würde sich aus dem Geschäftsleben zurückziehen und sich mit dem Vermögen von etwa vier Millionen Mark ein gutes Leben machen. Doch da hatte er ihn unterschätzt.

Von Ehrgeiz und Rachegelüsten getrieben, gründete Wolf Wertheim neben der Wolf Wertheim GmbH eine Internationale Warenhaus-Gesellschaft mbH und übernahm im Frühjahr 1909 den riesigen Komplex der Friedrichstraßen-Passage, die erst im Jahr zuvor als Konkurrenzunternehmen der Einzelhändler zu den großen Warenhäusern Wertheim, Jandorf und Hermann Tietz errichtet worden war und schon bald danach in finanzielle Schwierigkeiten geriet. Der als «zyklopenhaft» kritisierte Baukomplex führte von der Friedrichstraße über einen Knick in die schräg auf die Friedrichstraße zulaufende Oranienburger Straße. (Seine Ruine an der Oranienburger Straße beherbergt heute das Kunsthaus Tacheles.)

Gedacht war an eine Vereinigung von etwa hundert kleineren Geschäften unter einem Dach. Sie sollten nicht, wie bei einer Passage sonst üblich, optisch voneinander getrennt sein, sondern wie im Warenhaus ineinander übergehen. Die Mieten wurden je nach Lage und Gewinn der einzelnen Betriebe gestaffelt, und die zentrale Kassenstelle hatte eine pneumatische Rohrpostanlage, die als die längste Europas galt. Da sich die drei zu bekämpfenden Warenhäuser in der nahe gelegenen Leipziger Straße befanden, wollte man einen Teil der Kundschaft von dort abziehen.

Doch die Rechnung ging nicht auf. Eine größere Zahl von Spezialgeschäften wurde bald zahlungsunfähig, während die Läden der Lebensmittelbranche florierten. Der Kern des Misserfolgs war die mangelnde Bereitschaft der Einzelunternehmer, sich für das Gesamtunternehmen zu engagieren.

Mit der Übernahme des Passage-Kaufhauses durch Wolf Wertheim erwarteten sich die Inhaber eine wirtschaftliche Gesundung des Betriebs. Gleich nach der Eröffnung machte er mit einer kostspieligen Reklame-Aktion von sich reden. Am 27. September 1909 führte der Franzose Hubert Latham für das Warenhaus Wolf Wertheim seinen Antoinette-Eindecker vor, mit dem er vom Tempelhofer Feld über Britz nach Johannisthal flog. 14 Minuten und 31 Sekunden dauerte dieser erste Überlandflug in Deutschland.[17]

Wolfs Brüder waren von den Entwicklungen alles andere als entzückt. Nun gab es mehr als nur ein Wertheim-Unternehmen, und Georg Wertheim machte deutlich, dass er mit dem anderen nichts zu tun haben wollte. In allen Inseraten seines Warenhauses ließ er im Anschluss an die Adressen der drei Häuser einen Satz hinzufügen: «Zur Vermeidung von Verwechslungen: Unsere Firma unterhält in Berlin nur diese drei Geschäfte.»

Neben dem Passage-Kaufhaus betrieb Wolf Wertheim zwei weitere Warenhäuser, ein Geschäft in der Potsdamer Straße und eines in der Leipziger Straße, Ecke Dönhoffplatz, also nicht weit vom Haupthaus seiner Brüder. In allen drei Geschäften wandte er die Erfahrungen an, die er in seiner 18-jährigen Tätigkeit im Familienunternehmen und auf seinen zahlreichen Reisen in Europa und den USA gesammelt hatte. Vor allem bei der Werbung konnte Wolf Wertheim seine Lehrjahre nicht leugnen, die Ähnlichkeit mit dem viel gelobten Design der Inserate von A. Wertheim ist unverkennbar.[18]

Wolf Wertheim zog überdies bewährte Mitarbeiterinnen und Mitarbeiter vom Familienunternehmen ab, und Bruder Georg wehrte sich. Als ersten Schritt dehnte er die Konkurrenzklausel in einem Nachtrag auf das Warenhaus Wolf Wertheim und die Internationale Warenhausgesellschaft aus. Trotzdem wechselten einige Angestellte wegen der höheren Gehälter ins neue Warenhaus W. Wertheim über.

Georg Wertheim drohte mit den schärfsten juristischen Mitteln. Harte Maßnahmen seien schon deshalb nötig, weil Wolf vor der Trennung geäußert hatte, er werde alles tun, um seine Brüder zu schädigen. Und um die Verkäuferinnen stärker zu motivieren, führte die Firma A. Wertheim im September 1909 eine Umsatzbeteiligung von ein bis drei Prozent ein, setzte aber gleichzeitig die Gehälter herunter. Der «Konfektionär» meldet, die Verkäuferinnen seien mit dieser Neuregelung zufrieden.[19]

Wolf Wertheim wiederum versuchte den Brüdern das Verwenden des Firmennamens A. Wertheim untersagen zu lassen, denn es gebe niemand in der Firma, dessen Name mit dem Buchstaben «A» beginne.

Als am 5. September 1910 Georg Wertheims «Stammhalter» geboren wurde, erhielt er zur Sicherung des Firmennamens den Vornamen Arno, der wenig später in Albrecht umgeändert wurde, weil den Eltern dieser Name besser gefiel.

Am 21. Oktober 1910 schrieb Georg Wertheim in sein Tagebuch: *Aufnahme von Albrecht als Gesellschafter der A. Wertheim G.m.b.H. Die Firma, deren Benennung A. Wertheim von Wolf angefochten war, wird nunmehr nach Albrecht, in der Urkunde noch Arno, A. Wertheim G.m.b.H. benannt.*

Albrecht wurde ein Geschäftsanteil von 330 000 Mark übertragen.

Am 5. Mai 1911 kam es zu einer «familiären Einigung», die Wolf Wertheim als Zwang beschreibt, der Firma seiner Brüder das Firmenrecht zuzugestehen und sämtliche ihnen unangenehmen Prozesse niederzuschlagen.[20] Dafür habe Meschelsohn ihm im Auftrag seiner Brüder eine lebenslängliche Rente versprochen, einen freundschaftlichen Ausgleich und die Möglichkeit der Aufrechterhaltung seines erheblichen Haushaltsetats. Die Rente, die mit der Auflage verbunden war, dass Wolf Wertheim Deutschland verlasse, wurde tatsächlich bis in die dreißiger Jahre an Wolf Wertheim ausbezahlt.

In der wirren, nur schwer verständlichen Sprache eines Menschen, der sich betrogen und hintergangen fühlt, wird Wolf Wertheim Jahre später in einem Pamphlet mit dem Titel «Dragonade in Berlin W.» seinem Bruder Georg vorwerfen, mit kriminellen Machenschaften eine Kampagne gegen ihn und seine Frau geführt zu haben, mit dem Ziel, sie mit Hilfe von Meschelsohn zu ruinieren.

Georg Wertheim legte nach Erscheinen der Schmähschrift Klage gegen seinen Bruder ein.

Wahr ist, dass das glücklose Passage-Kaufhaus zum Zeitpunkt der Übernahme durch Wolf Wertheim vor dem Zusammenbruch stand und Wertheim als Retter in der Not galt. Doch Gefühle sind schlechte Ratgeber im Geschäftsleben. Der Konkurrenzkampf gegen seine Brüder verschlang Unsummen, und Wolf Wertheim reüssierte nicht. Schon bald war der vermeintliche Sanierer zu einer Belastung für das Unternehmen geworden.

Ab Januar 1911 war er nicht mehr Geschäftsführer, und die Anteile der Wolf Wertheim GmbH gingen in den Besitz der Berliner Terrain- und Bau-Aktiengesellschaft über, die das Kaufhaus errichtet hatte.

Am 5. Oktober 1911 inserierte die Firma W. Wertheim in der Zeitung «Der Tag»: «Zwecks sofortiger Auszahlung unserer sämtlichen Verpflichtungen bis zum Tage fordern wir unsere sämtlichen Lieferanten auf, unverzüglich Konto-Auszüge unserm Regulierungsbureau, Passage-Kaufhaus, einzureichen.» Danach wurde Konkurs angemeldet, und 1914 wurde das Passage-Kaufhaus zwangsversteigert.

*

Während sich der Bruderzwist vor aller Augen vollzog, eskalierte bei Wolf und Gertrud Wertheim eine innerfamiliäre Krise ähnlich dramatischen Ausmaßes. Zum Jahreswechsel 1908/09 riss sich Gertrud Wertheims 16-jährige Tochter Dolly die Kleider vom Leib und sprang, fast gänzlich entblößt, aus dem dritten Stock des berühmten Hotel Esplanade auf den gepflasterten Hof. Der Aufschlag auf ein Fensterbrett dämpfte den Sturz, und zu Dollys weiterem Glück fiel sie auf die aus den Restaurationssälen hinausgeschafften Weihnachtsbäume. Dort blieb sie mit gebrochenen Füßen und zerschmetterter Kinnlade liegen.

Gertrud Wertheim ordnete ihre Überführung in die Klinik des

Professor Israel in der Augsburger Straße an, der auch Georg Wertheims Arzt war, und verbot Dollys Mann Artur Landsberger den Zutritt zu ihrer Tochter.

Dolly war seit kurzem mit dem doppelt so alten Schriftsteller und Rechtsanwalt verheiratet, doch die Ehe hielt nur knapp ein Jahr. Das Mädchen war labil, und was den Autor zur Eheschließung bewog, ist unbekannt.

Ende 1909 war Dolly geschieden und von ihrem Selbstmordversuch so weit genesen, dass sie als Millionenerbin erneut eine gesuchte Partie war. Einer der Anwärter auf den lukrativen Platz an ihrer Seite war der junge Graf Gisbert von Wolff-Metternich, der die Familie im Sommer 1911 zu Georg Wertheims Leidwesen in die Schlagzeilen sämtlicher Zeitungen brachte.

Am 13. Juli 1911 begann unter großer öffentlicher Anteilnahme vor der 10. Strafkammer des Landgerichts I der Betrugsprozess gegen Wolff-Metternich. In diesem Prozess musste Gertrud Wertheim als Zeugin aussagen und wurde vom Verteidiger des jungen Adeligen in einer Weise öffentlich vorgeführt, die einen Teil der Berliner Anwaltschaft später veranlasste, gegen die Verteidigungsführung Protest einzulegen.

Der Graf, Neffe des deutschen Botschafters in London, hatte seinen klingenden Adelsnamen dazu benutzt, um bei einer Vielzahl von Leuten Schulden zu machen, die er nicht zurückzahlen konnte.

Mit seinen 24 Jahren war er kein unbeschriebenes Blatt. Schon als Jugendlicher hatte er mit geliehenem Geld um sich geworfen und war schließlich von seiner Familie, die sich nicht mehr zu helfen wusste, nach Südamerika geschickt worden, wo er Landwirtschaft studieren sollte. Das ihm mitgegebene Geld ging bald zur Neige, Metternich kehrte nach Deutschland zurück und machte im alten Stil weiter. So häufte er innerhalb weniger Monate Schulden in der Höhe von 32 572 Mark an.

Als der blasse Metternich in seinem schwarzgrauen Jackettanzug um neun Uhr den Gerichtssaal betrat, hatte er schon ein Dreivierteljahr Untersuchungshaft hinter sich. Nur zwanzig Personen fanden Einlass, denn man tagte im kleinen Saal des Strafgerichts. Die insgesamt 37 von der Staatsanwaltschaft geladenen Zeugen bildeten ein buntes Völkchen – Schuhmacher, Schneider, ein aus der U-Haft vorgeführter Rossschlächter, noble Berliner Hofjuweliere, eine Reihe von Geldagenten und «die elegante Frau Wolf Wertheim»[21].

Es herrschte drückende Schwüle an jenem Hochsommertag, die Fenster konnten wegen des von draußen hereindringenden Lärms nicht geöffnet werden, und so behalf sich der Vorsitzende, indem er die Tür zum Beratungszimmer aufmachte.

Mit seinem österreichischen Akzent beteuerte der junge Graf mit zu Herzen gehender Naivität, dass er nicht in betrügerischer Absicht gehandelt und immer vorgehabt habe, seine Schulden zurückzuzahlen. Er habe gehofft, sich mit einer Berliner Millionärstochter zu verheiraten und von der Mitgift seine Gläubiger befriedigen zu können.

Zwei Heiratsvermittler habe er damit beauftragt, ihm eine Partie zu verschaffen, die ihm mindestens eine Million einbringen sollte. Eine sehr reiche Südamerikanerin stand auf der Liste und – die Tochter der Gertrud Wertheim, Dolly Landsberger, geborene Pinkus. Er hatte sie Ende Dezember 1909 bei einem Ball im Landwehrkasino kennen gelernt und war schon bald danach im Hause Wertheim ein und aus gegangen.

Bei der Vernehmung Gertrud Wertheims ging es darum, zu klären, ob Metternich sich begründet in der Hoffnung wähnen konnte, bald eine Ehe mit der schönen und vor allem reichen schwarzhaarigen Dolly einzugehen. In einem solchen Fall, so die Verteidigung, seien die im guten Glauben auf die baldige Mitgift aufgenommenen Kredite keine Betrugshandlungen.

Truth war aus ihrem Harzer Sommerwohnsitz angereist und machte in ihrem schwarzweiß gestreiften Seidenkostum und dem mit einem weißen Schleier gänzlich umhüllten Panamahut einen guten Eindruck auf den Vorsitzenden Richter, das Publikum und die Presse.

Nachdem Metternich sich mehrmals mit Dolly bei der Reitstunde getroffen hatte, habe Gertrud Wertheim den jungen Mann zu einem Besuch in ihr Haus eingeladen, sagte sie aus. Später war er bei den diversen Festlichkeiten immer dabei, so auch zu Sylvester 1909, als er zu nächtlicher Stunde aus dem benachbarten Hotel Esplanade Pfannkuchen holte. Anfang Januar habe sie Metternich dann eingeladen, sie und Dolly nach Italien zu begleiten, damit er sich auf der Reise um verschiedene Sachen kümmere.

Es müsse ihm klar gewesen sein, dass mit einer Heirat nicht zu rechnen war, weil Dolly sich damals für den Leutnant von Fetter interessierte, dem sie ein teures Zigarettenetui gekauft hatte. Metternich sei immer gesagt worden: «Den Metter – nich, den Fetter – ja!» Und als den Wertheims zu Ohren kam, dass sich Metternich auch die kleine Summe für die Pfannkuchen beim Kellner des Esplanade leihen musste, habe man ihn nicht mehr eingeladen.

Metternich gab zu Protokoll, er habe den Herrn von Fetter ausdrücklich nach dessen Absichten gefragt, und dieser habe jede Heiratsabsicht von sich gewiesen.

Am nächsten Tag erhielt Gertrud Wertheim ein Telegramm, das ihr mitteilte, Metternichs Verteidiger Dr. Jaffé habe sich nach ihrer Abreise zur Bemerkung verstiegen, sie habe sich während ihrer Schwangerschaft vor 19 Jahren nur von Kognak und Salat ernährt.

«Zum Beweis der völligen Unglaubwürdigkeit des Zeugnisses der Frau Wolf Wertheim» stellte Jaffé den Antrag, eine Reihe von zusätzlichen Zeugen zu laden. Die eigentliche Hauptzeugin Dolly Landsberger-Pinkus solle entweder vor Gericht erscheinen oder ein ärztliches Attest beibringen.

«Man kann nicht in das Vorleben jedes Zeugen hineinleuchten, Frau Wertheim hat gestern den Eindruck einer ganz vorzüglichen Zeugin gemacht, die sich genau über alles klar ist, was sie hier ausgesagt hat», protestierte der Staatsanwaltsassessor. Jaffés Beweisantrag musste dennoch stattgegeben werden, und das Gericht vertagte sich.[22]

Nach einer vierteljährlichen Pause wurde der Prozess am 3. Oktober 1911 wieder aufgenommen. Erneut warteten vor dem Moabiter Justizpalast viele Menschen seit dem frühen Morgen, doch auf die interessantesten Zeugen musste das Publikum verzichten. Der Herausgeber und leitende Redakteur der politischen Wochenzeitschrift «Die Zukunft», Maximilian Harden, weilte zur Erholung in Holland, Gertrud Wertheim schickte aus Meran ein ärztliches Attest, Dolly Landsberger entschuldigte sich gleich mit einer ganzen Reihe von Gutachten, und auch Dollys Ex-Ehemann Landsberger wollte nicht erscheinen.[23]

Der Vorsitzende begann mit der Ankündigung, er würde jede Beweisaufnahme ablehnen, die Angriffe gegen die abwesende Zeugin Frau Wertheim enthalte, und die Verhandlung vertagen, was zur Folge hätte, dass sich Metternichs Untersuchungshaft weiter in die Länge ziehen würde.

Nachdem es Metternich nicht gelungen war, das gesamte Gericht als befangen abzulehnen, äußerte er sich zu seiner Beziehung zu Dolly Landsberger: «Ich will ja diskret vorgehen, aber nachdem ich so schwer von der Frau Wertheim angegriffen worden bin, kann ich nicht alles verschweigen, wie ich es bisher getan habe. Ich habe im Hause der Frau Wertheim täglich verkehrt und mich stundenlang mit der Dolly Landsberger unterhalten. Auch nachts sind wir bis ein oder zwei Uhr in ihrem Boudoir gewesen. Sie lag auf einem Diwan, während ich auf einem Tabouret zu ihren Füßen saß. Wir haben uns stundenlang geküsst und ganz so getan wie Braut und Bräutigam.»[24]

Auch der Schriftsteller Edmund Edel legte dem Gericht seine Eindrücke von der Silvesterparty 1909 bei Wertheims vor: Vierzig oder fünfzig Personen waren geladen, und Graf Metternich führte die Tochter zu Tisch. Schon seit einiger Zeit kursierten in der Berliner Gesellschaft Gerüchte über eine bevorstehende Verheiratung Dolly Landsbergers, und es bestand kein Zweifel, dass der Zukünftige nur der Graf sein könne.

Ein anderer Zeuge berichtete, im Hause Wertheim sei ein neuer

Bewerber aufgetaucht, und äußerte die Vermutung, die Wertheims hätten den Verkehr mit Metternich abgebrochen, weil sie sich einen mittellosen Schwiegersohn nicht mehr leisten konnten, sondern nun vielmehr darauf angewiesen seien, einen zu finden, der in der Lage sei, auch den Eltern etwas zuzuschießen.

Am sechsten Verhandlungstag wurde Oberstleutnant von Fetter vernommen. Laut Truths Veröffentlichung im «Kleinen Journal» war er ständiger Gast im Hause Wertheim gewesen, ja wohnte quasi dort. Nachdem Gertrud Wertheim seine Bitte abgelehnt hatte, seine Schulden in fünfstelliger Höhe vor der öffentlichen Verlobung zu übernehmen, habe sie ihm monatlich stillschweigend eine Rente von tausend Mark zukommen lassen, in eine Serviette gewickelt oder zwischen die Seiten eines Buches gesteckt. Herr von Fetter habe stets wortlos den «braunen Lappen» im Ärmel seiner Uniform verschwinden lassen.

Fetter sei eindeutig der von ihnen in Aussicht genommene Schwiegersohn gewesen. Wie konnte da von Metternich die Rede sein? All dies bestätigte auch Wolf Wertheim in einem Telegramm an das Gericht und zählte penibel die Geschenke auf, die von Fetter zu Weihnachten von ihm erhalten hatte: Briefpapier, Bücher, Schlipse, Schreibtischsachen aus Silber, Kognak, Zigarren, eine Tabatière, Kuchen und Delikatessen. All dies wurde in einem Oberhemdenkorb in die Kaserne geschafft. «Wie viele Krawattennadeln Herr v. Fetter erhielt, kann ich hier nicht feststellen.»[25]

Fetter sagte aus, er habe Dolly zwar geduzt und sie hätten sich gegenseitig Kosenamen gegeben, Dolly habe ihm auch täglich Briefe geschrieben, Heiratsabsichten habe er aber niemals gehegt. Ihre kostbaren Geschenke – ein Pelz, ein teurer Ring, eine Krawattennadel – habe er nur angenommen, um sie nicht zu beleidigen. Die ihm zugesteckten Tausendmarkscheine seien bloß ein Darlehen gewesen.

Nach achttägiger Verhandlung war der Prozess zu Ende. Am Tag der Plädoyers stand vor den Toren des Justizpalastes ein Heer von

Gerichtsdienern, die Unbefugten den Eintritt verwehrten. Die hastigen Bewegungen des Angeklagten verrieten eine gewisse Nervosität.

Der Staatsanwalt ging in seinem Plädoyer auf die Verteidigungsführung ein: Der Angeklagte habe gewusst, dass Frau Wertheim die bestgehasste Frau im Berliner Westen sei, und habe die geplatzte Heirat mit Dolly Landsberger in den Vordergrund geschoben, um sich in gewissen Zirkeln Sympathien zu erwerben. Doch die Betrügereien, um die es in dem Prozess ging, fielen in eine andere Periode.

Metternich wurde wegen erwiesenen Betrugs in drei Fällen zu einer Gefängnisstrafe von neun Monaten verurteilt, unter Anrechnung der sechs Monate Untersuchungshaft. In den übrigen Fällen wurde er freigesprochen.

Truth vergleicht sich in ihren Eröffnungen im «Kleinen Journal» mit Marie-Antoinette: «Man ist bescheiden geworden! … Was vor 120 Jahren nur die Person der allerchristlichsten Königin in Paris vermochte, dazu genügt heute schon eine jüdische Warenhäuslersfrau aus Berlin W.»[26]

Wenn dieser Vergleich auch einigermaßen größenwahnsinnig anmutet, so veranschaulicht der Metternich-Prozess doch, mit welcher Anteilnahme die Öffentlichkeit alles verfolgte, was Adelige trieben, und waren sie noch so verarmt. Und wie junge Töchter ohne Rücksicht auf ihre Gefühle benutzt wurden, um ihren Familien gesellschaftliche Anerkennung zu verschaffen.

Im krassen Gegensatz zur Allgegenwart des Namens Wertheim in den Medien der Jahre 1908 bis 1911 steht Georg Wertheims Schweigen in seinem Tagebuch. Weder das gerichtliche Vorgehen seines Bruders Wolf gegen ihn, seine beiden Brüder und Justizrat Meschelsohn noch der Metternich-Prozess oder der Konkurs des Passage-Kaufhauses werden mit einem einzigen Wort erwähnt. Es ist, als wäre Wolf Wertheim mit seinem Ausscheiden aus dem Familienunternehmen für ihn gestorben.

Stattdessen erfahren wir von einer großen Gesellschaft in der Matthäikirchstraße am 4. Februar 1908, mit Künstleraufführungen und *kinematographischen Aufnahmen von Ursula mit Kind (1. Jahr)* sowie von diversen Reisen im Frühjahr desselben Jahres: zum Bobsleigh und Skifahren nach Oberhof im Schwarzwald, nach Paris mit Walter Sternberg, dem Sohn seiner Schwester Hedwig, nach London, wo er im Savoy-Hotel abstieg, auf die Insel Wight und nach Oostende (*Anfang Juni gebadet*).

Zu Weihnachten 1908 verspeisten Georg und Ursula einen Puter mit Trüffeln von Rothschild aus Paris (*von Strobel geschenkt*).

*

Wann genau Wolf Wertheim nach London ging, von wo aus er gegen seinen Bruder wetterte, ist nicht bekannt. Gertrud begleitete ihn wohl nicht dorthin, denn 1913 hielt sie sich in Indien auf, 1918 in Luzern.

Die während des Kriegs sich noch deutschtümelnder und antisemitischer gerierende «Wahrheit» (ab 1913 wurden die Titel in altdeutscher Schrift gesetzt, nach Kriegsbeginn die ganze Zeitung) verfolgte den Weg der beiden mit gewohnter Häme. Am 26. Juni 1915 soll das Paar in Berlin gesichtet worden und im Habsburger Hof abgestiegen sein. Noch war Georg Wertheims Klage gegen seinen Bruder anhängig, Wolf hatte sich allerdings vor dem Krieg in dieser Angelegenheit freies Geleit zusichern lassen.

Im Zusammenhang mit dieser Meldung zitiert die Zeitung eine Verlautbarung, der zufolge Wolf Wertheims Grundstücke in Kladow am 22. Oktober 1915 beim Amtsgericht Spandau im Wege der Zwangsvollstreckung versteigert werden sollten. Es war so manches, das Wolf Wertheim einst sein Eigen nannte: Äcker, Weiden und Wiesen, ein Landhaus mit Hofraum und Hausgarten, ein Gärtnerhaus mit Brutanstalt, ein Maschinenhaus, ein Palmenhaus mit Kesselhaus, ein Entenstall, ein Eiskeller, ein Schuppen, ein Arbeiterhaus, ein

Wohnhaus, eine Stallung, ein Pferdestall nebst Kutscherstube, eine Holzung an der Havel ...

Anfang Februar 1918 tauchte eine längst vergessene Geschichte wieder auf. Der Schuster Wilhelm Voigt, wohnhaft nunmehr in Luxemburg, hatte beim Landgericht 1 Klage gegen Gertrud Wertheim (zuletzt wohnhaft in der Corneliusstraße 4a in Berlin-Tiergarten) eingelegt.

Er verlangte die Zahlung der ihm als «Hauptmann von Köpenick» 1906 von Truth gestifteten jährlichen Rente von 1200 Mark, zahlbar am 1. eines jeden Kalendermonats in Raten von hundert Mark. Seit dem finanziellen Zusammenbruch ihres Gatten sei sie ihm diese Zahlungen schuldig geblieben. Voigt beanspruchte eine Nachzahlung von 4200 Mark nebst vier Prozent Zinsen. Der Prozess gegen Gertrud Wertheim, «unbekannten Aufenthalts», war für den 15. Mai angesetzt.[27]

Diese reagierte schnell. Aus Luzern schickte sie an eine der Tageszeitungen des Verlagshauses Mosse ein Schreiben folgenden Inhalts: Weil Wilhelm Voigt die Welt zum Lachen gebracht hatte, habe sie, «gewohnt zu geben, wo niemand gab, ... den ephemeren Ruhm ins Reale übersetzen wollen». Das war «seinerzeit, als es mir die Vermögenslage des Herrn Wolf Wertheim noch gestattete ... Als ich in Indien 1913 den Zusammenbruch des Herrn Wolf Wertheim in seinem vollem Umfange überhaupt erfuhr, habe ich sofort allen von mir Unterstützten Mitteilung gemacht, dass durch den Zusammenbruch die Voraussetzung meiner Schenkungen zunichte gemacht sei und ich die Rente zurückzöge. Auf diese Mitteilung ist kein Widerspruch erfolgt!»[28]

Und noch einmal wird Wolf Wertheim erwähnt. Am 7. Dezember 1918 mussten sich zwei ehemalige Geschäftsführer der W. Wertheim GmbH wegen eines Konkursverbrechens vor Gericht verantworten. Die beiden Herren hatten es in den Jahren 1912–14 unterlassen, rechtzeitig Bilanzen zu ziehen und den Antrag auf Eröffnung des Konkursverfahrens zu stellen.

Das letzte Kapitel im Leben des Wolf Wertheim liegt weitgehend im Dunkeln. Nach dem Ersten Weltkrieg zog er an die französische Kanalküste und soll 1940 im Alter von 73 Jahren in einem französischen Internierungslager ums Leben gekommen sein.[29]

SECHSTES KAPITEL

GEORG WERTHEIM UND DER KAISER

Am 5. November 1907 fand in dem von Alfred Messel erbauten Verwaltungsgebäude der Allgemeinen Elektrizitäts-Gesellschaft (AEG) am Schiffbauerdamm ein Vortrag über Turbinen mit anschließendem Souper statt, dem Wilhelm II. beiwohnte. Am Tisch des Kaisers saßen der Architekt, dessen Gebäude mit dieser Veranstaltung eingeweiht wurde, und James Simon von der Firma Gebrüder Simon, der sich vor allem als Kunstsammler und Mäzen einen Namen gemacht hatte. Da ließ der Monarch die Bemerkung fallen, es fehle ihm an einer geeigneten Firma, um die Produkte seiner Majolika-Fabrik abzusetzen.

Wilhelm II. hatte Ende 1898 ein Rittergut im ostpreußischen Cadinen am Frischen Haff erworben, wo es reiche Tonlager gab. Für seinen neuen Besitz ließ er sich vom Bildhauer Ludwig Manzel (der für Wertheims Lichthof die Figur «Die Arbeit» entworfen hatte) das kaiserliche Wappen aus glasiertem Ton fertigen und war von dessen Arbeit so begeistert, dass er beschloss, in seiner Ziegelei in Cadinen fortan Majolika anfertigen zu lassen. So entstanden Gegenstände für den täglichen Gebrauch, Geschirr, Aschenbecher, Wandteller, vor allem aber Kunstgegenstände zur Verschönerung des Heims – Reliefs, Büsten und kleine Tierplastiken.

Die Produkte entsprachen dem Kunstgeschmack Wilhelms, der sich an historischen Vorbildern, vor allem an der griechischen Antike und der italienischen Renaissance, orientierte. Von Anfang an behielt er sich die persönliche Genehmigung aller Entwürfe vor. Mit der Produktion von Baukeramik wuchs der Ruf der Werkstätten weit über Ostpreußen hinaus, und für die gerade im Bau befindlichen Berliner Untergrundbahnhöfe wurden Kacheln und Fliesen hergestellt.

Georg Wertheim notierte in sein Tagebuch, wie das Gespräch auf seine Firma kam: *James Simon schlug ihm unsere Firma als geeignet vor und wies dabei auf den mit an der Tafel sitzenden Professor Messel hin, der unser Architekt sei und die besten Beziehungen zu uns habe. Der Kaiser besprach dann mit Professor Messel, dass dieser die Sache in die Hand nehmen und sich mit uns in Verbindung setzen sollte.*

Messel reagierte schnell. Schon am folgenden Tag schrieb er Georg Wertheim einen Brief, in dem er ihm vom kaiserlichen Ansinnen berichtete. *Es folgten dann Besprechungen mit Geh. Regierungsrat von Etzdorf, dem Vertreter des Kaisers für Cadinen, und es wurden nun unter Leitung von Professor Messel, jedoch in meinem Beisein und Einverständnis, bei zehn namhaften Bildhauern eine größere Anzahl Modelle* [vermutlich überwiegend Brunnen] *auf unsere Kosten bestellt. Die Modelle sollten unser Eigentum bleiben und in Cadiner Majolika ausgeführt werden.*

Die Kosten beliefen sich auf die hohe Summe von 50000 Mark. Als Gegenleistung wurde das Warenhaus Wertheim zur alleinigen Verkaufsstelle für die Cadiner Erzeugnisse, für Georg Wertheim eine große Ehre.

Über kein anderes Ereignis in seinem Leben hat er sich so ausführlich geäußert wie über seine *Beziehung zu Kaiser Wilhelm II.*, der er als Anhang zu seinem Tagebuch 17 Seiten widmet – erstaunlich viel angesichts seiner sonst bisweilen irritierenden Lakonie. Wertheims Verbindungen zum kaiserlichen Hof sind aber auch für die öffentliche Anerkennung seiner Firma nicht hoch genug einzuschätzen.

Was der Kaiser billigte, wurde gesellschaftsfähig, selbst wenn er für seine geschäftlichen Aktivitäten bisweilen Spott einstecken musste. So lästert der «Simplicissimus» mit einer Karikatur, die einige Gardeoffiziere zeigt: «Majestät hat 'ne Kachelfabrik aufjemacht. Janz alter Adel macht so was nicht.»[1]

Ansichtskarte von Kaiser Wilhelm II., dem Kronprinzen und Prinz Oskar, o. J.

Für Georg Wertheim jedenfalls bedeutete das Wohlwollen des Kaisers eine willkommene Gelegenheit, den Makel abzustreifen, der durch die negative Berichterstattung über die Streitigkeiten in seiner Familie an der Firma hängen geblieben war. Das war ihm das Geld wert.

Die Besichtigung der Modelle durch den Kaiser und die Kaiserin fand im März 1908 im Kunstgewerbemuseum statt. Der Generaldirektor der Museen, Geheimrat Bode, empfing den hohen Besuch. *Der Kaiser besichtigte dann unter Messels Führung eingehend die Modelle, wobei ich mich mehrmals an der Erörterung zu beteiligen hatte. Etwas Bemerkenswertes fiel dabei nicht vor, höchstens, dass der Kaiser bei dem Modell des Taschner'schen Brunnens, der in dem Sommergarten Leipziger Straße steht, zu mir sagte, daran können die Berliner ihren Geschmack bilden, ich sagte, dann könne der Brunnen zu einer Quelle des guten Geschmacks werden. Die Kaiserin sah sich inzwischen die Sachen mit ihrer Begleitung allein an.*

Brunnen in einem der Innenhöfe des Warenhauses, zwanziger Jahre.

Dass die Antisemiten die Annäherung zwischen dem verhassten Warenhaus und dem Kaiser mit Missgunst beobachteten, ist nicht weiter überraschend. «Herr Georg Wertheim ist dem Kaiser dieser Tage vorgestellt worden», berichtet «Die Wahrheit» und nimmt das Ereignis zum Anlass, «auf die geschäftliche Tätigkeit Wertheims, die für weite Kreise unseres Volkes schädlich ist», einzugehen. Das Blatt wirft Wertheim vor, die im deutschen Kaufmannsstand übliche Spezialisierung verlassen zu haben, um nach Krämerart alles Mögliche feilzubieten. «Tiefer Unwille» herrsche unter Kaufleuten und Handwerkern, und so sei es unverständlich, dass ausgerechnet Georg Wertheim dem Kaiser vorgestellt werde.[2]

Bei der Begegnung im Kunstgewerbemuseum wurden eine Ausstellung der angefertigten Majolika-Stücke und ein Besuch des Kaisers im Warenhaus vereinbart. Darüber gab es wiederum große Entrüstung in nationalistischen Kreisen. «Die Wahrheit» meinte, das

Handelsministerium, dem das Kunstgewerbemuseum unterstand, hätte Wertheims großzügige Summe ablehnen sollen. Die Warenhäuser und A. Wertheim im Besonderen seien «die Totengräber des ehrlichen deutschen Mittelstandes, aus dem durch sie zahlreiche Existenzen, die in Treue zu Kaiser und Reich stehen, verdrängt worden sind und täglich [verdrängt] werden».[3]

Georg Wertheim äußert in seinem Tagebuch eine leise Kritik daran, dass die Ausführung der Modelle in Majolika *überaus langsam* vorankam und sich bis zum Sommer 1909 hinzog.

Die Besichtigung durch den Kaiser in der Cadiner Majolika-Werkstatt wurde schließlich für den 6. Oktober 1909 festgelegt. Architekt Messel konnte nicht mehr dabei sein – er war am 24. März 1909 gestorben. Da auch die Kaiserin ihren Besuch angemeldet hatte, wurde Ursula um ihre Teilnahme gebeten, doch dann sagte die Kaiserin in letzter Minute ab, weil der zweite Sohn des Kronprinzen gerade geboren worden war.

Am Vormittag des 6. Oktober erwartete man also Wilhelm II. im Bürogebäude der Fabrik, wo er mit seinem Gefolge nach einem Spaziergang eintraf. *Er besichtigte mit mir und Geheimrat von Etzdorf jedes einzelne Stück, hielt sich dabei aber hauptsächlich an mich. Bis dahin hatte er mit Beharrlichkeit darauf bestanden, dass die Ausführung, soweit nicht Majolika in Betracht kam, in dem natürlichen roten Cadiner Ton erfolgen solle, gewissermaßen um keine Unechtheit herzustellen. Ich überzeugte den Kaiser jedoch mit Leichtigkeit davon, dass man daneben auch eine graue Tönung herstellen müsse, weil z. B. die großen dekorativen Vasen in roter Farbe nicht zu Sandsteinfassaden passen würden. Bis dahin hatte seine Ansicht in diesem Punkt für unerschütterlich gegolten. Man musste mit dem Kaiser sehr taktvoll und vorsichtig sprechen, konnte dann aber seine Meinung doch zum Ausdruck bringen. Der Kaiser gab sich durchaus einfach, so dass in mir eine Befangenheit ihm gegenüber nicht vorhanden war. Die Besichtigung dauerte wohl 1 1/2 Stunden, wobei sich der Kaiser nahezu ausschließlich mit mir unterhielt und in guter Stimmung war.*

Nachdem sich der Kaiser verabschiedet hatte, kam der Minister des königlichen Hauses noch einmal zurück und lud Georg Wertheim zu einer Mittagstafel mit Seiner Majestät ein. *Das Herrenhaus in Cadinen ist äußerlich keineswegs schlossartig, sondern wie ein besseres Gutshaus. Innen ist es allerdings vornehm und in größerem Stil ausgebaut. Der kleine Speisesaal liegt auf der Rückseite nach dem Park und man tritt von ihm direkt auf eine große, offene Terrasse.*

Sobald der Kaiser erschienen war, begab man sich zu Tisch. Es waren etwa 14 Personen geladen. Wilhelm saß in der Mitte der Längsseite des Tisches, Georg Wertheim an einem Ende der gegenüberliegenden Seite. *Der Kaiser führte die Unterhaltung, und zwar meist mit den neben und ihm gegenübersitzenden Herren. Die anderen unterhielten sich währenddessen leise miteinander. Der Kaiser trank auch einzelnen Herren zu. Als Champagner eingegossen war, nahm der Kaiser sein Glas, wandte sich zu mir hin und trank mir zu.*

Es entwickelte sich ein witziger Dialog zwischen dem Monarchen und Georg Wertheim, der diesen steifen Mann ungewöhnlich aufgeräumt, ja nachgerade keck erscheinen lässt.

Kaiser: «Raten Sie mal, was dies für ein Getränk ist?»

Wertheim: «Ich halte es für französischen Champagner.»

Kaiser: «Was ich trinke, ist aber viel billiger, noch billiger als deutscher Sekt!»

Wertheim: «Dann ist es vielleicht echter Pumpenheimer [Wasser].»

Kaiser: «Auch das nicht.»

Der Kaiser ließ einen Lakaien Wertheim ein Glas einschenken. «Na, nun probieren Sie mal. Wonach schmeckt er?»

Georg Wertheim prüfte den Wein bedächtig, ehe er insistierte: «Das kann nur Champagner sein!»

Kaiser: «Aber nein! Es ist ein Apfelwein aus Frankfurt am Main. Den sollten Sie unbedingt in Ihrem Geschäft führen. Ich trinke ihn schon lange. Er wirkt auch hervorragend gegen Gicht.»

Wertheim: «Ein Mittel gegen Gicht brauche ich glücklicherweise noch nicht, und ich habe noch keine Absicht, mich damit zu befassen. Aber der Apfelwein ist zweifellos ein edles Getränk, das Seiner Majestät offensichtlich bisher ausgezeichnet bekommen ist. Ich erlaube mir, den Wunsch auszusprechen, dass Seine Majestät sich noch lange einer so guten Gesundheit erfreuen mögen.»[4]

Der Kaiser war sichtlich vergnügt über meine Worte und trank mir wieder zu. Die hohen Herren waren während dieser Szene bumsstill geworden, haben sich aber nachher Geheimrat von Etzdorf gegenüber beifällig ausgesprochen. Eine Äußerung des Kaisers während der Tafel scheint mir noch charakteristisch und erwähnenswert: Es kam die Rede darauf, dass Zuwendungen an wohltätige Stiftungen, Museen und dergleichen nicht vom Einkommen abgerechnet werden dürften und dass man also für die Fortgabe des Geldes auch noch eine Steuer zahlen müsse. Der Kaiser fand dies auch nicht richtig; in der Erörterung darüber, in der er vermutlich ein Beispiel darlegen wollte, gebrauchte er zu dem ihm gegenüber sitzenden hohen Militär die Wendung: «Ich zahle Ihnen doch Ihr Gehalt.»

Das Kaiserwort «ich» in diesem Zusammenhang missfiel Wertheim, schließlich wusste er nur zu gut, wie hoch sein eigenes Steueraufkommen war, mit dem er den Staatshaushalt mitfinanzierte.

Aber natürlich ließ er sich nichts anmerken und aß und trank aus Vorsicht mäßig. Es wurde aber auch so schnell serviert, dass Trödeln gar nicht möglich war.[5] Nachdem die Tafel aufgehoben worden war – *man sagte selbstverständlich weder das gebräuchliche Wort «Mahlzeit», noch machte man eine Verbeugung* –, ging es auf die Terrasse, es muss ein außerordentlich milder Oktobertag gewesen sein.

Und wieder begann Wilhelm ein Gespräch mit Wertheim. Sie standen an einer Seite der Terrasse, während sich die übrige Gesellschaft in respektvoller Entfernung hielt. Es wurden Zigarren und Zigaretten gereicht. Georg Wertheim bekam eine vom Kaiser persönlich angeboten, lehnte aber als Nichtraucher ab.

Später tat es ihm Leid, zu gern hätte er eine kaiserliche Zigarre als Souvenir neben die Menükarte gelegt, die er nach dem Mahl einsteckte. Eine Dreiviertelstunde verweilte der Monarch auf der Terrasse und unterhielt sich die ganze Zeit ausschließlich mit Wertheim, zum Beispiel über die «Berliner Verhältnisse».

Kaiser: «Die Döbritzer Heerstraße liegt mir besonders am Herzen, denn die Idee kam ursprünglich von meiner Mutter.»

Wertheim: «Weder Paris noch London haben eine Anlage, die an Großartigkeit an die unsrige heranreicht. Insbesondere der Anschluss der Havelseen an die Straße ist von großer landschaftlicher Schönheit. Ich bin überzeugt, dass sich dort in nicht zu langer Zeit ein wahrhaft großstädtisches Verkehrsbild zeigen wird.»

Kaiser: «Die Stadt Charlottenburg hat viel Verständnis für das Projekt bewiesen. In Berlin ist das nicht immer der Fall. Ich habe Berlin zum Beispiel ein Opernhaus angeboten, aber die Sache kommt nicht vom Fleck. Es gibt wertvolle Pläne für den Ausbau des repräsentativen Hauses, und Berlin sollte die Gelegenheit nutzen, ehe es zu spät ist. Vielleicht haben Sie, verehrter Herr Wertheim, geeignete Kontakte in die Stadtverwaltung, mit deren Hilfe man die Angelegenheit vorantreiben könnte.»

Wertheim: «Selbstverständlich werde ich mich bei nächster Gelegenheit bemühen, die Sache diskret anzusprechen. Es liegt doch wahrlich im Interesse der Stadt, über ein Opernhaus zu verfügen.»[6]

Mit einer leichten Verbeugung, die sich an Wertheim ebenso wie an die anderen Herren richtete, zog sich der Kaiser nach diesem Gespräch zurück, und bald darauf löste sich die Gesellschaft auf.

Da die Kaiserin nicht mit nach Cadinen gekommen war, hielt Geheimrat von Etzdorf es für geraten, dass sich Ursula Wertheim während des Aufenthalts des Kaisers nicht zeigte. Sie blieb im so genannten Kavaliershaus, von wo aus es einen schönen Ausblick gab. Dort nahm sie an der Mittagstafel für die Offiziere vom Wachkommando und die nicht geladenen Herren in Zivil teil, insgesamt etwa zehn Personen. Das Menü war dasselbe wie an der königlichen Tafel. Nachdem diese aufgehoben worden war, begab sich Etzdorf zu Ursula und äußerte sich positiv über den Eindruck, den ihr Mann auf den Kaiser hinterlassen hatte. Ursula war sehr stolz. Abends fuhr Wilhelm mit seinem Gefolge nach Berlin zurück.

Wir kamen am nächsten Tage wieder morgens von Elbing nach Cadinen und sahen uns nun in Ruhe alles an; die Arbeiterhäuser machten den Eindruck wie kleine Villen, die ganze Anlage überhaupt wie aus einem Thüringer Spielbaukasten neu aufgebaut.

Von Etzdorf, der später der Patenonkel von Georg Wertheims Sohn werden sollte, führte sie im Automobil durch das Gut am Haff. Vom höher gelegenen waldigen Hinterland aus genossen Ursula und Georg die Aussicht auf das Süßwasser-Haff und die Ostsee. Am Nachmittag fuhren sie mit dem kaiserlichen Motorboot zum Badeort Kahlberg, wo eine Anzahl Personen bei der Landungsbrücke auf das Eintreffen des Herrschers wartete.

Georg Wertheim musste die Leute zwar enttäuschen, aber hoffähig war er nun allemal.

*

Der 23. Januar 1910 war ein großer Tag: Der Kaiser und die Kaiserin statteten dem Warenhaus Wertheim an der Leipziger Straße ihren Besuch ab. Anlass war die Besichtigung der Ausstellung der Cadiner Erzeugnisse im Teppichsaal.

In drei Automobilen fuhren sie im Vorhof Voss-Straße vor, im ersten der Kaiser und die Kaiserin, in den beiden anderen das Gefolge. *Ursula und ich empfingen sie im Vorraum des Treppenhauses am Garteneingang. Ursula überreichte der Kaiserin einen Fliederstrauß.* Der Duft des Flieders war damals sehr beliebt, und ein Fliederstrauß im Januar bedeutete eine besondere Aufmerksamkeit. Ihn überreichen zu dürfen, war für Ursula eine große Ehre – und brachte ihr überdies eine ihrer seltenen Erwähnungen im Tagebuch ihres Gatten ein.

Mit dem Fahrstuhl fuhr die Gesellschaft in den ersten Stock und begab sich direkt in den Teppichraum. *Die Ausstellung macht durch ihre Aufmachung und den Blumenschmuck einen schönen und vornehmen Eindruck. Gleich zu Anfang warf der Kaiser einen Blick in den großen Lichthof mit den ersten beiden Brücken und war sichtlich erstaunt über den Bau. Ich geleitete den Kaiser durch die Ausstellung, die er in allen Einzelheiten ansah, und Ursula folgte mit der Kaiserin. Es war auch ein Fliesenbild des Kaisers in Lebensgröße ausgestellt, durch Heydel gemalt; an dem Bild musste die steife Haltung, insbesondere die Stellung des einen Beines, auffallen. Der Kaiser nahm denn auch sofort hieran Anstoß, winkte Geheimrat von Etzdorf heran und sagte, dass das Bild fortgenommen werden müsse.*

Der linke Arm Kaiser Wilhelms war durch die Verwendung der Geburtszange verkrüppelt geblieben. Als Kind musste er Torturen über sich ergehen lassen, die seine Behinderung beheben sollten: Massagen, Elektroschocks, Armschienen, Klammern, orthopädische Schuhe und am schlimmsten ein Korsett aus Stangen, Schienen und Gurten, das die Nackenmuskulatur strecken sollte. Mit großem Energieaufwand lernte er, mit dem einen gesunden Arm nicht nur das unerlässliche Gewehr zu halten, sondern auch Segel, Ruder, Tennis-Racket – und vor allem die Zügel.

Wenn er fotografiert wurde, stellte er sich stets so, dass sein linker Arm nicht zu sehen war. Nur zu verständlich, dass er auf Abbildungen empfindlich reagierte, die ihn steif erscheinen ließen und an seine Behinderung erinnerten.

Nach der Besichtigung machte man einen kurzen Rundgang durchs Haus. *Ich ging mit dem Kaiser voran; Ursula begleitete wieder die Kaiserin; dann schloss sich das Gefolge an. Es ging durch die Antiquitäten-Abteilung zum alten Lichthof, hier die Haupttreppe herunter ins Erdgeschoss; nach einem Blick in den Wintergarten ging es durch die Parfümerie-Abteilung in den Onyx-Raum und von dort in die Putz-Abteilung.*

Der Kaiser hatte inzwischen auf die Uhr gesehen. Es würde ihn zwar alles sehr interessieren, entschuldigte er sich, doch müsse er seinen Zug nach Potsdam erreichen.

Wertheim, Leipziger Straße: der Neue Lichthof,
zwanziger Jahre.

Georg Wertheim sicherte ihm zu, dass er die Eisenbahn nicht verpassen würde. *In der Putz-Abteilung sah er sich noch besonders die vielen künstlichen Blumen an. Wir waren pünktlich am Ausgang, wo sich der Kaiser und die Kaiserin in bester Stimmung von uns verabschiedeten. Geheimrat von Etzdorf freute sich nicht am wenigsten, dass alles so gut verlaufen war.*

Es war der erste Besuch des Kaisers in einem Warenhaus. Heinrich Pudor, der Syndikus des «Schutzverbands für deutsche Qualitätsarbeit», brachte das «schmerzliche Befremden weiter deutscher Kreise darüber zum Ausdruck ..., dass ein jüdisches Warenhaus die Vertretung einer kaiserlichen Werkstatt genießt.»[7]

Die kaiserliche Verwaltung der Majolika-Werke sah sich zu einer Erwiderung veranlasst: «G. Wertheim ist übrigens Christ.»

Das provozierte nur noch heftigere Reaktionen. «Wenn Wertheim sich als ‹Christ› bezeichnet, so ist das nicht ganz korrekt», konterte Pudor. «Denn er ist nur getauft und bleibt trotz seiner äußerlichen Zugehörigkeit zum deutschen Staat und zur christlichen Religion innerlich Jude, wie auch die Warenhäuser durchaus als jüdische Geschäftsgebilde, dazu bestimmt, das Mark des deutschen Volkes, den Mittelstand, zu zerstören, zu bezeichnen sind.»[8]

Im November 1910 suchte James Simon im Auftrag des Geheimen Regierungsrats Schmidt (des späteren Kultusministers) Georg Wertheim auf, um ihn zum Beitritt zur Kaiser-Wilhelm-Gesellschaft zur Förderung der Wissenschaften einzuladen. *Es wurden nur gut angesehene Personen aufgefordert.* Für diese Ehre erwartete man die Zahlung einer größeren Summe. Georg Wertheim ließ sich nicht lumpen und spendete 100 000 Mark.

Am 23. Oktober 1912 fand im Anschluss an die erste Jahresversammlung der Gesellschaft ein Tee im Neuen Palais bei Potsdam statt. *Wir wurden in Hofequipagen von der Station Wildpark abgeholt. Als Empfangsraum diente der große mit Muscheln bedeckte Kuppelsaal, in welchem der Kaiser mit großem Gefolge die Gesellschaft erwartete. Er sprach mit bewundernswerter Ausdauer einen Herren nach dem an-*

deren an, mindestens den vierten Teil der Erschienenen. Die Namen wurden ihm vorher genannt. Geheimrat Schmidt veranlasste, dass der Kaiser auch mit mir sprach; er begrüßte mich wie einen längst Bekannten; auf jeden kamen natürlich nur wenige Minuten.

Länger dauerte die Begegnung mit Wilhelm Anfang 1912 anlässlich der Besichtigung des Modells für den Sommergarten Leipziger Straße. *Außerdem habe ich den Kaiser bei der Gründung und den Jahresversammlungen der Kaiser-Wilhelm-Gesellschaft noch ca. viermal kürzere Zeit gesprochen. Er kannte mich persönlich ganz genau und war auch genau über mich informiert; er begrüßte mich stets mit besonderer Freundlichkeit; einmal fuhr er im geschlossenen Auto in der Wilhelmstraße an mir vorbei; er erkannte mich trotz der schnellen Fahrt in dem Augenblick und winkte mir mehrmals mit der Hand zu. Der Kaiser wusste, dass ich an Spenden niemals Wünsche betreffs Titel oder Orden knüpfte.*

Und Wertheim spendete viel. Wer solche Zuwendungen verweigerte, leistete Gerüchten über seine schlechte finanzielle Lage Vorschub. Doch angesichts der wütenden Pressereaktionen zahlte Wertheim lieber in aller Stille. In seinem Tagebuch vermerkt er eine Spende von etwa 30000 Mark für den Bau des Kaiser-Wilhelm-Kinderheims in Ahlbeck.

Zudem war er der Leiterin der Anstalt mit Rat und Tat behilflich, was diese offenbar nicht angemessen honorierte: *Ich bezweifle zwar sehr, dass Fräulein Kirschner den Kaiser hiervon gebührend in Kenntnis gesetzt hat. Die Spende, die fast ein Jahr zurücklag, muss ihn aber sehr erfreut haben, denn er erkundigte sich am 31. Dezember 1912, als er zur Sylvesterfeier in Potsdam war, wie mir später bestimmt mitgeteilt wurde, aus eigenem Antrieb danach, ob ich schon eine Auszeichnung besäße; da ihm dies verneint wurde, ließ er mir noch am gleichen Tage seine Fotografie mit persönlicher Unterschrift übersenden; man ermittelte, dass ich in Sassleben sei, und ich erhielt das aus dem Kabinett des Kaisers herrührende Paket am 1. Januar 1913 vom Postamt in Calau durch einen besonderen Boten, der unsern Wagen in der Dorfstraße an-*

hielt, als wir am Vormittag gerade eine Spazierfahrt machen wollten. Es war die erste Post am Neujahrstage, über die sich Ursula ganz besonders freute. Gleichzeitig hatte der Kaiser befohlen, dass mir eine Ordensauszeichnung gegeben werden solle. Das Bild und der Orden hatten nur dadurch Wert für mich, dass ich sie ohne die sonst übliche eigene Bemühung erhalten hatte. Die dazu berufenen Beamten selbst würden bei der damaligen Tendenz den Besitzer eines Warenhauses auch keinesfalls für irgendwelche Auszeichnungen vorgeschlagen haben.

Unter «eigene Bemühungen» verstand Wertheim Geschenke oder sonstige materielle Zuwendungen. Derartige persönliche Bestechungen ohnehin Begünstigter lehnte er ab.

Eine Spende in Höhe von 40000 Mark für das Seemannserholungsheim der Kaiser-Wilhelm- und Kaiserin-Auguste-Viktoria-Stiftung in Klein-Machnow führte schließlich dazu, dass man Wertheim für den Titel des Kommerzienrates vorschlug. Sorgfältig wurden seine persönlichen Lebensumstände durch einen Kommissar des Polizeipräsidenten von Berlin geprüft.[9]

Der Bericht fiel positiv aus, der Kommissar für besondere Aufgaben schloss jedoch: «Eine Auszeichnung besitzt er noch nicht. Wie ich vertraulich in Erfahrung gebracht habe, würde er auf den Kommerzienratstitel vermutlich keinen Wert legen. Es scheint auch, als ob er die antisemitische Presse fürchtet.»[10]

Oscar Tietz, Wertheims direkter Konkurrent, konnte Georg Wertheims Interesse für den Kaiser nicht teilen, er schwärmte mehr für den bayerischen König. Die Taufe der drei Wertheim-Brüder und Georg Wertheims Einheirat in eine christliche Familie betrachtete er mit einem Schuss Herablassung.

Der Antisemitismus jedoch war ihr gemeinsamer Feind. Tietz, der politisch zwischen Liberalismus und Sozialdemokratie stand[11], unternahm als Vorsitzender des «Verbandes der deutschen Kauf- und Warenhäuser» diverse Anstrengungen, den antisemitischen Anwürfen entgegenzusteuern. So veröffentlichte der Warenhausverband eine wissenschaftliche Studie über die Entstehung und Bedeutung der Warenhäuser in Deutschland, die die Diskussion versachlichen sollte. Auch die Gewerkschaften und Konsumentenverbände agitierten zugunsten der Warenhäuser. Doch nach Einschätzung von Georg Tietz erreichte er «normale» Geschäftsbeziehungen erst durch die direkte Verbindung zum Landwirtschaftsminister Podbielski, der dem Bund der Deutschen Landwirte vorstand. Dieser wurde zu einem der Milchlieferanten des Warenhauses, und die Firma Hermann Tietz blieb von 1909 an bis in die zwanziger Jahre hinein von antisemitischen Angriffen, wie Georg Wertheim sie erleiden musste, verschont.[12]

Am 16. Dezember 1912 griff die «Staatsbürger Zeitung» abermals das tolerante Verhalten Wilhelms II. Juden gegenüber auf: «... sind doch weite Kreise des deutschen Volkes, im Besonderen der monarchisch treugesinnte Mittelstand, schmerzlich berührt, dass Majestät sowohl jenes jüdische Warenhaus als jüngst eine jüdische Synagoge betreten haben und überhaupt vielfach gerade Juden auszeichnen, die doch, wie übereinstimmend wissenschaftlich festgestellt ist, mit dem Instinkt der Rasse ihr deutsches Wirtsvolk zerklüften und zu zersetzen bestrebt sind – auf allen Gebieten.»[13]

Die antisemitischen Schmähungen schmerzten Georg Wertheim ohne Zweifel, doch noch wichtiger war ihm, dass mit dem Besuch des Kaisers die Warenhäuser und besonders die Firma A. Wertheim in der allgemeinen Anerkennung stiegen. Von nun an konnten auch Adelige offen im Warenhaus einkaufen. Das ließ sich im Februar und März 1910 auch an den Umsätzen ablesen.

Im Rahmen eines Krönungs- und Ordensfestes im königlichen Schloss wurde Wertheim am 12. Januar 1913 der Rote-Adler-Orden 4. Klasse (in Bronze) verliehen. *Es waren mehrere hundert Personen, der Kaiser und die Kaiserin nahmen stehend die Cour ab. Die einzelnen Ordensgruppen kamen dem Range nach nacheinander. Jede einzelne Person wurde mit Namen aufgerufen, trat vor das Kaiserpaar und machte seine Verbeugung. Es dauerte zwei bis drei Stunden, bis das Vorbeidefilieren beendet war. Ich verspürte keine Lust, das zum zweiten*

Male mitzumachen; für den Kaiser und die Kaiserin war das Ganze ebenfalls außerordentlich anstrengend.

Übermäßig spendabel zeigte sich der Kaiser mit dieser Auszeichnung nicht. Im Gegensatz zu früheren Jahren hielt er sich jetzt mit Dekorierungen zurück. Noch im Jahre 1889 hatte er als junger Monarch den Textilkaufmann Rudolph Hertzog mit dem Kronen-Orden 2. Klasse ausgezeichnet und so den Einzelkaufmann hohen Staatsbeamten und Generälen gleichgestellt. Sicherlich hatte es eine Rolle gespielt, dass Hertzog nicht jüdischer Herkunft war.

Zum ersten Mal klingt in Wertheims Tagebuch so etwas wie Verbitterung durch: *Von Wertheim wurden alle möglichen Gefälligkeiten und Hilfen beansprucht und dankend entgegengenommen, aber jeder scheute sich, das offen anzuerkennen, weil man den Mittelstand und die konservativen Kreise ja damit verletzte. In den konservativen Zeitungen wurde ja auch die Übertragung des Cadiner Verkaufs, wie der Besuch des Kaisers in unserem Geschäftshause und die Verleihung des Roten-Adler-Ordens ganz unumwunden angegriffen. Tatsächlich haben die Dinge auch großes Aufsehen gemacht, trotzdem wir selbst absichtlich die größte Zurückhaltung ausübten, und haben das Ansehen unserer Firma erheblich gefördert.*

Den Abschluss des Tagebuchkapitels über «Meine Beziehung zu Kaiser Wilhelm II.» bildet Wertheims Einschätzung der Persönlichkeit des Kaisers:

Trotz meiner wiederholten Begegnungen mit dem Kaiser würde ich hierdurch allein kaum zu einem richtigen Urteil über das Wesen seiner Persönlichkeit kommen können, umso mehr, als er mir gegenüber immer besonders freundlich war. Ich muss daher bei der Bildung meiner Meinung die öffentlichen Reden und Handlungen des Kaisers mitberücksichtigen. Es gibt Menschen, denen hervorragende Herzensgüte und edelste Gesinnung aus den Augen leuchten, und bei denen die Augen auch wirklich der Spiegel der Seele sind. Von der Persönlichkeit des Kaisers geht eine solche zwingende Wirkung nicht aus; es überwiegt der Eindruck der Klugheit und Bestimmtheit. Ich bin aber überzeugt, dass der

Kaiser von dem ehrlichen Willen durchdrungen ist, edel in seiner Denkungsart und in seinem Handeln zu sein; dafür zeugt schon sein Familienleben; aber er ist keine durch und durch harmonische, sondern eher eine launenhafte Natur. Es scheint mir, dass er in seiner Haltung und seinen Bewegungen etwas Eckiges hat, auch sein Organ klingt nicht besonders angenehm, eher hart. Vielleicht kann man annehmen, dass ihm körperlich und im Einklang damit auch geistig eine gewisse angeborene Harmonie mangelt. Aus so manchen bekannt gewordenen Vorgängen muss man schließen, dass es ihm doch etwas an natürlichem Feingefühl fehlt, obwohl er dieses sicherlich in hervorragendem Maße zu haben glaubt. Diesen guten Glauben haben ja alle Menschen von sich selbst. Man sagt von ihm, und ich glaube es, dass er denen, die ihm nicht sympathisch sind, nicht immer objektiv und gerecht gegenüber verbleibt; es ist besser, ihn zum Freunde als zum Widersacher zu haben; aber ich wiederhole, dass er sicherlich immer von seinem guten Recht und seinem guten Willen durchdrungen ist. Zweifellos erscheint mir, dass der Kaiser von Natur sehr begabt ist und dass er erstaunliche Kenntnisse auf vielen Gebieten besitzt. Sie sind aber natürlich nicht ausreichend, um das Wissen von Fachkundigen zu ersetzen, und darin, dass der Kaiser dies nicht genügend gewürdigt und zu viel Eigenwillen betätigt hat, liegt die Ursache seiner Fehlgriffe. Man nennt dies Überhebung oder Selbstüberschätzung; aber auch diese sind nur Erscheinungen des wahrscheinlich angeborenen Mangels an Feingefühl, der ihn das Richtige nicht immer erkennen ließ. Seine Ansichten, die er in der Kunst zur Geltung zu bringen suchte, galten fast allgemein als falsch.

Der Respekt, den Wilhelm II. ihm erwies und der ihm schmeichelte, hielt Wertheim nicht davon ab, dessen Außen- und Innenpolitik kritisch zu beurteilen: *In der äußeren Politik hat sein Einfluss und sein persönliches Hervortreten dazu geführt, dass wir Russland und England geradezu in die Arme Frankreichs getrieben haben. Er hat ganz gewiss stets ernstlich den Frieden gewollt, aber ihm hat das Feingefühl dafür gefehlt, dass er durch sein eigenes Auftreten ein Ärgernis nach dem andern hervorrief und damit den Frieden geradezu untergrub. Auch in der inneren Politik hat sich der Mangel an Feingefühl in seinen Bestrebungen und wiederholt auch in öffentlichen Redewendungen gezeigt. Das begann schon mit der Entlassung des Fürsten Bismarck. Er hätte auch erkennen müssen, dass das preußische Wahlrecht, welches direkt zugunsten des Großgrundbesitzes konstruiert war, nicht solange bestehen bleiben durfte. Auch das Wahlrecht zum Reichstage begünstigte stark die konservativen Landkreise. Wenn jedermann im Kriege sein Leben einzusetzen hatte, so müsste jedem auch durch sein Wahlrecht der gleiche Einfluss auf die Politik, die doch auch zum Kriege führen konnte, zustehen. Gerade im schlimmsten Gegensatz hierzu hielt sich der Kaiser für berufen, die äußere und innere Politik persönlich zu inspirieren. In der äußeren Politik hat seine Einmischung in kritische Angelegenheiten und sein Machtstreben schließlich die Feinde gegen uns geeint. In der inneren Politik täuschte er sich über die Bedeutung der Huldigungen, die man ihm öffentlich bezeugte. Er glaubte durch Machtentfaltung bei Paraden, durch Kirchenbauten, durch seine Reden bei den verschiedensten Anlässen, durch Aufführung von Tendenzstücken in den königlichen Theatern und dergleichen die öffentliche Meinung beeinflussen zu können. Er merkte nicht, dass dies alles bedeutungslos war gegenüber der fortschreitenden Aufklärung der gesamten Bevölkerung.*

Georg Wertheim war bekannt dafür, sich mit Kritik an anderen Menschen sehr zurückzuhalten, um niemanden zu verletzen. Seine kritischen Anmerkungen zum Kaiser hielt er nur für sich selbst und vielleicht für seine Nachkommen fest. Viermal bedauert Wertheim in dieser Passage das mangelnde «Feingefühl» des Kaisers, und wir erinnern uns daran, wie das «schroffe Wesen» des Kaufhausbesitzers Rudolph Hertzog und die «zu derbe Art seines Auftretens» seinen Angestellten gegenüber schon auf den 21-jährigen Georg Wertheim beklemmend gewirkt hatten.

Wie ist diese Neigung des Kaisers einem jüdischen Warenhausbesitzer gegenüber einzuschätzen? Immerhin war der konservative Monarch das Oberhaupt der protestantischen Kirche mit einer latent antisemitischen Grundierung, ganz zu schweigen von seinem militaristischen Umfeld. Die Niederlage Deutschlands und seine erzwungene Abdankung nach dem Ersten Weltkrieg schließlich ließen ihn zu einem Antisemiten werden, der die Juden als «Giftpilz am deutschen Eichenbaum» bezeichnete.[14]

Wilhelm II. war zwar ein unsicherer Mann, aber doch intelligent genug, sich der Juden dort zu bedienen, wo sie ihm nützlich sein konnten. Er scharte einen kleinen Kreis jüdischer Unternehmer um sich, die mit ihm in regelmäßiger Verbindung standen. Zu dieser Gruppe, die der Zionist Chaim Weizmann später «Kaiserjuden» höhnte, gehörten Albert Ballin, der mächtige Besitzer der Reederei Hapag, der Bankier Carl Fürstenberg, Emil und Walther Rathenau von der AEG und der erfolgreiche Unternehmer James Simon.[15]

Der Kaiser schätzte diese Männer wegen ihres Fachwissens als Gesprächspartner für Wirtschaftsfragen, sie waren aber auch Kunstliebhaber, an deren Spendenfreudigkeit er wiederholt appellierte. James Simon war einer der bedeutendsten Mäzene des Wilhelminischen Zeitalters und avancierte darüber hinaus zur Vertrauensperson des Kaisers in jüdischen Angelegenheiten. Und er gehörte wie Georg Wertheim zu den ersten Spendern, die 1911 dem Aufruf des Kaisers folgten und sich an der Finanzierung der «Kaiser-Wilhelm-Gesellschaft zur Förderung der Wissenschaften» beteiligten.

Die ersten beiden Jahrzehnte des 20. Jahrhunderts waren für die Juden ein vergleichsweise goldenes Zeitalter, in dem der rabiate Antisemitismus der 1890er Jahre an gesellschaftlicher Bedeutung verlor und das großbürgerliche Judentum ein Maximum an sozialer Anerkennung genoss. Auch für jene, die gläubig waren, stand die Synagoge nicht mehr am Rande, sondern inmitten einer urbanen Kultur. Man war nicht mehr anders[16] und feierte im Dezember fröhlich «Weihnukka» – eine Verbindung von Weihnachten und Chanukka, das jüdische Lichterfest, das ebenfalls im Dezember begangen wird.

Obwohl selbst einer wie Ballin, der für seinen kaiserlichen Freund pompöse Empfänge ausrichtete, als Jude aus kleinsten Verhältnissen niemals in der «guten Gesellschaft» Hamburgs ankam[17], schien vielen Juden die Emanzipation abgeschlossen zu sein. Der Antisemitismus der Kaiserzeit war «nicht evident, sondern latent».[18]

«Du sagst gelegentlich ‹mein Volk› und ‹Dein Volk›», schrieb der – ungetaufte – Walther Rathenau im August 1916 an einen Freund. «Mein Volk sind die Deutschen, niemand sonst. Die Juden sind für mich ein deutscher Stamm, wie Sachsen, Bayern oder Wenden.»[19]

SIEBTES KAPITEL

NUR NOCH DEUTSCHE BRÜDER?

Vom schwarzen Schaf der Familie befreit, investierten die drei verbliebenen Brüder munter weiter. Innerhalb von vier Jahren entfalteten sie eine rege Aktivität von Geschäftsgründungen.

26. Mai [1909] *Kauf Kaiserhofstraße 1.*

16. Juni Gründung der Export-Gesellschaft m.b.H.

1. Oktober Kauf Lehrter Straße 27/30 und 35.

20. November Kauf Leipziger Straße 126 von Michel; 127 von Beermann; 128 von Braschack; 129 von Sarotti; 130 von Nürnberg.

24. November Kauf Königstraße 31/32 [heute ungefähr dem Verlauf der Rathausstraße folgend] für M 7.500.000,– von Kayser & von Großheim, Frau von Siemens und den von Adelson'schen Erben.

19. April [1910] *Kauf Leipziger Straße 13, bisheriges Hohenzollern Kaufhaus.*

10. August Gründung der Export-Niederlassungen in Buenos Aires (Argentinien), Santiago (Chile), Habana, Mexico.

1. Oktober 25-jähriges Bestehen des Berliner Geschäfts.

Nachdem das Unternehmen acht weitere Grundstücke gekauft hatte, wurden am 18. Mai 1912 in der Leipziger Straße 126/130 der Erweiterungsbau und am 6. Oktober 1913 der Neubau am Moritzplatz eröffnet. Für dieses Gebäude waren mindestens zehn Mietshäuser abgerissen worden. Überdies kämpfte Wertheim darum, die U-Bahn-Linie vom Nordringbahnhof Gesundbrunnen über den Alexanderplatz zum Südringbahnhof über den Standort des Warenhauses am Moritzplatz zu führen. Diese Streckenführung wurde anfangs abgelehnt, weil die Trasse über den Oranienplatz bereits genehmigt worden war.

A. Wertheim am Moritzplatz. Das Geschäft wurde 1913 eröffnet.

Erst nach dem Ersten Weltkrieg, mit dem Konkurs der für den Bau verantwortlichen AEG-Schnellbahn AG, übernahm die Nordsüd-Bahn AG 1923 die Arbeiten und ließ sich mit einer Kostenbeteiligung von Wertheim in Höhe von fünf Millionen Mark auf eine veränderte Trassenführung über den Moritzplatz ein. Der bereits fertig gestellte Bahnhof am Oranienplatz wurde nicht an die Strecke angeschlossen.[1] Dieser «tote» Bahnhof unter dem Oranienplatz existiert noch heute. Während des Zweiten Weltkriegs diente er Anwohnern als Bunker.

Für den Moritzplatz entstand ein völlig neuer Bahnhof, entworfen von Peter Behrens, der für seine technischen Bauwerke berühmt war. Die U-Bahn-Station befand sich zwar vor dem Warenhaus, doch gab es noch keinen Zugang von der U-Bahn direkt ins Geschäft. Das sollte erst Karstadt 1929 mit seinem Neubau am Hermannplatz gelingen. Georg Wertheim war dennoch zufrieden, dass seine Kunden – anders als beim KaDeWe am Wittenbergplatz – nicht die Straße überqueren mussten.

Für die Kundschaft weniger sichtbar waren die Beziehungen Wertheims zur Industrie. Der Warenhauskonzern bestimmte durch seine großen Bestellungen nicht nur die Produktion und die Preise der Lieferanten, sodass diese zuweilen als «halbe Angestellte» galten, er ging auch in beschränktem Umfang zu eigener Fabrikation über: Neben Kellereien und einer Kaffeerösterei wurden für die Herstellung von Putz-, Weiß- und Tapisseriewaren, von Blusen, Wäsche, Schürzen und Jupons Ateliers in der Rosenthaler Straße eingerichtet.

Der Globus-Verlag verlegte literarische Werke. 1912 gründete Wertheim die Berliner Confitüren- und Keksfabrik GmbH, und Ende 1912 nahm die Globus-Haus GmbH den Großhandel mit Papierwaren auf. Und dann gab es auch noch die Photographischen Ateliers und Reparaturwerkstätten.

Mit der Eröffnung des neuen Hauses in der Altberliner Königstraße im Dezember 1911, in unmittelbarer Nähe des Alexanderplatzes, befand sich Wertheim nun mitten im Verwaltungs- und Geschäftszentrum mit dem «Roten Rathaus» und dem Hauptpostamt.

Das Nordende der Königstraße war vor dem Bahnhof Alexanderplatz von den beschwingten Königskolonnaden aus der zweiten Hälfte des 18. Jahrhunderts eingefasst. Wertheim erhielt von der Stadtverwaltung die Baugenehmigung für das Geschäft mit der Auflage, die Säulenlauben zu versetzen: Sie wurden 1910 abgetragen und an der Potsdamer Straße als Eingang zum Kleistpark wieder aufgestellt, wo wenig später das Kammergericht seinen Sitz nahm.

Mit seinem neuen Haus rückte Wertheim schon wieder an den alten Konkurrenten Tietz heran. Dieser hatte bereits 1906 nach dem Abriss von 200 Jahre alten Häusern ein prächtiges Geschäft am Alexanderplatz eröffnet. Von diesem Brennpunkt des Berliner Verkehrs aus lockte nun das riesige Wertheim-Schriftbild auf dem Dach die Kunden in die Königstraße.

Wie glücklich Georg Wertheims Standortwahl war, beweist schon der Umsatz im ersten vollen Betriebsjahr – nahezu zwölf Millionen Mark. Damit hatte die Königstraße die Häuser in der Rosenthaler Straße und in der Oranienstraße um je etwa neun Millionen überholt.

Der zweite, im Mai 1912 eröffnete Erweiterungsbau der Leipziger Straße hatte seinen Mittelpunkt im Brunnenlichthof aus istrischem Kalkstein und Marmor. Dort war die Abteilung der Herrenartikel untergebracht. Der begrünte Brunnen in der Mitte war mit Cadiner Majolika-Kacheln verkleidet und mit Bronzefiguren verziert. Von der hohen Decke hingen schwere Metalllüster.

In diesen neuen Gebäudeteil wurde die Wertheim-Bank verlegt. Die Stahlkästen waren von der Preußischen Pfandbriefbank übernommen worden, als diese ihre Tresore auflöste. Die düsteren Tresorkammern mit verrosteten Schließfächern, kalten Betonwänden, schweren Panzertüren und Stahlgittern sind das Einzige, was heute von dem imposanten Haus übrig geblieben ist. (Die Disco «Tresor», deren Räume sich hier befanden, war übrigens nach der Wende zehn Jahre lang Deutschlands erste Adresse für Techno-Musik.)

Seit der Kaiser das Warenhaus A. Wertheim besucht hatte, war es nunmehr nicht nur erlaubt, bei Wertheim einzukaufen, sondern gehörte zum allerbesten Ton. Viele «höchste Herrschaften» machten ihre Aufwartung.

Am 26. Mai 1913 besuchte der Herzog Johann Albrecht zu Mecklenburg, Prinzregent von Braunschweig, mit seinem Hofmarschall die Leipziger Straße. *Imbiss im Teeraum. Bild des Herzogs erhalten,* notiert Georg Wertheim. Und auch die Damen der adeligen Gesellschaft kauften ihre Garderobe, die sie zu Empfängen im kaiserlichen Schloss tragen wollten, bei Wertheim am Leipziger Platz. Man hatte sich nun auch als Luxuswarenhaus für die besonders kaufkräftige Kundschaft etabliert.

In dem 1913 veröffentlichten «Jahrbuch des Vermögens und Einkommens der Millionäre in Berlin» erscheint Georg Wertheim auf

Der Tresorraum der Wertheim-Bank in den zwanziger Jahren, in dem später der Tanzclub «Tresor» seine Räume haben sollte.

Platz 53 der reichsten Personen Berlins – den Kaiser inbegriffen. Wertheims Vermögen wird mit neun Millionen Mark angegeben, sein Einkommen mit 0,8 Millionen. Und die Grundstücks-Gesellschaft besaß «einen außerordentlich wertvollen Grundbesitz, der z.T. gerade durch das Bestehen und Aufsteigen der Firma A. Wertheim fortgesetzt an Wert gewinnt».[2]

Wer in diesen Jahren des Kaiserreichs vorankommen wollte, musste nüchtern planen und hart arbeiten. Carl Fürstenberg, einer der bedeutendsten (jüdischen) Bankiers Berlins und Finanzier der Schwerindustrie, der seine Entscheidungen stets intuitiv traf, erklärt für sich, was auch für Georg Wertheim gilt: «In der Zeit eines von außen nicht gestörten wirtschaftlichen Aufbaus waren wir Männer des neuen deutschen Kaiserreichs viel zu sehr mit praktischer Arbeit überlastet, als dass wir die Möglichkeit gehabt hätten, in die Tiefe der Theorie einzudringen, ohne ein gut Teil unserer Produktivität aufzugeben.»[3]

*

Albrecht Joachim Georg Wertheim hieß der am 5. September 1910 geborene Sohn schließlich, nachdem die Eltern sich 28 Tage nach seiner Geburt gegen den Vornamen Arno entschieden hatten. Zur Geburt des «Stammhalters» schenkte Georg Ursula im November ein Gut in Sassleben, im Kreis Calau bei Cottbus. Zehn Monate wurde die Anlage hergerichtet, bis die Familie zu Sommerbeginn des folgenden Jahres das Gut mit einer Feier beziehen konnte. Es hatte einem von Ursulas Verwandten gehört, der nicht mehr in der Lage war, es zu unterhalten. Der Kaufpreis betrug eine Million Mark.

Im Sommer war das kleine Landschloss mit einer landwirtschaftlichen Nutzfläche von 2000 Morgen und zusätzlichen 500 Morgen Wald eine wahre Idylle. Frösche quakten, Gänse schnatterten, Himbeeren leuchteten in den Sträuchern, und die Entengrütze lag wie ein Tuch über dem Teich. Lästig waren nur die Fliegen.

Eine Brücke führte zu einer Insel mit einem kleinen Pavillon an der Spitze. Die offene Terrasse mit dem Blick auf den Teich war wie geschaffen für Sommerfeste mit Kindern. Es gab auch einen Kahn, der auf den Namen Ursula getauft wurde.

«Schloss» nannten Personal und Anwohner das mehrflügelige Gutshaus, in dem der Obergärtner jeden Morgen frische Blumen in den Räumen verteilte. Die Gärtnerei entwickelte sich zu einem Musterbetrieb, und der Überschuss der Apfelernte wurde in den Lebensmittelabteilungen der Wertheim'schen Warenhäuser verkauft. Die Äpfel waren makellos, denn jede Frucht bekam noch am Baum ein Hütchen aus Seidenpapier.

Auf Sassleben verbrachte Ursula mit den Kindern die Sommermonate, oft zusammen mit Ida Wertheim, die sich mit Begeisterung

Das Hauptgebäude von Gut Sassleben, 1927. Später wurde es vollständig zerstört.

ihren Enkelkindern widmete. Übers Wochenende fuhr Georg Wertheim hinaus, unter der Obhut des treuen Chauffeurs Franz John war das Gut mit dem Automobil leicht zu erreichen. Weihnachten und Silvester wurden alle Jahre wieder hier gefeiert. Hervorragend geeignet erwies sich das Landschloss auch für repräsentative Empfänge mit in- und ausländischen Gästen. Für solche Anlässe wurde zusätzliches Personal eingestellt.

So konnte Georg Wertheim in Berlin auf einen großen Rahmen verzichten. Anders als seine Brüder wohnte er mit seiner Familie weiterhin in einer Mietwohnung in der Matthäikirchstraße. Sein Sohn Albrecht beschrieb später den Vater wiederholt als «bescheiden». Diese Bescheidenheit zeigte sich auch in seinem «Comptoir», dem kleinsten Büro auf der Chefetage in der Leipziger Straße mit Jugendstilmöbeln aus Kirschholz.

Wertheims einfache Kindheit und die Sorge um den Unterhalt der Familie, die er in jungen Jahren erlebt hatte, blieben für den Rest seines Lebens prägend. Er liebte schöne Dinge – baute das Wertheim-Antiquitätengeschäft auf, legte Wert auf eine künstlerisch hochwertige Ausstattung der Warenhäuser –, er musste diese Dinge aber nicht selbst besitzen.

Spartanisch lebte er zwar nicht, aber es fehlten ihm die Allüren, die Aufsteiger häufig kennzeichnen. Und es fehlte ihm eine gewisse Leichtlebigkeit, die er sich angesichts seines Wohlstands eigentlich hätte leisten können. Gleichwohl scheint er die Unbefangenheit, mit der sich seine junge Frau über Pelze und Schmuck freute, genossen zu haben.

Sassleben war im wahrsten Sinn ein Geschenk an Ursula. In der ersten Zeit lebte noch ihr Vater auf dem dreißig Kilometer entfernten Gut Weissagk, das nach der Verheiratung der Töchter auf den Sohn Horst übergegangen war. Besuchten die Wertheims den Vater, nahmen sie in Sassleben ein Gespann und stiegen auf halbem Weg in ein wartendes Fuhrwerk aus Weissagk um.

Die Gärtnerei auf dem Gut Sassleben, ganz rechts der Gärtner Friebe, zwanziger Jahre.

Sassleben, auf dem Teich des Gutes mit dem Boot «Ursula», in dem auch Ursula Wertheim sitzt (mit einigen Unbekannten), zwanziger Jahre.

Ansonsten reiste man nun innerhalb Deutschlands mit dem Automobil, zu Ostern 1911 nach Thüringen, nach Naumburg, Neidenberga, Schwarza, Schwarzenburg, Staffelstein, Jena und Bamberg.

Für die Autofahrten hatte sich Ursula vielleicht in Paris einen so genannten Automobilschleier gekauft. Die Damen steckten einen solchen Schleier über ein kleines spitzes Strohhütchen so auf, dass dieses bis auf den Rand völlig verdeckt war. Zwei Agraffen, Schmuckspangen, und große flache Hutnadelköpfe hielten die Schleierfülle an den Seiten zusammen. Die Gazeenden wurden vor dem Spiegel locker über die Schultern nach vorn gelegt oder im Nacken zu einem Knoten verschlungen, sodass der Schleier zu beiden Seiten des Gesichts noch ein wenig aufbauschte. Die Gazeumrandung des Gesichts war anmutig anzuschauen, namentlich wenn ein leichter Lufthauch den dünnen Stoff hin und her bewegte. Für das Automobil selbst wurde der Schleier fest um Hut und Gesicht geknüpft und unter dem Kinn zusammengebunden, sodass der Kopf mit dem runden Hut einer wesenlosen Kugel glich.[4]

Ins Ausland nahm man die Bahn. Unermüdlich trug Georg Wertheim seine Reiseziele ins Tagebuch ein: Paris, London, Plymouth, Rennen in Baden-Baden, Monaco, Lugano, Bordighera, Como, Lugano, Luzern, Rennen in Nizza, Kopenhagen, Malmö, Derbyrennen in Epsom und im Sommer immer wieder Norderney, Helgoland und Sylt. Die Warenhäuser Europas unterhielten freundschaftliche Beziehungen zueinander und standen in einem gewissen Ideenaustausch.[5] So verstand es sich von selbst, dass Georg Wertheim von den Chefs der großen Warenhäuser in Paris und London zu opulenten Déjeuners eingeladen wurde. Mr. Selfridge, der Chef des berühmten Londoner Warenhauses «Selfridge's», war ein Freund der Familie.

Ganz im Sinne des Kaiserworts «Deutschlands Zukunft liegt auf dem Meer» interessierte sich auch Wertheim für die Entwicklung der deutschen Handels- und Kriegsmarine. Ursprünglich als reines Prestigeprojekt gedacht, hatte mit der Verabschiedung der «Ersten Flottenvorlage» 1898 eine eifrige Aufrüstung begonnen, die mit dem «Zweiten Flottengesetz» zwei Jahre darauf noch verstärkt wurde.

Reichskanzler Bernhard von Bülow und Admiral Alfred von Tirpitz eröffneten eine neue Ära deutscher «Weltpolitik» und appellierten damit erfolgreich an den wachsenden Nationalismus im Land. Obwohl die Aufrüstung in erster Linie als Zeichen gegen Frankreich und Russland gedacht war, verwunderte es nicht, dass sich die traditionelle Seemacht Großbritannien herausgefordert fühlte. Nach der «Dritten deutschen Flottenvorlage» von 1906 war zum ersten Mal die Vorherrschaft der britischen Marine bedroht. Der deutsche Vorstoß auf See bedeutete eine empfindliche Störung des internationalen Gleichgewichts.

Von dieser Besorgnis erregenden Entwicklung unbeeindruckt, beobachtete Wertheim im September 1912 die Flottenparade vor Helgoland und die Ankunft des ersten Zeppelins in Kopenhagen. Er fuhr an die Ostsee zur internationalen Segelregatta, die alljährlich in der letzten Juniwoche als «Kieler Woche» stattfand. Und mit dem Deutschen Flottenverein reiste er 1913 auf dem Dampfer «Kurfürst» in die finnischen Gewässer.

Der vom Kaiser und seinem Admiral gegründete Flottenverein wurde bald mit mehr als einer Million Mitgliedern zum größten Verein Deutschlands und machte die Marine in der deutschen Öffentlichkeit überaus populär. Kleine Jungen wurden in Matrosenanzüge gesteckt und begeisterten sich für die Schiffsmodelle, die auf Kinderspielplätzen aufgestellt waren.

Im Januar 1914 nahm Wertheim im Bremer Rathaus am Festmahl des Deutschen Schulschiffverbands teil, der den Nachwuchs der nautischen Schiffsoffiziere förderte. Tags darauf verfolgte er in Geestemünde den Stapellauf des Schulschiffes «Friedrich-August».

*

Im Frühjahr 1913 hatte Georg Wertheim auf der Rückfahrt von Hamburg in Oberursel einen Autounfall, der anfänglich schlimmer aussah, als er war. *Mit vorbeigekommenen Privatauto nach Frankfurt gebracht; ich auf dem Trittbrett. Unfallstation Frankfurt/ Main Professor Heile, Wiesbaden; alles noch glimpflich abgelaufen.*

Der Unfall muss Ida Wertheim einen gehörigen Schreck eingejagt haben. Immer noch stand sie ihren Söhnen als Ratgeberin zur Seite, wenn nicht in Sachfragen, so doch bei der Beurteilung von Menschen, mit denen längerfristige Verbindungen eingegangen werden sollten.

Seit dem Tod ihres Mannes hatte sie stets die Geschäftsfreunde ihrer Söhne bei sich empfangen und, wie mit Alfred Messel und von Adelson, eigenständige Beziehungen zu ihnen entwickelt. Beide leb-

Ida Wertheim mit ihrem Sohn Wilhelm (links) und ihrem
Enkel Alfred Sternberg, um 1912.

ten in ihren letzten Lebensjahren zurückgezogen, doch den Besuch bei Ida Wertheim am ersten Neujahrstag hatten sie sich nie nehmen lassen.

Was sie über Wolf und dessen Eskapaden dachte, ist nicht bekannt. Sie scheint sich aber eindeutig auf die Seite von Georg, Wilhelm und Franz geschlagen zu haben, denn Georg Wertheim berichtet in seinem Tagebuch nach Wolfs Ausscheiden aus der Firma von keiner einzigen Begegnung zwischen der Mutter und ihrem jüngsten Kind.

Ida Wertheim war im hohen Alter eine zarte, gepflegte Erscheinung mit gebeugtem Rücken und weißem Haar. Ihre lebhafte Anteilnahme an allen Menschen, die sie umgaben, war nun einer Abgeklärtheit gewichen, *aus der ebenso höchste Herzensgüte wie Lebensklugheit sprach*.

Wilhelm Wertheim (1859–1934) und seine Ehefrau Martha, geborene Meschelsohn (1870–1953), ca. 1919.

Sie hatte wohl keine Probleme damit, dass sich ihre Kinder, bis auf Wolf und Tochter Helene, taufen ließen. Für sie selbst wäre ein derartiger Schritt nicht infrage gekommen, hätte sie doch dann nicht in der Grabstelle von Abraham auf dem Jüdischen Friedhof in Berlin-Weißensee beigesetzt werden können.

Ihre (christlich erzogenen) Enkelkinder vergötterte sie. Diese waren vor Kriegsbeginn auf die stattliche Anzahl von 13 angewachsen: Georg und Ursula hatten zwei Kinder: Ursula und Albrecht; Franz und Käthe Wertheim drei: Hans, Fritz und Günther; Hedwig und Alfred Sternberg vier: Fritz, Walter, Alfred und Charlotte; Helene und Ludwig Ewer zwei: Marie und Margot.

Wilhelm Wertheim war nach einem Reitunfall zeugungsunfähig geworden, er und Martha adoptierten daher ein christliches Mädchen: Hilda. Sie wurde in der Berliner Gesellschaft für ihre Schönheit gerühmt und starb in jungen Jahren an Tuberkulose. Ihre Adoptiveltern müssen sie sehr geliebt haben, ihr Bildnis findet sich als Medaillon auf Wilhelm Wertheims Grabstein am Städtischen Friedhof Dahlem. Später wurde noch die 1911 geborene Elsa adoptiert, die uneheliche Tochter einer jungen Frau und eines Kapitäns namens Harmening.

Georgs Kinder Ursula und Albrecht verbrachten viele Wochenenden bei der Großmama. Ida Wertheims Haus im Grunewald war der Treffpunkt ihrer Kinder und Enkel. Fast täglich hatte sie Besuch, und *es war in kaum glaublicher Weise für alles vorgesorgt*. Wenn sie alle um sich scharen konnte, war sie glücklich. *Sie dachte an alles und dirigierte, man kann sagen bis zur letzten Stunde, alles selbst. In ihren jüngeren Jahren war sie frisch und lebhaft in ihrer Ausdrucksweise und schnell in jeder Bewegung; die Spuren hiervon konnte man noch bis in ihre letzten Lebensjahre merken; sie machte auch dann noch häufig Ansatz zum Laufen, wenn sie schnell für jemanden etwas herbeiholen wollte, und sang noch mit, wenn eine ihr aus ihren jungen Jahren bekannte Opernarie im Grammophon gespielt wurde.*

Im Frühjahr 1914 machte Georg Wertheim mit Ursula und

Martha Wertheim und ihre Adoptivtochter Elsa, ca. 1919.

einem Herrn Strobel eine längere Reise nach Italien, Frankreich und Spanien. Die Kinder blieben beim Kindermädchen. Im Juni 1914 reiste Wertheim mit dem Verein Berliner Kaufleute und Industrieller nach London, wo er an den Empfängen der Handelskammer, des Lord Mayor und des deutschen Botschafters teilnahm. Er schien nun endgültig zur «guten Gesellschaft» zu gehören.

Bei der Ankunft in Berlin am Bahnhof Zoologischer Garten am 28. Juni schrien ihm die Extrablätter die Nachricht von der Ermordung des österreichischen Thronfolgers Erzherzog Franz Ferdinand und seiner Gemahlin in Sarajevo entgegen.

Die Menschen in ganz Europa standen unter Schock, und ein Räderwerk wechselseitiger Bündnisverpflichtungen und Mobilmachungen kam in Gang: Am 30. Juli 1914 ordnete Zar Nikolaus II. die Generalmobilmachung in Russland an, worauf das Deutsche Reich einen Tag später mit einem auf zwölf Stunden befristeten Ultimatum reagierte, in dem es die unverzügliche Einstellung der Mobilmachung gegen Deutschland und Österreich-Ungarn forderte. Das Ultimatum blieb unbeantwortet.

Über den Kriegsbeginn verliert Georg Wertheim nicht viele Worte: *1. August Deutschland erklärt Russland den Krieg. 3. August Deutschland erklärt Frankreich den Krieg. 4. August England erklärt Deutschland den Krieg.*

Der 1. August 1914 war ein Samstag, und Hunderttausende waren im Zentrum Berlins, zwischen Brandenburger Tor und kaiserlichem Schloss, auf den Beinen. Die Cafés und Restaurants zwischen Potsdamer Platz und Alexanderplatz, wo in den vergangenen Jahrzehnten die «City» entstanden war, hatten Hochbetrieb. Als gegen ein Uhr Unter den Linden das 4. Garderegiment zur Wachtparade aufzog, wurden die Polizisten, die den Zug begleiteten, von der begeisterten Menge schier erdrückt. Vaterländische Lieder erklangen, immer wieder «Die Wacht am Rhein» und «Heil dir im Siegerkranz». Noch wusste man nicht, ob es Krieg geben würde.[6]

Kurz nach 17 Uhr kamen aus dem Schloss Automobile mit Offizieren gefahren, die der erregten Menge zuriefen, dass soeben die Mobilmachung beschlossen wurde. Schon gegen 18 Uhr verkündeten die ersten Extrablätter die Neuigkeit: Krieg! Während im Dom, gegenüber dem Schloss, ein von Tausenden besuchter Kriegsgottesdienst stattfand, trat der Kaiser auf den östlichen Schlossbalkon und sprach vor einer auf etwa 100000 angewachsenen Menge die historischen Worte: «Ich kenne keine Parteien und auch keine Konfessionen mehr; wir sind heute alle deutsche Brüder und nur noch deutsche Brüder.» Die Männer schwenkten ihre sommerlichen Strohhüte und jubelten.

Trotz der «Julikrise» verbrachte die Familie Georg Wertheim mit Mutter Ida den Sommer auf Norderney, der viel geschmähten «Judeninsel». Auf Norderney gab es eine koschere Küche, eine koschere Metzgerei, seit 1878 eine Synagoge und ein vom Orden B'nai B'rith betriebenes jüdisches Kindererholungsheim.[7] Das alles interessierte Georg Wertheim zwar nicht, da er aber die Erfahrung gemacht hatte, dass der Antisemitismus vor dem Taufschein nicht Halt machte, mied er wie alle anderen Juden die als antisemitisch geltenden Badeorte an der Nordseeküste.

Sommer in Norderney bei Kriegserklärung. Ich fuhr einen Tag vorher bei größtem Andrang auf der Bahn nach Berlin zurück. Ursula kam mit den Kindern und Mama mehrere Tage später. Auch deren Reise ging trotz schlimmer Zustände glücklich vonstatten. Ich hatte Depeschen nach Norderney nicht mehr senden können.

Der Erste Weltkrieg beendete den unaufhörlichen Aufstieg der Wertheim-Brüder, denn private Unternehmerentscheidungen wurden umso drastischer eingeschränkt, je länger der Krieg dauerte.

Ganz Europa verfiel in einen Kriegstaumel. In Deutschland wurden die Menschen von einer wahren Hysterie erfasst: Überall witterte man Spione. Ausländisch aussehende Personen wurden von einer aufgebrachten Menge durch die Straßen gehetzt. Wer einen sichtbar von einem französischen Hutmacher angefertigten Hut trug, war schon verdächtig.

Die wenigen, die ahnten, was der Krieg bedeuten würde, verzweifelten – und konnten sich doch nicht ganz entziehen. Beschämt vertraute der Schriftsteller Erich Mühsam in den Augusttagen in München seinem Tagebuch an: «Und – ich, der Anarchist, der Antimilitarist, der Feind der nationalen Phrase, der Antipatriot und hassende Kritiker der Rüstungsfurie, ich ertappe mich irgendwie ergriffen von dem allgemeinen Taumel, entfacht von zorniger Leidenschaft, wenn auch nicht gegen etwelche ‹Feinde›, aber erfüllt von dem glühend heißen Wunsch, dass ‹wir› uns vor ihnen retten! Nur: wer sind sie – wer ist ‹wir›?»[8]

Auch der sonst so nachdenkliche jüdische Schriftsteller Arnold Zweig wurde wie unzählige andere Intellektuelle zum Kriegsjubler. Über Nacht sah er «aus einem Volk ichsüchtiger Krämer und patriotisch-politischer Phrasendrescher das große tüchtige deutsche Volk erwachen; der fette Bürger, unser Antagonist, lernt plötzlich sich wieder einordnen, opfern, echt fühlen – er verliert seine moralische Hässlichkeit, er wird schön.»[9]

Ebenso wie die nichtjüdischen meldeten sich auch junge jüdische Männer frisch von der Schulbank weg in Scharen an die Front. Schließlich hatte der Reichsverein der Deutschen Juden und die Zionistische Vereinigung für Deutschland die deutschen Juden aufgerufen, in dieser Stunde zu zeigen, «dass wir stammesstolze Juden zu den besten Söhnen des Vaterlandes gehören. Der Adel unserer vieltausendjährigen Geschichte verpflichtet. Wir erwarten, dass unsere Jugend freudigen Herzens freiwillig zu den Fahnen eilt.»[10]

Insgesamt dienten 100 000 Juden während des Ersten Weltkriegs im deutschen Heer, 17 Prozent aller deutschen Juden. Darunter auch Fritz Wertheim, Franz Wertheims Sohn, der bei Kriegsende erst 19 Jahre alt war. 1500 jüdische Soldaten erhielten das Eiserne Kreuz erster Klasse, etwa 12 000 ließen ihr Leben.

Die Generalität hatte einen raschen Sieg versprochen, doch nach der Niederlage an der Marne erstarrte der Bewegungskrieg zum verlustreichen Stellungskrieg. Die Regierung verlangte aber von den Zeitungen, nur positiv zu berichten, kaum etwas anderes als Siegesmeldungen wurde zugelassen, vor allem keine Fotos von der Front. Die Leser akzeptierten die Zensur, sie hatten keine andere Wahl. Und das Sterben sollte wenigstens einen Sinn haben.[11]

In den Feuilletons wurden die Franzosen als degenerierte Rasse, die Engländer als feige Krämerseelen, die Russen als Schweine bezeichnet. Journalisten wurden angehalten, Fremdwörter wie Coupé, Redaktion, Prozent oder Adresse einzudeutschen, und man überlegte tatsächlich, ob man an deutschen Theatern noch Shakespeare aufführen dürfe. «Hier wird deutsch gespuckt», höhnte Karl Kraus.[12]

In den ersten Tagen nach Kriegsbeginn waren die Läden wie ausgestorben. Das Geschäft belebte sich erst wieder, als die Leute begannen, Lebensmittel auf Vorrat und Geschenke für die ausziehenden Truppen einzukaufen.

Dennoch verzeichneten die großen Warenhäuser keinen Umsatzrückgang, denn jeden Tag trafen vom Kriegsministerium neue Bestellungen ein: Bettdecken, Feldbetten, Schuhe, getrocknete Erbsen, Linsen, Backobst, Tee, Kaffee, Gemüse, Fleischkonserven – alles musste an die Feldmeistereien geliefert werden. Vollleder wurde zu Gürteln und Patronentaschen, Voile- und Gazestoffe zu Verbandsmaterial verarbeitet. Die dafür von der Regierung angesetzten Preise waren akzeptabel. Alle Lastwagen und Lieferwagen über eine Tonne Tragkraft gingen an die Heeresleitung.[13]

Einzelne Produktionsstätten der Firma Hermann Tietz wurden umgestellt und arbeiteten Tag und Nacht an Lazarettkitteln, Militärhemden, Sandsäcken, Zeltbahnen, Autoplanen und dem, was sonst noch an Militäraufträgen hereinkam. Für das Geld, das die Firma für die abgelieferten Vorräte und beschlagnahmten Automobile erhielt, wurden Spezialmaschinen gekauft. Durch Reklamationen konnten leitende Angestellte, die für die Umstellungen gebraucht wurden, für eine gewisse Zeit vom Kriegsdienst befreit werden.[14]

Georg Wertheim notiert in sein Tagebuch: *18. Oktober 1914 Fleischkonservenfabrik Lehrter Straße für Heereslieferung. Riesenbetrieb ca. 1500 Personen.* Nachdem 1913 der riesige Neubau am Moritzplatz in Betrieb genommen worden war, konnte das alte Gebäude in der Oranienstraße für andere Zwecke genutzt werden. A. Wertheim wurde nun in größerem Maßstab auch Produktionsfirma und beschränkte sich nicht mehr allein auf den Handel: *Ende Oktober 1914 Sattlerei Oranienstraße 53/54 für Artilleriebespannung. Mustergültiger Betrieb. Die Zahl der beschäftigten Personen stieg bis auf 1500 im Hause und fast ebenso viele außer dem Hause. Später wurde noch eine Tornisterfabrik in der Rosenthaler Straße mit 500 Arbeitern und eine Patronentaschenfabrik in der Voßstraße mit fast 100 Arbeitern gegründet. Die Betriebe wurden schon während des Krieges aufgelöst, da es nach den ersten großen Aufträgen zu schwierig war, von der Heeresverwaltung neue Bestellungen zu erhalten. Es hatten sich inzwischen zu viele Betriebe vergrößert und bei der Erlangung von Aufträgen spielte Begünstigung etc. eine große Rolle.*

15. März Gründung der Maschinenfabrik Neukölln G.m.b.H. Es wurden 15 cm Granaten (fast 1 Zentner schwer) bearbeitet. Die Produktion stieg bis zu 1000 Stück pro Tag. Beschäftigt waren ca. 1500 Arbeiter.

Andere Abteilungen Wertheims – unter anderem in Spandau – produzierten Stiefel, Brotbeutel, Feldflaschen, Futtersäcke und Zeltbahnen. Geliefert wurden für das Heer außerdem Wäsche, Pelze, Schlafdecken, Trikotagen, Tuche und Tabakwaren. Rund 6600 Personen beschäftigte das Unternehmen während des Krieges in der Produktion. Die meisten mussten aber wieder entlassen werden, als Folgeaufträge ausblieben. Lediglich die Berliner Fleischwarenfabrik konnte bis in die dreißiger Jahre weiterarbeiten.

Wertheim führte das Ausbleiben von Anschlussaufträgen darauf zurück, dass er sich nicht wie andere Unternehmen durch Bestechungsgeschenke bei der Heeresleitung einschmeichelte. Das minderte jedoch nicht seinen Patriotismus: 1915 ließ er es sich nicht nehmen, das gesamte Lazarett von Calau auf das Gut Sassleben einzuladen, gewiss ein aufregendes Ereignis für den vierjährigen Albrecht.

Später, als er schon lesen konnte, verfolgte er sicher wie die meisten Jungen seines Alters die Heeresberichte und wusste genau Bescheid über Waffengattungen und Frontverlauf. Von den Schrecklichkeiten des Krieges erfuhr er erst nachher.

1915 war bereits die Brotkarte eingeführt. Die Waren wurden knapper, die Preise stiegen. Die englische Blockade machte sich bemerkbar. Auf den Straßen Berlins mehrten sich Kriegsversehrte. 1916 wurde der Aushang von Gefallenenlisten am Roten Rathaus eingestellt, weil die sich vor den Aushängen entspinnenden Gespräche die «öffentliche Sicherheit und Ordnung» gefährdeten. Die Anfangseuphorie war eindeutig verflogen.

Noch waren Lebensmittellager vorhanden, aber die guten Qualitäten gingen ans Heer. Immer häufiger gab es nur noch «Ersatz». Kaffee wurde zu einem Drittel aus Kaffeebohnen, einem Drittel aus Zichorie und einem Drittel aus Gerste gebrannt. Man trank deutschen Kriegstee aus getrockneten Lindenblütenblättern und aß deutsche Kriegskekse aus Kleie und Kartoffelmehl.[15]

Je länger sich der Krieg hinzog, je schlechter die Versorgungslage an der «Heimatfront», desto häufiger schepperten die Sammelbüchsen. Schulkinder wurden mit Tafeln mit dem Text «Wer Kriegsanleihe zeichnet, verkürzt den Krieg» auf die Straße geschickt. Die Werbung für die sechste Kriegsanleihe 1917 mit einem markigen Bild eines Landsers mit Stahlhelm und Gasmaske und dem Text «Helft uns siegen!» brachte 13,1 Millionen Mark ein.

Käthe Kruse, die sich mit ihren kindlich lebensechten Stoffpuppen einen Namen gemacht hatte, fertigte seit Kriegsbeginn Stoffpuppen in deutscher Uniform an, die sicher auch in der Spielwarenabteilung von Wertheim zu kaufen waren. Das «Kriegsbilderbuch mit Knüttelversen» mit dem Titel «Lieb Vaterland magst ruhig sein» war so erfolgreich, dass es 1944 noch einmal aufgelegt wurde.

Die Berliner Königliche Porzellanmanufaktur brachte statt der traditionellen Winterlandschaften Weihnachtsteller mit Infanteristen und Kavalleristen mit Granate und Sektflasche auf den Markt. Das Warenhaus A. Jandorf inserierte in der Illustrierten «Nimm mich mit» neben Damenhüten mit den Namen «Jugendliche Amazone» und «Flotter Breton» für 1,45 Mark ein mit der Reichsfahne besticktes Flaggenkissen, beidseitig mit Fransen verziert.

Dann kam die Zwangswirtschaft. Schon Anfang 1915 wurde Brot rationiert, Ende des Jahres Milch, im folgenden Jahr Fett, Fleisch, Eier, Kartoffeln, Kaffee, Tee, Zucker, Hülsenfrüchte und Teigwaren. Alles war behördlich geregelt, die Waren wurden zugeteilt und rationiert, die Preise amtlich festgesetzt.

Außerhalb des Heeresgeschäfts fungierten die Warenhäuser in erster Linie als Verteilungszentren. Die Kunden mussten sich bei einem festen Händler einschreiben, bei dem sie ihre Marken gegen Waren abgaben. Da in den Warenhäusern noch am ehesten alles zu haben war, fehlte es weder Wertheim noch Tietz an Kunden. Diese nahmen alles, was ihnen die Rationierung erlaubte, und der Umsatz war gesichert.

Der Einzelhandel griff gern auf die Dienste des Warenhausverbands zurück, dessen Vorsitzender Oscar Tietz war. Das Rote Kreuz ernannte ihn zum «Delegierten für Woll- und Bekleidungsbeschaffung», ein Zivilposten mit dem Rang eines Generalmajors und einer speziellen Uniform.[16]

Von Georg Wertheim ist kein ähnliches Engagement bekannt. Er blieb seiner Einstellung treu, durch vornehme Zurückhaltung und Leistung zu überzeugen.

Die wegen Knappheit und Bürokratisierung höheren Lebenshaltungskosten bei stabil bleibenden Löhnen und Gehältern ließen immer mehr Menschen verarmen. 1916/17 kam der erste Hungerwinter. Die Rationen reichten nicht aus, die durchschnittliche Versorgung sank auf 1000 Kalorien am Tag, die Hälfte des Mindestbedarfs. Die Steckrübe, eigentlich ein Futtermittel, musste die fehlende Kartoffel ersetzen. Rezepte für Steckrübensuppe, -auflauf, -pudding, -frikadellen, -koteletts, -klöße, -mus und -marmelade wurden von Hausfrau zu Hausfrau gereicht. Städtische Küchenwagen verkauften auf der Straße ein warmes Mittagessen für 35 Pfennig.[17]

Die Nahrungsknappheit war schon zu Kriegsbeginn absehbar gewesen, denn Deutschland importierte ein Drittel seiner Nahrungsmittel aus dem Ausland, und die britische Flotte blockierte gleich im August 1914 die Zufahrten zu den britischen Häfen.

Die Knappheit verursachte schon bald einen enormen Preisanstieg. Im Mai 1915 kosteten Lebensmittel 65 Prozent mehr als vor dem Krieg.[18] Wer Geld hatte, versorgte sich auf dem Schwarzmarkt.

Besonders fühlbar war der Mangel an Fetten und Brennstoffen. Die Bevölkerung murrte, und die Wut auf die Kriegsspekulanten trug nicht selten antisemitische Züge.

Oscar Tietz schlug vor, den Zugang zu ausländischen Firmen auf dem Privatweg und unter Umgehung der Bürokratie zu suchen. Das Kriegsministerium stellte ihm Devisen, zwei Torpedoboote, einen Eisenbahnzug und den Schutz der amtlichen Stellen zur Verfügung.

Sein Sohn Georg fuhr nach Stockholm und beauftragte eine schwedische Firma mit dem Ankauf von etwa 3000 Tonnen amerikanischen Schweineschmalzes. Als Abladehafen war Göteborg angegeben worden, doch Georg Tietz fuhr dem Schiff mit einem Torpedoboot entgegen. Gegen ein paar hundert Kronen willigte der Frachterkapitän ein, sich nach Swinemünde eskortieren zu lassen. Die Hälfte der Ladung ging gleich an die Heeresverwaltung, die andere wurde dem Warenhaus Tietz mit Militärkraftwagen zugestellt.

In allen drei Berliner Häusern räumte man die Lichthöfe für den erwarteten Andrang aus. Am frühen Nachmittag waren die drei Millionen Pfund Schmalz verkauft. «In Mark kostete die ganze Transaktion das Reich nichts, die Armee war sogar zu billigerem Schmalz als sonst gekommen, und wir kamen auch auf unsere Rechnung.»[19]

Am 30. Januar 1916 wurde Wertheim noch einmal geehrt: Er erhielt die Rote-Kreuz-Medaille 3. Klasse, vermochte sich aber nicht so recht darüber zu freuen. *Ursula erhielt dieselbe Medaille am 10. Mai 1918. Ich zweifle nicht daran, dass in beiden Fällen Herr Haac* [ein Mitarbeiter der Wertheim'schen Geschäftsführung], *der Delegierter des Roten Kreuzes war, den Anstoß dazu gegeben hat. Wir hatten dem Roten Kreuz wiederholt nicht nur große Beträge gegeben, sondern waren ihm in ganz ungewöhnlicher Weise nützlich gewesen. Die Räume, die wir ihm in der Voßstraße und am Leipziger Platz zur Verfügung gestellt hatten, haben für die ganze Zeitdauer einen Mietwert von einer halben Million Mark repräsentiert. Wir waren den verschiedenen Zweigen des Roten Kreuzes, aber auch sonst oft und in erheblicher Weise behilflich. Die leitenden Personen, u.a. Frau Kriegsminister Wild von*

Hohenborn, Herr Geheimer Regierungsrat Dryander vom Civilkabinett, Herr Ministerialdirektor Kirchner etc., nehmen das alles sehr dankbar und anerkennend an; es ist aber keinem von den Herrschaften eingefallen, dass es, gerade weil sie wussten, dass wir der guten Sache nicht um eines Ordens willen dienten, ihre Anstandspflicht gewesen wäre, in irgendeiner Weise dafür zu sorgen, dass uns eine andere Anerkennung oder Danksagung hätte ausgesprochen werden müssen, als durch ihre eigene Person. Die Leute haben eben immer nur an sich gedacht.

Als das Kriegsministerium am 11. Oktober 1916 seine Absicht veröffentlichte, eine Zählung der jüdischen Soldaten durchführen zu wollen, um Gerüchten entgegenzutreten, die deutschen Juden würden sich vor dem Frontdienst drücken, löste diese Nachricht vor allem unter jüdischen Kriegsteilnehmern einen Sturm der Entrüstung aus und begrub ihre Hoffnung, sich mit dem Dienst am Vaterland endlich die volle Anerkennung als deutsche Bürger zu erwerben.

Mit Bitterkeit erinnerte man sich an das Kaiserwort zu Kriegsbeginn. Die Anordnung von Kriegsminister Wild von Hohenborn – «nur zur eigenen Unterrichtung des Kriegsministeriums» – widerlegte endgültig das Gerede von den «deutschen Brüdern».

Das Ergebnis der Zählung wurde übrigens nie veröffentlicht, für manchen Betroffenen jedoch markierte sie eine Zäsur. Arnold Zweig war schon zu Beginn seines Kriegsdienstes auf den Antisemitismus im Heer gestoßen und hatte sich nach seinen Erfahrungen im Schützengraben zum Pazifisten gewandelt. Er schrieb die Novelle «Judenzählung vor Verdun», in der er unmissverständlich klar machte, dass er nicht mehr bereit war, seine Feder in den Dienst der offiziellen Propaganda zu stellen.[20]

Nur zu gern würde man wissen, was Georg Wertheim darüber dachte. Doch sein Tagebuch schweigt, bloß die summarischen Aufzählungen gehen weiter:

6. April 1917 Amerika erklärt Deutschland den Krieg.

30. Juni 1917 Kauf der Grundstücke in Breslau.

30. August Kauf der Grundstücke am Kurfürstendamm.

...

Anfang April [1918] *Garmisch, Hotel Alpenhof.*

Juni-Juli Karlsbad.

August [1918] *Swinemünde. Während der gleichen Zeit war meine Mutter ebenfalls dort und war wie immer frisch im Wesen; sie hielt sich täglich stundenlang im Strandkorb auf, las mit dem regsten Interesse die Zeitungen und spielte abends mit Ursula und Herrn Strobel Skat; auch Justizrat Reisner aus Liegnitz war einige Zeit dabei. Während ich vorübergehend in Berlin war, wurde in ihrer Wohnung der Geburtstag von Ursulas Mutter in besonders reizender Weise gefeiert.*

9. November Deutschland sucht um Frieden nach, die Kriegsoperationen werden eingestellt.

*

Die Staatsführung wollte das Ende des Krieges bis zuletzt nicht eingestehen. Noch am 5. November wurde unter dem Titel «In zwölfter Stunde» in den Zeitungen eine Anzeige für die Zeichnung einer Kriegsanleihe geschaltet: «Am Mittwoch um 1 Uhr wird die Zeichnung auf die 9te Kriegsanleihe geschlossen! Willst du zögern, bis es zu spät ist?»

Doch es war zu spät. Deutschland hatte den Krieg verloren.

Für Berlin bedeutete das Kriegsende eine stürmische Zeit. Am Morgen des 9. November 1918 legten die Arbeiter spontan ihre Arbeit nieder und vereinigten sich zu riesigen Demonstrationszügen, die sich von den Außenbezirken auf das Stadtinnere zubewegten. Unter dem Druck der Ereignisse trat Reichskanzler Prinz Max von Baden zurück und übergab die Regierungsgeschäfte an Friedrich Ebert, den Vorsitzenden der Sozialdemokratischen Partei Deutschlands, die im Reichstag die zahlenmäßig stärkste Fraktion stellte.

Gleichzeitig verkündete er eigenmächtig die Abdankung des noch zögernden Kaisers. Reichskanzler Ebert mahnte die Bevölkerung, Ruhe und Ordnung zu wahren und die Straße zu verlassen. Kurze Zeit später hielt der andere SPD-Vorsitzende, Philipp Scheidemann, vom Fenster des Reichstags aus eine Rede, in der er – ebenfalls eigenmächtig – die «Deutsche Republik» ausrief.

Die SPD hatte von einer Befürwortung des Krieges 1914 bis hin zu Zweifeln an dessen Sinnhaftigkeit diverse Richtungskämpfe durchgemacht. 1917 hatte sich ein Teil der Partei als unabhängiger Flügel abgespalten – die Unabhängigen Sozialdemokraten (USPD).

Die USPD stützte die Arbeiter- und Soldatenräte, die sich überall im Land bildeten, doch über das weitere Vorgehen herrschte Uneinigkeit. Der gerade erst aus der Haft freigekommene Karl Liebknecht setzte auf eine wachsende, auch spontan organisierte Massenmobilisierung, während der Vorstand der USPD die Revolution mit einem Schlag realisieren wollte.

Der Streik vom 9. November kam für alle überraschend: Die Arbeiter verließen spontan ihre Betriebe. Um ihre Jugend betrogene Kriegsinvaliden und Fronturlauber stießen dazu. Aus allen Teilen Berlins strömten sie zusammen und vereinigten sich mit dem Führer der Linkssozialisten Karl Liebknecht an der Spitze zu einem schweigenden Demonstrationszug zum Schloss der Hohenzollern. Kein Schuss fiel. Die Soldaten verbrüderten sich mit dem Volk.

In den späten Nachmittagsstunden wurde die kaiserliche Flagge eingezogen und die rote Fahne gehisst. Vom Balkon des Schlosses proklamierte Liebknecht die «Freie Sozialistische Republik Deutschland», stellte «eine Ordnung des Friedens, des Glücks und der Freiheit unserer deutschen Brüder und unserer Brüder in der ganzen Welt» in Aussicht[21] und forderte «alle Macht den Räten». Zwei Tage später floh der Kaiser nach Holland und verzichtete am 28. November auf den Thron.

Georg Wertheim kommentiert den 9. November so: *Ausbruch der Revolution; sie vollzog sich überraschend glatt. Das Publikum auf den Straßen zeigte sich im ersten Augenblick ziemlich begeistert dafür. Die*

Auswüchse durch den Spartakusbund (Liebknecht-Partei) und die extreme unabhängige sozialdemokratische Parteigruppe traten aber bald darauf in Erscheinung.

Da Oscar Tietz und sein Sohn Georg im Gegensatz zu Georg Wertheim politisch aktiv waren, hingen an ihren Häusern Plakate mit dem Hinweis: «Diese Geschäfte unterstehen dem Arbeiter- und Soldatenrat.» Das schützte vor Plünderung, und die beiden Chefs wurden ohne Zögern in den Arbeiter- und Soldatenrat ihres Betriebs gewählt.

«Es sah traurig aus bei ‹Hermann Tietz›», schreibt Georg Tietz in seinen Memoiren. «Zwar hatten wir das Glück gehabt, dass nicht auf deutschem Boden gekämpft worden war und die Häuser alle unbeschädigt dastanden, aber die Waren, die darin zum Verkauf geboten wurden, waren noch minderwertiger geworden als in den letzten Kriegsjahren.»[22]

Mehrheitssozialdemokraten und Unabhängige Sozialdemokratie bildeten eine Übergangsregierung, die sich «Rat der Volksbeauftragten» nannte. «Die Einigung zwischen den beiden sozialdemokratischen Parteien ist vollzogen», meldete die Extraausgabe des «Vorwärts» am 10. November 1918, einem Sonntag. «Ebert, Haase, Scheidemann, Dittmann, Landsberg und Barth werden die neue Regierung bilden.»

Am selben Abend schmiedete General Wilhelm Groener mit Friedrich Ebert ein Bündnis mit dem Ziel, das weitere Eskalieren der Revolution zu verhindern. Die Regierung Ebert versicherte den Bestand des Heeres und erhielt im Gegenzug dessen Unterstützung. Einen Tag später wurden die Staatssekretäre und Chefs der Reichsbehörde per Erlass in ihren Ämtern bestätigt. Die alte Ordnung war praktisch wiederhergestellt – nur der Kaiser fehlte.

Am selben Abend konstituierte sich der Kreis um Liebknecht als «Spartakusbund». Nachdem bei mehreren Zusammenstößen mit der Polizei im Dezember 1918 Dutzende von Menschen von Regierungstruppen erschossen worden waren, rief Liebknecht zum Sturz der Regierung auf und verlangte öffentlich die Hinrichtung von Ebert und Scheidemann als Volksverräter.

Nicht überraschend war das Bündnis der beiden sozialdemokratischen Parteien nur von kurzer Dauer. Am 6. Dezember wurden bei einer ordnungsgemäß angemeldeten und unbewaffneten Spartakusdemonstration 18 Menschen erschossen. Dann stimmte die USPD-Parteiführung auch noch der Vorverlegung der Wahlen zur Nationalversammlung zu. Der Spartakusbund berief eine Reichskonferenz der oppositionellen Gruppen in der Partei ein, und um die Jahreswende wurde die Kommunistische Partei Deutschlands gegründet.

Am Sonntag, den 5. Januar 1919, gingen die Arbeiter erneut in großer Zahl auf die Straße. Diesmal demonstrierten sie nicht gegen den Kaiser, sondern gegen die neue Regierung, die so genannte Revolutionsregierung.

Kurz nach Mittag sammelten sich die Massen und zogen in Richtung Alexanderplatz. Immer mehr Menschen schlossen sich aus den Nebenstraßen an. Noch ehe die letzten Demonstranten die Siegesallee verlassen hatten, war der Alexanderplatz voller Menschen. Ein Teil der Demonstranten verlangte in Reden und Sprechchören die sofortige Aufnahme des bewaffneten Kampfes gegen die Regierung. Doch die spontane gegen den Willen Liebknechts und Rosa Luxemburgs ausgebrochene und deshalb weitgehend führerlose Massenbewegung scheiterte tragisch und ging als «Spartakusaufstand» in die Geschichte ein.

Für Georg Wertheim stellten sich die Ereignisse so dar: *Am 6. bis 11. Januar fand der Umsturzversuch der so genannten Spartakus-Gruppe in Berlin statt. Diese radikalste sozialistische Orientierung vereinigte in sich Deserteure, Verbrecher, Arbeitslose, jugendliche Taugenichts etc. und wohl auch einige Idealisten, die sich berufen glaubten, ihre Ideen mit Feuer und Schwert zur Geltung bringen zu sollen. Zwischen diesen Elementen und den gemäßigten Sozialdemokraten stand die unabhängige sozialdemokratische Partei, zu der in Berlin die Hälfte der Arbeiterschaft gehörte. Um die Herrschaft in der Regierung zu er-*

langen, begünstigten die unabhängigen Sozialdemokraten die Spartakus-Leute. Es gelang diesen, die Gebäude der großen Zeitungen und eine Anzahl wichtiger Regierungsgebäude zu besetzen. Schließlich gewann aber die Regierungspartei die Oberhand.

Einige Trupps aus den Reihen der Demonstranten wollten nicht aufgeben. Unterstützt von Provokateuren besetzten sie mehrere große Druckereien und Zeitungsverlagshäuser.

Auch die Warenhäuser waren akut gefährdet. Am Abend des 8. Januar, einem Mittwoch, wurde Georg Tietz telefonisch benachrichtigt, dass bewaffnete Spartakisten in das Warenhaus Tietz am Alexanderplatz eingedrungen waren. Am Schlossplatz musste sein Taxi wegen Schießereien einen Umweg nehmen, und ab der Zentralmarkthalle war kein Weiterkommen mehr. Rund um den Alexanderplatz kämpften Spartakisten, Abteilungen der Polizei und Reichswehr. Man konnte gar nicht ausmachen, wer gegen wen.[23]

Der handgeschriebene Pass der «Sozialistischen Regierung der Deutschen Republik», den Georg Tietz und sein Vater einen Tag vor der Revolution von einer führenden Persönlichkeit ihres Friedenskreises erhalten hatten, wirkte Wunder. Tietz wurde überall durchgelassen, musste sich aber die letzten 500 Meter immer wieder zu Boden werfen, um von keiner Kugel getroffen zu werden. Es dauerte anderthalb Stunden, bis er sein Warenhaus erreichte.

Über den Hinterhof am Königsgraben gelangte er in den Maschinenkeller, den die Spartakisten übersehen hatten. Ein Trupp von etwa hundert schwer bewaffneten Matrosen sei eingedrungen und hätte am Haupteingang am Alexanderplatz so etwas wie eine Wachstube eingerichtet, berichteten ihm seine Wächter.

Tietz löste die knifflige Lage mit Schläue: Er bot den Besetzern zu rauchen und zu trinken an. Als sie erfolgreich unter Alkohol gesetzt waren, war es ein Leichtes, die Leute zu entwaffnen und sie wie Mehlsäcke zur Hintertür hinauszuwerfen. Nun hatten sie im Warenhaus genügend Gewehre und Revolver und verbarrikadierten sich, so gut es ging.

Als Nächstes erschienen Freikorpstruppen, ehemalige Frontsoldaten, die reaktionäre Interessen vertraten und vorerst unter der Leitung des Sicherheitsexperten der SPD, Gustav Noske, die Reichshauptstadt für die Wahlen zur Nationalversammlung «befrieden» sollten. Sie bezogen im zweiten Stock des Mittelbaus Stellung.

Im Morgengrauen ließ Tietz ihnen durch zwei Wächter Angst machen: Die Roten seien in großer Übermacht zurückgekehrt, sie sollten ihre Waffen zurücklassen, sich im Warenhaus Zivilkleider aussuchen und unbemerkt durch die Tür zum Königsgraben verschwinden. Nun hatte man auch Maschinengewehre.

Tietz schlug sich sowohl zum Polizeipräsidium als auch zum Rathaus durch und ließ wissen, dass er über genügend Waffen verfüge, um sein Geschäft sowohl gegen die Freikorpstruppen als auch gegen die Spartakisten zu verteidigen, die ihm beide unsympathisch waren. Danach kehrte er in sein Geschäft zurück.

Im Kampfgebiet um den Alexanderplatz eingeschlossen, waren Tietz und seine Leute jedoch mit ausreichend Lebensmitteln, Betten und Bettzeug versorgt. Sie richteten einen 24-Stunden-Dienst ein, jeweils fünf Mann hielten Wache, während die anderen fünf schliefen.

Am sechsten Tag gegen Mittag hörten sie Mörserschüsse und das Krachen einstürzender Häuser in der Umgebung. Freikorps- und Regierungstruppen näherten sich, die Roten zogen ab. Zwei Mörser wurden vor dem Portal in der Alexanderstraße mit Schussfeld Frankfurter Allee montiert. Bei jedem abgefeuerten Schuss gingen Fenster und Schaufenster zu Bruch.

Nach acht Tagen war der Spuk vorbei. Zurück blieb ein Bild der Verwüstung. Sämtliche Fensterscheiben des ehrwürdigen Warenhauses waren eingeschlagen. Erschöpft und schmutzig ging Georg Tietz nach Hause. «Ich hatte geglaubt, dass die ganze Stadt an den Vorgängen am Alexanderplatz Anteil genommen hatte. Man kann sich daher meine Wut und Verärgerung vorstellen, als ich, nach dem

Das Warenhaus Hermann Tietz am Alexanderplatz nach dem Spartakusaufstand 1918.

Westen kommend, geschmückte Menschen sorglos zu Maskenbällen gehen sah.»[74]

Am 10. Januar befanden sich Karl Liebknecht und Rosa Luxemburg auf der Flucht vor den Freikorpslern. Am 15. Januar wurden die beiden in Berlin-Wilmersdorf festgenommen und zur Identifizierung ins Hotel Eden gebracht, dem Hauptquartier der Gardekavallerie-Schützendivision. Kurz darauf waren sie tot: «Auf der Flucht erschossen.» Als der spätere Schriftsteller Ernst Toller in München die Nachricht in eine Massenversammlung der Mehrheits-SPD hineinschrie, schallte ihm Jubel entgegen: «Bravo! Recht ist ihnen geschehen, den Hetzern!»[25]

Viele SPD-Führer hatten Angst vor einer Umwälzung gehabt. Welches Ausmaß an billigend gedeckten terroristischen Übergriffen sich in den nächsten Jahre noch entwickeln sollte, war zum damaligen Zeitpunkt noch nicht absehbar.

Am 19. Januar 1919 wurde die Nationalversammlung gewählt. Aus Furcht vor Unruhen und dem «Druck der Straße» verlegte man ihren Sitz in das kleine Weimar.

Die Regierung mochte in Weimar sitzen, doch in Berlin machte das gestärkte Selbstbewusstsein der Arbeitnehmerschaft auch vor dem Warenhaus Wertheim nicht Halt und schockierte den Patriarchen Georg Wertheim mit Umgangsformen, die ihm bislang unbekannt waren: *Während der ganzen Monate nach der Revolution griff ein ungebührliches Betragen bei den jüngeren und untergeordneten Angestellten unserer Geschäfte stark um sich. Selbstverständlich war vielen unserer Angestellten dieses ganze Treiben im höchsten Grad zuwider: sie waren aber wohl der Zahl nach erheblich in der Minderheit und überließen, wie überall, der tobenden Menge das Feld.*

Die Streiks um höhere Löhne griffen auch auf die kaufmännischen Angestellten über. Bei Wertheim wurde nur am 13. Dezember 1918 gestreikt, an den Streiks in allen größeren Detailgeschäften Berlins in der Woche vom 12. zum 19. Februar 1919 beteiligte sich die Wertheim-Belegschaft nicht. *Die Agitation ging von einem Verbande aus, der die Aufhetzung der Angestellten schon seit langem in gehässiger Weise betrieben hatte. Bei dem Streik selbst betrug sich ein Teil der Angestellten so, wie man es bisher wohl von Fabrikarbeitern, aber nicht von Angestellten kaufmännischer Betriebe erlebt hatte; insbesondere scheuten weibliche Angestellte nicht vor Straßentumulten zurück, um das Personal von Geschäften, die noch nicht geschlossen hatten, mit Gewalt zum Verlassen derselben zu zwingen. An dem Generalstreik während der Spartakus-Unruhen im März beteiligten sich die kaufmännischen Angestellten nicht, obwohl ein Teil auch dies gern getan hätte. Unsere Geschäfte in der König- und Rosenthaler Straße mussten aber, da die Kämpfe sich zum Teil in nächster Nähe abspielten, tagelang geschlossen bleiben. Auch die anderen Geschäfte wurden schon nachmittags um 4 Uhr geschlossen.*

Anfang März 1919 fand in Berlin erneut ein von Anhängern aller Linksparteien organisierter Generalstreik für die Durchführung der Reformen zur Demokratisierung des Militärs statt. Als die Berliner Arbeiterräte-Versammlung ihn auch auf lebenswichtige Versorgungsbetriebe ausdehnte, zogen sich die Sozialdemokraten aus der Streikleitung zurück, und die KPD betrieb die Umwandlung des Streiks in einen Aufstand.

Über Berlin wurde der Ausnahmezustand verhängt. Aufgrund der Falschmeldung, Kommunisten hätten sechzig Polizisten ermordet, erließ Noske, nunmehr Reichswehrminister, am 9. März den Befehl, jede bewaffnete Person, die sich den Regierungstruppen widersetzte, sofort zu erschießen. Für Freikorps und Polizei war dies eine Einladung. Die Berliner Märzkämpfe kosteten etwa tausend Menschen das Leben.

Weit gefährlicher waren jedoch die Spartakus-Unruhen, die am 4. März zugleich mit dem Generalstreik einsetzten. Wenn auch hier die unabhängigen Sozialdemokraten sich an den Straßenkämpfen beteiligten, so war der Streik doch offensichtlich darauf angelegt, die Spartakisten zu unterstützen. Zu diesen war ein Teil der in Berlin befindlichen Matrosen-Abteilung und der so genannten Republikanischen Soldatenwehr übergegangen, sodass die Aufrührer über ca. 8000 mit Maschinengewehren und Kanonen versehene, regulär bewaffnete Soldaten verfügten. Die Regierung hatte jedoch in der Stille genügend Truppen in und um Berlin angesammelt und so gelang ihr die Unterdrückung des Aufruhrs, der sich hauptsächlich in den östlichen Stadtteilen Berlins und den angrenzenden Vororten abspielte.

Alles war seltsam unwirklich, und die Menschen erhielten keine Erklärung für die Einzelheiten. Die meisten Unbeteiligten verstanden nicht, wer gerade gegen wen schoss. Nur die Zahl der Toten wurde später mitgeteilt.

Mitten in diese Wirren fiel Ida Wertheims Tod. *Meine Mutter hatte den ganzen Kriegsverlauf mit Interesse für alle Einzelheiten verfolgt und so auch die Revolution; sie hatte im Alter von 18 Jahren auch die Revolution 1848 erlebt.* Sie starb am 19. Dezember 1919 in der Villa in der Winklerstraße 12, die Wilhelm Wertheim noch vor Kriegsende für 380 000 RM gekauft hatte.[26]

Sie hatte 10 Tage vorher die Grippe, die in Berlin außerordentlich verbreitet war, bekommen; die Entzündung hatte die Atmungswege, wahrscheinlich auch etwas die Lungen ergriffen und schließlich trat Herzschwäche ein. Sie war in den letzten Stunden, vermutlich infolge von Einspritzungen zur Beruhigung, im Schlafzustande. In diesem trat, unmerklich für sie, der Stillstand der Herztätigkeit ein; das bisher schwere Atmen hörte auf. Ich war zugegen, ferner noch Fräulein Köschen, Professor Umber und eine Krankenschwester. Ursula war mit Helene und Wilhelm und anderen Familienmitgliedern unten im Hause.

Unsere Mutter ist fast 89 Jahre alt geworden. Sie war bis zu ihrer Erkrankung 10 Tage vor ihrem Tode geistig und körperlich ungewöhnlich frisch, ging täglich fast regelmäßig dreimal spazieren, interessierte sich für alle Dinge und hätte am liebsten noch selbst für alle in der Familie gesorgt … Sie vermochte ihren Gedanken einen ausgezeichneten Ausdruck zu verleihen; auch ihre Briefe waren bis zu ihrer letzten Krankheit nicht nur mit einer wie gestochen aussehenden Handschrift geschrieben, sondern es fand sich fast immer ein reizvoller Gedanke darin ausgesprochen.

Das Familienleben der Wertheims mit den kleinen und größeren Sorgen ging indes weiter. Die Kinder Ursula und Albrecht erkrankten im Februar und März 1920 an Masern und Keuchhusten. Ursula war 13, Albrecht zehn.

Georg Wertheims Verhältnis zu seinen Kindern scheint zärtlich gewesen zu sein, wenn auch distanziert. Akribisch genau vermerkt

Die Grabsteine von Abraham und Ida Wertheim auf dem
Jüdischen Friedhof Weißensee, Berlin.

er ihre Krankheiten im Tagebuch, doch wie gestaltete sich der Familienalltag? Wie sah ihre Einschulung aus? Wie war ihr Verhältnis zum Kindermädchen? Wer war überhaupt das Kindermädchen? Spielte der Vater am Wochenende mit den Kindern in Sassleben? Freuten sie sich, wenn er abends heimkam? Wir erfahren nichts.

Eher regten Georg Wertheim politische Ereignisse zu längeren Tagebucheintragungen an. Am 13. März 1920 gab es einen Putsch-Versuch gegen die erste republikanische Verfassung Deutschlands, den so genannten Kapp-Putsch. Frühmorgens besetzten die «Baltikum-Truppen» Berlin. *Der geistige Urheber dieses Handstreiches war der als reaktionär bekannte Landschaftsdirektor Kapp, der sich zum*

Reichskanzler machte. Die alte Regierung flüchtete, rief aber zum Generalstreik auf. Sämtliche Beamte der Eisenbahn, Post und vielfach auch der Ministerien verweigerten der neuen Regierung den Dienst, sodass diese sich trotz der in ihren Händen befindlichen Gewalt nach einigen Tagen gezwungen sah, zurückzutreten. Nunmehr suchte aber die unabhängige sozialdemokratische Partei den Generalstreik fortzusetzen und mit Gewalt die Regierung an sich zu reißen. Erst am Sonnabend, den 20. März, trat wieder Ruhe in Berlin ein, während an anderen Arbeiterdistrikten in Deutschland noch wochenlang Aufruhrzustand anhielt. Unser Geschäft war während der Woche geschlossen. Ursula war gerade in Sassleben; ich mit den Kindern in Berlin; wir konnten tagelang keinerlei Nachricht geben.

Bei einem Diner bei Georg Wertheim vernahm die Gesellschafts-Reporterin des Ullstein-Verlags Bella Fromm eine wesentlich amüsantere Schilderung der Ereignisse: Als Oscar Haac, Mitglied der Geschäftsführung des Warenhauses Wertheim und Ehemann von Hedwigs Tochter Charlotte, am 13. März an seinem Arbeitsplatz eintraf, fand er das Warenhaus von der Reichswehr besetzt vor.

«Als ich um sieben erschien, war das gesamte Erdgeschoss ‹erobert›. Die Gewehre standen in Pyramiden, die Soldaten warteten auf Befehle.»

Ähnlich wie Georg Tietz 1918 durch einen Trick größeren Schaden von seinem Warenhaus abwenden konnte, ging auch Haac diplomatisch vor. Er wandte sich an den kommandierenden Major: «Aus welchem Grund sind Sie hier eingerückt, Herr von Platen?»

«Ich habe nicht die geringste Ahnung», antwortete dieser zu Haacs Verblüffung.

«Auf wessen Befehl sind Sie hierher gekommen?»

«Darüber darf ich nicht sprechen.»

Es gelang Haac schließlich, den Major davon zu überzeugen, dass er seine Leute auf der falschen Seite der Voßstraße postiert hatte.

«Ihre Soldaten sind doch wahrscheinlich ausgeschickt worden, um die Wilhelmstraße zu schützen. Die Gebäude auf der anderen

Seite der Voßstraße gehören uns auch. Ich werde dafür sorgen, dass sie sofort für Ihre Truppen geöffnet werden.»

Das erwies sich als glänzende Idee. Die Soldaten bezogen ihre neuen Stellungen. Das Warenhaus konnte um neun Uhr seinen Betrieb aufnehmen, und alles lief wie gewöhnlich.[27]

Bei Tietz waren die Angestellten unterdessen nicht zur Arbeit erschienen. Zwischen den maßgeblichen Arbeitgeber- und Arbeitnehmerverbänden war ein Abkommen geschlossen worden, dass im Fall einer neuen revolutionären Bewegung ein Generalstreik ausgerufen werden sollte. Die Arbeitgeber hatten sich verpflichtet, den Arbeitnehmern das halbe Gehalt zu zahlen und sich mit der Hälfte an allen Kosten eines solchen Streiks zu beteiligen.

Als Georg Tietz sein Warenhaus in der Leipziger Straße zu Fuß erreicht hatte – sein Wagen war von einem Kapp-Putschisten beschlagnahmt worden –, befahl ihm ein Putsch-Offizier mit vorgehaltener Waffe, das Geschäft zu öffnen. «Wir entgegneten dem, dass wir gern dazu bereit wären, wenn er uns unser Personal herbeibefördern könnte.» Die Telefonleitungen waren tot, Wasser- und Elektrizitätswerk streikten, die Lebensmittelgeschäfte hatten geschlossen, der Zugverkehr war eingestellt. «Wir nahmen ihn in die Personalverwaltung und zeigten ihm die Listen der Leipziger-Straße-Angestellten mit allein über 2000 Namen. Daraufhin verschwand er.»[28]

Damit waren vorerst die direkten Aktionen gegen Warenhäuser beendet, wirtschaftlich sollte es dem Land aber noch längere Zeit schlecht gehen.

ACHTES KAPITEL

ZWISCHENZEIT

Das Personal des Gutes Sassleben zwischen zwei Kandelabern auf der hinteren Schlossterrasse, malerisch gruppiert um die halbrunde Steinbalustrade. Gestärkte blütenweiße Kleider. Ein Mädchen mit einer riesigen Schleife im Haar. Der Chefgärtner Friebe mit seinem kleinen Sohn. Franz John, der langjährige persönliche Chauffeur Georg Wertheims, im eleganten Anzug. Ein Dackel.

Das Personal des Gutes Sassleben in Arbeitskleidung vor dem Gewächshaus.

Fünf nur noch schwach erkennbare Damen in duftigen, hellen Sommerkleidern und ein Herr auf dem Kahn «Ursula». Es rudern zwei Damen.

Der Verwalter von Sassleben in Stiefeln bis zum Knie und einem gewichtigen Blick, zwei Wolfshunde an seiner Seite.

Wilhelm und Martha Wertheim, er sitzend mit verschränkten Armen, sie hinter ihm stehend, das dunkle Haar in der Mitte gescheitelt und seitlich über den Ohren hochgesteckt.

Martha Wertheim und ihre zweite Adoptivtochter Elsa, zärtlich aneinander geschmiegt. Martha im dunklen Kleid mit weißem Spitzenkragen, vier Reihen Perlen um den Hals. Elsa in strahlendem Weiß, die Augen durchsichtig blau, die Vorderzähne leicht vorstehend, über den Stirnfransen ein dunkles Stirnband.

Und schließlich Georg Wertheim, einen Panamahut auf dem Kopf, das Schläfenhaar ergraut, unter den Augen Krähenfüße. Sind seine Augen hell oder dunkel? Man kann es nicht erkennen. Auf jeden Fall ist er eine noble Erscheinung, der Mantel vermutlich aus Kaschmir.

Gut Sassleben: das Personal auf der Terrasse des Schlosses. In der Mitte Gärtner Friebe mit Sohn, rechts (mit Schlips) der langjährige Chauffeur Georg Wertheims, John, links der Verwalter. Aufnahme 1919/20.

Das sind die Fotos aus den zwanziger Jahren, die der Öffentlichkeit zugänglich sind. Nicht viel für jemanden, der mehrere fotografische Ateliers besaß.

Zu dieser Zeit befand sich der alternde Georg Wertheim auf dem Zenit seines Erfolgs. Noch stand eine kurze Phase des Aufstiegs bevor, doch zunehmend machten ihm die anderen Warenhäuser den Rang des Branchenprimus streitig. Die instabile Wirtschaftslage der zwanziger Jahre löste bei der Konkurrenz eine Aggressivität aus, der Wertheim nicht gewachsen war.

Angesichts der rasanten Geldentwertung zeigte er allerdings Geschick. Schon 1898 hatte das Unternehmen Wertmarken herausgegeben, die beim Kauf im Haus eingelöst werden konnten. Als Rabattmarke eingeführt, wurden sie bereits 1917/18 als Kleingeldersatz verwendet. Es gab Münzen im Wert von ein, zwei, fünf und zehn Pfennig. Ab 1920 bekamen sie regulären Währungscharakter.[1]

Das «Notgeld» von Wertheim konnte, wie das anderer Firmen übrigens auch, nahezu überall eingelöst werden. Für die gesamte Summe der in Umlauf gebrachten Münzen mit dem vom «W» getragenen Globus musste das Unternehmen einen Sicherheitsbetrag bei der Reichsbank hinterlegen. So rückte Wertheim – ebenso wie das Warenhaus Hermann Tietz – auch über eigene Münzen ins Bewusstsein der Berlinerinnen und Berliner.

Die Folgen des Krieges waren allgegenwärtig. Überall sah man Kriegsversehrte und unterernährte Erwachsene und Kinder. Der chronische Mangel an Grundnahrungsmitteln förderte Hamsterfahrten und Schwarzhandel, bei dem Wertgegenstände aller Art gegen Kartoffeln, Eier, Mehl und Zucker getauscht wurden.

Arbeitslosigkeit, Hunger und Elend machten viele Menschen zu Kriminellen. Die Wohnungsnot war gigantisch: Nach dem Krieg waren die Eheschließungen sprunghaft angestiegen, und eine große Zahl von Flüchtlingsfamilien zog nach Berlin.

Die galoppierende Inflation von 1923 machte über Nacht Millionen vormals kaufkräftiger Bürger und von Vermögenszinsen lebende Rentiers zu Bettlern, während Spekulanten und Kriegsgewinnler mit ihrem neu erworbenen Reichtum prassten. Die Mark

Wertheim-Notgeldmünze.

spielte verrückt, und die Lebenshaltungskosten jagten davon. Ein Pfund Kartoffeln, das noch gestern 50000 Mark gekostet hatte, war heute nur noch für 100000 zu haben.[2]

Die einzige Sicherheit schienen Wertpapiere zu gewährleisten, sodass viele ihre täglichen Einkäufe mit Aktien bezahlten. An Zahltagen setzte ein Ansturm auf die Banken ein. Die ganze Bevölkerung verschlang Börsenberichte, den Jungen, Flinken ging es gut, den Alten und Weltfremden schlecht. Während Bars und Nachtklubs aus dem Boden schossen, häuften sich Selbstmorde und Einbrüche. Die alte Welt war aus den Fugen geraten.

Erst die Währungsreform vom November 1923 und die Annahme amerikanischer Kredite leiteten eine Phase relativer Stabilität ein. Bei der Reichstagswahl im folgenden Jahr erlitten die radikalen Flügelparteien erhebliche Verluste, und die SPD ging als Siegerin hervor.

Doch nach wie vor lebten viele Arbeiterfamilien am Rand des Existenzminimums, erst 1928 erreichte ihr Reallohn den Stand von 1914. In Berlin wurden die bewaffneten Kämpfe von einer Streikwelle abgelöst. Unzählige Male stand der öffentliche Verkehr still.

Auf der anderen Seite des politischen Spektrums agitierten die republikfeindlichen Kräfte. Außenpolitisch argumentierten sie mit den Folgen des Versailler Friedensvertrags, innenpolitisch überschütteten sie die Repräsentanten der Republik mit Spott und Hohn. Auf der extremen Rechten kam hasserfüllter Antisemitismus hinzu.[3]

Die Gesellschaft der Weimarer Republik war zutiefst gespalten. So schnell das Kaiserreich in sich zusammengebrochen war, so schwierig war die Situation danach, und keine der politischen Gruppierungen war wirklich darauf vorbereitet. «Die Deutschen wussten von einer Republik nicht mehr als vom Mond», resümierte Jahre später Theodor Wolff, der Chefredakteur des liberalen «Berliner Tageblatts».[4]

Die Revolution war verspielt, die Chance auf einen wirklich gerechten Staat vertan. Doch in vielen Bereichen des gesellschaftli-

Lieferwagen der Firma Wertheim, hier: Stralsund.

chen Lebens war eine Aufbruchstimmung spürbar, die vor allem die Literatur, das Theater und das Kino erfasste.

Das Berlin der «goldenen Zwanziger» explodierte förmlich vor Lebenslust. Die auf vier Millionen Einwohner angewachsene Großstadt zählte 49 Theater, drei Opernhäuser, drei große Varietés, 75 Kabaretts, Kleinkunstbühnen und Lokale mit Unterhaltungsprogrammen, 363 Kinos und 37 Filmgesellschaften, die jährlich etwa 250 Spielfilme produzierten.[5]

Die Zeiten wurden schnelllebiger. Gegen die Angst vor dem Verlust dessen, was man heute noch besaß, gab es nur ein Rezept: genießen, solang es geht. Diese Lebenseinstellung hatte das Warenhauses vorweggenommen, dort gab es alles, und zwar sofort.

Bei Wertheim war das gigantische Warenangebot innerhalb der einzelnen Häuser durch eigenständige Betriebe für bestimmte Dienste erweitert worden: Maßschneiderei, Uhrenreparatur, Friseursalons und – in ganz Berlin noch heute durch Familienbilder überliefert – die Ateliers für fotografische Arbeiten. Wer in der Nähe eines Wertheim-Warenhauses heiratete, ging nach der Hochzeit hinüber, um sich fotografieren zu lassen. Besonders das Fotoatelier am Moritzplatz genoss einen hervorragenden Ruf.

Ende der zwanziger Jahre steigerte Wertheim seinen Umsatz am Leipziger Platz auf 79,5 Millionen RM. Als Einzelwarenhaus erreichte es damit in Europa eine Spitzenposition. Der Standort des Haupthauses – Potsdamer und Leipziger Platz – befand sich in der Stadtmitte, einem Zentrum tosenden Verkehrs: Straßenbahnen, Omnibusse, Lastfuhrwerke, Equipagen, Droschken, Dreiräder und mutige Fußgänger wetteiferten um ihr Recht. Auf dem Potsdamer Platz wurde 1924 die erste Ampel Europas aufgestellt.

In der Zeit rasanter Geldentwertung war Wertheims Antiquitätenhandel aufgeblüht. Wer Geld hatte, bemühte sich, es möglichst in stabilen Werten anzulegen. Wer sozial aufgestiegen war, versuchte sich durch den Kauf von Antiquitäten eine neue Geschichte zuzulegen.

1922 richtete Wertheim deshalb in der Nähe des Potsdamer Platzes ein Geschäft in einem prächtigen Haus in der Bellevuestraße 7/8 ein, in dem sich schon die Berliner Börse, die Reichsbank und die Technische Hochschule befanden. Prompt meldeten sich die Antisemiten mit Flugschriften wie dem folgenden zu Wort:

> Ausquartierung zugunsten der Warenhäuser. – Eine deutsche Frau schreibt uns aus Berlin: Hier, wo doch eine große Wohnungsnot herrscht, hat die Wertheim-Grundstück-Gesellschaft in der Bellevue-Straße eine Reihe großer Herrschaftshäuser erstanden, worin sie alte, hergerichtete Möbel zum Verkauf ausstellt. Aus diesen großen Wohnungen hätten sich viele kleinere herrichten lassen, die für viele Familien Unterkunft gewährt hätten. So gehen sie der Allgemeinheit verloren. Niemand kümmert sich darum. Auch keine hiesige Zeitung wies bis jetzt darauf hin. Wir selbst wohnten in diesen Häusern und mussten ausziehen, um dem Warenhaus Platz zu machen ... Man sieht, den Herren aus Palästina steht alles offen.[6]

A. Wertheim am Leipziger Platz, im Vordergrund die Schinkel'schen Torhäuser sowie die Ampel am Potsdamer Platz.

Schon 1925 erreichte Wertheims Antiquitätengeschäft einen Umsatz von knapp 600000 Reichsmark. Die Filiale konnte erweitert werden und stieg zur zweiten Berliner Adresse der Branche nach «E. Worch, Unter den Linden 31» auf. Nach 1928 sank der Umsatz wieder, und 1931 kehrten die Antiquitäten zurück ins große Haus am Leipziger Platz.

*

Georg Wertheims Loyalität dem deutschen Staat gegenüber war nicht an die Monarchie gebunden. Ebenso wie er das Wohlwollen des Kaisers geschätzt hatte, freute er sich über eine Begegnung mit dem einstigen Schustergesellen und nunmehrigen Reichspräsidenten Friedrich Ebert: *20. November 1920 Einladung beim Handelsminister Dr. Fischbeck. Nach dem Essen dem Reichspräsidenten Ebert vorgestellt, mit ihm einige Worte gewechselt. Ich habe ihn später bei Herrn von Winterfeld (Rotes Kreuz) genauer beobachten können; er hielt dort eine kleine Ansprache; dieselbe war vollendet in Form und Inhalt. Durch die zurückhaltende Art seines Sprechens und seines ganzen Auftretens machte Ebert einen außergewöhnlich sympathischen Eindruck.*

Neben sporadischen Eintragungen dieser Art finden sich nun in Wertheims Tagebuch mehr Notizen über das Wohl und Wehe der Familie: Kinderkrankheiten, Todesfälle, Familienfeierlichkeiten. Im August 1920 flog er während der Ferien auf Norderney mit einem Wasserflugzeug, zuerst allein *ca. achthundert Meter hoch,* dann startete er nochmals mit Ursula *450 Meter hoch* zu einem Rundflug über Norderney und Juist, *bei ziemlichem Wind. Wir empfanden dabei keinerlei Unannehmlichkeit oder Beunruhigung.* Ob es sich bei Ursula um die Ehefrau oder die Tochter handelt, ist unklar. Später unterschied er zwischen «Ursula I» und «Ursula II».

Am 28. März 1921 starb Wertheims Schwester Hedwig Sternberg an einer Nierenerkrankung. Kurz darauf feierten sein Bruder Franz und dessen Frau Käthe (geb. Goldschmidt) ihre silberne Hochzeit, und ihr Sohn Fritz heiratete mit 21 Jahren in der Lübecker Marienkirche. Seine Braut Agnes Dahm, auch Anni genannt, trug ihr dunkles welliges Haar im Bubikopf-Stil streng aus dem Gesicht gekämmt.

Nicht mehr als 16 Jahre waren seit Georg Wertheims Hochzeit mit Ursula Gilka vergangen. Wie anders stellte sich die «neue Frau» von heute dar! Das Haar à la garçonne, der Rocksaum bis knapp unters Knie hochgerutscht, die Beine in Männerhosen gar, die Taille locker vom dünnen Kleiderstoff umspielt, den Zigarettenspitz burschikos im Mundwinkel, auf dem Kopf ein Topfhut. Und dazu noch das Wahlrecht! «Wir alle waren wie in einem Korsett eingeschnürt und wurden nun in die Freiheit entlassen», fasste die Dada-Künstlerin Hannah Höch das Gefühl vieler Frauen in der Weimarer Repu-

Franz Wertheim (1863–1933) und seine Ehefrau Käthe, geborene Goldschmidt (1871–1935), Aufnahme aus den zwanziger Jahren.

blik zusammen.[7] Auch Ursula ließ ihre blonde Mähne fallen. 1921 war sie schließlich erst 36 Jahre alt.

Georg Wertheim freundete sich derweil mit seinem Arzt an. Paul Broese war weder Nobelarzt noch Jude wie in früheren Jahren der Hausarzt der Wertheims Professor Israel. Die beiden Männer hatten einander auf Norderney kennen gelernt. Zwischen ihren Familien entwickelte sich ein reger gesellschaftlicher Verkehr, die Broeses wurden nach Sassleben eingeladen, und man fuhr miteinander an die Ostsee. Albrecht spielte mit den beiden Broese-Söhnen und manchmal auch mit deren Schwester Brigitte. In Sassleben konnten sich die Kinder an den Erdbeeren nicht satt essen, in Berlin erwählten sie manchmal das Warenhaus zu ihrem luxuriösen Abenteuerspielplatz.

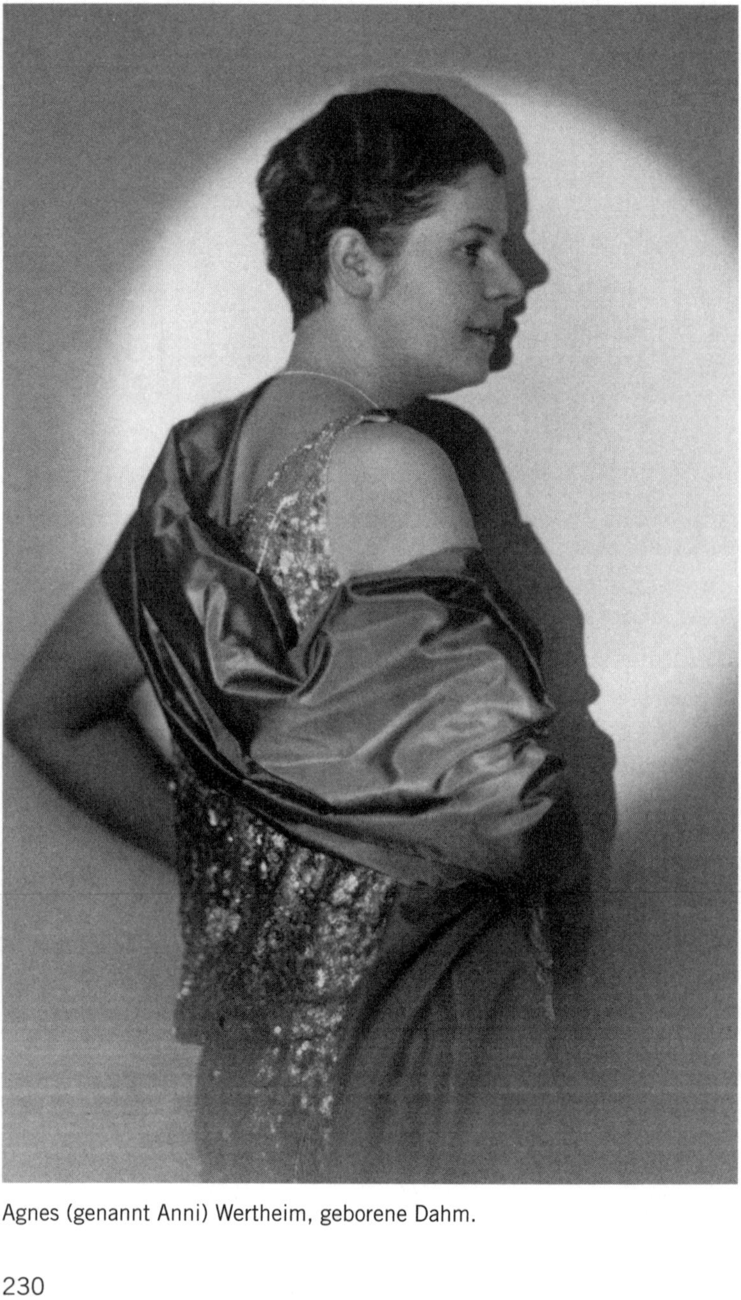

Agnes (genannt Anni) Wertheim, geborene Dahm.

An einem Nachmittag im Warenparadies passierte es, dass einer der Broese-Brüder eine Chinavase umstieß. Den Verkäuferinnen entfuhr ein erschrockener Schrei. Aufgeregt lief der Rayonchef zum Ort des Geschehens, und die Kinder warteten starr vor Entsetzen auf das unvermeidliche Donnerwetter.

Doch sie hatten nicht bedacht, dass unter ihnen der Sohnemann des Besitzers war. Eilig wurden die Scherben aufgekehrt, der Rayonchef versetzte Albrecht einen freundschaftlichen Klaps auf den Hinterkopf, und die Rasselbande verzog sich. Es brachte Vorteile, den Sohn des Warenhauskönigs zum Freund zu haben.

Albrecht war kein guter Schüler. Als er im Januar 1922 an einer Grippe erkrankte, war seine Versetzung aus der Quinta *aussichtslos*. Im Herbst 1924 kam er als 14-Jähriger für einige Zeit an das Institut Hof-Oberkirch bei Zürich, wo die kollektive Sportbegeisterung unter den Jugendlichen vielleicht etwas weniger grassierte als zu Hause in Deutschland. Tennis jedoch spielte Albrecht weiterhin gern.

Tochter Ursula, die mit fast 16 Jahren im März 1923 konfirmiert wurde, hatte dagegen ein *ausgezeichnetes Schulzeugnis*. Ein Jahr später verließ sie die Schule und kam in ein Pensionat am Starnberger See. Danach besuchte sie noch andere Pensionate für junge Damen der feinen Gesellschaft in London und Zürich.

Am 24. Juni 1922 wurde der jüdische Außenminister der Weimarer Republik, Walther Rathenau, auf dem Weg von seinem Haus in Berlin-Grunewald zum Auswärtigen Amt ermordet. Er, der 1914/15 die Kriegsrohstoffabteilung im preußischen Kriegsministerium aufgebaut hatte, war erst im Februar in das Amt eingetreten und galt der völkischen Rechten als Inkarnation der verhassten «Judenrepublik», die, so hetzten sie, gegenüber den Siegermächten des Krieges eine verbrecherische Politik der Nachgiebigkeit betreibe.

Mit dem Spruch «Knallt ab den Walther Rathenau, die gottverdammte Judensau!» hatte man die Öffentlichkeit auf das Attentat eingestimmt. Vor Rathenau, der Mitglied der Deutschen Demokratischen Partei war, waren drei Sozialdemokraten ermordet worden, und der SPD-Parteiführer Philipp Scheidemann überlebte nur dank glücklicher Umstände im Juni 1922 ein Blausäure-Attentat.

Rathenaus Tod rief Erschütterung und Empörung hervor, über politische Grenzen hinweg formierte sich eine breite Protestbewegung gegen den Terror von rechts. Die Trauerfeier am 27. Juni wurde in allen großen deutschen Städten zu einer Demonstration für die Republik.

Während Wertheim es im März 1922 für angebracht hielt, eine Einladung zum Tee beim Reichspräsidenten Ebert (*für Altershilfe des deutschen Volkes*) festzuhalten, die er wegen einer Reise nicht wahrnehmen konnte, erwähnt er Rathenaus Ermordung in seinem Tagebuch mit keinem Wort. Es ist schwer vorstellbar, dass ihn dieses Ereignis, das Millionen bewegte, kalt ließ.

Doch wie die meisten seines Schlags bezog er es nicht auf sich. Er war kein Politiker, er war getauft, und sein Lebenswerk hatte im Berliner Wirtschaftsleben und Stadtbild unübersehbare Spuren hinterlassen. Georg Wertheims Brüder Wilhelm und Franz teilten dieses Selbstbewusstsein. Was konnten sie befürchten?

Wertheims junge, an Politik desinteressierte Frau an seiner Seite bestärkte gewiss diese Grundeinstellung. Sie hatte es immer als ihre Aufgabe angesehen, zu repräsentieren. Eine aktive Tätigkeit im Unternehmen, wie es für ihre Schwiegermutter Ida selbstverständlich gewesen war, oder auch irgendein anderes gesellschaftliches Engagement kamen für sie nie infrage. Ursula hatte zwei Kinder geboren, einen Jungen noch dazu, und somit ihren Beitrag zur allseitigen Zufriedenheit geleistet. Die Erziehung der Kinder wurde, wie auch bei den anderen Angehörigen, in die Hände qualifizierten Personals gelegt.

In den zwanziger Jahren stand Ursula bei ihren Reisen ihrem Mann in nichts nach. Das Jahr 1924 war noch weitgehend bestimmt von gemeinsamen Unternehmungen. Zu Ostern zwei Wochen in Locarno, anschließend acht Tage in der Villa d'Este am Comer See.

Ansichtskarte einer Innendekoration von A. Wertheim, Ostern 1928.

Im Sommer Bad Gastein, mit Ausflügen nach Salzburg, Bad Ischl, Zell am See, zum Mondsee und ins Kaprauner Tal. Danach zwei Wochen auf Helgoland, Felseneck und Norderney. Man ließ es sich gut gehen.

Am 2. Oktober 1924 trat das Ehepaar Wertheim von Bremerhaven aus seine große New-York-Reise mit dem 32-Tausend-Tonner «Columbus» an, dem damals modernsten Schiff des Norddeutschen Lloyd. *Sehr gute Kabine mit Bad.* An Bord lernten sie Mister Wurlitzer kennen, der damals erst für seine Musikalienhandlung und noch nicht für die legendäre Music Box bekannt war. *Die Schiffreise dauerte eine Woche. Letzter Tag vor New York sehr stürmisch, wir blieben im Bett; waren während der ganzen Reise nicht seekrank.*

In den «Roaring Twenties» befanden sich die Vereinigten Staaten in einer Phase wirtschaftlichen Aufschwungs sondergleichen. Die gigantische Produktivkraft des Landes explodierte förmlich in einer

Georg Wertheim (1857–1939), Aufnahme aus den zwanziger Jahren.

Flut von Autos, Radios und Kühlschränken. Lebensmittelketten mit Tausenden von Filialen setzten den lokalen Tante-Emma-Läden zu. 1921 fasste ein Artikel in der Zeitschrift «Independent» die Stimmung zusammen: «Unter den Nationen dieser Erde steht Amerika heute für eine Idee: Business ... Durch gut konzipiertes, gemanagtes und umgesetztes Business wird die Menschheit endlich erlöst.»[8]

In New York wollte Wertheim vor allem geschäftliche Kontakte knüpfen oder vertiefen. Georg und Ursula Wertheim stiegen im Hotel St. Regis an der Ecke Fifth Avenue und 55. Straße ab: *Sehr schöne Wohnung, 2 Schlafzimmer mit Salon und Bad, in den ersten Tagen belästigende Heizung, dann abgestellt.*

In etwa drei Wochen absolvierten sie ein äußerst umfangreiches Programm. Schon einen Tag nach ihrer Ankunft besichtigte Georg Wertheim sein neues Geschäft «A. Wertheim, Lexington Avenue 710», ein Einrichtungshaus, das in seinem Tagebuch aber später nie mehr vorkommt. Ist dies ein Hinweis auf den geplanten Einstieg in den internationalen Markt? Schließlich boten die Vereinigten Staaten unermessliche wirtschaftliche Möglichkeiten. Doch mehr als die Adresse «A. Wertheim, Lexington Avenue 710» ist darüber nicht bekannt.

Auf jeden Fall nahm Wertheim in New York mit mehreren Banken Kontakt auf. Er besuchte Einrichtungs- und Konfektionsfirmen, *bessere Warenhäuser* wie Franklin Simons, Lord & Taylor und Saks & Co., das Woolworth-Gebäude, die Filiale der Bremer Kaffeefirma Hag, das Musikalienhaus Wurlitzer an der W 42. Straße und das exklusive Juweliergeschäft Tiffany, wo er Ursula einen Ring kaufte. Mit Forwarding Company schloss er einen Vertrag über die Vertretung und Spedition seines eigenen Hauses ab. Und dann wurde Georg Wertheim noch ein Kredit über 100 000 Dollar mit einer Verzinsung von sechs Prozent plus Provision ohne Bankgarantie angeboten. *Akzeptiert.*

Georg und Ursula Wertheim trafen mit den Spitzen der deutschen und amerikanischen Gesellschaft zusammen. Es muss berauschend gewesen sein: Alle Türen standen ihnen offen, von Antisemitismus keine Spur. Das Paar lernte Magnus Alexander vom National Industrial Conference Board kennen, Generalkonsul Roselius und Vizepräsident Barr von der Chase National Bank, Herrn Boschewitz von der Hanseatic Corporation und Arthur Wiener von der Atlantic Book and Art Company. Gemeinsam mit Staatssekretär Conze und seiner Frau besuchten sie eine Tanzveranstaltung, und im Madison Square Garden nahmen sie an einem Cowboy-Reiterwettbewerb teil – *einer verunglückt*. Ein «Muss» war der Besuch des Metropolitan-Museums mit seinen neun Rembrandts, die der Warenhausgründer Benjamin Altmann gestiftet hatte.

Am 30. Oktober gab es im Hotel St. Regis ein Abschiedsdiner für die Wertheims, an dem 18 Personen teilnahmen, und am 1. November ging es mit der «Conte Verde» (*gutes neues Schiff; gute Kabine; fast kein Deutscher auf dem Schiff*) zurück nach Europa, Ankunftshafen Neapel.

Immer noch nicht des Reisens müde, fügte das Paar nun auch noch ein touristisches Programm an: Fahrt auf den Vesuv, Besichtigung von Pompeji, vier Tage Rom in der Casa d'Arte Wertheim in der Via del Babuino 172, einer Wertheim-Niederlassung für Kunst- und Antiquitäten in feiner Lage. Danach reiste man nach Genua und schließlich nach Zürich. *Albrecht, der inzwischen Grippe hatte, wovon Temperaturerhöhung zurückgeblieben war, nach Hause mitgenommen.*

Albrecht besuchte danach in Berlin das Französische Gymnasium am Reichstagsufer. Mit der französischen Unterrichtssprache kam er zurecht, als er aber dann auch noch Latein und Griechisch lernen musste, wurde es ihm zu viel. Er trat in die Kirchner-Oberrealschule in Moabit über, die er 17-jährig im März 1927 mit dem Reifezeugnis für die Obersekunda verließ. Danach besuchte er verschiedene Schulen, darunter bis Juli 1928 die École du Commerce in Neuchâtel.

Noch unter dem Eindruck der Reise nahm Georg Wertheim im

Mai 1925 auf Einladung des Reichsministers des Äußeren Stresemann an einem Abendessen mit amerikanischen Industriellen teil.

Mit der Entwicklung seines Geschäfts konnte er zufrieden sein. 1924, im ersten vollen Geschäftsjahr nach der Inflation, lag der Jahresumsatz des gesamten Unternehmens bei achtzig Millionen Reichsmark und kam damit dem des Erfolgsjahres 1911 nahe.

1925 begann er mit dem Umbau des Eckhauses Voßstraße/Friedrich-Ebert-Straße. Sämtliche Tragwände und Pfeiler wurden im Erdgeschoss durch eiserne Stützen oder neue Pfeiler ersetzt, und es entstand ein richtiges Kellergeschoss statt des bisherigen Souterrains. *Der Umbau musste mit größter Vorsicht ausgeführt werden*, und die Fertigstellung zog sich bis März 1926 hin.

Außerdem kaufte Wertheim von der Stadt Berlin das von seinem Haus eingeschachtelte so genannte Ehreke-Haus in der Leipziger Straße. *Der Preis war hoch. Außerdem erhielt die Firma Leyser* [sic] *eine sehr hohe Abstandssumme für Aufgabe ihres Mietsvertrags; dieselbe hatte hierauf schon seit vielen Jahren spekuliert*. Wilhelm Ehrecke senior war im November 1915 mit 76 Jahren gestorben. Er hatte in der Leipziger Straße eine Kaffee-und-Tee-Handlung betrieben, in deren Kolonialwarenschaufenster die Figur eines grinsenden Chinesen Georg Wertheim täglich von neuem ärgerte.

Anders als die Schokoladenfirma Sarotti, die neben einer saftigen Abstandssumme einen prachtvollen ausgebauten Laden erhielt, hatte Ehrecke bis zu seinem Ableben den Lockungen durch das Warenhaus widerstanden. Anders auch als das Kunstmaleroriginal aus Thüringen, Professor Albert Männchen. Bei Wertheims erstem Versuch, das Nachbarhaus zu kaufen, weigerte sich dieser so lange, aus seinem Atelier in der obersten Etage auszuziehen, bis ihn die angebotene Abfindung überzeugte.

Einige Jahre später staunte Georg Wertheim nicht schlecht, als er beim nächsten Kauf eines angrenzenden Hauses auf denselben Mann stieß, der in der vierten Etage ein Atelier angemietet hatte. Erneut kassierte Männchen nach zähen Verhandlungen die Ablöse und hatte die Dreistigkeit, das Spiel noch ein drittes Mal zu wiederholen. Er starb 1935 als reicher Mann.[9]

Wertheim blieb seinem alten Konzept treu, seine Umsatzsteigerung nicht über eine Ausdehnung durch Übernahme anderer Firmen zu erreichen wie Tietz und Karstadt, sondern, wenn auch in deutlich geringerem Ausmaß, über eine Stärkung der einzelnen Standorte. Es hatte den Vorteil, dass sich das Unternehmen weniger stark von den Banken abhängig machte.

Im Herbst 1925 kam die Finanzierung für den Neubau auf den Grundstücken des Reichsmarineamts am Leipziger Platz zustande. *Derselbe sollte schon 1914 ausgeführt werden, als der Krieg dazwischenkam.*

Um das Reichsmarineamt rankt sich eine wechselvolle Geschichte im Zusammenhang mit der Einführungslinie der Untergrundbahn in die Innenstadt. Unmittelbar vor Eröffnung der City-Strecke zwischen Leipziger Platz und Spittelmarkt muss Georg Wertheim im März 1908 der Untergrundbahn-Betreibergesellschaft die Nutzung des von der Gesellschaft unter seinem Gebäude gebauten Tunnels verwehrt haben – unter Umständen verbunden mit der Forderung an den Reichsfiskus, ihm den Kauf des Reichsmarineamts zu ermöglichen.[10] Die Verwaltung der Hoch- und Untergrundbahnen leitete darauf das Enteignungsverfahren ein, um die Benutzung des Tunnels auf dem Rechtsweg zu erstreiten. Will man Wolf Wertheim glauben, muss es zu einem Vergleich gekommen sein, der seinen drei Brüdern drei Millionen einbrachte. Fest steht, dass Georg Wertheim die Grundstücke am 23. November 1910 erworben hatte.

*

Zunehmend verreiste Ursula nun auch allein, manchmal begleitet von einem ihrer Kinder. Die Monate Januar und Februar 1925 verbrachte sie mit Albrecht in St. Moritz. Anfang März holte Georg

Wertheim sie ab, um mit ihnen über Mailand und San Remo an die Côte d'Azur zu fahren, wo er sich in Nizza das neue Haus der Galeries Lafayette ansah. Den Sommer über weilte Ursula mit den Kindern auf Norderney. Während dieser Zeit erlitt ihr Mann einen *Hitzeanfall* in seinem Büro: *bei ungewöhnlicher Hitze Comptoir volle Sonnenseite; der Fehler war geschlossene Fenster; jedenfalls lag die Disposition dazu bereits in mir. Der starke Kopfdruck wurde zwar durch Kompressen in wenigen Stunden behoben; doch verblieb die Neigung zum Kopfdruck noch längere Zeit.* Ursula erfuhr erst drei Wochen später davon, als sich die beiden im August zu einer gemeinsamen Kur in Marienbad trafen.

Kann es sein, dass sie in dieser Zeit nicht miteinander telefonierten und sich auch nicht schrieben? Vielleicht wollte Georg Wertheim sich selbst und vor allem seiner Frau die ersten untrüglichen Zeichen des Alters nicht eingestehen. Schließlich war er bereits 68 Jahre alt und merkte wohl, dass die 43-jährige Ursula sich ihm immer mehr entzog.

Gemeinsam oder getrennt grasten die Wertheims 1926 alle großen europäischen Kurorte ab. Im Februar war Ursula wieder in St. Moritz, diesmal mit ihrer knapp 19-jährigen Tochter. Im April reiste man gemeinsam zu Geheimrat von Opel nach Wiesbaden und später nach Baden-Baden. Der Juni war für die Kur in Marienbad reserviert, nachdem sich Georg Wertheim Anfang Mai den Arm gebrochen hatte. Er war von einem jungen Radfahrer im Tiergarten umgestoßen worden und gegen eine Granitschwelle gestürzt. *Im Moment des Falles keine Besinnung; ich erhob mich bald und konnte noch allein nach Hause gehen. Der Bursche fiel auf den Reitweg und kam so davon. 2 Stunden darauf hatte ich schon einen Verband. Der Arm ist tadellos verheilt.*

Den Sommer verbrachte Ursula in Warnemünde, danach musste sie nach London reisen, um Ursula II aus dem Pensionat abzuholen. Auf dem Heimweg legten Mutter und Tochter eine Pause in Paris ein. Im September ging es von Travemünde mit dem Auto über Cux-

Porträt Georg Wertheims. Wertheim hatte dieses Bild von Emil Orlik (1870–1932), einem sehr beliebten Künstler seiner Zeit, 1931 in zweifacher Ausfertigung malen lassen. Ein Exemplar wurde während des Krieges zerstört, das andere befindet sich heute im Jüdischen Museum Berlin, dem es die Hinterbliebenen geschenkt haben.

haven nach Helgoland. Weihnachten feierte die Familie – abweichend von den sonstigen Jahren – nicht in Sassleben, sondern in Partenkirchen.

Vorher vermerkt Wertheim noch ein großes Festessen im Rathaus zu Ehren des 79-jährigen Reichspräsidenten Paul von Hindenburg, der als Kandidat der im «Reichsblock» zusammengeschlossenen Rechtsparteien bei der Reichspräsidentenwahl 1925 als Sieger hervorgegangen war:

Dieser hielt dabei eine kurze, sehr nette Ansprache. Er ließ sich's offenkundig gut schmecken, rauchte eine Zigarre mit Behagen und sah sehr frisch aus.

Die Jeunesse dorée der Kinder wurde maßgeblich von der Reiselust ihrer Mutter bestimmt, für die sie eine angenehme Gesellschaft abgaben. Sie waren nicht wie ihr Vater in ihrem Alter von Wissensdurst erfüllt. Der soziale Aufstieg war vollzogen, das Familienvermögen schien für alle Zeiten gesichert. Albrecht war schlank und hoch gewachsen, hatte ein gewinnendes Wesen und verstand es, leicht mit anderen in Kontakt zu kommen, oft traf man sich zum Tennisspielen. Auf gepflegte Kleidung legte er großen Wert.

Im Lauf der Jahre verringerten sich die gemeinsamen Aktivitäten des Ehepaars Wertheim. Immer häufiger musste Georg seiner Frau hinterherreisen, um mit ihr noch Zeit zu verbringen.

Und sein Alter begann sich verstärkt bemerkbar zu machen, regelmäßig fuhr er deshalb zur Kur nach Marienbad, gelegentlich nach Bad Kissingen in das Sanatorium Kociezowsky. Im Juli 1928 trägt er eine *Grützbeutelentzündung* ein, die von Professor Unger operiert wurde – *sehr schnell und gut geheilt*. Im Juli des folgenden Jahres erlitt er erneut einen *Hitzeanfall*.

Vor allem aber verstärkten sich seine Augenprobleme. 1931 unterzog er sich einer Staroperation, die zwar von einem der besten Fachärzte durchgeführt wurde, und dennoch blieb er danach auf einem Auge blind. Auch das andere Auge sah nur noch schwach.

Auf dem Ölporträt, das er sich 1931 von dem renommierten Ma-

Karyatiden im Park Sassleben. Diese imposanten Figuren standen ursprünglich am Leipziger Platz, mussten aber einem Wertheim-Neubau weichen und fanden ihren Standort auf dem Gut der Familie.

ler Emil Orlik malen ließ, ist nichts davon zu erkennen. Georg Wertheim ist als selbstbewusster, distinguierter Inhaber eines riesigen Unternehmens abgebildet, eine Ansicht der Zentrale Leipziger Straße in der Hand.

Abgesehen von den feinen Hotels, in denen man auf Reisen abstieg, und der kostspieligen Garderobe von Ursula I blieb der größte Luxus, den sich die Familie leistete, das Gut in Sassleben.

Im Januar 1927 ließ Wertheim vier mächtige Karyatiden, weibliche Säulenfiguren, vom einstigen Marineamt dorthin schaffen und verschönerte mit ihnen den kleinen Insel-Pavillon, vor dem die Gartenfeste im engeren Familienkreis stattfanden. Da standen sie nun aufgereiht mit Ähren, Blumen und Fruchtkorb in den Händen und blickten starr auf den verträumten See. Direkt am Wasser ruhten zwei Sphinxe unbekannter Herkunft, ihre schweren Köpfe dem schlichten Gebäude zugewandt. Auf der Rückseite des Pavillons sind immer noch zwei Medaillons eingemauert, die ein ägyptischer Gesandter Georg Wertheim zu Weihnachten 1930 als Gastgeschenk mitbrachte.

Im Sommer 1929 verliebten sich beide Wertheim-Kinder. Albrecht schwärmte für die strohblonde Fechtmeisterin Helene Mayer, die bei den Olympischen Spielen in Amsterdam 1928 die erste jemals von Deutschland errungene Goldmedaille im Fechten gewonnen hatte. Und der «Fliegerheld» aus dem Ersten Weltkrieg Ernst Udet machte der 22-jährigen Ursula den Hof.

Nach dem Krieg hatte er trotz Verbots durch den Versailler Vertrag die Firma «Udet-Flugzeugbau» gegründet, die mit geheimer Un-

Gut Sassleben vom Flugzeug aus aufgenommen, ca. 1927. Fotograf war Ernst Udet, Flieger des Ersten Weltkriegs, der in der NS-Zeit eine wichtige Rolle für den Aufbau der Luftwaffe spielen sollte. In den zwanziger Jahren zogen ihn private Gründe nach Sassleben.

terstützung der Reichswehr den beliebten zweisitzigen Doppeldecker U12 «Flamingo» baute. Als die verbotenen Schauflüge wieder erlaubt waren, machten ihn seine Flugshows mit gewagter Luftakrobatik vor jeweils Zehntausenden von Zuschauern auch international berühmt. 1942 diente er Carl Zuckmayer als Vorlage für sein Stück «Des Teufels General».

Ursula war von dem markigen 33-Jährigen schwer beeindruckt, und als er sie noch in seiner Flamingo nach Warnemünde flog, wo die Familie mit Helene Mayer urlaubte, war es um sie geschehen. Es entwickelte sich eine ernste Affäre. Udet besuchte sie auch in Sassleben und spielte mit Albrecht und Ursula Tennis. Der Sohn des Chefgärtners Friebe machte den Balljungen. Der Liaison verdanken wir mehrere Luftaufnahmen von Gut Sassleben.

Wegen seiner gewagten Flugabenteuer und seines als ausschweifend beschriebenen Privatlebens mit Alkoholorgien und wechselnden Affären war Udet eine der populärsten und schillerndsten Persönlichkeiten der Weimarer Republik. Obwohl er mit seinen Flugschauen enorme Summen verdiente, war er ständig verschuldet. Kein Wunder, dass Georg Wertheim den Umgang seiner Tochter nicht goutierte.

Zu Weihnachten trägt er in sein Tagebuch ein: *Ursula II Anfrage wegen Udet trotz früherer ausdrücklicher Warnung. Nunmehr ernste Vorhaltung und strenges Verbot. Absagebrief an Udet.* Ursula II leistete keinen Widerstand.

*

In der zweiten Hälfte der zwanziger Jahre verschärfte sich die Konkurrenz für Wertheim: Warenhäuser waren längst reichsweit aktiv und nicht mehr auf eine bestimmte Region beschränkt. Um die Spitzenstellung unter den Warenhäusern rangen Karstadt und Hermann Tietz. Es folgten Leonhard Tietz, danach Wertheim und weit abgeschlagen Salman Schocken.

Der im Stil amerikanischer Wolkenkratzer errichtete Neubau von Karstadt am Hermannplatz in Berlin-Neukölln, 1931.

Karstadt war 1920 als eine Fusion der Rudolph Karstadt AG und der Theodor Althoff KG entstanden und hatte sich durch die Einbindung von Produktionsbetrieben im Krieg stark ausgedehnt. Daneben kaufte das Unternehmen in erheblichem Umfang kleinere Warenhäuser in der Provinz auf. Bis 1929 gingen 41 Warenhausbetriebe in dem Riesenunternehmen auf.

Die Leonhard Tietz AG bemühte sich ebenfalls, andere Geschäfte aufzukaufen, blieb mit 13 Übernahmen jedoch deutlich hinter Karstadt zurück. Das Unternehmen Hermann Tietz, das mit dem Tod von Oscar Tietz die wesentliche Führungspersönlichkeit verloren hatte, entfaltete ähnliche Aktivitäten. Einen entscheidenden Coup landete Hermann Tietz 1927 mit der Übernahme der A.-Jandorf-Häuser, zu denen das KaDeWe gehörte.

Am 21. Juni 1929 eröffnete Karstadt am Hermannplatz ein Warenhaus mit einer mehr als doppelt so großen Nutzfläche wie das

KaDeWe. Der spektakuläre Neubau orientierte sich architektonisch mit seiner klaren aufwärts strebenden Gliederung an amerikanischen Vorbildern und verfügte als erstes Berliner Warenhaus über einen direkten U-Bahn-Zugang. Im Untergeschoss gab es eine Badeanstalt mit Wannen-, Dusch- und Massageräumen, einen Frisiersalon und eine große Sporthalle. Damit war Karstadt in Berlin angekommen.

Auch ein in Deutschland bis dahin völlig unbekanntes Warenhausunternehmen, die Galeries Lafayette, versuchte, in Berlin Fuß zu fassen. Schon Karstadt bedeutete für die eingesessenen Häuser allein durch seine Verkaufsfläche eine harte Konkurrenz, die Galeries Lafayette jedoch stellten für Wertheim eine besondere Herausforderung dar, wollten sie sich doch am Potsdamer Platz niederlassen – in Sichtweite zu seinem Haus am Leipziger Platz.

Beim Grunderwerb für das geplante Lafayette-Projekt soll es zu Unstimmigkeiten gekommen sein: Der der Korruption beschuldigte frühere Berliner Oberbürgermeister Gustav Böß räumte in einer Anhörung vor einem Untersuchungsausschuss ein, dass sich Georg Wertheim über die günstige Vergabe einzelner Grundstücke an die Lafayette-Gruppe empört hatte.

Um welche Transaktionen es sich dabei handelte, ist unklar, ebenso, welche Folgen die öffentliche Erörterung hatte. Der bekannte Architekt Erich Mendelsohn hatte einen Plan für ein Warenhaus vorgelegt, ein vierstöckiger Bauzaun war bereits errichtet, die Baugrube ausgehoben – doch das Haus sollte nie realisiert werden.

Zwar hätte das Gebäude von der Größe her nicht annähernd mit Wertheim konkurrieren können, doch war die Zeit vorbei, als Wettbewerb für Georg Wertheim belebend wirkte. Mehrfach hatte er in seiner langen Geschäftstätigkeit unmittelbare Konkurrenzsituationen erlebt und war damit bravourös umgegangen: in Stralsund mit Leonhard Tietz, am Moritzplatz mit Lubasch, mit Hermann Tietz in der Leipziger Straße und am Alexanderplatz.

Mit 71 Jahren konnte er nach rund fünfzigjähriger Unternehmertätigkeit dieser Situation nichts Reizvolles mehr abgewinnen.

Blick vom Potsdamer Platz über den Leipziger Platz
in die Leipziger Straße; links das Warenhaus A. Wertheim,
Anfang der dreißiger Jahre.

Der Sog der Warenhäuser im Westen der Stadt machte sich in den Umsatzzahlen bemerkbar. Abends war die Leipziger Straße weit weniger belebt als Tauentzien und Kurfürstendamm. Das Antiquitätengeschäft wurde geschlossen, und in der Modeabteilung begann man auf einfachere Modelle umzustellen.

Georg Wertheim war an den Aktivitäten beteiligt, die den Bau des neuen Lafayette-Warenhauses am Potsdamer Platz verhinderten. Vermutlich wurden Schlüsselgrundstücke über Mittelsleute aufgekauft, um eine andere Nutzung an dieser Stelle durchzusetzen. Der schon errichtete Bauzaun informierte die Passanten nicht über die Veränderungen in den Eigentumsverhältnissen und der neuen Nutzungskonzeption. Bekannt ist, dass Mendelsohn sein Konzept vollständig überarbeitete.

1932 wurde ein Büro- und Geschäftshaus unter dem Namen «Columbushaus» eröffnet. Nach Auskunft von Albrecht Wertheim soll sein Vater das Haus in der Bellevuestraße 1–2, Ecke Ebertstraße zu einem sehr hohen Preis gekauft, es aber dann nicht für sich selbst genutzt haben.[11] Eine Grundbucheintragung gibt es dazu nicht. Im Erdgeschoss zogen eine Apotheke, eine Woolworth-Filiale, ein Reisebüro und verschiedene Kleingewerbetreibende ein.

Um die Standorte der Warenhäuser zu sichern, wurden in der Regel die damit verbundenen Grundstücke erworben. Durch den Kauf größerer Terrains konnte man so das Vermögen in einer damals üblichen Art (teil)absichern, indem man es in ein Drittel Immobilien, ein Drittel Beteiligungen und ein Drittel Bargeld aufteilte. Mit den Eigentumsrechten an den Grundstücken machte man sich auch von der Stadt unabhängig. 1928 hatte Wertheims Grundbesitz einen Wert von rund 154 Millionen RM.

Bis zum Ende der zwanziger Jahre, so Albrecht Wertheim, «trugen die Banken einem die Kredite beinah hinterher». Dabei sah man angesichts der Unternehmensgröße auch von der hypothekarischen Absicherung ab und gab sich mit persönlichen Bürgschaften zufrieden.[12]

Anhand der Geschäfts- und Grundstücksakten lässt sich ablesen, dass Wertheim große Areale in prosperierenden Geschäftsgegenden erworben und hierfür konkrete Baupläne entwickelt hatte. Bei einem Areal handelte es sich um mehrere Grundstücke am Kurfürstendamm (in der Nähe der heutigen Nummer 227), auf dem ein Warenhaus entstehen sollte. Mit der Versorgung der dort lebenden Mieter mit Ersatzwohnungen war schon begonnen worden. Das andere Areal lag in der Steglitzer Schlossstraße (wo nach dem Krieg ein bereits von Georg Wertheim geplantes Wertheim-Warenhaus errichtet wurde). Diese beiden Terrains waren für Neuplanungen vorgesehen. Für Steglitz hatte der Architekt Salvisberg bereits konkrete Pläne entwickelt.

Während der Wirtschaftskrise musste Wertheim seine ausländischen Niederlassungen zwar aufgeben, doch in Berlin blieb das Warenhaus Wertheim eine Institution par excellence. Im Mai 1928 hatte in der «Komödie» am Kurfürstendamm eine Revue Premiere, bei der die Zuschauer gewiss an Wertheim dachten: «Es liegt in der Luft. 24 Bilder aus einem Warenhaus». Es spielten Margo Lion, Ida Wüst, Willi Prager und – Marlene Dietrich. «Das Leben, die Liebe, in Berlin, am Kurfürstendamm, in der Welt: ein Warenhaus. Man geht hinein, man sieht sich alles an, man kauft oder auch nicht, man zahlt oder auch nicht, und zum Schluss ist alles nicht gewesen, man tauscht die Ware um, man gibt sie zurück. Das ist die Symbolik dieser leicht hingeworfenen, beschwingten, geistreichen, mit apart geformten Gesangtexten aufgeputzten, ironischen – aber nicht zu sehr – Revue.»[13]

Zwischen 1928 und 1932 berichtete der sizilianische Dramatiker und Erzähler mit dem wunderbaren Namen Piermaria Rosso di San Secondo für die Turiner Tageszeitung «La Stampa» und das Mailänder Magazin «Il Seculo XX» über «Berlin auf dem Vulkan». Sein Beitrag über Wertheim bestätigt den grandiosen Ruf des Hauses, in dem man alles kaufen konnte, vom ausgereiften Ziegenkäse bis zur Parsifal-Partitur:

Wertheim – ein Name, der für Tausende von Quadratmetern, sechs oder sieben Stockwerke, tausendfünfhundert Abteilungen, hundertzwanzig Aufzüge und siebzig Rolltreppen steht. Hier verkauft man alles, was sich verkaufen lässt. Restaurantservice auf Schritt und Tritt, Orchester, Grammophone, Radios, Wintergärten ... Geöffnet von 8 Uhr morgens bis 7 Uhr abends. In dieser Zeit steht das irrwitzige Treiben nicht einen Augenblick still.

Eine große Halle, in der drei Abteilungen aufeinander treffen, mit zwei Aufzügen, einem Restaurant und dazugehörigem Orchester. In der Mitte eine Auslage mit geschmackvoll drapierten Stoffen, Modellpuppen mit Wachsgesichtern, die mit prächtiger Abendgarderobe bekleidet sind. Das Fräulein von der Auskunft, das vor den Puppen steht, trägt eine Kette um den Hals, an der ein Schildchen baumelt, auf dem zu lesen ist: *Übersetzung/Information*. Das Fräulein könnte man auch für eine der mechanischen Puppen halten, wenn es nicht bescheidener gekleidet wäre. Das Publikum eilt und drängelt. Das Orchester spielt. Wenn es schweigt, hört man das Radio oder ein Grammophon ...

Der junge Amerikaner (nähert sich dem Fräulein von der Auskunft im gleichen Augenblick wie ein korpulenter junger Mann): Bin ich an der Reihe oder Sie?

Der junge korpulente Mann (hält einen Schupo-Helm unterm Arm): Aber bitte sehr. ...

Der junge Amerikaner: Aber nein, bitte nach Ihnen!

Der junge korpulente Mann: Wachtmeisteruniformen. Ich bin gerade ernannt worden. Den Helm habe ich schon, nur der Rest fehlt noch.

Das Fräulein von der Auskunft: Militärabteilung: letztes Geschoss, linker Flügel, letzte Abteilung. ...

Der junge Amerikaner: Ausrüstung für Afrikaexpeditionen.

Das Fräulein von der Auskunft: Sport: rechts, achte Abteilung.

Der junge Amerikaner: Karabiner, Fernglas ...

Das Fräulein von der Auskunft: Waffen: linker Flügel, dritte Etage, hundertste Abteilung, Optik: rechter Flügel, fünfte Etage, einunddreißigste Abteilung.

Der junge Amerikaner (hat ein Notizbuch rausgekramt und notiert): Please, rechter Flügel ...[14]

Um seinem berühmten Namen Ehre zu machen, betätigte sich das Warenhaus auch als Mäzen. Mit der Gründung der «Modernen Galerie A. Wertheim» brachte Georg Wertheim die Kunst ins Warenhaus. Im Dezember 1928 fand dort eine Ausstellung von Werken junger Künstler statt.

Aufgerufen von der Zeitschrift «Das Kunstblatt», hatten 250 junge Künstlerinnen und Künstler aus ganz Deutschland Werke eingesandt. Paul Westheim, der Herausgeber des Blattes, bedauerte, dass die «ausgezeichneten Räume» der Galerie Wertheim diesem Ansturm nicht gewachsen waren, «man konnte ja nicht gut das halbe Warenhaus ausräumen».[15]

Der heute wohl bekannteste unter den ausgestellten Künstlern war der erst lang nach seinem Tod zu Ansehen gelangte Osnabrücker Maler Felix Nussbaum. Während der Nazizeit lebte und arbeitete er mit seiner Frau zwei Jahre in einem Brüsseler Versteck. Sie wurden denunziert und beide im August 1944 in Auschwitz ermordet.

*

Der Ruf des Warenhauses Wertheim nach außen hin war enorm, nach innen jedoch trat man auf der Stelle. Bei Hermann Tietz ebenso wie bei Leonhard Tietz war der Generationswechsel geschafft. Auch Georg Wertheim hätte es vorgezogen, das Unternehmen in der Familie zu belassen. Doch es fehlten die geeigneten Personen.

Franz und Wilhelm Wertheim hatten seinem Bruder immer die führende Rolle überlassen. Sie kümmerten sich um Bereiche, die dem Unternehmen dienlich, jedoch nicht existenziell wichtig waren. Franz betreute beispielsweise die Jagd in Groß-Schulzendorf und die Gärtnerei in Sigridshof in Teltow.

Franz und Käthe hatten drei Söhne, Hans, Fritz und Günther. Alle drei schienen sich nicht sonderlich für Spitzenpositionen im Unternehmen zu interessieren oder zu eignen. Hans Wertheim war zwar kaufmännisch tätig, lebte aber überwiegend in Brüssel. Er starb 1938. Vom jüngsten Sohn Günther ist lediglich bekannt, dass er nicht für das Unternehmen arbeitete. Der mittlere Sohn Fritz machte verschiedene Anläufe, eine Ausbildung abzuschließen. Schließlich nahm er eine Stelle in der Autowerkstatt von A. Wertheim an, am Schiffbauerdamm 28 (wo sich heute das Marie-Elisabeth-Lüders-Haus befindet, die Ende 2003 eröffnete Bibliothek des deutschen Bundesrates). Auch Fritz kam also nicht für eine exponierte Stelle im Unternehmen in Betracht.

Wilhelm und Martha Wertheim hatten vermutlich bewusst Mädchen adoptiert, um dem männlichen Nachkommen des Bruders Georg keine Konkurrenz zu machen. Hilda starb früh, und Elsa war ein schwieriges Kind. So hatte sich das Paar bei der Adoption verpflichtet, die adoptierten Kinder christlich zu erziehen. Elsa jedoch verweigerte die Konfirmation. Erst der Pfarrer konnte sie dazu überreden, sich konfirmieren zu lassen, um Wilhelm und Käthe Wertheim Ärger zu ersparen.[16] Als Erwachsene beschwerte sich Elsa über mangelnde Wärme im Elternhaus, materiell hat es ihr gewiss an nichts gefehlt. Nur selten habe sie mit den Eltern essen dürfen und sei weitgehend in der Obhut häufig wechselnder Gouvernanten geblieben, wie es der gesellschaftlichen Stellung ihrer Eltern entsprach. Nach dem Tod ihres Adoptivvaters legte sie den Namen Wertheim ab und nannte sich nach ihrem leiblichen Vater Harmening, eine große Kränkung für Martha Wertheim.

Für die Übernahme von Verantwortung innerhalb der Familie kam also nur Georg Wertheims Sohn in Betracht. Doch auch Albrecht interessierte sich nur mäßig fürs Geschäftliche. Sein Vater drängte ihn auch nicht und ließ ihn lieber noch in verschiedenen Firmen in England und Frankreich Auslandserfahrungen sammeln. Vielleicht dachte er an seine eigene abgebrochene Schulzeit und frühe Belastung mit dem elterlichen Geschäft und wollte seinem Sohn noch ein paar Jahre Jugend schenken.

Die nach dem Streit mit Wolf Wertheim ab 1910 eingesetzten «Herren der Geschäftsleitung» konnten vorläufig noch die Kontinuität des Unternehmens wahren. Die Firma A. Wertheim war zwar im

Gegensatz zu Hermann Tietz eine Aktiengesellschaft, dennoch fehlte Georg Wertheim für den Übergang vom Personaleigentümer zu einer anderen Form von Unternehmensträgerschaft das Konzept. So unterblieben Neuerungen, die jüngere «Manager» hätten in Gang setzen können.

Und Georg Wertheim traf weiterhin einsame Entscheidungen. Seinen sechs großen Filialen noch eine siebente anzugliedern, war ein Plan, den er seit den Jahren des Ersten Weltkriegs hegte. Er, der 1890 von der Ostseeküste aus in die Reichshauptstadt gekommen war, wollte sein Unternehmen auf preußisch-deutschem Boden weiter nach dem Osten ausbauen.

In Breslau – dem heutigen Wrocław – hatte er schon 1917 einen Komplex von Grundstücken in der City erworben. Die Universitätsstadt hatte sich mit ihren mehr als 600000 Einwohnern längst zur Hauptstadt der Provinz Schlesien emporgearbeitet. Den wirtschaftlichen Aufschwung verdankte die Stadt nicht zuletzt ihrer Verkehrslage an der wiederholt regulierten und von der Schifffahrt genutzten Oder, durch den Friedrich-Wilhelm-Kanal mit Berlin verbunden. Außerdem schnitten sich hier mehrere Eisenbahnlinien.

Die Breslauer Filiale wurde am 2. April 1930 eröffnet. Die Fronten des Gebäudes waren durch breite waagrechte und mit Platten verdeckte Bänder gegliedert, die um die Fenster herumliefen. Die beiden Obergeschosse waren etwas zurückgezogen, sodass sich der sechsstöckige Bau nach oben hin verjüngte. Schon in den ersten neun Monaten erreichte das neue Warenhaus einen Umsatz von über zwölf Millionen Reichsmark und wurde so nach der Leipziger Straße und der Königstraße umsatzmäßig zum dritten Wertheim-Geschäft.

Je näher sich das dritte Jahrzehnt seinem Ende zuneigte, desto größer wurden die Anzeichen des wirtschaftlichen Niedergangs, in Deutschland ebenso wie in der ganzen Welt. Nach den plötzlichen Kursrückgängen an der New Yorker Börse am 24. Oktober 1929 griff die Depression rasch auf Europa über. Eine Wirtschaftskrise

Das Warenhaus A. Wertheim in Breslau, das am 30. August 1930 eröffnet wurde.

setzte ein, die weltweit zu mehr als dreißig Millionen Arbeitslosen führte.

Ende 1930 waren in Berlin 700000 Menschen auf eine Wohlfahrtsunterstützung von durchschnittlich sieben Mark wöchentlich angewiesen, Ende 1931 waren es schon mehr als doppelt so viele.[17] Im Berliner Norden und Osten brachen Leute auf der Straße vor Hunger zusammen und mussten von der Polizei weggebracht werden. Sogar der Bierkonsum ging dramatisch zurück, weil die Menschen zu arm waren, sich noch eine «Molle» zu leisten. Die Nachtasyle waren überfüllt.

Die Parteien waren von den Straßenkrawallen, den ständigen Arbeitskämpfen um den Achtstundentag und den Folgen der Weltwirtschaftskrise zermürbt. Im März 1930 zerbrach die große Koalition zwischen SPD und der industriefreundlichen Deutschen Volkspartei (DVP). Reichspräsident Hindenburg setzte ein unabhängiges rechtskonservatives Präsidialkabinett ein und ernannte den Finanzexperten und Fraktionsvorsitzenden des Zentrums Heinrich Brüning zum Reichskanzler.

Die Parteienlandschaft hatte sich grundlegend geändert. Adolf Hitlers 1924 in der Haft entwickeltes Konzept war aufgegangen: «Statt die Macht durch Waffengewalt zu erringen, werden wir zum Ärger der katholischen und marxistischen Abgeordneten unsere Nasen in den Reichstag stecken. Wenn es auch länger dauert, sie zu überstimmen als sie zu erschießen, so wird uns schließlich ihre eigene Verfassung den Erfolg garantieren.»[18] Die Mitgliedschaft der NSDAP war von etwa 27000 Mitgliedern Ende 1925 während der Weltwirtschaftskrise auf 150000 angewachsen. Daneben sorgten paramilitärische Trupps für eine gewalttätige Zuspitzung der politischen Auseinandersetzung.

Am stärksten bedroht von wirtschaftlichen Problemen war der Mittelstand, und der Nationalsozialistischen Deutschen Arbeiterpartei Deutschlands (NSDAP) fiel es nicht schwer, die Menschen gegen Juden und Bolschewisten aufzuhetzen. Auch die KPD gewann neue, von der politischen und sozialen Situation frustrierte Wähler hinzu. Um eine weitere Stärkung der radikalen Flügelparteien zu verhindern, tolerierte die SPD weitgehend die Spar- und Deflationspolitik Brünings.

Im Februar 1930 nahm die Gesellschaftsreporterin des Ullstein-Verlags Bella Fromm an der Silberhochzeit im Haus eines Großbankiers teil. Die Gattin des Reichsbankpräsidenten Hjalmar Schacht erschien mit einem kostbaren Hakenkreuz in Rubinen und Diamanten am Busen. Schacht belebte das Partygespräch mit seiner Einschätzung der politischen Lage: «Warum den Nationalsozialisten nicht eine Chance geben? Sie erscheinen mir ziemlich schneidig.»[19]

Am 14. September 1930 fanden Reichstagswahlen statt. Von den Wahlberechtigten waren fast viereinhalb Millionen erwerbslos. Obwohl immer noch deutlich stärker, verlor die SPD zehn Mandate, während die NSDAP einen fulminanten Aufstieg erlebte. Mit 107

Mann zog die Fraktion der NSDAP in Braunhemden in den Reichstag ein. Auf dem Weg dorthin feierten sie ihren Wahlsieg durch Überfälle auf zahlreiche Geschäfte.

Bella Fromm berichtet: «Zwanzig der Abgeordneten wählten das helle Tageslicht zu einem Angriff auf die Fenster verschiedener Warenhäuser in der Leipziger Straße. Und sonderbarerweise, niemand hat sie gesehen, niemand hat einen von ihnen erwischt! Die Wurfgeschosse trafen ‹zufällig› nur ‹nichtarische› Ziele, ein eigenartiger Zufall. Die Straße war bald mit einer Schicht von zersplittertem Glas bedeckt.»[20]

Georg Wertheim fasst sich kürzer: *13. Oktober Montag. Reichstagseröffnung. Bei uns und anderen in der Leipziger Straße Schaufenster mit Steinen eingeschlagen. Wir waren in Sassleben.* Der Schaden betrug etwa 400000 Mark. N. Israel erhielt als englisches Unternehmen eine Entschädigung, Hermann Tietz und A. Wertheim gingen leer aus. Fromm war vor allem davon angewidert, dass die Vorfälle in den konservativen Blättern überaus vorsichtig kommentiert wurden.

Der allgemeine wirtschaftliche Verfall spiegelte sich auch bei Wertheim im Rückgang der Gesamtumsätze wider. Nach dem Höhepunkt im Jahre 1929 mit etwa 130 Millionen RM (und 11000 Angestellten) lagen sie 1930 bei 115 Millionen und 1933 nur noch bei 68 Millionen.

Im scharfen Kontrast zum allgemeinen Elend gab es wohl auch immer noch genügend Kunden, die sich die vollständigen Festessen und kalten Buffets der «Wertheim Stadtküche» leisten konnten, die 1930 in einem kleinen Heft aufgelistet waren. Die Bestellungen von mindestens zehn Gedecken konnten im Restaurant am Leipziger Platz aufgegeben werden. Das einfachste – Ochsenschwanzsuppe, junger Puter gefüllt, Selleriesalat mit Mayonnaise und Apfelstrudel mit Schlagsahne – kostete 5,50 RM. Insgesamt wurden 25 verschiedene Gedecke angeboten, das teuerste für 24 RM: Consommé Rabelais, Languste Nonant huit, kalter Rehrücken orientalischer

Art, Trüffeln en serviette, Schaumbutter, Calvillos en surprise, Käsefours. Lieferbar waren auch warme Vorgerichte, «ohne Gestellung eines Kochs».

Wertheims Frühjahr- und Sommerkatalog 1931 warb unter anderem für die Anfertigung feiner Herrenkleidung, für elegante Abendkleidung und für die Spezialabteilung für Livree-, Sport-, Auto-, Leder- und Motorradfahrer-Kleidung. Ein Chauffeur-Mantel kostete 78 RM, ebenso viel wie ein Chauffeur-Anzug. Angeboten wurden auch Diener- und Pagen-Anzüge aus Tuch und Cordstoffen, in jeder gewünschten Farbe, Ausführung und Preislage.

Im Oktober 1929 fusionierte die Deutsche Bank mit der Disconto-Gesellschaft. Da war Georg Wertheim schon seit einiger Zeit mit Emil Georg von Stauß befreundet, einem der Direktoren der Deutschen Bank. Diese Freundschaft mit einem jüdischen Wirtschaftstreibenden hinderte von Stauß nicht daran, sich schon vor 1933 offen mit bekannten Vertretern der NSDAP zu treffen. Sein Ziel war es von Anbeginn, deren inhaltliche Positionen aktiv mitzugestalten.

Ende 1931 kehrte Albrecht Wertheim aus England zurück und trat Anfang des Krisenjahrs 1932 in das Bankhaus des Unternehmens ein. Der Nettoverlust in diesem Jahr betrug über fünf Millionen Reichsmark. Nicht anders erging es den anderen Warenhäusern. Karstadt stand Mitte 1932 vor dem Zusammenbruch, den die Firma nur mit Hilfe eines Bankenkonsortiums abwenden konnte. Hermann Tietz geriet vollkommen in Abhängigkeit von den Banken.

Bei Wertheim liefen in dieser Phase diverse Kredite aus. Im Juni 1932 kam es zu einem neuen Vertrag mit verschiedenen Banken, der nicht zur Gänze bekannt ist. Fest steht, was Georg Wertheim in sein Tagebuch schrieb: *1932 Juni Bankenvertrag zu schlechten Bedingungen.*

Der Vertrag umfasste ein Volumen von zwanzig Millionen Reichsmark, wobei Wertheim Hoffnungen gemacht worden waren, die Zinskonditionen noch einmal verhandeln zu können. Für das Jahr 1932 wurden jedoch, scheinbar losgelöst von der allgemeinen wirtschaftlichen Lage, neun Prozent Zinsen verlangt. Georg Wertheim erklärte die Notwendigkeit einer so hohen Kreditaufnahme mit der starken Steuerbelastung. Allein zwischen 1924 und 1931 hatte das Unternehmen neun Millionen Reichsmark an Steuern jährlich zu entrichten, sieben Prozent des Umsatzes.[21]

Die Kredit gebenden deutschen Banken schlossen sich zu einem Bankenkonsortium zusammen, mit der Deutschen Bank als Konsortialführerin. Die langwierigen Verhandlungen zwischen den Banken und Wertheim mündeten in einen Vertrag, der den Kreditgebern ein weitreichendes Mitbestimmungsrecht im Unternehmen einräumte. In einer späteren Stellungnahme zu diesem Vertrag vertrat Georg Wertheim die Ansicht, dass «die Banken den entscheidenden Einfluss auf das Geschäft zu erlangen suchten, ohne die Aktien kaufen zu müssen».[22]

Am Vorabend der Machtübernahme durch die Nationalsozialisten und der Zerschlagung von Georg Wertheims Lebensleistung sah die Struktur der Firma folgendermaßen aus:

Der Aufsichtsrat der Wertheim AG Handelsgesellschaft setzte sich aus sechs Personen zusammen, darunter drei Bankenvertreter und der Rechtsberater der Firma Dr. Arthur Lindgens, von dem alle wichtigen rechtlichen Regelungen entweder erarbeitet oder notariell beglaubigt wurden. Aufsichtsratsvorsitzender war Georg Wertheim.

Mit der Geschäftsführung der A. Wertheim GmbH – dem Warenhaus – waren vier Personen betraut, darunter Franz Hertzer, seit 1918 in leitender Stellung im Unternehmen, und teilweise auch Gustav Deschepper.

Die Wertheim Grundstücksgesellschaft GmbH hatte zwei Geschäftsführer und zwei Prokuristen.

Der Aufsichtsrat der Wertheim Bank AG bestand aus drei Personen, darunter Georg Wertheim als Vorsitzendem und Dr. Lindgens.

Die A. Wertheim GmbH war die eigentliche Betriebsgesellschaft des Unternehmens. Ihr Stammkapital befand sich voll in der Hand der Dachgesellschaft Wertheim AG, die über keine Mitarbeiter verfügte und sich nur aus Aufsichtsrat und Vorstand zusammensetzte.

Die Besetzung des Aufsichtsrats der Dachgesellschaft stellte eine einschneidende Veränderung der bisherigen Verhältnisse dar. Noch nie waren Personen in maßgebliche Positionen des Unternehmens gelangt, die weder langjährig dem Unternehmen noch der Familie angehörten. Vermutlich hatten allein die drei Hauptaktionäre Franz, Georg und Wilhelm Wertheim Aufsichtsratsposten inne.

Nach dem Vertrag vom Juni 1932 behielt nur Georg Wertheim seinen Posten als Aufsichtsratsvorsitzender, und die Banken besetzten die Hälfte der Posten. Sie konnten nun Einblick in alle Firmenangelegenheiten verlangen und gezielt eingreifen.

Ein Bankenvertreter, Direktor Neubaur von der Akzeptkredit, äußerte sich in den Verhandlungen gegenüber Georg Wertheim unverblümt: «Eigentlich gehört Ihnen nichts mehr vom Geschäft.»[23]

Eigentümer des Unternehmens waren die Brüder Georg, Franz und Wilhelm Wertheim mit einem Aktienanteil von je etwa vier Millionen Mark. Nur Georg Wertheim nahm Aufgaben der Geschäftsführung wahr. Aktien im Wert von rund 600 000 Mark waren unter den Nichten und Neffen der drei Eigentümer verteilt.

Neben den Wertheim-Brüdern gehörten noch einige Firmenmitarbeiter zur Familie: Fritz Sternberg, Georg Wertheims Neffe, war als Syndikus mit juristischen Fragen befasst, wurde aber auch bei der Beratung in finanziellen Fragen hinzugezogen. Handelsgerichtsrat Oscar Haac, der Mann von Wertheims Nichte Charlotte, war bis Ende 1933 in führender Stellung im Unternehmen tätig. Otto Fischbein, der Mann von Wertheims Nichte Margot, war Angestellter auf der mittleren Ebene des Unternehmens. Alle waren jüdischer Herkunft, wobei Haac mit Sicherheit getauft war.

Weitere enge Vertraute waren zwei Männer, die den Aufbau des Unternehmens seit den Stralsunder Anfängen begleitet hatten, Graetz und Duncker, beide ebenfalls Juden, ebenso wie der Rechtsanwalt und Notar der Firma, Max Meschelsohn. Die drei Letztgenannten waren zu Beginn der dreißiger Jahre so alt, dass sie in den Ruhestand gingen.

An ihre Stelle traten nach und nach neue Mitarbeiter, die sich in erster Linie durch ihre einschlägigen Erfahrungen im kaufmännischen Bereich auszeichneten. Die leitenden Angestellten, die später auch im Vorstand tätig waren, Kersten, Knoche und Deschepper, hatten zwischen 1910 und 1912 als junge Männer im Unternehmen angefangen. Sie besaßen das Vertrauen von Georg Wertheim, der vermutlich nach dem Bruch mit Wolf verstärkt Personen integrieren wollte, die nicht verwandtschaftlich mit der Familie verbunden waren. Es fällt auch auf, dass zunehmend Personen eingestellt wurden, die nicht jüdisch waren.

Im Berliner Adressbuch von 1933 tauchen neben den genannten Unternehmen noch folgende Wertheim-Einzelbetriebe auf: die Automobilgesellschaft, ein Bibliographikon, die Immobilien Gesellschaft, die Sociedad Importadora y Exportadora, eine Versicherung sowie weitere Unterfirmen, wie die Berliner Fleischwarenfabrik und der Globus-Verlag.

Andere Unternehmen, an denen stille Teilhaberschaften bestanden oder deren Verbindung zum Wertheim-Konzern nicht näher bekannt werden sollte, sind im Adressbuch nicht aufgeführt. 1935 waren unter dem Konzerndach 37 Gesellschaften[24] vereinigt, 1932 waren es vermutlich noch einige mehr.

*

Seit 1929 litten die Warenhäuser unter einer Entwicklung, die «vom Boykott bis zum Terror»[25] reichte. Der Pressedienst des Einzelhandels beklagte:

> Zertrümmerte Fensterscheiben, Ladeneinrichtungen, ... Tränengas-Bomben in Geschäften, Gewaltandrohungen und offene Boykottaufforderungen auf dem Wege anonymer Flugzettel: Der politische Kampf, der im Laufe des Sommers teils schon Formen des latenten Bürgerkriegs angenommen hatte, scheint in ein Stadium zu geraten, in dem – unter der Maske der Politik – Gewaltmittel nicht nur gegen Andersdenkende, sondern auch gegen wirtschaftlich unbequeme Konkurrenten möglich werden ... Nach den bisherigen Erfahrungen reichen oft die Vorkehrungen der örtlichen Polizeiorgane nicht aus oder werden dadurch beeinträchtigt, dass auch in der jetzigen erregten Zeit noch wirksame Rechtsmittel zur Bekämpfung fehlen.[26]

Initiiert wurden diese Aktionen von der «Kampfgemeinschaft gegen Warenhaus, Konsumvereine und Großfilialbetriebe», der «Arbeitsgemeinschaft deutscher Geschäftsleute» und dem «Kampfbund zur Erhaltung des deutschen Mittelstandes», alles Gruppierungen der NSDAP. Sie veröffentlichten auch «Bezugsquellenverzeichnisse» mit Listen von Betrieben, bei denen der Einkauf empfohlen wurde.

Der Leiter der Forschungsstelle für den Handel in Berlin, Herbert Kahn, sollte im Februar 1935 eine Studie über die Lage im Einzelhandel veröffentlichen, die ein gutes Abbild der realen wirtschaftlichen Beteiligung von Juden am deutschen Einzelhandel vermittelt. Demnach handelte es sich bei den jüdischen Einzelhandelsbetrieben mehrheitlich um mittelständische Fachhändler (88 Prozent) und nur zu zwölf Prozent um Warenhäuser und Einzelpreisgeschäfte.

Diese äußeren Probleme schienen der Familie Wertheim indes nichts anhaben zu können. Dass die «arische» Wirtschaftselite allmählich an die einst geschmähten Nazis heranrückte, wollte man nicht wahrnehmen.

Februar 1931 Ursula und Kinder Partenkirchen, Hotel Gibson.

14. März Albrecht nach Paris zu Rosembert, durch Ursula I und II hingebracht. Rückreise über Zürich.

Mai–Juni Marienbad, Hotel Weimar.

30. Mai Silberhochzeit; abends im Hotel Stern gegessen. Wir beide,

Ursula mit Präsident Kuser. Ursula trug den Silberkranz meiner Mutter, ich war mit dem silbernen Sträußchen meines Vaters geschmückt.

Juni Prinzgemahl von Holland besuchte uns zum Tee im Hotel Weimar; er war zur Kur in Karlsbad.

15. Juli Mittwoch erste Augenoperation Professor Krückmann.

Während ihr Mann sich noch zwei weiteren Augenoperationen unterziehen musste, weil bei der zweiten ein Faden übersehen worden war, befand sich Ursula Wertheim ständig mit einem ihrer Kinder auf Reisen, in Kopenhagen, Paris, London, St. Anton, Marienbad.

1. Oktober 1932 Umzug von Matthäikirchstraße 33 nach Bellevuestraße 5. Dort war im obersten Stock eine Wohnung frei geworden, die jahrelang an einen amerikanischen Damenklub vermietet gewesen war.

15. Oktober Großmutter Gilka in Kroppen gestorben. Dezember Ursula I kleine Operation bei Dr. Gräfenberg. Weihnachten in Berlin; Neujahr in Sassleben.

1933 Januar Hitler von Hindenburg zur Regierung berufen.

NEUNTES KAPITEL

WERTHEIM «REIN JÜDISCH»

Noch gab es unter Optimisten einen Funken Hoffnung. Die NSDAP war durchaus nicht so stark, wie sie sich darstellte. Bei der Reichstagswahl vom 6. November 1932 hatte sie bloß ein Drittel der Stimmen erhalten. In der neuen Regierung vom 30. Januar 1933 waren die Nationalsozialisten mit drei Mitgliedern – Hitler, Frick und Göring – eindeutig in der Minderzahl.

Zudem gab es mit Reichspräsident Hindenburg ein Gegengewicht, das die konservativen Teile der Regierung stützte. Hitler, so glaubten viele, sei zwar eine charismatische Erscheinung, der die Massen in Bann zog, habe aber nicht das Zeug, sich lange an der Macht zu halten. Gewiss dachte auch Georg Wertheim so.

Das Meer von Fackeln und Braunhemden in der Nacht zum 31. Januar, vom Westen zum Knie (dem heutigen Ernst-Reuter-Platz), durch den Tiergarten zur Wilhelmstraße, und die «Heil!»-Rufe wie aus einem Mund waren allerdings nicht dazu angetan, Zuversicht zu verströmen. Und dann erst die rasende Eile, mit der sich viele «Stützen der Gesellschaft» zu den neuen Herren bekannten. Schon eine Woche später schaffte Hindenburg die alten Reichsfarben ab und erklärte die Hakenkreuzfahne zur «vorläufigen Reichsflagge».

Seit der Ernennung Hitlers zum Reichskanzler und der Bildung des «Kabinetts der nationalen Konzentration» fallen Georg Wertheims Tagebucheintragungen noch knapper aus. Im Februar hält er die *leichte Nierenbeckenentzündung* von Tochter Ursula fest, erwähnt aber weder die Auflösung des Reichstags noch den Reichstagsbrand. Auch ist nirgendwo vermerkt, dass die Menschen in Berlin keineswegs untätig blieben, vor allem nicht die Kommunisten und Sozialdemokraten. Sie wehrten sich, bemalten und beklebten Hausmauern, verteilten Flugschriften.

Der Reichstagsbrand lieferte dann den Vorwand für Massenverhaftungen. Die Verordnung des Reichspräsidenten «Zum Schutz von Volk und Staat» setzte die Grundrechte außer Kraft. Mitte März 1933 befanden sich rund 10000 Personen in «Schutzhaft», überwiegend Kommunisten. Doch Georg Wertheim sympathisierte nicht mit den Kommunisten.

Am 5. März 1933 fanden Reichstagswahlen statt, unter massiver Behinderung von KPD, SPD und Zentrum. Dennoch erreichte die NSDAP nicht mehr als 43,9 Prozent der Stimmen. Am 21. März konstituierte sich wohl inszeniert der neue Reichstag mit Hitler, dem senilen Hindenburg und Glockengeläut in der Garnisonskirche zu Potsdam. Derweil kamen die ersten Gefangenen ins Konzentrationslager Oranienburg. Am 24. März wurde das «Ermächtigungsgesetz» gegen 94 Stimmen der SPD verabschiedet. Nun war die Regierung mit diktatorischen Vollmachten ausgestattet. Die deutschen katholischen Bischöfe zogen bis auf wenige Ausnahmen ihre früher gegen die NSADP gerichteten Warnungen und Verbote zurück.

Den ganzen März über kam es im Reich zu vereinzelten Boykottaufrufen gegen jüdische Gewerbetreibende, Rechtsanwälte und Ärzte. Jüdische Vertreter der entsprechenden Verbände wurden unter Druck gesetzt, ihre Ämter aufzugeben. Auf einer Rede in Essen am 10. März rief Hermann Göring offen zum Boykott jüdischer Warenhäuser auf und versicherte gleichzeitig unter stürmischem Beifall, die Polizei sei keine «Schutztruppe jüdischer Warenhäuser».[1] Der Verband Deutscher Waren- und Kaufhäuser protestierte vergebens.

Bereits einen Tag nach Görings Rede wurden in Hamburg und Breslau Warenhäuser von SA-Posten belagert und geschlossen. Breslau war schon seit längerer Zeit eine von SA-Horden terrorisierte Stadt. Die von dem neuen Polizeipräsidenten Heines angestachelten

Emil Georg von Stauß (1877–1942), Vorstand der Deutschen Bank und Vertrauter des Wertheim-Unternehmens.

Übergriffe forderten Verletzte und Tote. Es herrschte eine Atmosphäre von Angst, Willkür und erzwungener Anpassung.[2] Am 12. März meldete die «Frankfurter Zeitung», alle Warenhäuser und Einzelpreisgeschäfte in Breslau seien geschlossen worden. Alle bis auf Wertheim.

Georg Wertheim hatte seine Beziehungen spielen lassen. Am 11. März hatte er seinen Freund Emil Georg von Stauß angerufen, Chef der Deutschen Bank und Disconto-Gesellschaft, und ihn gebeten, sich dafür einzusetzen, dass Wertheims Breslauer Geschäft nicht wie angekündigt um zwölf Uhr geschlossen werde.

Von Stauß konnte weder Hitler noch Göring erreichen, nur Hitlers persönlichen Adjutanten. Dieser rief im Innenministerium an und legte ihre gemeinsame Einschätzung dar: Durch die Bedrängung der Warenhäuser würden in erster Linie die Banken geschädigt, bei denen die Warenhäuser Schulden in Höhe von hundert Millionen Mark hatten.

Zur Abwehr!

Am 30. Januar 1933 wurde **Adolf Hitler**, der Führer der deutschen Freiheitsbewegung, zum Kanzler des Deutschen Reiches ernannt. Am 5. März 1933 bekannte sich das deutsche Volk in einer wunderbaren Erhebung zu ihm und zu seinem Befreiungswerk. Die

nationale Revolution

schlug das alte System in Trümmer, der Marxismus liegt zerschmettert am Boden, Deutschland geht einem neuen Aufstieg entgegen.

Dieser grandiose deutsche Freiheitskampf erfüllt den

internationalen Weltjuden

mit Haß und Grimm. Er sieht, daß es mit seiner Macht in Deutschland zu Ende geht. Er sieht, aus **diesem** Deutschland kann er keine sowjetjüdische Verbrecherkolonie mehr machen. Jetzt handelt er nach dem Programm, das der jüdische Zionistenführer **Theodor Herzl** im Jahre 1897 in Basel bei einem großen Judenkongreß feierlich verkündete – (Auszug aus der 7. Sitzung):

„Sobald ein nichtjüdischer Staat es wagt, uns Juden Widerstand zu leisten, müssen wir in der Lage sein, seine Nachbarn **zum Kriege gegen ihn** zu veranlassen.... Als Mittel dazu werden wir die **öffentliche Meinung** vorschützen. Diese werden wir vorher durch die sogenannte „achte Großmacht", **die Presse** in unserem Sinne bearbeiten. Mit ganz wenig Ausnahmen, die überhaupt nicht in Frage kommen, liegt die ganze Presse der Welt in unseren Händen."

Nach einem großangelegten Plan hat in diesen Tagen der Jude die öffentliche Weltmeinung gegen Deutschland aufgehetzt. Er bedient sich dazu der **Presse**, durch die er eine ungeheuere Lügenflut über die Welt ergießt. Kein Verbrechen, keine Schandtat ist ihm zu niederträchtig, er beschuldigt die **Deutschen** damit.

Der Jude lügt, in Deutschland würden Angehörige des jüdischen Volkes grausam zu Tode gefoltert.

Der Jude lügt, es würden diesen Juden die Augen ausgebrannt, die Hände abgehackt, Ohren und Nasen abgeschnitten, ja, selbst die Leichen würden noch zerstückelt.

Der Jude lügt, es würden in Deutschland selbst jüdische Frauen in grauenvoller Weise getötet und jüdische Mädchen vor den Augen ihrer Eltern vergewaltigt.

Der Jude verbreitet diese Lügen in derselben Weise und zu demselben Zwecke, wie er das auch während des Krieges getan hatte. Er will die Welt gegen Deutschland aufwiegeln.

Darüber hinaus fordert er zum

Boykott deutscher Erzeugnisse

auf. Er will damit das Elend der Arbeitslosigkeit in Deutschland noch vergrößern, er will den deutschen Export ruinieren.

Deutsche Volksgenossen! Deutsche Volksgenossinnen!

Die Schuldigen an diesem wahnwitzigen Verbrechen, an dieser niederträchtigen Greuel- und Boykott-Hetze sind die

Juden in Deutschland

Sie haben ihre Rassegenossen im Ausland zum Kampf gegen das deutsche Volk aufgerufen. Sie haben die Lügen und Verleumdungen hinausgemeldet. Darum hat die Reichsleitung der deutschen Freiheitsbewegung beschlossen, in Abwehr der verbrecherischen Hetze

ab Samstag, den 1. April 1933 vormittags 10 Uhr

über alle jüdischen Geschäfte, Warenhäuser, Kanzleien usw.

den **Boykott** zu verhängen.

Dieser Boykottierung Folge zu leisten, dazu rufen wir Euch, deutsche Frauen und Männer, auf!

Kauft nichts in jüdischen Geschäften und Warenhäusern!

Geht nicht zu jüdischen Rechtsanwälten! Meidet jüdische Aerzte!

Zeigt den Juden, daß sie nicht ungestraft Deutschland in seiner Ehre herabwürdigen und beschmutzen können.

Wer gegen diese Aufforderung handelt, beweist damit, daß er auf der Seite der Feinde Deutschlands steht.

Es lebe der ehrwürdige Generalfeldmarschall aus dem großen Kriege, der Reichspräsident **Paul von Hindenburg!**

Es lebe der Führer und Reichskanzler **Adolf Hitler!**

Es lebe das **Deutsche Volk** und das heilige **Deutsche Vaterland!**

Plakat Nr. 1

Zentral-Komitee zur Abwehr der jüdischen Greuel- und Boykotthetze.

Boykottaufruf zum 1. April 1933 mit antisemitischer Hetze. Unterzeichnet ist der Aufruf vom fränkischen Gauleiter Julius Streicher, der 1946 wegen Verbrechen gegen die Menschlichkeit zum Tode verurteilt wurde.

Der Einwand zeigte Wirkung. Mittags rief Wertheim bei von Stauß an und bedankte sich nachdrücklich. Die SA sei zwar vor seinem Haus aufmarschiert, habe aber dann ihre ursprüngliche Absicht, das Warenhaus zu schließen, nicht umgesetzt.

Zwei Tage später äußerte von Stauß in einem Schreiben an einen gewissen Dr. Frank sein Bedauern, nicht rechtzeitig davon erfahren zu haben, dass in Breslau auch die Firma Tietz betroffen war, «sonst hätte ich meine Aktion betreffend Wertheim vielleicht auch auf Tietz ausdehnen können».[3] Vielleicht.

Kurze Zeit darauf übte er vermutlich auf einen Vertreter der Leonhard Tietz AG so starken Druck aus, dass dieser und die übrigen Mitglieder des Vorstands des Verbands Deutscher Waren- und Kaufhäuser geschlossen zurücktraten, darunter Salman Schocken und Georg Tietz. Auffallend sei, höhnte «Die Wahrheit» , dass in der mit der Weiterführung des Verbands beauftragten kommissarischen Verbandsleitung kein einziger Jude sei. «Dort dürfte des Rätsels Lösung zu finden sein. Augenscheinlich wollen die jüdischen Herren nicht mehr mitmachen ...»[4]

1. April Boykottag, notiert Georg Wertheim. Riesige Plakate an den Litfaßsäulen forderten das deutsche Volk auf, sich zu wehren, ab Samstag zehn Uhr vormittags den Kampf aufzunehmen und nicht bei Juden einzukaufen.

Angeleitet vom fränkischen Gauleiter Streicher sollten in ganz Deutschland nach Listen jüdische Gewerbetreibende persönlich angegriffen oder in ihrer Geschäftsausübung behindert werden. Posten vor den Läden sollten die Kunden durch Anpöbelungen oder «deutliche Aufforderung» am Betreten der Häuser hindern. Um sie zusätzlich abzuschrecken, sollten Fotos gemacht werden.

Im Vorfeld hatte Göring die Vertreter der großen jüdischen Organisationen in das Palais des Reichspräsidenten rufen lassen. In scharfen Worten drohte er mit einschneidenden Maßnahmen, falls sich die jüdischen Organisationen nicht spürbar von der «antideutschen Agitation» im Ausland distanzierten. Die empörten Zeitungsberichte im Ausland über die Verfolgung von Juden in Deutschland waren den Nazis ein willkommener Vorwand für den geplanten Boykotttag.

Göring stand am Fenster, als er plötzlich ausrief: «Sehen Sie, dort fährt ein Lieferwagen von Tietz, und da behaupten die Juden im Auslande, dass man die deutschen Juden vergewaltige.»[5] In dieser Zwangslage willigten die anwesenden Organisationsvertreter ein, eine entsprechende Erklärung gegen die «Gräuelpropaganda» des Auslands abzugeben. «Sämtliche Judenverbände in Deutschland erklären ihre Loyalität der Regierung gegenüber», schrieb Goebbels in sein Tagebuch.[6]

Am 30. März versuchten jüdische Presseorgane ihren Leserinnen und Lesern Kraft zu geben. Das «Frankfurter Israelitische Gemeindeblatt» wandte sich in einem Appell an die Gemeindemitglieder:

> Nichts kann uns die tausendjährige Verbundenheit mit unserer deutschen Heimat rauben. Keine Not und Gefahr kann uns dem von unseren Vätern ererbten Glauben abspenstig machen. In Besonnenheit und Würde wollen wir für unsere Sache einstehen.
>
> Wenn keine Stimme sich für uns erhebt, so mögen die Steine dieser Stadt für uns zeugen, die ihren Aufschwung zu einem guten Teil jüdischer Leistung verdankt, in der so viele Einrichtungen vom Gemeinsinn der Juden künden, in der aber auch das Verhältnis zwischen jüdischen und nichtjüdischen Bürgern stets besonders eng gewesen ist.
>
> Verzagt nicht! Schließt die Reihen! Kein ehrenhafter Jude darf in dieser Zeit fahnenflüchtig werden. Helft uns, das Vätererbe zu bewahren, ...[7]

Am 1. April blieben im ganzen Deutschen Reich viele Warenhäuser geschlossen, wie vom Verband Deutscher Waren- und Kaufhäuser schriftlich empfohlen. Dem Schreiben war eine vom «Stürmer»-Herausgeber Julius Streicher gezeichnete «Anordnung des Zentralkomitees zur Abwehr der jüdischen Gräuelpropaganda und Boykotthetze» beigelegt, die sich explizit auf die «Angehörigen der jüdischen Rasse» bezog: «Die Religion spielt keine Rolle. Katholisch oder protestantisch getaufte Geschäftsleute oder Dissidenten jüdischer Religion sind im Sinne dieser Anordnung ebenfalls Juden.»[8]

Die meisten geschlossenen Geschäfte, Posten und Plakate gab es im Westen, am Kurfürstendamm und in der Straße am Tauentzien. Hier kam es an verschiedenen Stellen zu Auseinandersetzungen, weil sich Ladeninhaber dagegen verwahrten, ihr Haus als jüdisch bezeichnet zu sehen.

Nur in seltenen Fällen zeigte ihr Protest Wirkung. So wurde manches «arische» Geschäft mit dem Davidstern beschmiert, weshalb sich die Inhaber anschließend zu einer Anzeige im «Völkischen Beobachter» veranlasst sahen, in der sie mitteilten, sie seien «sämtlich arischer Abstammung und christlichen Glaubensbekenntnisses».

Am Morgen begann am Wittenbergplatz, wo sich das KaDeWe befand, der Propagandazug durch den Westen der Stadt, an dem sich besonders viele weibliche Angestellte beteiligten. In dieser Gegend waren auch an den Straßenbahnmasten Plakate wie «Tietz unterstützt den Rotmord» aufgehängt.[9]

Anfang März hatte der «Völkische Beobachter» ein Dokument abgedruckt, aus dem angeblich die Beteiligung der Firma Hermann Tietz am Wahlkampf der KPD hervorgehen sollte. Zwei Tage darauf veröffentlichte die Firma in der «Deutschen Allgemeinen Zeitung» eine Entgegnung, in der sie klarstellte, dass es sich bei dem Schreiben um eine Fälschung handele.[10] Auf solche Weise wurde mehrfach versucht, Warenhausfirmen zu diskreditieren, um das Klima für gewaltsame Übergriffe anzuheizen.

Während Tietz und N. Israel ihre Geschäfte geschlossen hielten, blieb das Warenhaus Wertheim geöffnet, vielleicht in der Hoffnung auf die schützende Hand des Emil Georg von Stauß. Doch zur festgesetzten Zeit trampelten schwere Stiefel durch die Leipziger Straße und Männersprechchöre brüllten: «Juden raus!» Posten in SA-Uniform bezogen vor dem Warenhaus Wertheim Stellung und hielten Einkaufswilligen rote Tafeln entgegen, auf denen mit schwarzen

Lettern «Deutsche wehrt Euch! Kauft nicht bei Juden!» geschrieben stand.

Albrecht Wertheim schritt mit dem leitenden Angestellten Gustav Deschepper das Haus ab. Vor jedem Eingang hatten sich etwa fünfzig oder sechzig unschlüssige Leute versammelt. Die Posten standen schweigend da, nur wenn eine Person sich anschickte, das Geschäft zu betreten, wurde sie angepöbelt und teilweise auch bespuckt. Wenn sie sich trotzdem nicht davon abhalten ließ, wurde sie jedoch nicht physisch daran gehindert.

«Das war für Deschepper und mich eine Sache, die wir gar nicht richtig begreifen konnten», erinnert sich Albrecht Wertheim an die Aktion. Der Abendausgabe der «Vossischen Zeitung» vom 1. April zufolge wurde bald auch das Warenhaus Wertheim für den Rest des Tages geschlossen. «Das war aber nur ein Tag», spielt Wertheim es herunter.[11]

Die ganze Aktion, die um Punkt zehn Uhr als leidenschaftliches Fanal für den Kauf deutscher Ware in deutschen Geschäften hätte beginnen sollen, belebte sich erst gegen Nachmittag, als die meisten Geschäfte schon geschlossen hatten. Dann zogen SA-Trupps mit Farbeimern durch die Stadt und beschmierten die Schaufenster mit «Jude». Die verwendete Farbe war gewöhnliche weiße Tünche, manchmal gelb oder rot eingefärbt, und leicht zu beseitigen.

In Berlin reagierten die Menschen gelassener als anderswo im Reich auf die aufgeregte Hetzkampagne. Es schien fast, als betrachteten viele nicht persönlich Betroffene die ganze Angelegenheit als einen Witz, der sie keineswegs daran hindern würde, in der kommenden Woche ihr deutsches Geld weiterhin bei ihrem vertrauten jüdischen Kaufmann zu lassen.

Dabei wurde in Berlin die Prominenz zur Agitation eingesetzt. So sprachen Goebbels und der Führer der Nationalsozialistischen Betriebszellenorganisation (NSBO) Johannes Engel im Lustgarten vor einer großen Schar von Anhängern. Die in den einzelnen Betrieben tätigen NSBO-Zellen waren sehr aktiv. Auf Aufnahmen von der

Kundgebung im Berliner Lustgarten anlässlich des so genannten Boykott-Tages am 1. April 1933.

Kundgebung im Lustgarten sind zwei Gruppen aus Filialen von Hermann-Tietz-Warenhäusern zu erkennen.

Vor den Boykottaktionen waren folgende Anweisungen an die Leitungen der Betriebszellen ergangen:

> Zur Anordnung der Parteileitung der NSDAP teilt die NSBO, Gau Groß-Berlin, mit: Morgen, Samstag, den 1. April 1933, haben sich alle nationalsozialistischen Betriebszellenobleute in Verbindung mit den Arbeiter- und Angestelltenräten der Nationalsozialistischen Betriebszellen-Organisation, die in jüdischen Geschäften arbeiten, Schlag 10 Uhr vormittags mit den zuständigen Geschäftsleitungen ins Benehmen zu setzen, um eine zweimonatige Vorauszahlung aller Löhne und Gehälter für nichtjüdische Angestellte und Arbeiter zu erwirken ... Die Angestellten der jüdischen Rasse sind fristlos zu entlassen, wobei die angenommene Konfession keine Rolle spielt ... Gleichzeitig verlassen morgen, Samstag, Schlag 3 Uhr, alle Arbei-

ter und Angestellten jüdischer Geschäfte ihre Arbeitsstätten, um vor ihren Betrieben Protestkundgebungen gegen den Boykott deutscher Waren im Auslande und gegen die Hetze Alljudas durchzuführen …[12]

Diese Forderung zielte direkt auf die ökonomische Existenz der Warenhäuser, deren Zerstörung schon im 25-Punkte-Programm der NSDAP aus dem Jahre 1920 als Politikziel formuliert worden war. Punkt 16 forderte die «sofortige Kommunalisierung der Groß-Warenhäuser und ihre Vermietung zu billigen Preisen an kleine Gewerbetreibende». Der NS-Ideologie galten die Warenhäuser als «jüdische Erfindung», ein Ergebnis «unersättlicher Machtgier», die bekämpft werden müsse.[13]

Die verlangte Hinterlegung von zwei Monatsgehältern als Sicherheit für die nichtjüdischen Mitarbeiter, die den größten Teil der Belegschaft ausmachten, hätte für die meisten Betriebe den Ruin bedeutet. Weder wurde für diese Forderung eine Begründung genannt noch erfuhr man, wofür das hinterlegte Geld verwendet werden sollte.

Um die Fortführung der Warenhausunternehmungen zu sichern, sprang der neu besetzte Verband Deutscher Kauf- und Warenhausbesitzer mit der Ankündigung ein, die Zahlungen übernehmen zu wollen, ein Versprechen, dem er gewiss nicht hätte nachkommen können. So konnte die NSDAP von ihrer damals noch nicht durchsetzbaren Willkürmaßnahme ohne Gesichtsverlust abrücken.

Zwischen den verschiedenen Partei- und Verwaltungsdienststellen, den Banken und der Industrie- und Handelskammer (IHK) wurde weiter diskutiert, welche Geschäfte als «Warenhäuser» und welche als «Kaufhäuser» zu definieren seien. Das «nationalsozialistische Wirtschaftsdenken», so der Syndikus der IHK Johannes Splettstösser, mache es notwendig, den Begriff «Warenhaus» klar abzugrenzen.[14] Als ein Merkmal des Warenhauses formulierte er, dass es kein «persönlichkeitsbezogener Einzelbetrieb» sei. Hier lassen sich Bemühungen erkennen, eine der am weitesten entwickelten Nationalökonomien auf ein agrarisches, romantisiertes Volkswesen zurückzuführen.

Ein weiteres Merkmal des Warenhauses sei, dass es sich nach Splettstösser um ein «Allbedarfsartikelgeschäft» handele. Besondere Beachtung wurde darauf gelegt, ob ein derartiges Geschäft über eine Lebensmittelabteilung oder einen Erfrischungsraum verfügte.

Damit wurde erneut ein leicht erkennbares willkürliches Merkmal für die Definition eines Warenhauses gefunden. Lebensmittelabteilungen und Erfrischungsräume wurden zu bevorzugten Hassobjekten der NS-Presse und einzelner Gliederungen, während die Parteispitze den Kampf gegen die Warenhäuser bremste. Doch selbst angesichts des hohen Kuchen- und Kaffeeumsatzes bei Wertheim war es schwer, überzeugend zu vermitteln, dass gerade diese beiden Einrichtungen geeignet waren, die gesamte mittelständische Konkurrenz zu vernichten.

Wahrscheinlich ist, dass die Warenhäuser in für sie wichtigen Abteilungen angegriffen und geschädigt werden sollten. Lebensmittelabteilungen und Erfrischungsräume waren saisonunabhängige Einnahmequellen, die den Aufenthalt der Kunden im Warenhaus verlängerten und damit eventuell auch den Umsatz in anderen Abteilungen erhöhten. Obwohl sie meistens im Untergeschoss oder in einer der oberen Etagen untergebracht waren, wurden sie als «Lockabteilungen» diffamiert. Möglicherweise schwang in der Argumentation auch ein unterschwelliges Berührungsverbot mit, denn zur selben Zeit verweigerte man jüdischen Schlachtern den Zugang zu den Schlachthöfen.

Es kam zu den absurdesten Diffamierungen. In einem Warenhaus vermeinte man eine Bananenverkäuferin entdeckt zu haben, die mit Lepra infiziert war. Von den Warenhäusern ging also eine Gefahr für die «Volksgesundheit» aus. Die Meister in den Fleischabteilungen sollten auf Anregung der Industrie- und Handelskammer aus den Handwerksrollen gestrichen werden, da bei ihnen der Verkauf und nicht die handwerkliche Tätigkeit im Vordergrund stand.[15] All diese Angriffe wurden von großer Presseaufmerksamkeit begleitet.

Für die Warenhausunternehmer und besonders für die als jüdisch geltenden war keine politische Linie erkennbar. Einerseits schimpfte man im Interesse des Mittelstands wüst gegen die Warenhäuser, andererseits erging von höchster Stelle die Verfügung, weitere Angriffe zu unterlassen – im Interesse der Hauptaufgabe der nationalsozialistischen Regierung, «möglichst zahlreichen Volksgenossen zu Arbeit und Brot zu verhelfen», wie der «Stellvertreter des Führers» Rudolf Heß am 7. Juli 1933 in seinen Aufruf zur «Warenhausfrage» bekräftigte.[16]

Im Verbund mit den Großgläubigern, den Banken, hatten sich als «deutsch» anerkannte Unternehmen für den Fortbestand der Betriebsform Warenhaus eingesetzt. Aber auch nach Heß' Anweisung rissen die Übergriffe nicht ab. Im Juli und August 1933 wurden weiterhin Aufrufe lokaler Parteigruppierungen zum Boykott in der Presse veröffentlicht, und Heß sah sich gezwungen, seinen Befehl zu wiederholen.

Es wurden in den Frühjahrs- und außergewöhnlich schönen Sommermonaten 1933 etliche Gesetze und Runderlässe verabschiedet, die in Einzelaspekten die Sonderstellung der Warenhäuser hervorhoben und sie in ihrem laufenden Geschäftsbetrieb behinderten. So erklärte die Industrie- und Handelskammer Berlin im Oktober 1933 die «Weiße Woche», die während der umsatzschwächeren Monate das Geschäft belebte, für unzulässig. Für die Warenhäuser war das eine schwierige geschäftliche Situation, mussten sie doch die Waren zu einem Zeitpunkt bestellen, als unklar war, ob der Sonderverkauf überhaupt stattfinden würde. Aus wirtschaftlichen Erwägungen wurde er aber 1934 und auch noch 1935 genehmigt.

Trotzdem waren die Einbußen empfindlich, zumal noch weitere Einschränkungen dazukamen. So durften keine «Volksempfänger», keine NS-Uniformen, keine Festanzüge für die Mitglieder der Arbeitsfront und keine Führer-Devotionalien vertrieben werden, worum sich alle, auch als jüdisch geltende Warenhäuser, angesichts des boomenden Geschäfts mit diesen Artikeln rissen. Für hundert Städte wurde eine Inseratensperre ausgesprochen.

Am 9. September 1933 konnte Wertheim in Stralsund noch inserieren. An diesem Tag wurden in einer halbseitigen Anzeige in der «Stralsundischen Zeitung» Gardinen, Teppiche und Bettdecken angeboten. Aus heutiger Sicht mutet der Hinweis «Die deutsche Gardine – der deutsche Teppich», mit dem Wort «deutsch» in Fraktur, wie eine feine Ironie an. Doch war es gewiss nichts als ein weiterer verzweifelter Anpassungsversuch.

Noch wagten einzelne Firmen, sich gegen die Demagogie ihrer Widersacher zu wehren. So schrieb ein mit der Familie Wertheim nicht verwandter Leonhard Wertheim am 23. September 1933 einen Leserbrief an «Die Wahrheit»:

> Es ist unwahr, dass zwischen meiner Firma und anderen jüdischen Firmen Abmachungen bestehen, die man als unterirdischen Boykott der jüdischen Konfektion gegen alle christlichen Fabrikanten bezeichnen kann. Es ist ferner unwahr, dass der Fabrikant von Damengürteln deshalb keine Aufträge erhalten hat, weil er ein christlicher Fabrikant ist. Wahr ist vielmehr, dass meine christliche Directrice, die die Einkäufe tätigt, nicht danach fragt, welcher Rasse der Fabrikant angehört. Hochachtend Leonhard Wertheim: Blusen, Kleider, Kronenstraße 38–40.

Auch das Reichsfinanzministerium versuchte, über entsprechende Verwaltungsvorschriften Warenhäuser und jüdische Geschäfte zu schwächen. So durften etwa Bezugsberechtigungsscheine, die Fürsorgeempfängern, aber auch Mitarbeitern großer Betriebe als Weihnachtsgratifikation ausgestellt wurden, nicht in Warenhäusern und jüdischen Geschäften eingelöst werden. Dasselbe galt für die Ehestandsdarlehen, die junge Paare zur Hochzeit in Form von Berechtigungsscheinen erhielten. Allein für das Jahr 1933 erreichten diese eine Summe von 95 Millionen RM.[17] Da jeder Kauf einer Ware in einem Warenhaus in der Regel den Kauf anderer Waren nach sich zog, waren die entgangenen Einnahmen um ein Wesentliches höher.

*

Mit dem Boykott vom 1. April war ein Ausmaß an antisemitischer Verfolgung erreicht, die kein Jude mehr ignorieren konnte. Ein Gefühl tiefer Demütigung und Trauer beherrschte die Gespräche der geschockten Betroffenen. Am schlimmsten waren für viele aufrechte jüdische Deutsche die eklatanten Lügen. Sie reagierten weniger wütend als gekränkt und trotzig. Jetzt erst recht hier bleiben, sich nicht verjagen lassen!

Als unmittelbare Reaktion auf die Ereignisse rückte man zusammen. Die im Februar geschaffene Reichsvertretung der deutschen Juden übernahm nun die Vertretung der Interessen aller deutschen Juden, was bisher wegen Meinungsverschiedenheiten stets gescheitert war. Ein Zentralausschuss für Hilfe und Aufbau wurde eingerichtet, und in Berlin wollte die Berliner Wirtschaftshilfe in Not geratene Juden unterstützen.

Nach dem Boykott wandte sich die Reichsvertretung an Hindenburg mit der Bitte um Unterstützung. Sie wurde nicht gewährt. So blieben neben den mühsamen Verbindungen ins Ausland nur noch Appelle an den Humanismus – und noch wichtiger: die Vorbereitung der Auswanderung.

Eines von Georg Wertheims Augen war vollkommen erblindet, und auch mit dem anderen sah er nur noch schemenhaft. Sein Tagebuch liest sich zunehmend wie von jemandem geschrieben, der selbst gar nicht mehr existiert. Das letzte «Ich» fällt im April–Mai 1934: *Ich Grippe mit starker Bronchitis. Professor von Bergmann, Dr. Michaelis*. Danach spricht er auch von sich selbst in der dritten Person.

«Da kam viel Unglück auf einmal, an Auswanderung war nicht zu denken», fasst sein Sohn Albrecht die damalige Stimmung zusammen. «Es spielt aber auch eine Rolle, dass wir die Situation vollkommen verkannt haben. Man hat immer gehofft, dass eine andere Regierung kommen würde. Diesen Fehler haben damals viele Menschen begangen. Man muss wirklich sagen: Die beiden Brüder Tietz haben die Sache richtiger gemacht.»[18] Sie verließen Deutschland gerade noch rechtzeitig.

Als Kaufleute, die sich im Verband, aber auch allgemein politisch engagierten, standen die Tietzes von Anfang an stärker in der Schusslinie. Der 1. April war für sie ein Albtraum. «Achtung, Lebensgefahr», «Judas raus», «Achtung Itzig», «Auf nach Palästina» und «Juden nach Jerusalem» war mit brauner Farbe auf Tietz-Scheiben gepinselt worden. Vor manchen Häusern kam es zu blutigen Zusammenstößen.

Anders als Wertheim hatte die Firma Hermann Tietz viele Filialen in der Provinz, die wesentlich härter von Übergriffen betroffen waren. Wegen der größeren sozialen Kontrolle konnte der Boykott in kleineren Städten leichter durchgesetzt werden.

Die Firma Wertheim hatte im April keine Umsatzeinbußen zu verzeichnen. Offensichtlich befolgten die Kunden den staatlich organisierten Boykott keineswegs zur Gänze, in Berlin soll es sogar zu Solidaritätseinkäufen in jüdischen Geschäften gekommen sein.

Bei dem ohnehin schon stark angeschlagenen Unternehmen Hermann Tietz verschlechterte sich die wirtschaftliche Lage rasant.[19] Georg Tietz hatte sich um einen zusätzlichen Kredit bei der Akzept- und Kreditbank bemüht. Er wurde ihm mündlich in der Höhe von 14 Millionen RM zugesagt, kurzfristig aber wieder storniert. Ohne diesen Kredit hätte das Unternehmen liquidiert werden müssen, doch das hätte Tausende arbeitslos gemacht.

Vor diesem Hintergrund bezog die Bank, an der das Reich beteiligt war, den zuständigen, frisch ins Amt gesetzten Reichswirtschaftsminister Kurt Schmitt in die Entscheidung ein. Schmitt wiederum sah sich außerstande, die Stützung eines jüdischen Warenhauses allein zu verantworten, und wandte sich an Hitler.[20] Mit dessen Einwilligung kam es aus wirtschaftspolitischen Erwägungen dann doch noch zu dem Kredit.

Dieser Entscheidung vorausgegangen war allerdings die Gründung einer neuen Gesellschaft unter dem Namen «Hertie Kaufhaus-Beteiligungsgesellschaft». Die beiden Hauptgesellschafter waren der frühere Leiter des Textileinkaufs von Hermann Tietz, Georg Karg, und Helmuth Friedel, zu dem nichts Näheres bekannt ist. Weder Karg noch Friedel standen in einem Vertrauensverhältnis zur Familie Tietz.

Mit einer Eigenbeteiligung von jeweils nur 50 000 Reichsmark gelang es ihnen, wichtige Positionen in der Unternehmensleitung einzunehmen: Zum «Zwecke der Gleichschaltung», also «zum Zwecke der Herstellung eines arischen Übergewichts und der Beschaffung eines langfristigen Kredits»[21], mussten sie auf Druck der Banken in die Geschäftsführung aufgenommen werden. Karg und Friedel wurden zu Garanten der Interessen der deutschen Großbanken in der Firmenspitze.

Mit dem neuen Gesellschaftsvertrag musste einer der bisherigen Geschäftsführer, der zur Familie Tietz gehörende Hugo Zwillenberg, aus dem Unternehmen ausscheiden. Ein Jahr später folgten ihm nach massivem Druck seine Schwager, die noch verbliebenen Geschäftsführer Georg und Martin Tietz. Sie waren so lange gehalten worden, bis die gesamte Vermögenssituation des Unternehmens und seiner Anteilseigner geklärt war.

Die Familie musste sich von ihrem Vermögen trennen und erhielt einen Bruchteil dessen, was das Unternehmen und seine Grundstücke wert waren. Die Hertie-Beteiligungsgesellschaft unter Leitung von Georg Karg übernahm im Einvernehmen mit den Großbanken, im Wesentlichen der Dresdner Bank und der Deutschen Bank, die Hauptverantwortung innerhalb der Geschäftsführung. Das Unternehmen wurde als «deutsch» anerkannt, da Inhaber und Geschäftsführer als «arisch» galten. Der eingeführte Name Hermann Tietz wurde nun der breiten Öffentlichkeit als «Hertie» bekannt gemacht.

Die Kunden jedoch konnten sich nicht so rasch daran gewöhnen und gingen weiterhin zu «Tietz» einkaufen.

Auch die Belegschaft wurde unter «rassischen» Gesichtspunkten «durchgekämmt». Nach dem Boykotttag, erinnert sich eine ehemalige Angestellte von Hermann Tietz, fing es langsam an, «dass Leute plötzlich Substituten wurden. Man wunderte sich nur, wer mit einem Mal Block schrieb. Die jüdischen Lehrmädchen setzten sich in der Kantine separat. Der Kollege Bürger, der christlich aufgewachsen war, hatte eine Freundin im Haus, die wurde zur ‹Zelle› [NSBO] gerufen, dass sie den Kontakt abbrechen sollte.»[22]

Die «Betriebszellen» übten erheblichen Druck auf die Mitarbeiter aus, der NSBO beizutreten. Eine ehemalige Verkäuferin eines Warenhauses erinnert sich, dass die Belegschaft eines Tages gar nicht in das Haus hineingelassen wurde. Da standen die NSBO-Vertreter auf dem Hof, gestiefelt und gespornt, und teilten den Mitarbeitern mit, dass sie nun alle Mitglied in der Nationalsozialistischen Betriebszellenorganisation werden müssten. Die junge Frau konnte sich nicht sofort entscheiden und beriet sich erst einmal mit einer Kollegin: «Was machen wir denn nun bloß? Gehen wir denn da nun rein oder ... ? Ja, sagt sie, uns bleibt wohl gar nichts andres übrig. Wir haben uns ja gar nicht anders getraut. Und dann sind wir eben rübergegangen in das Büro und haben uns eintragen lassen.»[23]

Wenn die beiden Verkäuferinnen in der Folgezeit von einer jüdischen Kollegin besucht wurden, mussten sie äußerst vorsichtig sein. «Wir selbst hatten eine jüdische Kollegin am Lager. Das war so ein netter Kerl. Plötzlich soll man so tun, als wenn man sie nicht kennt ...»

Ende August 1933 wurden bei Hermann Tietz 500 «nichtarische» Mitarbeiter entlassen.

Im Warenhaus Wertheim gab es 1933 nicht einmal zwei Prozent jüdische Angestellte, wesentlich weniger als bei Tietz. Dieser Umstand hatte dem Unternehmen noch bei der Eröffnung des Warenhauses in Breslau 1930 den Vorwurf eingebracht, es betreibe eine antisemitische Einstellungspraxis. Nach 1933 bemühte sich das Unternehmen, «nichtarisches» Personal systematisch abzubauen. Auslaufende Verträge wurden nicht erneuert.

Auch sonst versuchte man bei Wertheim, durch Anpassung dem Schicksal der Firma Hermann Tietz zu entgehen. Und vorerst schien die Rechnung aufzugehen. Als am «Tag der nationalen Arbeit» am 1. Mai 1933 über dem Warenhaus Wertheim die Hakenkreuzfahne wehte, fand «Die Wahrheit» dies auf einmal «anerkennenswert». Im Gegensatz zum Konkurrenten Tietz sei Georg Wertheim ein «wirklich vornehmer Kaufmann, wie er besser in christlichen Kreisen nicht gefunden werden kann».[24] Zwei Jahre später sollte Wertheim mit dem Hissen der Hakenkreuzfahne in größere Schwierigkeiten geraten.

Dennoch blieb die «Arisierung» der Firma Tietz nicht ohne Wirkung für Wertheim. Der verhandlungsführende Anwalt im Aussonderungsverfahren der Tietz-Inhaber, Richard Carl Wolff, unterbreitete Georg Wertheim die Verhandlungsergebnisse, die er erzielt hatte. Albrecht Wertheim erinnert sich: «Und da kam der Anwalt von Tietz, Rechtsanwalt Wolff, zu uns und sagte: ‹Das und das hab ich bei Tietz erreicht. Das könnte ich auch bei Ihnen herausholen.› Auf dieses mündlich gemachte Angebot wollten wir wegen des gesundheitlichen Zustands meines Vaters nicht eingehen.»[25]

Spätestens jetzt musste der Spitze von Wertheim klar geworden sein, dass die Position aller Personen jüdischer Herkunft gefährdet war.

Bei Karstadt hatte man schnell reagiert. Schon am 2. April 1933 meldeten die Zeitungen, dass der Karstadt-Konzern ein «rein christliches Unternehmen» geworden war. Sechs Personen jüdischer Herkunft waren am Tag des Boykotts aus dem Aufsichtsrat ausgeschieden, und auch der Vorstand und die Geschäftsleitungen der Filialen waren «gesäubert» worden.[26]

Mitte Mai 1933 ließ Heß die Bedingungen für die Qualifizierung als «deutsches Geschäft» verlautbaren. Eine «arische» Firma konnte gegen eine Jahresgebühr ein Schild mit dem entsprechenden Hinweis an ihrem Gebäude anbringen. Unter Glas und in einem Metallrahmen sollte die Darstellung das neue Deutschland symbolisieren: «Eine aufgehende strahlende Sonne mit Hakenkreuz, davor als Hüter ein sitzender schwarzer Adler» und darunter der Schriftzug «Deutsches Geschäft». Auf der Rückseite musste das Schild mit dem Stempel des NS-Wirtschaftsbundes und mit einer laufenden Nummer versehen sein.[27]

Der mit den höchsten NS-Funktionären vertraute Emil Georg von Stauß hielt seinen Freund Georg Wertheim über die sich abzeichnenden Entwicklungen auf dem Laufenden. Von Stauß hatte am 29. Mai 1933 gemeinsam mit einer großen Zahl namhafter Persönlichkeiten der Wirtschaft – Carl F. von Siemens, Krupp von Bohlen und Halbach, Fritz Thyssen und Hugo Stinnes – an einer Besprechung mit Heß teilgenommen. Es ging um Maßnahmen zur Vermeidung bzw. zum Abbau von Arbeitslosigkeit. Höchstwahrscheinlich wurde in dieser Runde auch die Problematik der Warenhäuser angeschnitten.

Ebenso wenig wie dem Staat war den deutschen Großbanken an einer Liquidierung der Warenhäuser gelegen. Im Fall von Hermann Tietz beispielsweise wären auf einen Schlag Warenkredite im Wert von 150 Millionen RM fällig geworden. Für die Banken wäre damit nicht nur eine dauerhafte lukrative Einnahmequelle versiegt, sondern auch eine ernste Krise entstanden.

Im Juni 1933 notiert Georg Wertheim in sein Tagebuch: *Haac ausgeschieden.* Oscar Haac, der Mann von Wertheims Nichte Charlotte Sternberg, war zwar jüdischer Herkunft, doch sein namensgleicher Sohn vermutet, dass für sein Ausscheiden keine «Rasse»-Gründe verantwortlich waren, sondern «eine große Eifersucht». Georg Wertheim warf ihm illoyales Verhalten vor, nachdem Haac und Kemnitz, dessen Kollege in der Geschäftsführung, sich gegenüber den Bankenvertretern über Unternehmensinterna geäußert hatten,

Oscar Haac (1886–1966), langjähriger Mitarbeiter der Geschäftsführung von Wertheim, Ehemann einer Nichte der Wertheim-Brüder; hier in der Robe des Handelsgerichtsrats, als der er in Leipzig ehrenamtlich tätig war. Haac musste 1933 das Unternehmen verlassen.

teilweise auch in schriftlicher Form. Im November 1933 schied auch Kemnitz aus.[28]

Im selben Monat verfasste Georg Wertheim sein Testament. Seiner Ehefrau Ursula vermachte er ein Viertel seines Vermögens, den Kindern Ursula und Albrecht jeweils drei Achtel.

Im August war Franz Wertheim, einer der drei Haupteigentümer, im Alter von siebzig Jahren gestorben. Sein Vermögen war durch die Wirtschaftskrise schon erheblich geschrumpft. Seine riesige Villa im Grunewald war ebenso wie die seines Bruders Wilhelm mit hohen Steuern belastet, sodass beide Familien schließlich ausziehen mussten. Franz war ins Gärtnerhaus gezogen, Wilhelm in eine kleine gemietete Villa in der Nähe seines früheren Hauses. Mitte 1932 hatte er Ursula Wertheim die Villa seiner verstorbenen Mutter, für die er 1918 noch 380000 RM bezahlt hatte, für 60000 Mark verkauft. Warum er sie an Ursula verkaufte und nicht an seinen Bruder, wird ein Geheimnis bleiben. Vielleicht wollte Georg Wertheim seine Frau absichern, oder zeichnete sich eine Trennung ab?

Käthe erbte alles, was noch von Franz Wertheims Vermögen geblieben war, unter anderem Aktien im Wert von 3,3 Millionen RM, die als Sicherheit für ein Darlehen hinterlegt worden waren, das Georg Wertheim seinem Bruder gewährt hatte. Aus den Unterlagen des Steuerberaters geht allerdings nicht eindeutig hervor, ob es sich um ein real ausbezahltes Darlehen oder um eine buchhalterische Umschichtung gehandelt hatte.[29]

Auf der Grundlage dieser Aktien billigte das Bankenkonsortium der Witwe eine Entnahme von 9000 RM jährlich zu, 750 im Monat.

Den Wertheim-Brüdern war vom Bankenkonsortium eine Entnahme von insgesamt 81000 RM im Jahr zugestanden worden, wobei sie die Steuern für die von ihnen formal gehaltenen Aktien selbst zu entrichten hatten. Diese machten 194000 RM aus, sodass die Entnahme nicht einmal die Hälfte der Steuerbelastung deckte. Die

Maßnahmen sollten die jüdischen Teilhaber veranlassen, ihre Aktien abzugeben, was diese jedoch so lange wie möglich zu vermeiden suchten.

Ein knappes halbes Jahr nach der ersten Fassung modifizierte Georg Wertheim im April 1934 sein Testament. Vielleicht steckte wieder von Stauß dahinter, der es für vorteilhaft hielt, den Aktienbesitz in «arischer» Hand zu erhöhen. Wertheim nahm einen Zusatz in sein Testament auf, dem zufolge seine Kinder erst im Alter von 41 Jahren ihren Erbteil erhalten sollten. Das wäre für die Tochter 1948 gewesen, für den Sohn 1951. Gleichzeitig schenkte Wertheim sein gesamtes Vermögen seiner Frau und vereinbarte Gütertrennung mit ihr.

Wertheims Gründe für diese zeitliche Festlegung sind nicht bekannt. Die Frage, ob sich Ursula Wertheim an das Testament gebunden fühlte, das nach der Schenkung hinfällig geworden war, muss ebenfalls offen bleiben.

Wenige Tage nachdem er seiner Frau sein Vermögen geschenkt hatte, muss Georg Wertheim den Tod eines zweiten Bruders eintragen: *Wilhelm gestorben.* Er erlag am 4. Mai 1934 im Urban-Krankenhaus einem Nierenversagen. Schon 1912 hatte er testamentarisch seine Wünsche für den Fall seines Ablebens formuliert:

> Ohne vorherige Anzeige verbrannt zu werden.
> Ohne kirchliche Ceremonie.
> Ohne Kranzspenden von Nichtangehörigen.
> Ohne Teilnahme von Nichtangehörigen.
> Anzeige in den Zeitungen soll unterbleiben.[30]

Kurz nach Wilhelms Tod hält Georg Wertheim in seinem Tagebuch den *Verkauf Voßstraße 33 an die Reichsautobahn* fest. Erzielter Preis: 1,6 Millionen Reichsmark.

Durch die erforderlichen riesigen Kreditsummen war der Wertheim-Konzern von den Gläubigerbanken abhängig geworden, deren Vertreter sich immer stärker einmischten. Teilweise konnte Emil

Georg von Stauß zugunsten von Wertheim intervenieren, doch ist seine Loyalität nicht eindeutig einzuschätzen.

Albrecht Wertheim lässt nichts auf ihn kommen und erinnert sich an den Besitzer einer Wannsee-Jacht und eines Guts in Mecklenburg als «väterlichen Freund». Einen Brief an Albrecht Wertheim unterzeichnete Stauß mit «in alter Gesinnung», womit er sich – allerdings nur privat – vom aktuellen Antisemitismus distanzierte und zum «Halbjuden» Albrecht Wertheim bekannte.

Schon sehr früh, um 1934, scheint von Stauß von hochrangigen NS-Vertretern den Auftrag erhalten zu haben, Hitlers Reichskanzlei Grundstücke zu verschaffen, da dem «Führer» das Domizil in der Wilhelmstraße nicht repräsentativ genug war. Was lag näher als der Besitz der Firma Wertheim?

Das Unternehmen besaß im Umkreis des Leipziger Platzes zahlreiche Grundstücke, die nicht für den Warenhausbetrieb genutzt wurden. Diese schlug nun von Stauß für den Neubau der Reichskanzlei vor, und umgehend begannen Verhandlungen, die sich über einen langen Zeitraum erstrecken sollten.

Auch die übrigen Bankenvertreter des Konsortiums drängten auf einen Verkauf der nicht warenhausbezogenen Grundstücke. Ihr Wert war schon vorher in der Bilanz aus politischen Beweggründen sehr niedrig angesetzt worden, sodass die Wertheim-Grundstücksgesellschaft eine Unterbilanz auswies. Zum Abbau des Defizits sollte sich Wertheim von Grundstücken trennen, notfalls auch unter Wert.

«Bei uns finden fortdauernd Verhandlungen über den Verkauf von Grundstücken statt», beschwerte sich Georg Wertheim im Dezember 1933. «Einigermaßen erträgliche Gebote würden wir annehmen. Bei der sichtbaren Besserung von Vermietungen wäre es aber falsch, in diesem Augenblick des Tiefstandes der Preise Grundstücke geradezu zu verschenken.»[31]

Albrecht Wertheim betrachtet den erzwungenen Grundstücksverkauf an die Reichskanzlei rückblickend eher als Segen. «Damit konnten die Bankkredite zurückgezahlt werden, sodass 1938 alle getilgt waren. Die Banken verloren damit auch das Recht, Druck auf unsere Geschäftsführung auszuüben. Das war eigentlich eine große, große Erleichterung für die letzten Lebensjahre meines Vaters. Er hat noch miterlebt, dass die Firma wieder einigermaßen finanziell gesund dastand. Da hat uns beinahe der Nationalsozialismus geholfen, indem diese Grundstücke, die vorher unverkäuflich waren, plötzlich alle wieder zu Wert gekommen sind.»[32]

Von Stauß überzeugte Georg Wertheim, dass es für den Fortbestand des Unternehmens besser wäre, wenn Ursula über mehr als fünfzig Prozent der Anteile verfügte. Da Wertheim ihr aber nur 38,1 Prozent der in seinem Besitz befindlichen Aktien schenken konnte, trat er an Käthe, Witwe seines Bruders Franz, heran und verlangte die Tilgung des Darlehens von 3,3 Millionen RM durch die Übertragung von zwei Millionen Aktien an ihn. Es scheint allerdings festzustehen, dass deren Wert nicht der gesamten Darlehenssumme entsprach.[33]

Mehrere Monate lang zeigte sich die Schwägerin unkooperativ, doch als Georg Wertheim ihr mit juristischen Schritten drohte, gab sie am 18. Januar 1935 nach, und das Aktienpaket ging umgehend an Ursula, zusammen mit den Anteilen mehrerer Kleinaktionäre, der Kinder von Wertheims Schwestern.[34] Käthe muss zu diesem Zeitpunkt gesundheitlich schon stark mitgenommen gewesen sein. Sie starb am 9. Februar 1935.

Der gesamte Vorgang der Schenkung seines Vermögens an seine Frau wird in Wertheims Tagebuch nicht erwähnt. Im Zusammenhang mit der Schenkung der Aktien und Anteile und der Übertragung des sonstigen Vermögens teilte die Deutsche Bank Georg Wertheim schriftlich mit: «... selbstverständlich kann das nur in Form der Nachtragung nach uns geschehen.»[35] Damit sicherte sich die Bank in jedem Haftungsfall den Zugriff auf das Vermögen.

Wertheim war fortan zwar nicht mittellos, weil er eine Vergütung für seine Beratertätigkeit in Höhe von jährlich etwa 50 000 RM bezog, doch hatte er sich mit der Schenkung vollkommen in die Hand seiner Frau begeben. Alle Verfügungen in privater wie geschäftlicher Hinsicht konnten nur noch über Ursula erfolgen. Dass diese sich nicht um das Geschäft kümmern würde, war allen Beteiligten klar.

Es dauerte nicht lange, ehe von Stauß erneut zum Telefonhörer griff und Wertheim davon in Kenntnis setzte, dass die Aktienübertragung an Ursula das Bankenkonsortium nicht zufrieden stellte. Ihre Anteile sollten einem Kuratorium zur treuhänderischen Verwaltung überlassen werden. Vorsitzender des Kuratoriums wurde Emil Georg von Stauß.

Mit diesem Schritt sollte der Kritik vorgebeugt werden, dass Ursula Wertheims Vermögen weiterhin dem Einfluss ihres Mannes unterliege. Tatsächlich versuchte er zwar immer noch, die Entwicklung des Unternehmens zu überschauen, und ließ sich regelmäßig die Umsatzzahlen von seiner Sekretärin, Fräulein Salecker, zusammenstellen, an unternehmerischen Entscheidungen war er nicht mehr beteiligt. Hier spielten die Geschäftsführer Kersten, Deschepper, Werth und Hertzer die entscheidende Rolle, doch auch sie waren dabei ständig dem Aufsichtsrat Rechenschaft schuldig.

Schon längere Zeit hatte Georg Wertheim im Unternehmen nichts mehr zu sagen, formal jedoch war er immer noch Aufsichtsratsvorsitzender, wenn er diese Funktion auch seit spätestens Mitte 1934 nicht mehr wahrnahm.

Es war ihm auch nahe gelegt worden, im Interesse des Unternehmens nicht mehr in der Zentrale am Leipziger Platz zu erscheinen. Wer diese Order ausgab, ist nicht bekannt, vermutlich kam sie von der NSBO-Betriebszelle. Und niemand widersprach. Wenn man Wertheim bei einzelnen Geschäftsentscheidungen einbezog, wurde dies im Protokoll ausdrücklich vermerkt. Solche Hinweise finden sich für 1935 selten, 1936 brechen sie fast vollständig ab.

Mit der Übertragung seines Anteils an Ursula hoffte Wertheim, das Vermögen für die Familie zu sichern. Voraussehbar wehrte sich die nunmehrige Hauptaktionärin nicht gegen die Bevormundung durch das Kuratorium. Ihr Leben hatte andere Schwerpunkte, und es wurde immer bunter. Die Namen neuer Freunde und neue Reiseziele tauchen im Tagebuch ihres Mannes auf.

Und sie ging mit Begeisterung ihrem neuen Hobby nach: der Jagd. Schon ihr Vater Maximilian Gilka war ein passionierter Jäger gewesen. Bei ihren Jagdausflügen war sie oft in Begleitung eines ihrer Kinder, immer jedoch in Begleitung von Arthur Lindgens, seit 1932 Rechtsbeistand der Firma Wertheim und in dieser Funktion auch im Aufsichtsrat. Alle wichtigen rechtlichen Regelungen gingen über seinen Schreibtisch.

Zwar versuchte die Firma Wertheim zumindest Teile ihrer Unternehmensphilosophie in die neue Zeit hinüberzuretten, doch ebenso, wie die Hakenkreuzfahne nicht tabu war, gingen auch die aktuellen völkischen Tendenzen in die Schaufenstergestaltung ein.

Dem 9. November, der in Erinnerung an Hitlers Marsch auf den Löwenbräukeller 1923 ein Feiertag der «Bewegung» geworden war, wollte 1935 auch das Warenhaus Wertheim seine Reverenz erweisen. Wohlweislich erkundigte man sich vorher im Büro des Führerstellvertreters, ob es Einwände gegen das Hissen der Fahne gebe. Wertheim-Geschäftsführer Kersten wurde an die Gestapo verwiesen, und diese hatte nichts dagegen. Der «Völkische Beobachter» aber schon. Am 22. November 1935 stand dort zu lesen: «Wertheim rein jüdisch. Wie wir dem ‹Schwarzen Korps› entnehmen, sind die Besitzverhältnisse bei der Wertheim-AG von der zuständigen Dienststelle der NSDAP geprüft worden. Die Firma ist als rein jüdisch anzusehen. Uns kommt es dabei verwunderlich vor, dass die Firma sich nicht gescheut hat, ... die Hakenkreuzfahne zu setzen.»

Auch von oberster Stelle wurden Bedenken laut. In der Parteikanzlei kritisierte man, dass der Name des Unternehmens noch nicht geändert worden sei, und Martin Bormann persönlich nahm sich der Sache an.[36] Die Firmenleitung diskutierte nun intensiv das Thema der Namensänderung. Lindgens bemühte seine guten Beziehungen, um aus kaufmännischer Sicht eine Beibehaltung des Namens zu erreichen.

Im Februar 1935 notiert Georg Wertheim den *Verkauf Leipziger Straße 13 an die Post.* Vom Interesse an einem großen Terrain war bei der Wertheim-Geschäftsführung zu diesem Zeitpunkt noch nichts bekannt; erst 1936 wurde offenkundig, dass es um einen Regierungsbau ging. Dabei spielte der Preis eine maßgebliche Rolle. Letztlich setzte von Stauß einen Preis durch, der deutlich unter dem lag, was Lindgens als einigermaßen angemessen ansah.

Bei Aufsichtsratssitzungen versäumte von Stauß nicht, auf die Möglichkeit einer bevorstehenden Enteignung hinzuweisen. In einem solchen Fall könne nur mit einer minimalen Entschädigung gerechnet werden. Ob dieses Vorgehen Taktik war, um den Verkaufspreis zu drücken, oder ob es sich um eine reale Gefahr handelte, wird wohl nie geklärt werden. Angesichts der späteren Entwicklungen mag es jedoch rückblickend sogar erstaunlich scheinen, dass die Grundstücke überhaupt bezahlt wurden.

Von Stauß bekleidete im «Dritten Reich» hohe Ämter. «Seiner politischen Betätigung zuliebe hat Dr. h. c. Emil Georg von Stauß 1932 den Sitz im Vorstand der Deutschen Bank [den er seit 1915 innehatte] mit dem Sitz im Aufsichtsrat vertauscht», würdigt ihn das «Berliner Tageblatt» anlässlich seines 60. Geburtstags am 6. Oktober 1937. «Seit 1930 gehört er dem Reichstag an. Seit 1934 ist er Vizepräsident des Reichstages und Preußischer Staatsrat. Seine Hinwendung zur Politik des Nationalsozialismus hat ihm seinerzeit gehässigste Angriffe eingetragen. Auch seine Betätigung in der Wirtschaft hat früher zeitweise sehr heftige und meist höchst ungerechte Kritiker gefunden. Aber die Entwicklung hat seiner Arbeit Recht gegeben.»

Emil Georg von Stauß, gewiss eine der schillerndsten Gestalten des Wirtschaftslebens der zwanziger, dreißiger und vierziger Jahre, hatte seine Laufbahn im Erdölgeschäft begonnen und war zur führenden Figur in der Deutschen Petroleum-Aktiengesellschaft aufgestiegen, die mit der Deutschen Bank liiert war. Einmal im Vorstand der Deutschen Bank, avancierte er schnell zur treibenden Kraft bei der Finanzierung der «aufgehenden Sterne» am Wirtschaftshimmel – der Filmindustrie (UFA), der Autobranche und der Luftfahrt (Lufthansa). 1920 wurde er von der Deutschen Bank in den Daimler-Aufsichtsrat entsandt.

Schon früh unterhielt der unter Geschäftsleuten als «politischer Bankier» bekannte von Stauß enge Beziehungen zu den Nazis, insbesondere zu Hermann Göring.[37] «Der Abend», die Abendausgabe des «Vorwärts», berichtete im Oktober 1930, von Stauß habe für Hitler und andere nationalsozialistische Führer ein Frühstück gegeben. Seine ausländischen Kontakte machten ihn für die NSDAP äußerst interessant. Im Dezember 1931 stellte er in seinem weitläufigen Haus in Berlin-Dahlem Hitler, der unter dem Decknamen Wolf erschien, dem amerikanischen Botschafter vor. Heute befindet sich hier die Residenz des deutschen Außenministers.

Im selben Jahr hatte er schon den ehemaligen Reichsbankpräsidenten Hjalmar Schacht mit Göring und Hitler bekannt gemacht.[38] Gleichzeitig sprach sich von Stauß aber im Reichstag als Abgeordneter der Deutschen Volkspartei gegen «undurchdachte gesetzgeberische Vorschläge» der Nationalsozialisten aus, «welche an die Grundlagen der deutschen Kreditwirtschaft rühren und damit an die Grundpfeiler der Wohlfahrt des Landes und seiner produktiven Stände». Er gab zu bedenken, dass solche Anträge da oder dort im In- oder Ausland ernst genommen werden könnten, «obwohl kaum ein einsichtiger Mensch ihre Verwirklichung für möglich hält».[39]

«Wer ist eigentlich Herr von Stauß, dieser Großbankier mit den nationalsozialistischen Bedürfnissen?», hatte «Der Abend» noch im Oktober 1930 gefragt. Die Liste seiner Aufsichtsrats- und Vorstandsmandate umfasste 42 Firmen, darunter die Reichsbank, die Siemens u. Halske AG, die Daimler-Benz AG, die Deutsche Aero-Lloyd AG, die Deutsche Luft-Hansa AG, die Gesellschaft Urania, Berlin, und die Gruben-Gewerkschaft Westfalen, um nur einige zu nennen.

Der Artikel weist darauf hin, dass der «reaktionäre Großfinanzier» in der Direktion der Deutschen Bank und der Diskonto-Gesellschaft neben Oskar Wassermann sitze, «dem bekannten Vorkämpfer des Judentums und finanziellen Förderer der Zionisten». Ebenso sitze er als Aufsichtsratsmitglied in der Internationalen Handelsbank «fast ausschließlich mit solchen Leuten zusammen, die nach der nationalsozialistischen Meinung zu ‹verrecken› haben». Ein Widerspruch, den Emil Georg von Stauß noch eine gute Weile aushalten sollte.

Die Wertheims jedenfalls waren davon überzeugt, in ihm einen guten Freund zu haben, der innerhalb der gegebenen politischen Verhältnisse sein Bestes tat, um ihnen zu helfen. An den Feierlichkeiten zu seinem 60. Geburtstag nahmen auch Albrecht und Ursula Wertheim teil. Georg Wertheim zog es vor, nicht zu erscheinen, verständlich angesichts der Tatsache, dass er zu diesem Zeitpunkt aller seiner Ämter in seinem eigenen Unternehmen entkleidet war. Obwohl Stauß immer nur als «Gast» der NS-Fraktion im Reichstag firmierte, wurde ihm zu seinem Geburtstag ein Originalabguss des Hakenkreuzes von Boraserödsberg in Schweden überreicht. Eine solche Auszeichnung, die nur persönlich von höchsten Mitgliedern der Partei übergeben wurde, kam ihm zuteil, weil er, obwohl kein Parteigenosse, dem inneren Machtzirkel zugerechnet wurde.

Er gehörte dazu und konnte so die Inhalte und Methoden mitgestalten. Inhaltlich trat er stets für eine kapitalistische Wirtschaftsordnung ein, ein privatwirtschaftlich aufgebautes Wirtschaftsgefüge, in dem die Großkonzerne eine führende Stellung einnehmen sollten. Der Reichtum der deutschen Wirtschaft sollte seiner Ansicht nach über die Ausbeutung von Rohstoffen und Menschen außerhalb Deutschlands erreicht werden. Seine imperialistische Einstellung war hier deckungsgleich mit der «Herrenmensch»- und «Lebensraum» Ideologie der Nazis.

Ein Bekannter der Familie Wertheim war auch der Präsident der Reichsbank Hjalmar Schacht, der seinerzeit als Mitglied des «Freundeskreises der Wirtschaft» eine Petition deutscher Industrieller und Bankiers an Hindenburg initiiert hatte, Hitler zum Reichskanzler zu ernennen. Schacht war ein kunstsinniger Mann. Als Inhaber der privaten Nationalbank für Deutschland schenkte er Mitarbeitern und Geschäftsfreunden zur Hochzeit eine Radierung von Max Liebermann, dem später von den Nazis als Jude geächteten Präsidenten der Preußischen Akademie der Künste.[40]

*

Der engste Vertraute der Familie Wertheim aber war Dr. Arthur Lindgens, mit dem Ursula und ihr Sohn ab 1935 regelmäßig zur Jagd fuhren. Und Georg Wertheim schrieb alles auf: Im April war man im Schwarzwald auf Auerhahnjagd, im August im polnischen Klempicz auf Hirschjagd, im September 1936 auf den Besitzungen von Fürst Pless in Kobior in Polen. *Albrecht schoss zwei Hirsche und einen Sika.* Die Details in Wertheims Tagebuch zu den Aktivitäten seiner Frau, an denen er selbst keinen Anteil hatte, deuten darauf hin, dass Ursula sie ab 1935 verfasste, was schon deshalb notwendig war, weil ihr Mann kaum noch etwas sah.

Schon in frühester Jugend hatte der 1899 in Wadern im Regierungsbezirk Trier geborene Arthur Lindgens seine Jagdleidenschaft entdeckt. Aufgewachsen am Niederrhein, schoss er im Alter von elf Jahren seinen ersten Fuchs an der Mosel, als er von seinem Onkel auf die Jagd mitgenommen wurde.[41] Noch nicht 18-jährig meldete er sich im Ersten Weltkrieg an die Front. Danach studierte er Jura und promovierte. 1932 trat der seit 1926 in Berlin niedergelassene Rechtsanwalt und Notar dem Nationalsozialistischen Kraftfahrkorps (NSKK) bei, von 1933 bis 1936 war er Mitglied der SA, aus der er wegen Arbeitsüberlastung «unter Erteilung des ehrenvollen Austritts» ausschied.[42]

Lindgens machte die Bekanntschaft der Familie Wertheim Anfang der dreißiger Jahre durch das Ehepaar Sachs von der Firma

Fichtel & Sachs und wurde bald darauf in das Unternehmen aufgenommen, um die Aufgaben des langjährigen Justiziars Meschelsohn wahrzunehmen. Auch ohne Parteimitglied zu sein, verfügte er über gute Kontakte zu maßgeblichen Personen des inneren Machtzirkels der NSDAP, nicht zuletzt zu Martin Bormann.

Dass Georg Wertheim eine solche Person mit der verantwortungsvollen Aufgabe des Justiziars des Unternehmens betraute, war sicherlich eine taktische Entscheidung. Tatsächlich füllte Lindgens seine Position im Interesse des Unternehmens aus und begab sich dabei mitunter in Widerspruch zur Parteilinie. Mit der Verschärfung der Aussonderung von Juden aus dem Wirtschaftsleben und dem sukzessiven Ausscheiden des Firmengründers wuchs Lindgens' Macht im Unternehmen. Obwohl er offiziell nur die Aufgabe eines Aufsichtsratsmitglieds innehatte, war er bald für wesentliche Aufgaben der Unternehmensführung verantwortlich. Neben Stauß avancierte er zum eigentlichen Entscheidungsträger in der Firma Wertheim.

1937 erschien im Wertheim'schen Globus-Verlag sein erstes Jagdbuch mit dem Titel «Wild, Bild und Kugel». Das mit 202 «Natururkunden des Verfassers aus der Wildbahn» illustrierte Buch beginnt mit den Worten:

> Jägerblut muss man in den Adern haben, das Jagdhandwerk muss einem angeboren sein. Wenn der Kapitale schreit und die Bergwände das Echo zurückwerfen, dann erfasst dich, lieber Waidgenosse, ein heiliger Schauer, dann umfängt dich das in jedem Menschen liegende Sehnen, zurück zur Urnatur.[43]

Arthur Lindgens war ein großer, stattlicher Mann mit einer schneidenden Stimme, so scharf und zackig, dass Fräulein Kunze, die Sekretärin in der Chefetage, ihn vor Schreck am Telefon nie verstand. Er war aufbrausend und temperamentvoll, wahrscheinlich der Hintergrund für seine Vorstrafe wegen Beleidigung.

Lindgens war das absolute Gegenstück zu Georg Wertheim und

Dekoration eines Schaufensters anlässlich des Erscheinens von Arthur Lindgens' Jagdbuch, 1937/38.

zudem 42 Jahre jünger als dieser. Es bereitete Ursula Wertheim gewiss Vergnügen, diesen vitalen, leidenschaftlichen und schwärmerischen jungen Mann auf die Jagd zu begleiten und mitzuerleben, wie er Albrecht Schritt für Schritt in die Geheimnisse von Acht-, Zehn-, Zwölf- und Vierzehnendern einweihte.

Albrecht wurde Mitglied im Klub für Wettschießen, dessen Dachverein jedes Jahr am Wannsee ein Meisterschaftsschießen veranstaltete. Die goldene Medaille vom Kreisjägermeister von Berlin, die er 1937 oder 1938 gewann, prangte in Sassleben an der Wand. An der Verleihungszeremonie samt Kulturprogramm in einem Festsaal in Alexanderplatznähe nahmen etwa tausend Personen teil, und Albrechts spätere Frau Brigitte trug ihr schönstes Abendkleid.

*

Auf Druck von Emil Georg von Stauß trat Georg Wertheim am 1. Januar 1937 auch de facto als Aufsichtsratsvorsitzender zurück. *Georg Wertheim Austritt aus dem Geschäft*, notiert er in sein Tagebuch. «Mein Vater hat sich immer freiwillig diesen Bestimmungen angepasst, das lag in seiner Natur», erinnert sich sein Sohn.[44]

Zusammen mit Wertheim musste der Syndikus und für Rechtsfragen zuständige Neffe Fritz Sternberg ebenfalls das Unternehmen verlassen. Damit befand es sich nicht mehr im Eigentum der Gründerfamilie, und auch die Leitung war vollständig abgegeben worden.

Wertheims vermeintlicher Freund Stauß schrieb hierzu einen Brief an das Aufsichtsratsmitglied Eberhard Hoesch von der Aschaffenburger Zellstoffwerke AG. Der Präsident der Reichsbank Hjalmar Schacht habe ihm die Anerkennung als «deutsches Geschäft» in Aussicht gestellt, «für die [jetzt] durch den allzu spät erfolgten Rücktritt der Herren Georg Wertheim und Sternberg der Weg frei geworden war».[45]

Zu Loyalität fühlten sich weder Stauß noch Hoesch und auch nicht der Aufsichtsratsvorsitzende Kurt Schönner verpflichtet. Sie stimmten die Besetzung des Aufsichtsrats untereinander ab, Georg Wertheim wurde nicht befragt. Einvernehmlich wählte man den langjährigen Wertheim-Geschäftsführer Hertzer, ein frühes NSDAP-Mietglied, und Karl Haus von der Colonia-Versicherung in den Aufsichtsrat.

«Stellen Sie sich mal vor! Ich baue ein Unternehmen auf in Jahrzehnten und dann darf ich, wenn ich alles geschafft habe, plötzlich nicht mehr meine Firma betreten, ist doch furchtbar!», empört sich die ehemalige Wertheim-Sekretärin Fräulein Kunze und ist so viele Jahrzehnte danach immer noch den Tränen nahe.[46] 1936 hatte sie mit 14 Jahren als Kontoristin bei Wertheim angefangen und war später als Sekretärin in die Vorstandsetage aufgestiegen.

Den Patriarchen selbst hat sie nicht mehr kennen gelernt, doch sie erinnert sich, dass die älteren Angestellten immer gut über ihn sprachen. Streng sei er gewesen, aber gerecht, ein «königlicher Kaufmann». Voller Ideen sei er gewesen, und viel Kunstverständnis habe er gehabt. Sogar Gedichte konnte er schreiben.

Georg Wertheims Büro in der Hauptverwaltung hat Fräulein Kunze einmal gesehen: ein holzgetäfeltes «Zimmerchen», Blick auf die Voßstraße und schlichtes Mobiliar. Wie schwer muss es ihm gefallen sein, seine Schaltzentrale nicht mehr betreten zu dürfen.

Für Fräulein Kunze war die Stellung bei Wertheim 1936 ein besonderer Glücksfall, denn Lehrstellen waren damals rar. Bewerberinnen mussten sich bis zu dreimal vorstellen, ehe die Personalabteilung eine Entscheidung traf. Fräulein Kunze trug Zöpfe, als sie anfing. Nach kurzer Zeit rief die Dame von der Personalabteilung sie zu sich und sagte ihr, sie müsse sich das Haar entweder hochstecken oder abschneiden lassen. «Abschneiden? In der Hitlerzeit schnitt man sich doch die Haare nicht ab. Endlich hatte ich sie so lang. Da hab ich versucht, mir einen Knoten zu machen, so einen Dutt, aber der wollte einfach nicht halten.» Fast drei Jahre quälte sie sich mit ihrem dichten kupfergoldenen Haar, bis sie mit 16 «die Faxen dicke» hatte und zum Friseur ging, der ihr eine Dauerwelle verpasste. «Die Haare habe ich dem Frisör sogar noch geschenkt.»

Fräulein Kunze verdiente im ersten Jahr 30 RM, im zweiten 35 und im dritten Jahr 40. Im Sekretariat bekam sie dann 60 RM brutto. Das lag über dem Schnitt, und sie wurde angewiesen, niemand davon zu erzählen. Ihre Tischzeit betrug zweieinviertel Stunden, die sie in der Kantine und in den Ruheräumen verbrachte.

Zur Anwesenheitskontrolle gab es große Tafeln mit Hängemarken für jeden Mitarbeiter. Bei Arbeitsbeginn nahmen die Mitarbeiter ihre Marke und legten sie in eine Schublade. An den hängen gebliebenen Marken sah man, wer fehlte. Es gab auch Kontrollen beim Verlassen des Gebäudes, und es konnte vorkommen, dass man von der Detektivin oder dem Detektiv durchsucht wurde.[47]

«Die ganze Voßstraße gehörte Wertheim», erinnert sich Fräulein Kunze. «Das waren doch eine Menge Grundstücke, die wegen der guten Gegend einen sehr hohen Geschäftswert hatten, also Geldwert und Einheitswert. Da mussten wir viele Verträge abschließen.»

1937 wurden mehrere Grundstücke in der Voßstraße verkauft. Als Erstes ging es um die Voßstraße 18, erst 1928 von Wertheim erworben. Im Februar 1937 konnte zusammen mit dem größeren Grundstück Voßstraße 17 ein Verkaufspreis von etwas über einer Million Reichsmark erzielt werden. Am Ende standen noch die Grundstücke Voßstraße 7–9 und 13–14 zur Disposition, mit einer Gesamtfläche von 3421 Quadratmetern. Zu diesem Verkauf verhielt sich die Geschäftsführung besonders reserviert, stellte die Fläche doch die letzte Nutzraumreserve in unmittelbarer Nachbarschaft des Warenhauses dar.

Den verschiedenen Protokollen der Aufsichtsratssitzungen ist zu entnehmen, wie weit die Spanne zwischen den Wertvorstellungen des Unternehmens und den Angeboten auseinander klaffte. Lindgens erschien ein Preis von 4,2 Millionen RM für angemessen, das Reichsfinanzministerium bot 2,5 Millionen.

Über die entscheidende Aufsichtsratsitzung, in der das letzte Angebot beschlossen werden sollte, wird im Protokoll vermerkt: «... In der eingehenden Aussprache wurde insbesondere von Herrn Staatsrat Dr. von Stauß auf die Risiken hingewiesen, die für die Gesellschaft bei dem Inkrafttreten eines im Entwurf vorliegenden neuen Enteignungsgesetzes bestünden.»[18]

Der Grundstücksverkauf wurde schließlich für die von Stauß vorgeschlagenen 3,2 Millionen RM abgeschlossen, eine Million weniger, als Lindgens gefordert hatte. Tatsächlich verkauft wurden die Grundstücke dann für 3,11 Millionen, das sind rund 900 RM pro Quadratmeter. Stauß hatte damit seinen Einfluss geltend gemacht und ein großes Gelände für den Bau der Neuen Reichskanzlei zu einem äußerst günstigen Preis vermittelt. Das Gebäude war am 15. Januar 1939 bezugsfertig. Ob diese Verkaufstransaktionen im Einvernehmen mit Georg Wertheim erfolgten, ist nicht überliefert.

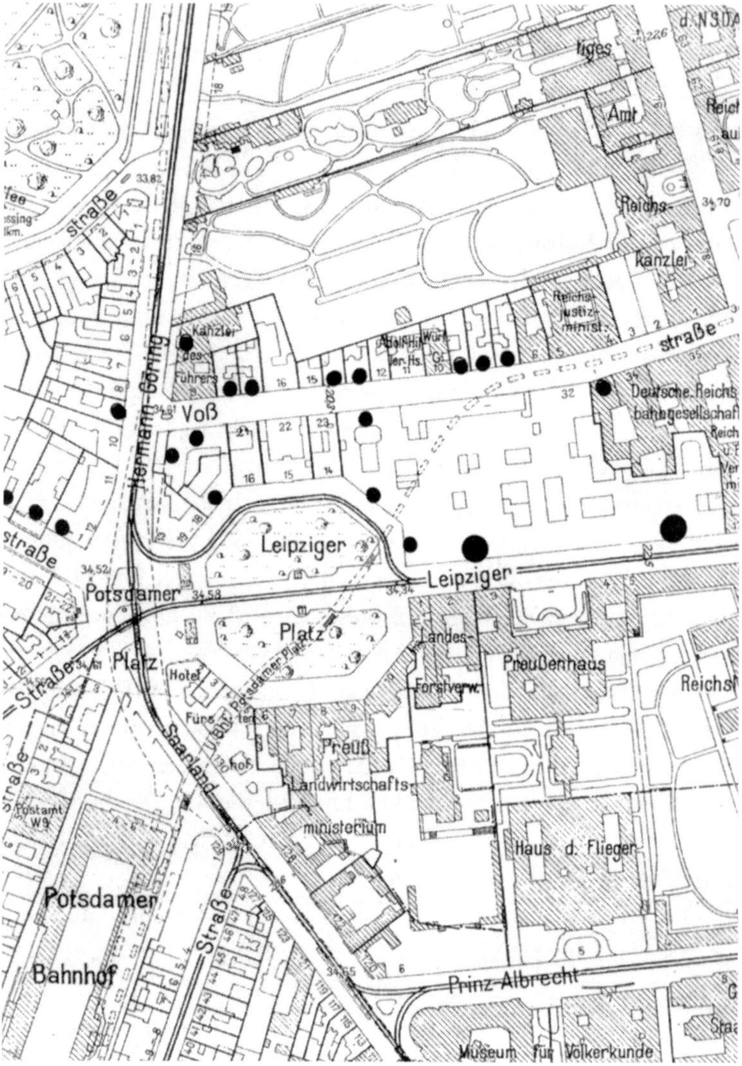

Wertheim-Grundstücke rund um den Leipziger Platz (jeweils mit ● gekennzeichnet), die sich bis 1935 im Besitz des angeschlossenen Immobilienunternehmens befanden.

In Albrecht Wertheims Augen wurden die Verhandlungen «kolossal korrekt geführt», und es wurde auch «prompt bezahlt».[49]

Der für die Verkaufsabwicklung Zuständige habe oft furchtbar darüber geschimpft, wie stark unter Preis er verkaufen musste, erinnert sich hingegen Fräulein Kunze. «Alles wurde der Firma abgeknöpft, bis auf das Haus und das Grundstück, auf dem es stand.»[50]

Trotz der ungünstigen Abschlüsse gelang es dem Unternehmen, mit dem Erlös einen Großteil der Kredite zu tilgen. Weitere Verkäufe verbesserten die Situation noch weiter. Beim Verkauf des Komplexes Lützowstraße/Ludendorffstraße mischte sich 1938 von Stauß erneut ein. Wäre es hier zu einem Verkauf gekommen, hätte Wertheim eine günstigere Kreditlinie mit einer anderen Bank eröffnen können. Doch hier bremste der «väterliche Berater» die Verhandlungen, und der Vertrag mit der Deutschen Bank musste erneuert werden.

Derweil gab es Probleme in Breslau. Ende 1935 belegte die Breslauer Staatspolizei den Verkauf von Spielwaren mit NS-Symbolen mit einem Vertriebsverbot. Das Reichswirtschaftsministerium, noch unter der Leitung von Hjalmar Schacht, setzte die Deutsche Bank darüber in Kenntnis, dass es diese Sortimentsbegrenzung nicht befürworte, und intervenierte direkt bei der Gestapo.

Diese drohte aber nur, «Wertheim massiver als bisher anpacken zu wollen und Pressemeldungen zu verbreiten, dass das Geschäft jüdisch sei».[51] Der von Georg Wertheim und seinem Sohn persönlich aufgesuchte Minister Schacht hielt ihnen eine Rede, in der er sie auf die Gefahr aufmerksam machte, dass sie nicht mehr lange durchhalten würden. Albrecht Wertheim erzählt: «Es wurde uns klar, dass der Schacht nichts anderes war als ein Beauftragter unserer guten Freunde, die uns in der Familie immer geholfen hatten: Udet, Tengelmann, Herbert Göring – ein Vetter von Hermann.»[52]

«Mit den Wölfen muss man heulen», waren Schachts Abschiedsworte. Dieser Ratschlag konnte sich allerdings nur auf den Minister selbst beziehen. Den als Juden bezeichneten Menschen war es längst nicht mehr gestattet, mit den Wölfen zu heulen.

Neben der Lebensmittelabteilung wurde besonders die Buchabteilung Ziel nationalsozialistischer Angriffe. Schon im Mai 1933 war die Kulturfeindlichkeit des Regimes demonstriert worden, als auf dem Opernplatz in Berlin Werke politisch und «rassisch» unliebsamer Autoren öffentlich verbrannt wurden. Auch Wertheim musste nun den Grundsätzen der Reichskulturkammer entsprechen. Denunziation und Missgunst boten reichlich Gelegenheit für willkürliche Übergriffe.

So geschehen im Wertheim-Warenhaus in Breslau. Im Juli 1935 sollten diverse verbotene Bücher – rund 2000 Exemplare – vernichtet werden. Der Leiter der Buchabteilung bei Wertheim Breslau, das NSDAP-Mitglied Franz Zill, sah darin offenbar eine Verschwendung von Volksvermögen und bat die Geschäftsleitung um die Erlaubnis, dem Personal die unerwünschten Bücher zu herabgesetzten Preisen verkaufen zu dürfen. Die Bücher seien zwar in den Leihbibliotheken unerwünscht, würden aber nicht unter die Kategorie verbotener Bücher fallen. Die Erlaubnis wurde erteilt.[53]

Die Reichskulturkammer war mit diesem Vorgang weniger einverstanden und empörte sich außerdem darüber, dass während der Mittagspause der Verkäuferin der Buchabteilung eine Verkäuferin der angrenzenden Abteilung einsprang. Diese Verkäuferin hieß Fischel und war Jüdin.

Über all diese Vorgänge hatte ein im Januar 1936 gekündigter früherer Mitarbeiter der Buchabteilung namens Wyrwol die Reichskulturkammer informiert. Das Unternehmen, dem die Schließung sämtlicher Buchabteilungen angedroht wurde, versuchte sich zu verteidigen, indem es seine eifrige Vernichtung der verbotenen Bücher anführte: Insgesamt waren zwischen Ende Oktober 1934 und Mitte Januar 1936 2499 Bände verbrannt worden.[54]

Hochgerechnet auf sämtliche Wertheim-Filialen ergibt sich ein Vielfaches an vernichteten Büchern – ein immenser materieller, vor allem aber ideeller Schaden. Die Reichskulturkammer kam zur Einschätzung, «dass das System, nach dem der Handel mit Büchern in Ihrem Hause betrieben wird, denkbar ungeeignet ist, kulturvermittelnd im Sinne des nationalsozialistischen Staates zu wirken», und schloss das Unternehmen aus der Reichsschrifttumskammer aus. Alle Buchabteilungen sollten mit sofortiger Wirkung aufgelöst werden.[55]

Für das Unternehmen und für Georg Wertheim persönlich müssen die Buchabteilungen der einzelnen Warenhäuser sehr wichtig gewesen sein. Anders ist es nicht zu erklären, dass sich in dieser Angelegenheit Ursula Wertheim persönlich um eine Sondergenehmigung bemühte. Sie war bisher noch nie in einer geschäftlichen Angelegenheit tätig geworden, jetzt jedoch taucht sie unter der Nummer 253 in der «Liste der noch tätigen Juden, Halbjuden usw.» als Ehefrau eines «Volljuden» auf.[56] Ursulas Intervention zeigte Wirkung: Am 10. November 1936 wurde der Ausschluss der A. Wertheim GmbH aus der Kammer wieder aufgehoben.[57]

Wegen der Vorgänge in Breslau erging eine Ordnungsstrafe in Höhe von 25 000 RM. Nun schaltete sich als Mitglied des Bankenkonsortiums der Vertreter der Deutschen Bank von Stauß ein – und hatte Erfolg. Die Ordnungsstrafe wurde in eine Spendenverpflichtung in Höhe von 24 000 RM umgewandelt, und die Buchabteilungen blieben erhalten. Der Abteilungsleiter Zill verlor jedoch seine Zulassung als Buchhändler.

Was aus Fräulein Fischel geworden ist, ist nicht bekannt. Über die weitere Karriere des Denunzianten Wyrwol gibt es ebenfalls keine Erkenntnisse. Das Unternehmen zahlte die «Spende» widerspruchslos an die Deutsche Schiller-Stiftung in Weimar.

Der großen Beliebtheit der jüdischen Autorin Else Ury ist es wohl zu verdanken, dass die viel gelesenen «Nesthäkchen»-Bände, vom Wertheim-eigenen Globus-Verlag herausgegeben, erst 1938 verboten wurden. Als schwachen Ersatz versuchte man eine neue Reihe einzuführen: «Mädel Peter». Ihr war kein Erfolg beschieden.

Wesentlich erfolgreicher war 1936 die 18-jährige Elvira Bauer mit einem selbst gedichteten und gezeichneten Buch für Kinder im Vorschulalter. «Trau keinem Fuchs auf grüner Heid und keinem Jud bei seinem Eid» wurde von der Hetzzeitschrift «Der Stürmer» als Buch für jeden Weihnachtstisch im Reich empfohlen und erreichte so innerhalb eines Jahres sieben Auflagen mit insgesamt 100 000 verkauften Exemplaren. Es enthält auch ein Gedicht über das «Judenkaufhaus»:

«Ins Judenkaufhaus gehen wir nicht!»
Die Mutter zu dem Kinde spricht
»Nur deutsche Waren kaufen wir
Mein liebes Kind, das merke Dir
Nur das, was deutsche Hand geschafft
Durch deutschen Fleiß und deutsche Kraft
Soll'n deutsche Frauen kaufen
Nun wollen wir nun laufen
Ins Haus der deutschen Waren
Wo wir auch mehr ersparen
Weil billig alles ist und echt
Beim Juden aber kauft man schlecht»
Drum merke, was die Mutter spricht
»Bei einem Juden kauft man nicht!»

Die Vorgänge um die Weiterzulassung der Buchabteilungen ereigneten sich in der nach außen hin ruhigen Zeit während der Olympischen Sommerspiele in Berlin im August 1936, als sich alle offiziellen Stellen um ein scheinbar ungestörtes Geschäftsleben bemühten.

Die Diskussion um die Existenzberechtigung von Warenhäusern hielt bis zur Einsetzung von Göring als Bevollmächtigtem für den Vierjahresplan im Oktober 1936 an. Göring erkannte, dass Warenhäuser, allen ideologischen Überlegungen zum Trotz, notwendige und sinnvolle Verteilungsstellen zur Versorgung der Bevölkerung abgaben, insbesondere in Zeiten von Krieg, auf den das Regime zusteuerte.

Auf die Firma Wertheim wurde im Dezember 1937 der Druck verstärkt. Dr. Elmar Michel, einer der Verteidiger der Warenhäuser im Reichswirtschaftsministerium, bat den Aufsichtsratsvorsitzenden Schönner dringend um einen persönlichen Besuch in seinem Hause, er habe eine Mitteilung zu machen, die sich nicht fürs Telefon eigne. Er berichtete Schönner von einem Gespräch mit dem preußischen Ministerpräsidenten Göring, bei dem im Zusammenhang mit «Arisierungsfragen» das Thema Wertheim angesprochen worden war.

«Göring: Ist bei Wertheim eigentlich alles in Ordnung?

Michel: Ja.

Göring: Wie liegen die Verhältnisse jetzt?

Michel: Aufsichtsrat und Vorstand sind rein arisch zusammengesetzt. Einzelne Mitglieder sind Pg. [Parteigenossen]. Eine Minderheit des Aktienkapitals befindet sich zum Teil noch in nichtarischer Hand, die Majorität aber ist in arischen Händen. Kürzlich ist übrigens ein Schreiben des Stellvertreters des Führers eingegangen, in dem eine Änderung des Firmennamens angeregt worden ist.

Göring: Geschehen ist aber noch nichts?

Michel: Nein.

Göring verstummte eine Weile, dann nachdenklich: Zu einer richtigen Arisierung gehört nach meiner Auffassung die Änderung des Firmennamens.

Göring, nun bestimmt. Bitte teilen Sie das der Firma mit, dass ich auch die Namensänderung für erforderlich halte, sonst besteht der Eindruck der Tarnung.»[58]

Offensichtlich hatten sich Göring und Bormann über Wertheim verständigt, Göring wäre vermutlich nicht von sich aus auf das Thema zu sprechen gekommen. Bald darauf schaltete sich auch das Büro Heß ein und formulierte die Kriterien für die «Arisierung»: 1. die Kapitalzusammensetzung der Gesellschaft, 2. die Beschäftigung von Nichtariern, 3. die Namensänderung der Firma.[59]

Wieder wurde von Stauß zur Schaltstelle. Nach vielem Hin und

Her einigte sich die Firmenleitung darauf, als neuen Namen «AWAG» einzuführen. Kunden und Mitarbeiter hielten AWAG natürlich für eine Abkürzung von A. Wertheim AG, doch der Name stand für «Allgemeine Warenhausgesellschaft AG für Handelsbeteiligungen». Prompt hagelte es Kritik aus der radikaleren Parteipresse, die sich über den «Kompromiss» lustig machte.

Nun durfte das Unternehmen wieder in allen offiziellen Blättern inserieren. Auch das Warenzeichen wurde nach langwieriger Diskussion geändert. Doch wie bei Tietz kümmerten sich die Kunden wenig um die Umbenennung. Eine ehemalige Kundin erinnert sich: «‹Wertheim› war es für uns ja immer. Aber zum Schluss war die Geschäftsführung und das Personal schon ein bisschen anders – ein bisschen ‹arisch›.»[60]

Parallel zur Namensdiskussion wurde, vermutlich vom Vertrauensrat, eine Liste aller noch in Berlin tätigen jüdischen Wertheim-Angestellten angefertigt – ohne die Leitungsebene. Am 2. Juli 1935 waren von den 7073 Angestellten im gesamten Konzern nur noch 67 jüdisch, nicht einmal ein Prozent. In den Berliner Häusern lag der Anteil mit 0,86 Prozent und 51 Personen sogar noch darunter. Die jüdischen Entlassenen hatten keine Chance, anderswo eine Anstellung zu finden. Die Liste von 1937 nennt noch 34 Namen, seit 1935 waren also nochmals 17 jüdische Mitarbeiter ausgeschieden.

Bei der Behandlung des Themas im Aufsichtsrat wurden die noch geltenden Kündigungsschutzregelungen beachtet, öffentliche Aufmerksamkeit und juristische Auseinandersetzungen wollte man sich ersparen. Vermutlich war dem Unternehmen auch nicht daran gelegen, kurzfristig auf erfahrene Mitarbeiter zu verzichten.

Nach und nach wurden aber auch sie entlassen. Ende 1937 gelangte der Aufsichtsrat zur «einmütigen Auffassung», dass «etwa 18 jüdischen Angestellten jetzt am Monatsschluss gekündigt werden soll und dass die Kündigung der weiteren in einiger Zeit folgt».[61]

Von den in der Liste aufgeführten 34 Personen waren zwölf Männer und 22 Frauen, ein Drittel Verkäuferinnen, fünf Kontoristinnen.

Ein Inserat der nun AWAG genannten Firma, das 1939 im Wirtschaftsblatt der IHK Berlin erschien.

Elf Personen hatten gehobenere Positionen. Fast die Hälfte der Angestellten waren 15 und mehr Jahre bei Wertheim beschäftigt gewesen, manche sogar über 25 Jahre.

Beim Vergleich mit Entlassungen jüdischer Angestellter in anderen Unternehmen fällt auf, dass bei Wertheim in keinem Fall eine fristlose Kündigung mit dem Hinweis auf «Rassenzugehörigkeit» ausgesprochen wurde. Ob die Betreffenden soziale Unterstützung erhielten, ist nicht bekannt. Von den Firmen Schocken und N. Israel weiß man, dass die Firmenleitung entlassenen Juden bei der Vorbereitung und Durchführung ihrer Auswanderung behilflich war.

*

Das Schicksal der ausgesonderten Mitarbeiter lässt sich nur unzureichend rekonstruieren, daher soll exemplarisch der Lebensweg des entlassenen Angestellten Salo Wellner nachgezeichnet werden. Von Wellner, der als Einkäufer eine gute Position in der Warenhaushierarchie innehatte, ist eine aussagekräftige Vermögenserklärung im Landesarchiv Berlin überliefert, die die Behörden vor der Deportation erstellten.[62]

Salo Wellner, am 18. Januar 1878 als Sohn von David Wellner in Laurahütte, Oberschlesien (Kreis Kattowitz), geboren, hatte fünf Geschwister. Mit 17 fing der junge Wellner in der Firma A. Wertheim an und arbeitete sich zum Einkäufer im Haupthaus hoch. Salo Wellner hatte mit seiner Frau Regina, geb. Silberstein, zwei Söhne. Die Familie wohnte im Bayerischen Viertel in Berlin-Schöneberg, zuerst in der Martin-Luther-Straße, ab Oktober 1933 in der Lindauer Straße 10.

Wellner verlor 1938 nach 33 Jahren und sieben Monaten Firmenzugehörigkeit seinen Posten bei Wertheim. Wie stark er sich mit dem Unternehmen verbunden fühlte und wie sehr ihn der Verlust seiner Arbeit traf, lässt sich der «Vermögenserklärung» entnehmen, in der er seine Beschäftigungsdauer bis auf den Monat genau eintrug.

Nach der Auswanderung seiner Söhne in die USA lebte das Ehepaar Wellner in einer Gemeinschaftswohnung mit vier anderen Juden. Die «Vermögenserklärung», die mit der Beschlagnahme des gesamten Vermögens von Regina und Salo Wellner verbunden war, weist ein Guthaben von 397 RM auf und eine 25-RM-Schuld beim Zahnarzt.

Die Vierzimmerwohnung war großzügig angelegt: Drei Zimmer, davon eins mit Erker, gingen auf die Hohenstauffenstraße, eins auf den Hof. Es gab eine Mädchenkammer, ein Bad mit WC und ein separates WC. Die Wohnung hatte überwiegend Parkettfußböden, lag im dritten Stock links und war mit Fahrstuhl erreichbar. Die Miete betrug 137 RM inkl. Heizungs- und Warmwasserumlage.

Im März 1942 teilte sich das Ehepaar die Wohnung mit vier jüdischen Untermietern:

Johanna Langer bewohnte das 26 Quadratmeter große Erkerzimmer zur Straße und nutzte die Mädchenkammer als Küche. Hierfür zahlte sie siebzig RM warm.

Helene Illischer bewohnte das 15,5 Quadratmeter große Zimmer zum Hof und bezahlte 35 RM warm.

Fritz und Ruth Boas, die eines der vorderen Zimmer (23 Quadratmeter) bewohnten, zahlten 55 RM warm.

Regina und Salo Wellner wohnten also in einem der straßenseitigen Räume. Vermutlich mussten sie die Untermieter aufnehmen, als Salo Wellner seine Arbeit verlor. Ob sie aktive Gemeindemitglieder waren, lässt sich nicht ermitteln.

Am 17. März 1942 unterschrieben beide eine Vermögenserklärung über ihr gesamtes Hab und Gut, vom großen achteckigen Tisch im Wohnzimmer über die dreiteiligen Samtübergardinen und die Hutablage im Flur bis hin zum Putzkasten in der Küche. Auch Kleingeräte wie das Ärmelplättbrett oder die Heizsonne wurden erfasst, selbst die Fußmatte kam auf die Liste.

Bei der Kleidung lässt sich noch ein Hauch besserer Zeiten erahnen: Ein Smoking, ein Zylinder und zwölf Kragen sind aufgeführt. Ein Wintermantel hingegen fehlt in der Aufstellung, so Wellner einen zweiten besaß, wird er ihn gegen etwas Nützlicheres eingetauscht haben. Auch vom Hausrat war nur noch wenig übrig geblieben: Gerade dreißig Teile Geschirr, 16 Gläser, aber kein Besteck sind aufgelistet.

Doch auch das wenige fand Abnehmer. Die Gebrauchtwarenhändler Otto Buschow (Möbel und Hausrat) und Andreas Schühtrumpf (Textilien) übernahmen die Habe und zahlten dafür einen Schätzbetrag an die Oberfinanzkasse. Für den achteckigen Nussbaumtisch wurden zwanzig, für einen Garderobeschrank vierzig RM angesetzt. Buschow musste 836,90 RM zahlen, Schühtrumpf 512 RM.

Regina und Salo Wellner wurden mit einem der ersten Transporte aus Berlin, dem 11. Transport vom 28. März 1942, nach Trawnicki (in der Nähe von Lublin) gebracht. Beide gelten als verschollen.[63]

Die Untermieterin Helene Illischer musste am 9. Oktober 1942 ihr Zimmer räumen. Sie zog vermutlich vorübergehend in eines der «Judenhäuser». Ihr Schicksal ist nicht bekannt.

Johanna Langer, geborene Hermann, zog zwei Tage später aus. Sie wurde am 17. März 1943 mit dem dritten großen Altentransport nach Auschwitz gebracht. Sie gilt ebenfalls als verschollen.

Fritz Boas und seine Frau Ruth, geborene Wisniewski, verließen die Wohnung am 17. Oktober 1942, also rund eine Woche nach Helene Illischer. Sie waren übergangsweise in einem «Judenhaus» in der Potsdamer Straße 171 untergebracht, bevor sie mit dem 27. Transport vom 29. Januar 1943 nach Auschwitz deportiert wurden. Dort wurden sie ermordet.

In den Akten des Oberfinanzpräsidenten finden sich mehrere Schreiben der Hausverwaltung des Hauses Lindauer Straße 10. Die Hausverwalterin Clara Müller wollte die Renovierung und die ausstehende Miete bis zum Neubezug der Wohnung durch Ritterkreuzträger Major Gudelius im Dezember 1942 erstattet haben. Auffallend an einem dieser Briefe ist, dass die Hausverwaltung sogar die Transportnummer der Wellners angeben konnte. Die Staatspolizeistelle hatte die Angaben, dass die Mieter nicht mehr zurückkehren würden, an die Hausverwaltung weitergegeben. Gleichzeitig teilte der Oberfinanzpräsident dem Stadtsteuerkassenamt Berlin-Schöneberg mit, dass die Bürgersteuer für das zweite und dritte Quartal 1942 von den Wellners nicht mehr bezahlt werden müsse, da die Betroffenen «aus dem Reichsgebiet abgeschoben» worden sind.[64]

ZEHNTES KAPITEL

WERTHEIM «REIN ARISCH»

Wenige Tage nach Georg Wertheims erschütternder Eintragung *Austritt aus dem Geschäft. Firma als deutsch erklärt* traten Ursula Wertheim und ihre Tochter eine große Ägyptenreise an. Fünf Wochen waren sie im Palais Gezira in Kairo zu Gast bei den Brüdern George und Michel Lotfallah und Michels Sohn, Prinz Habib, die sie während der Olympischen Spiele Anfang August 1936 kennen gelernt hatten – eine Begegnung, aus der sich eine rege wechselseitige Besuchstätigkeit entwickelte.

Viel Geselligkeit, Sport, Bootsfahrten auf dem Nil, Oper, Ausflüge in die Umgegend, notiert Ursula Wertheim nach der Rückkehr ins Tagebuch ihres Mannes. Die Lotfallahs waren eine reiche christliche Großgrundbesitzerfamilie, die mehrere namhafte syrische Politiker und Diplomaten hervorgebracht hatte. Den heruntergekommenen luxuriösen Palast Gezira, einst Nobelhotel für so illustre Gäste wie den österreichischen Kaiser Franz Josef, hatten sie sich nach Ende des Ersten Weltkriegs gekauft. Die beiden Wertheim-Ursulas verbrachten dort eine schöne Zeit mit Fahrten nach Oberägypten in das Lotfallah'sche Landgut Kofom, nach Luxor und nach Assuan.

Als Georg Wertheim am 11. Februar 1937 seinen 80. Geburtstag in seinem Landgut Sassleben verbrachte, waren die beiden Frauen noch unterwegs. Vielleicht hatte er wenigstens Albrecht bei sich.

Im Frühjahr reiste die Familie wie getrieben weiter, teils getrennt, teils zusammen: St. Moritz, Kissingen, Baden-Baden, Warnemünde, Paris. Im September wurden Ursula und Albrecht von Dr. Lindgens zur Jagd nach Kobior in Polen eingeladen. *Albrecht schoss zwei kapi-*

tale 14-Ender, weiß Georg Wertheims Tagebuch zu berichten. Im November folgte eine weitere Einladung zur Treibjagd nach Kopenhagen. Weihnachten und Neujahr war wieder Familienzeit in Sassleben.

Auch 1938 ging es auf diese Weise weiter. Im Februar besuchte die junge Ursula den berühmten Warenhausinhaber Selfridge in London, im März war sie auf eine Amerikareise eingeladen und traf sich mit Douglas Froeb, ihrem späteren Ehemann. Im September verbrachten Ursula und Albrecht einige Tage mit Dr. Lindgens im Ratibor'schen Jagdschloss in Neuaigen. *6 Hirsche geschossen.*

1938 mussten alle nach den Nürnberger Gesetzen als Juden eingestuften Personen durch ihre Vornamen eindeutig als solche erkennbar sein. Sofern der eigene Vorname selbst es nicht schon deutlich machte, wurden dem Namen die Zwangsnamen Israel für Männer und Sara für Frauen hinzugefügt.

Aus den Akten der Familien Tietz und Wertheim geht hervor, dass die deutschen Behörden Betty Tietz mit dem Namen «Sara» versahen, obwohl sie zu diesem Zeitpunkt bereits im Ausland lebte. Sie verwahrte sich durch ihren Rechtsanwalt nachdrücklich dagegen. Auch ihren Söhnen Georg und Martin sowie dem Schwiegersohn Hugo Zwillenberg wurde der Zusatz «Israel» verpasst. Bei der Familie Wertheim ist für Günther, den Sohn von Franz Wertheim, bekannt, dass er den Zusatz Israel verwenden musste.

Am 12. März 1938 um fünf Uhr dreißig marschierte die Wehrmacht in Österreich ein. Mit dem Worten «Gott schütze Österreich» beendete der austrofaschistische Bundeskanzler Kurt Schuschnigg seine letzte Radioansprache vor dem erzwungenen Rücktritt am 11. März. Die Juden schützte in Österreich niemand mehr.

Nachdem Hitlers Heimatland «angeschlossen» war, wurde eine härtere Gangart eingelegt. Im April mussten Juden ihre Vermögen über 5000 RM anmelden und wurden gezwungen, Kennkarten zu führen. Im selben Monat erließ Göring als Beauftragter für den Vierjahresplan die «Verordnung gegen die Unterstützung der Tarnung jüdischer Gewerbebetriebe».[1] Allen deutschen Staatsangehörigen wurde Strafe angedroht, die «aus eigennützigen Beweggründen dabei mitwirken, den jüdischen Charakter eines Gewerbebetriebes zur Irreführung der Bevölkerung oder der Behörden bewusst zu verschleiern». Eine klare Warnung an alle, die noch mit jüdischen Unternehmen kooperierten.

Die Scharfmacher aber waren noch nicht zufrieden. So, wie ihrer Ansicht nach die Taufe noch keinen «Arier» aus einem Juden mache, so sei die «Arisierung» bei Wertheim «mehr als eine missglückte Tarnung», heißt es in einem Artikel der Zeitschrift «Der Aufbau» im April 1938.[2]

In Berlin kam es erneut zu Übergriffen auf jüdische Betriebe. Mit vorbereiteten Listen gingen Gruppen von Aktivisten von Haus zu Hause und beschmierten die Geschäfte von Juden mit Farbe. Ende Juni berichtet die Journalistin Bella Fromm von einer solchen Vorwegnahme des Novemberpogroms:

> Das bekannte alte Wäschehaus Grünfeld war von einer grölenden Meute von SA-Männern umstellt ... Überall dieselben Szenen, die sich nur in Heftigkeit und Gemeinheit unterschieden. Der ganze Kurfürstendamm war voller Schmierereien und Plakate. «Jude» war in wasserfesten Farben überall an Türen, Fenster und Wände geschmiert. In dem Viertel [hinter dem Alexanderplatz], wo sich die kleinen jüdischen Ladengeschäfte befinden, hatte die SA besonders heftig gehaust. Überall sah man Ekel erregende, blutrünstige Abbildungen von enthaupteten, gehangten und verstümmelten Juden mit widerlichen Inschriften. Schaufenster waren zerschlagen worden, und die «Beute» aus den dürftigen, kleinen Läden lag auf den Fußsteigen und im Rinnstein verstreut.[3]

Neue Polizisten wurden rekrutiert, die bei Razzien besonders rücksichtslos vorgingen. Doch die Bevölkerung begann sich daran zu gewöhnen, teilnahmslos sahen die Menschen den Übergriffen gegen jüdische Personen und Geschäfte zu.

Indes engten viele kleine Verordnungen das Leben der Juden immer weiter ein, die seit September 1935 keine Reichsbürger mehr waren. Im August 1938 kam eine Verordnung heraus, nach der die Zulassungsnummern der Kraftwagen in jüdischem Besitz geändert werden mussten. Die neuen «Judennummern» von 355000 aufwärts mussten beim Kfz-Amt beantragt werden.[4]

Die «Ausschaltung der Juden aus dem Wirtschaftsleben» ging inzwischen zügig voran. Noch vor dem 9. November waren 747 jüdische Betriebe «arisiert» worden.[5] Im Vergleich zur Einwohnerzahl gab es allerdings in Berlin deutlich weniger Übernahmen als in der Provinz.

Die als «Reichskristallnacht» überlieferten Novemberpogrome wurden als spontane Äußerung des Volkes gegen die Erschießung des deutschen Diplomaten Ernst von Rath in Paris durch einen jüdischen Polen namens Herschel Grynszpan ausgegeben.

Mitglieder der NSDAP und ihrer Gliederungen zogen auch in Berlin in «Räuberzivil» durch die Straßen und warfen Steine und Brandsätze in Synagogen, Betsäle, Friedhofskapellen, jüdische Schulen und sonstige jüdische Einrichtungen und Geschäfte. Nachdem die Scheiben der Häuser und Geschäfte zu Bruch gegangen waren, setzte eine Welle von Plünderungen ein. In der Potsdamer Straße beteiligten sich Prostituierte an der Plünderung von Pelzgeschäften, was ihnen von einem Passanten den Vorwurf einbrachte, sie würden ihre «besten Kunden» berauben. Die Frauen alarmierten die Polizei, und der Mann wurde festgenommen.[6]

Es waren gerade die kleinen Einzelhandelsgeschäfte, die in der Nacht zum 10. November die Aggression fanatischer Nazis, heimlicher Pyromanen oder gewöhnlicher Krimineller zu spüren bekamen.

Im reichsweiten Pogrom wurden etwa hundert Menschen getötet, 101 Synagogen durch Brand zerstört, 76 Synagogen demoliert, 7500 Geschäfte verwüstet. Der Sach-, Inventar- und Warenschaden belief sich auf mehrere hundert Millionen Mark. Als «Sühneleistung» für den ihnen zugefügten Schaden mussten die Juden eine Milliarde Mark an das Reich entrichten. Hämisch bemerkte Göring auf der Sitzung vom 12. November 1938 im Reichsluftfahrtministerium: «Im Übrigen muss ich feststellen: Ich möchte kein Jude in Deutschland sein.»[7]

Für viele markierte das Novemberpogrom einen Endpunkt, Schlimmeres war einfach nicht vorstellbar. Die Stimmung unter den Juden war verständlicher Weise gedrückt. Zahlreiche junge Menschen hatten bereits das Land verlassen, und diejenigen, die blieben, wollten oder konnten aus gesundheitlichen, familiären oder finanziellen Gründen nicht auswandern. Jene, die stärker in die Jüdische Gemeinde und deren Kultur- und Wohlfahrtseinrichtungen eingebunden waren, spürten die Bedrohung weniger deutlich, viele versuchten die Realität zu verdrängen.

Nach den Ereignissen, die Georg Wertheim mit den Worten *schwere politische Novembertage* zusammenfasst, war die bisher fallweise erfolgte Begünstigung von Einzelpersonen nicht mehr möglich. In Berlin war nun der Oberfinanzpräsident für Veräußerungen und Unternehmensliquidierungen zuständig. Alle entstehenden «Entjudungsgewinne» sollten dem Reich zufallen.[8] Ebenfalls wurde endgültig entschieden, dass ab dem 1. Januar 1939 Juden keine Einzelhandelsbetriebe, Versandgeschäfte oder selbständige Handwerksbetriebe mehr führen durften, auch als «Betriebsführer» konnten sie nicht mehr tätig sein.

Bei den großen Warenhäusern waren zu diesem Zeitpunkt schon alle maßgeblichen Schritte vollzogen. Für diese lukrativen Übernahmen kam das Reich zu spät: Die Geschäfte waren mit tatkräftiger Unterstützung der Banken bereits «arisiert». Von den fünf umsatzstärksten deutschen Warenhäusern waren Anfang des Jahres drei – Karstadt, Hertie, Westdeutscher Kaufhof (früher Leonhard Tietz) – ausschließlich und zwei – Wertheim und Schocken – mehrheitlich im Besitz von «Ariern».[9]

Schon im Januar 1938 hatte Göring mit seinem «Warenhauserlass» deutlich gemacht, dass zwischen «Warenhaus» und «jüdischem Unternehmen» zu unterscheiden sei. Angesichts der Kriegsvorbereitungen, der Rationierung zahlreicher Produkte und der verstärkten Frauenarbeit konnte nach Ansicht Görings auf die Warenhäuser nicht mehr verzichtet werden. Die Anregung des Ministers für Wissenschaft, Erziehung und Volksbildung, ein Einkaufsverbot für Beamte in Warenhäusern anzuordnen, wies er zurück.[10] Gewiss waren die Vertreter der offiziell anerkannten «arischen» Warenhausunternehmen nach Kräften gegen diese Idee des Erziehungsministers vorgegangen.

Auch innerhalb der Partei war die veränderte Haltung zum Warenhaus 1938 bereits unverkennbar. So meldete sich Johannes Splettstösser, der Syndikus der Industrie- und Handelskammer Berlin, der noch wenige Jahre zuvor gegen die Warenhäuser gewettert hatte, bei Stauß, weil er gehört hatte, «dass bei Wertheim ein Finanzdirektor gesucht werde».[11] Er bekam die Stelle nicht, doch muss er sich mit Stauß verständigt haben, denn Splettstösser informierte ihn in der Folge über interessante, zur Übernahme geeignete Kaufhäuser in Polen.[12]

Als Martha Wertheims Neffe Alfred Traube, Rechtsanwalt in Berlin und mit der Verwaltung von Wilhelm Wertheims Nachlass betraut, in der Pogromnacht abgeholt wurde und mit geschorenem Kopf aus dem Konzentrationslager Sachsenhausen wiederkam, bestand für Martha Wertheim kein Zweifel mehr, dass sie ihr Vermögen aufgeben und schnellstens das Land verlassen müsse.

Ihr privat gehörende Grundstücke und eine Villa in Dahlem hatte sie schon zuvor veräußern müssen. Sie war gezwungen worden, das leer stehende Haus in der Ruhlandallee 21 (früher und heute Messelstraße) für 310000 RM an Goebbels' «Deutsche Tanzschule» zu verkaufen, mit knapp unter 18 RM pro Quadratmeter ein lächerlicher Preis für das 17291 Quadratmeter große Anwesen samt Villa, Kutscherhaus, Gärtnerhaus und Orangerie. Eingeweihten war bekannt, dass «Tanzschule» die Umschreibung für ein Privatbordell war. Die Lage des Hauses ohne Gegenüber am Rand eines parkähnlichen Mittelstreifens war für Goebbels' Zwecke wohl besonders geeignet.

Nach langem Zögern übertrug Martha nun auch ihr Vermögen (Anteile im Wert von 3,8 Millionen RM) auf die Adoptivtochter Elsa. Das Verhältnis zwischen den beiden war sehr gespannt, denn Elsa, nunmehr mit Hans-Jürgen Ziehm verheiratet, war nach Wilhelm Wertheims Tod aus dem elterlichen Haus ausgezogen und hatte den Namen ihres leiblichen Vaters, Harmening, angenommen, mit dem sie keinen Kontakt gehalten und der sich weder um sie noch um ihre leibliche Mutter gekümmert hatte. Welche Gründe hinter dieser Entscheidung standen, muss offen bleiben.

Martha Wertheim emigrierte im April 1939 gemeinsam mit ihrem Neffen Alfred Traube nach Großbritannien, wo sie in Bath bis zu ihrem Tod ein karges Leben fristete.[13]

Elsa Ziehm nahm das Vermögen 1938 an, konnte allerdings nicht darüber verfügen, da ihr Adoptivvater Wilhelm Wertheim in seinem Testament geregelt hatte, dass ihr erst ab dem vollendeten 30. Lebensjahr die volle Verfügungsberechtigung übertragen werden dürfe. Also musste ein Treuhänder – Ludwig Kastl – eingesetzt werden. Der ursprünglich als Treuhänder vorgesehene Georg Wertheim fiel aus «rassischen» Gründen aus.

Als Kastls Mündel Elsa mit Erreichen des entsprechenden Alters darauf bestand, ihr Vermögen selbst zu verwalten, wurde sie von Aufsichtsrat und Vorstand abgewiesen, weil sie eine Frau sei und nicht einmal Ursula Wertheim einen Sitz im Aufsichtsrat beanspruchen würde. «Damen wählen wir ja sowieso nicht», schrieb von Stauß im März 1941 an Schönner.[14] Allenfalls wäre man bereit gewesen, Elsas Ehemann per Gesellschafterbeschluss in den Aufsichtsrat aufzunehmen. Schließlich wurde vereinbart, dass Kastl im Aufsichtsrat blieb, indem er auf den frei werdenden Posten Hertzers rückte. Bis Kriegsende nahm er das Stimmrecht für Elsas Anteile wahr.

In einem rechtsfreien Staat auf das Recht vertrauend, wandte Elsa

Ziehm sich 1941 an den «Kommissar für die Behandlung feindlichen Vermögens», was jedoch die offiziellen Stellen überhaupt erst auf den Vorgang aufmerksam machte. Mit der Begründung, es habe sich bei der Schenkung um ein «Tarngeschäft» gehandelt, wurden Elsas Anteile von der Gestapo beschlagnahmt. Bis Kriegsende zog sich die Auseinandersetzung zwischen den diversen Dienststellen und Elsa Ziehm hin, die sich als «Arierin» vollkommen im Recht fühlte. Nach Kriegsende erhielt sie Grundstücke und Anteile im Wert von 3,1 Millionen RM zurück und besuchte ihre in ihren letzten Lebensjahren verwirrte Adoptivmutter in England. Ob sie sie finanziell unterstützte, ist nicht bekannt. Martha Wertheim starb am 2. Januar 1953.

Neben den Großaktionären waren den Nichten, Großnichten, Neffen und Großneffen der Wertheim-Brüder jeweils zu deren Eheschließungen Aktienpakete im Wert von rund 100000 Reichsmark übertragen worden. Nachdem Georg Wertheim aus dem Unternehmen ausgeschieden war, hatte das Reichswirtschaftsministerium den Druck erhöht, dass auch diese Anteile in die Hände von «Ariern» gelangen müssten.

Gegenüber diesen Kleinaktionären verhielt sich die Geschäftsspitze äußerst unkooperativ. Sie waren verpflichtet, ihre Anteile dem Unternehmen anzubieten, die Firma jedoch zeigte sich desinteressiert und hielt sie hin. Die verkaufswilligen Anteilseigner wollten aber ihre Emigration vorbereiten und waren auf das Geld angewiesen.

Besonders übel wurde Fritz Sternberg mitgespielt, Georg Wertheims Neffen, der als Syndikus Jahrzehnte in maßgeblicher Stellung für das Unternehmen tätig gewesen war. Ihm war vertraglich zugesichert worden, dass er bei der Rückübertragung seiner Anteile auf das Unternehmen eine gesicherte Wertsteigerung erhalten würde. Doch wurde er so lange hingehalten, bis er der Firma seine Anteile unter dem Nennwert verkaufte (wobei offen bleiben muss, ob er jemals den Kaufpreis erhalten hat). Nicht anders erging es

Charlotte Haac, geborene Sternberg, Nichte der Brüder Wertheim und Ehefrau des 1933 entlassenen Oscar Haac, Marie Lewenz, geborene Ewer, und Margot Fischbein, geborene Ewer. Sie mussten ihre Anteile abstoßen, ohne den Verkaufspreis beeinflussen zu können. Die Erwerber gehörten alle zum neu gegründeten Konsortium Lindgens.

Mit der Übertragung der Anteile von Martha Wertheim an ihre Adoptivtochter waren nunmehr alle Anteile des Unternehmens im Besitz «arischer» Inhaber, sodass sich im Juli 1938 folgende Zusammensetzung ergab:

Ursula Wertheim	6 012 000,– RM
Elsa Harmening (spätere Ziehm)	3 800 000,– RM
Konsortium Lindgens	1 356 000,– RM
AWAG	852 000,– RM

An der diskret als «Konsortium Lindgens» bezeichneten Gruppe waren außer Lindgens als Vorsitzendem, Emil Georg von Stauß, der Vorsitzende der AWAG-Dachgesellschaft Schönner und das Aufsichtsratsmitglied Haus beteiligt. An der Verteilung der Anteile änderte sich bis 1945 nur intern etwas, als das Konsortium den größten Teil der Anteile an von Stauß persönlich übertrug. Da dieser aber 1942 starb und damit seine detaillierten Aufzeichnungen endeten,

Das Signet des «arisierten» Wertheim-Unternehmens, das jetzt unter dem Namen AWAG firmierte gibt es keinen Aufschluss über die näheren Hintergründe dieser Transaktion.

*

Im Oktober 1938 verlobte sich Ursula II mit dem Amerikaner deutscher Herkunft Douglas Froeb. Am 6. November 1938 feierten sie Hochzeit, *im Beisein beider Elternpaare in Sassleben. Polterabend Teeraum Bellevuestraße, Berlin. Hochzeitsreise Ursula II mit Douglas nach Ceylon, Rückkehr 13. Dezember.* Die Schrecken der «Reichskristallnacht» veranlassten sie nicht, ihre Reise kurzfristig abzubrechen.

Verlobung und Hochzeit muten reichlich überstürzt an. Über Douglas Froeb ist nichts Weiteres bekannt, als dass er im Zweiten Weltkrieg als Sergeant in der US-amerikanischen Armee diente. Zum Zeitpunkt ihrer Eheschließung war Ursula 31 Jahre alt, Douglas zwei Jahre jünger. Vielleicht war es einfach höchste Zeit.

Nach den «schweren politischen Novembertagen» war die Tochter Ursula Froeb geworden, A. Wertheim das Unternehmen AWAG, und sämtliche Aktien befanden sich in der Hand «arischer Anteilseigner». Damit aber wirklich alles «in Ordnung» war, holte von Stauß zum letzten Schlag aus: Georg Wertheim solle sich nach dem Gesetz zur Annullierung von «Mischehen» von seiner Frau scheiden lassen.

Ursula reagierte anfangs entsetzt auf das Ansinnen und musste erst durch gutes Zureden von Georg Wertheim von der Zweckmäßigkeit des Schritts überzeugt werden. Schließlich ging es um das Familienvermögen – und um die körperliche Unversehrtheit des alten Mannes. Er würde bis zu seinem Tod unbehelligt in Berlin weiterleben können, versprach Stauß. Georg Wertheim wusste, dass es nicht mehr allzu lange dauern würde. «Ohne diese Sache hätten wir keine Bestätigung für das Geschäft als deutsches Warenhaus erhalten. Das war die Gegenleistung», erklärt Albrecht Wertheim und fügt hinzu: «Das muss sicher für unsere Freunde schwer gewesen sein, das bei den Nazis zu erreichen. Für Stauß in erster Linie. Wir erkannten, dass dieser Vorschlag eine einmalige Chance für uns war.»[15]

Innerhalb von zwei Tagen hatte Arthur Lindgens die Formalitäten erledigt, und Georg und Ursula Wertheim wurden im Dezember 1938 nach 32-jähriger Ehe geschieden. Georg Wertheim zog in die Villa seiner verstorbenen Mutter im Grunewald, und dort feierte die Familie auch ein trauriges Weihnachtsfest.

Zu Silvester reiste *Ursula II* mit Douglas Froeb über Paris nach New York. Sie kehrten noch einmal im Juli 1939 nach Deutschland zurück, um sich den Sommer über der Familie in Warnemünde anzuschließen. Es war ihr letzter gemeinsamer Sommer.

Nachdem das Unternehmen als «arisch» anerkannt war, wuchs neues Selbstbewusstsein in der Unternehmensspitze. Nun wollte man sich nicht mehr nur Anweisungen beugen, sondern selbst handeln. Im Dezember 1938 beschloss der Aufsichtsrat, an allen Erfrischungsräumen Schilder mit der Aufschrift «Jüdische Besucher sind hier nicht erwünscht» anzubringen. Doch schienen sich die Kunden nicht darum zu kümmern, sodass das Thema auf einer weiteren Aufsichtsratssitzung erneut behandelt wurde. Aus einzelnen Häusern war von eifrigen Geschäftsführern über den Besuch von Juden geklagt worden.

Als letzte Maßnahme zur vollständigen «Arisierung» mussten auch die selbständigen Gewerbetreibenden, die Juden waren, ihre Fotoateliers, Uhrreparaturwerkstätten oder Friseursalons in den Warenhäusern aufgeben. An ihre Stelle traten häufig ihre früheren Angestellten.

Am 1. September 1939 begann der zweite große Krieg in Georg Wertheims Leben. *Kriegsausbruch* notiert er lakonisch in seinem Tagebuch.

Es ist kaum zu glauben, aber am 2. Oktober fuhren Dr. Lindgens, ein Verwandter namens Rudi Lindgens, Albrecht und seine Mutter zur *Schauflerjagd* nach Krems in der «Ostmark», wo sie beim Fürsten Ratibor im Hotel Weiße Rose abstiegen. *Jeder der Herren kapitalen Schaufler geschossen, 1 Tag Wien, Imperial Hotel, Prater gewesen.*

Es dauerte nicht lange, bis Albrecht das Jagdgewehr gegen andere Waffen eintauschen musste. Am 1. Dezember 1939 wurde er zu den Lübbener Jägern eingezogen, obwohl er formal als «Mischling ersten Grades» galt.

Für Georg Wertheim war das ein schwerer Schlag. Das erste Mal sahen Familienmitglieder und Albrechts Freundin Brigitte Broese den sonst stets ausgeglichen wirkenden Herren außer Fassung geraten. Er hatte, obwohl getauft, als Jude zusehen müssen, wie sein Lebenswerk zerstört wurde, und nun nahmen sie ihm auch noch den einzigen Sohn. Das war wohl zu viel für den alten Mann.

Im Herbst und Winter 1939 fand Georg Wertheim Trost in der Lyrik. In seinem Tagebuch finden sich drei Gedichte, in denen er, der sonst nie Gefühle zeigte, nicht mehr davor zurückschreckt, seinem Kummer freien Lauf zu lassen.

November 1939

> So nebenbei
> Über Geschehenes nicht mehr streiten;
> Mit «wenn» und «hätt ich» ist nichts getan.
> Wozu sich noch Verdruss bereiten,
> Wenn man doch nichts mehr ändern kann.
> Auch auf Belehrung leist' Verzicht,
> Es wiederholt sich nichts im Leben,
> Geh' mit Dir selber zu Gericht
> Statt andern guten Rat zu geben.

Am 6. Dezember schickte er seiner Tochter ein Gedicht nach New York. Ursula hat nur einen Auszug im Tagebuch festgehalten.

> Körper ist noch ungebückt,
> Geist ist auch noch nicht verdrückt.
> Auch mit den Augen könnte es gehen,
> Nur bei Verdunkelung kann ich nicht sehen.

Kommt erst der Friedensengel nieder,
Dann brennen die Laternen wieder;
Und alles wird in Ordnung sein,
Ist Albrecht erst gesund daheim.

Am 23. Dezember 1939 zieht er Bilanz:

Wer kann dafür
Leicht ist es, eigne Fehler kennen,
Doch schwer, von ihnen sich zu trennen.
Meist kamen sie mit uns zur Welt.
Und manche haben sich noch zugesellt.
Erst mochten sie uns wohl behagen,
Doch später möcht' man sie verjagen.

Das letzte Gedicht trägt das Datum «Weihnachten»:

Kalt Blut
Stehst Du vor schwierigen Entschlüssen,
Lass es erfahr'ne Menschen wissen.
Hör' für und wider, hör' von beiden,
Doch schließlich musst Du selbst entscheiden.
Und sei vorher mit nichts gebunden.
Wart' erst noch 24 Stunden.

Georg Wertheim starb am 31. Dezember 1939 im Haus seiner Mutter in der Winklerstraße 12. Weil sein Vater im Sterben lag, hatte Albrecht Urlaub bekommen, und auch Ursula Wertheim war bei seinem Tod anwesend. Die letzte Eintragung in Georg Wertheims Tagebuch ist von Ursula verfasst: *Sylvester Sonntag starb mein herzensguter Mann Georg Wertheim an Grippe mit Lungenentzündung im beinahe 83tem Lebensjahr um 9.20 Uhr abends.*

Es bleiben allerdings Fragen offen: Im Tagebuch ist keine Erkrankung vermerkt, obwohl Georg Wertheim gerade über eigene und Erkrankungen von Familienmitgliedern stets genau Buch führte. Noch am 6. Dezember schrieb Wertheim an die Tochter von seinem

Familiengrabstätte der Wertheims (mit Arthur Lindgens) auf dem Kreuzberger Dreifaltigkeitsfriedhof, Berlin. Hier wurde 1940 Georg Wertheims Urne beigesetzt, ein ursprünglich vorhandener Aufsatz wurde inzwischen entfernt.

«ungebückten» Körper und klaren Geist. Und sein letztes Gedicht liest sich wie ein Abschied vom Leben.

Die Einäscherung – *unter Beisein von Albrecht, Dr. Lindgens und Otto Hoesch* – erfolgte ungewöhnlich schnell. *Die schlichte Feier wurde von Cellospiel «Ave Maria» eingeleitet und mit «Ases Tod» beendet. Pfarrer Daberkow sprach das Gebet. Am 9. Januar* [1940] *kaufte ich ein Erbbegräbnis auf dem Dreifaltigkeitsfriedhof in der Bergmannstraße gegenüber der Gilkaschen Ruhestätte. Dort ist Georgs Urne beigesetzt.* In der Presse erschien nach der Einäscherung nur eine kurze Mitteilung. Eine Todesanzeige wurde nicht veröffentlicht.

*

Verfolgt man die Lebenswege der Familienangehörigen von Georg Wertheim, so ergibt sich folgende dürre Bilanz: 1933 gehörten insgesamt 38 Mitglieder zur Familie. 25 galten nach den später eingeführten NS-Rassekriterien eindeutig als Juden, vier als «Arierinnen» (drei Ehefrauen und eine Adoptivtochter), die Kinder aus so genannten Mischehen galten als «Mischlinge». Zwei der «Mischehen» endeten mit der Scheidung, die dritte Frau ging mit dem Mann in die Emigration. Spätestens ab 1935 war die Situation so verschärft, dass ein großer Teil der Betroffenen an Auswanderung dachte. Drei Familienmitglieder waren zu diesem Zeitpunkt eines natürlichen Todes gestorben, drei weitere starben ohne Fremdeinwirkung bis 1941. Zwanzig Familienmitgliedern gelang die Flucht aus Deutschland.

Insgesamt kamen fünf Personen in Lager: Margot Fischbein, geborene Ewer, die Nichte der Wertheim-Brüder, Gerhard Fischbein, ihr Sohn, Lore Fischbein, ihre Tochter, Fritz Wertheim, der Sohn von Franz Wertheim, und Wolf Wertheim.

Außer Wolf Wertheim, der in einem französischen Internierungslager starb, waren alle auf der Flucht festgenommen worden. Margot Fischbein und zwei ihrer Kinder, Lore und Gerhard, wurden in Auschwitz ermordet, Fritz Wertheim überlebte. Vier weitere Personen überstanden die Verfolgung, indem sie untertauchten, darunter Otto Fischbein, Margots Mann. Klaus Wertheim, der Sohn von Fritz, wurde als Zwangsarbeiter bei der Organisation Todt eingesetzt und konnte fliehen.

Georg Wertheims Schwester Helene, deren Mann Ludwig Ewer bereits 1911 verstorben war, lebte bis zu ihrem Tod 1941 in Berlin. Sie bewohnte eine herrschaftliche Villa in der Trabener Straße 8 im Grunewald, auf die einzelne Organisationen der NSDAP ein Auge geworfen hatten. Als sie bereits stark pflegebedürftig war, wurde Helene Ewer zum Verkauf von Haus und Grundstück für 50440 RM genötigt. Albrecht Wertheim erinnert sich, dass sie kurz vor ihrem Tod an unerträglichen Zahnschmerzen litt und man nur unter großen Schwierigkeiten einen Arzt auftreiben konnte, der bereit war, eine Jüdin zu behandeln. Als dann endlich Professor Schröder kam, der sich um das Verbot nicht scherte, standen SS-Posten vor der Tür, die jeden Besucher des Hauses fragten: «Ist die Jüdin immer noch nicht tot?»[16] Schröder sorgte dafür, dass Helene einen ruhigen Tod fand.

Einer späteren Aufstellung ist zu entnehmen, dass der vereinbarte Kaufpreis für Grundstück und Villa nie gezahlt wurde. Helene Ewer wurde jüdisch bestattet, ihr Grab ist auf dem Jüdischen Friedhof in Berlin-Weißensee. Vermutlich wollte sie in der gemeinsamen Grabstelle mit ihrem Mann beigesetzt werden.

Ihre 1927 geborene Enkeltochter Margret Fischbein erinnert sich, dass Religion in ihrer Familie überhaupt keine Rolle spielte: «Ich war nie in der Synagoge oder in einer Kirche. Von Judentum oder Christentum wurde nie gesprochen. Wir feierten Weihnachten mit einem schönen Weihnachtsbaum. Ostern mit Ostereiern.»[17] Margrets Vater Otto Fischbein war Einkäufer für die Damen- und Kinderkleidungsabteilung von Wertheim.

Ihre Kindheit in einer eleganten Villa mit einem idyllischen Garten in der Winklerstraße 19 war geprägt von gutbürgerlichem Wohlstand. Kindermädchen, Wäschefrau, Schneiderin und Gärtner waren eine Selbstverständlichkeit. Nach zwei Jahren auf der Grundschule musste Margret in die jüdische Goldschmidt-Schule wechseln, wo sie vor antisemitischen Anfeindungen geschützt war. Dann wurde die Familie brutal auseinander gerissen. Margrets Vater flüchtete mit Lore und Gerhard 1938 nach Belgien, sie selbst kam im Alter von zwölf Jahren im Februar 1939 mit einem Kindertransport in die Niederlande. Nachdem ihre Großmutter Helene Ewer gestorben war, folgte Margot Fischbein ihrem Mann nach Belgien. Während es Otto Fischbein unter falschem Namen gelang, in Frankreich zu überleben, wurde seine Frau in Brüssel auf der Straße, Lore und Gerhard (unabhängig voneinander) auf der Flucht in die Schweiz aufgegriffen. Alle drei wurden in Auschwitz ermordet.

Frieda Wertheim, Ehefrau von Günther Wertheim, mit ihren Kindern Bärbel und Martin im Berliner Zoo, 1937.

Margret überlebte in der liebevollen Obhut zweier Pflegefamilien und erfuhr erst nach dem Krieg vom Tod ihrer Mutter und der Geschwister. Sie entschied sich, in Holland zu bleiben. In den Ferien fuhr sie den Vater besuchen, der sich in Paris niedergelassen hatte und ein gebrochener Mann war.

Franz Wertheims Sohn Günther emigrierte Anfang 1939 zuerst in die Niederlande, wo es ihm gelang, mit seiner Frau Frieda, geborene Haseloff, einen Platz auf einem Schiff nach Kuba zu ergattern. Nach zweijährigem Aufenthalt in Kuba konnte das Paar mit den beiden Kindern Bärbel und Martin in die USA einwandern, wo sie sich in Elmer, New Jersey, niederließen und eine bescheidene Hühnerfarm betrieben. Günther Wertheim, der seinen Namen in Wortham änderte, war zeit seines Lebens ein schweigsamer, verbitterter Mann, der seinen Kindern nichts über den sagenhaften Reichtum erzählte, in dem er aufgewachsen war. Er starb 1954.

Franz Wertheims zweiter Sohn Fritz, seit 1921 mit Agnes Dahm verheiratet, hatte in Berlin Landwirtschaft studiert. Nach Beendigung seines Studiums hatte ihm der Vater ein kleineres Gut bei Seehausen in der Altmark gekauft. Doch die Landwirtschaft sagte ihm nicht zu. Er verpachtete das Grundstück und kehrte mit Frau und Sohn Klaus nach Berlin zurück, wo er eine kaufmännische Ausbildung bei Wertheim begann. Später übernahm er die Autowerkstatt von Wertheim auf dem Schiffbauerdamm.

1938 ließen sich Fritz und Agnes scheiden, nachdem es in der Ehe schon längere Zeit gekriselt hatte. Mehr als fünfzig Jahre danach war es Agnes Dahm, spätere Schnitzler, immer noch peinlich, darüber zu sprechen, dass ihr Mann wegen «rassischer Gründe» seine Anteile am Warenhaus aufgeben musste. Angeblich erst ab Mitte der dreißiger Jahre begann sie sich über die Herkunft ihres Mannes Gedanken zu machen: «Ich sage, gehörst du denn dazu? Nein, sagte er, ich gehöre nicht dazu. Mein Mann war der Meinung, er würde nicht mehr zum Judentum dazugehören.»[18]

Fritz Wertheim buchte 1939 über das Wertheim-Reisebüro eine Schiffspassage auf der St. Louis nach Kuba. Das Schiff stach völlig überfüllt in Hamburg in See, doch in Kuba durften die Passagiere, vor allem Flüchtlinge, nicht an Land gehen, weil sie angeblich keine gültigen Visa besaßen. Am Ende musste die St. Louis nach Europa umkehren. Von Antwerpen aus wurde ein Teil der Flüchtlinge von Belgien und Großbritannien aufgenommen, ein anderer Teil von den Niederlanden, so auch Fritz. Viele mussten jedoch nach Deutschland zurück. Fritz Wertheim wurde nach der Besetzung der Niederlande nach Theresienstadt deportiert. Bei einer seiner diversen Ausbildungen hatte er auch Koch gelernt, was ihm in Theresienstadt das Leben rettete.

Nach der Befreiung ging er mit seiner zweiten Frau, die er in Theresienstadt kennen gelernt hatte, in die USA und kaufte von seinem Bruder in Elmer ein Stück Land, auf dem er eine Farm betrieb. Weil er von der Landwirtschaft nicht leben konnte, arbeitete er daneben als Koch in einer psychiatrischen Klinik. Nachdem seine jüdische

Fritz Wertheim (1899–1976), Sohn des Warenhaus-Unternehmers Franz Wertheim, Aufnahme nach 1945.

Frau gestorben war, kehrte er nach Deutschland zurück und zog erneut mit Agnes zusammen, die in der Zwischenzeit mehrfach verheiratet gewesen war. Fritz Wertheim ist zusammen mit Agnes Schnitzler in Berlin begraben.

*

Am 5. Mai 1941 heiratete Ursula Wertheim den Vorsitzenden des Konsortiums der nunmehrigen Firma AWAG, Arthur Lindgens, mit dem sie seit 1935 regelmäßig zur Jagd gefahren war. Von da an bemühte sich dieser noch intensiver um die ökonomische Sicherung des Unternehmens. Ida Wertheims einstige Villa in der Winklerstraße mit über 3000 Quadratmetern Grund bis hinunter zum Dianasee verkaufte Lindgens in Ursulas Namen Ende 1940 an eine Firma aus Dortmund.[19]

Als «arisiertes» Unternehmen war die Firma nun sogar so angesehen, dass ihr vom Gauwirtschaftsberater vorgeschlagen wurde, den jüdischen Schocken-Konzern in Sachsen zu übernehmen.[20] Aus verschiedenen Gründen erschien der AWAG die Übernahme aber zu riskant. Dieser Vorschlag zeigt, dass das Warenhaus als Betriebsform von den Nazis nunmehr voll anerkannt war. Trotz Rationierung, Preisfestlegung und zunehmender Personalknappheit waren die Warenhäuser immer noch in der Lage, sich rasch auf veränderte Bedingungen einzustellen. Als Verteilungsstelle für Waren an die Bevölkerung waren sie unverzichtbar geworden, besonders in den Großstädten.

Irgendwann soll die AWAG nach Auskunft von Arthur Lindgens' Sohn aus erster Ehe Joachim die Textilfabriken der Mafrasa AG – das «arisierte» Unternehmen Marschel Frank Sachs – in Chemnitz und eine weitere Fabrik in Zschopau im Erzgebirge übernommen haben.[21] Sofern diese Aussage zutreffend ist, würde es bedeuten, dass sich die Firma AWAG selbst als «Arisiererin» betätigte.

Nach dem Überfall auf die Niederlande bemühten sich von Stauß und andere persönliche Teilhaber von Wertheim/AWAG um die Übernahme dortiger jüdischer Warenhäuser, mussten aber feststellen, dass andere Firmen über bessere Verbindungen verfügten. Der Reichskommissar für die besetzten Niederlande, Hans Fischböck, hatte bereits die Pflöcke gesetzt. Lediglich Horten, Karstadt und Dr. Karg von Hertie durften niederländische jüdische Unternehmen erwerben.[22]

Albrecht Wertheim wurde im November 1941 aus der Wehrmacht entlassen. Er war nach einem Jahr Gefreiter geworden und danach als «Halbarier» mit einem Infanterieregiment an die Kanalküste «zum Buddeln» geschickt worden. Im Nachhinein wertete er seine Entlassung als lebensrettend, denn sein gesamtes Regiment wurde in die Sowjetunion verlegt. Albrecht Wertheim hat nie wieder etwas von seinen Kameraden gehört.

Allmählich erreichte der Krieg die «Heimatfront». Am 1. März

1943 fielen drei Sprengbomben auf das Haupthaus in der Leipziger Straße. Mitte März gaben Arthur und Ursula Lindgens ihr Haus in Dahlem auf und zogen in die Bellevuestraße, später nach Sassleben. Weihnachten 1943 verbrachte das Ehepaar Lindgens und Joachim zusammen mit Albrecht Wertheim auf dem Landsitz. Es gab die traditionelle große Bescherung für die Tagelöhner und deren Familien. Im Gut Sassleben wurden immer mehr ausgebombte Menschen einquartiert.

Wenige Monate vor der Befreiung Frankreichs verbrachten Ursula und Arthur Lindgens das Frühjahr 1944 zum zweiten Mal während des Krieges in Paris, wo sie standesgemäß im Hotel Ritz abstiegen. Nach ihrer Rückkehr ließen sie das Schloss Sassleben dunkel anstreichen, um es vor Fliegerangriffen zu schützen.

Im Wertheim/AWAG-Warenhaus gab es Schuhe und Kleider nur noch auf Karten, und der dreimalige Gong, der den Mitarbeitern ihr baldiges Arbeitsende ankündigte, ertönte abends bereits um 18 Uhr. In den Berliner Häusern wurde ein Luftschutzdienst eingerichtet, und die jüngeren Mitarbeiter ohne familiäre Verpflichtungen mussten auf Feldbetten im Haus kampieren, um sich bei einem Bombenangriff unter Einsatz ihres Lebens an der Sicherung des Gebäudes zu beteiligen. Überall standen Löschgeräte herum. Besonders vor den Brandbomben fürchtete sich die Belegschaft, denn vieles war leicht entzündlich.[23]

Das Warenhaus am Leipziger Platz stand zwischen begehrten Zielen der Alliierten – Hitlers Reichskanzlei und dem Luftfahrtministerium. «Na ja, uns haben sie getroffen, die anderen sind stehen geblieben», erinnert sich Fräulein Kunze. Als in der Nacht vom 28. auf den 29. Januar 1945 Spreng- und Phosphorbomben hintereinander und an verschiedenen Stellen einschlugen, sodass es überall lichterloh brannte, hatte sie gerade frei. Zeitzeugen erinnern sich, dass das berühmte Warenhaus tagelang brannte. Wie ein Feuersturm fraßen sich die Flammen durch die Stockwerke.

Es kam einem Wunder gleich, dass es keine Toten gab und die im

Keller gelagerte Ware gerettet werden konnte. Die Fassade und zum Teil auch die Treppenhäuser waren stehen geblieben, in den verbliebenen Gebäudeteilen wurde der Betrieb wieder aufgenommen. Auch die Lebensmittelabteilung stand noch, und die Kunden kamen wieder. Wie überall in Deutschland ging das Leben in den Ruinen weiter. Die Verwaltung wurde in die Rosenthalerstraße verlegt, in das am wenigsten beschädigte Wertheim-Haus.

Am Samstag, den 21. April 1945, sah Fräulein Kunze ihren Chef Emil Kersten zum letzten Mal. Sie hatte einen Bezugsschein für Schuhe ergattert und fragte ihn, ob sie sich ein paar Schuhe holen dürfe. «Selbstverständlich», antwortete er. Als Fräulein Kunze am Samstagmittag nach Hause ging, beschossen die Sowjets bereits den Alexanderplatz.

Während nicht nur Berlin in Flammen stand und die Menschen in den Konzentrationslagern noch zu Zehntausenden starben, verfasste Arthur Lindgens vor Kriegsende auf «eigener Scholle» – in Sassleben – sein drittes Jagdbuch mit dem Titel «Sorglose Stunden» und versah es mit einem erstaunlichen Nachwort:

> Von Berlin geht es ins eigene Revier nach S. Die Ernte wird eingebracht, der Herbst ist gut. Am Nachmittag sitze ich auf einem Hochsitz und denke an vergangene Zeiten und Jahre. Neben mir sitzt still meine Frau. Vor uns tritt Rehwild aus. Wir beobachten es lange … In der Ferne in einem kleinen Gatter schreien meine eigenen Hirsche. Ein Bild des Friedens und der Ruhe. Langsam pirschen wir zum Guthause … Wir sprechen vom Jahr, von der diesjährigen Ernte und von vergangenen und kommenden Zeiten. Wir sprechen vom Aufbau und den Zukunftsaussichten. Es ist so friedlich hier und die Welt ist so im Aufruhr. Was wird die Zukunft bringen? Meine Frau und ich haben dieselben Gedanken. Es dunkelt, aber wir sitzen immer noch draußen. Ruhig nimmt sie meine Hand und sagt leise: «Wie dankbar müssen wir sein für alles, was uns das Leben gegeben hat. Es war so wunderschön.»[24]

*

Seit Mitte der dreißiger Jahre war Albrecht Wertheim mit Brigitte Broese verlobt, der Tochter des Arztes, mit dem Georg Wertheim seit Albrechts Kindheit freundschaftlich verbunden gewesen war. Brigitte arbeitete als Sekretärin am Theater am Kurfürstendamm. Dort holte Albrecht sie häufig ab, oder Brigitte besorgte Theaterkarten für beide. An Heirat war während der Nazizeit wegen Albrechts jüdischer Herkunft nicht zu denken.

Nach seiner Entlassung aus der Wehrmacht und der Rückkehr nach Berlin zog es Albrecht Wertheim vor, die «arisierte» Firma AWAG zu meiden, in der er vorher im kaufmännischen Bereich tätig gewesen war. Brigittes Bruder, ein Chemiker, stellte ihn in seinem als kriegswichtig anerkannten Betrieb für die Wiederaufbereitung von Altöl ein und konnte ihn so lange Zeit vor der Verfolgung schützen. Während des letzten eiskalten Kriegswinters musste er sich jedoch auf seinem Segelboot versteckt halten, erst bei Potsdam, dann bei Werder. Mehr ist nicht zu erfahren, weder Albrecht noch Brigitte Wertheim mochten darüber sprechen.

Im Januar 1945 setzte sich bei grimmiger Kälte ein gigantischer Flüchtlingstreck aus Ostpreußen, Schlesien und Pommern in Bewegung. Überall an den vereisten und heillos verstopften Straßen lagen tote Pferde, erfrorene und verhungerte Kinder, zusammengebrochene Wagen. Sassleben war überfüllt.

Arthur Lindgens organisierte im Januar und Februar mit polnischen Arbeitern drei große Trecks, die von Sassleben über Dresden, Chemnitz, Erfurt und Weimar nach Eschwege ziehen sollten, wo Ursula Lindgens' Schwester Ellen Hoesch ein Schloss besaß. Es war vereinbart, dass sich die Familie nach dem Krieg dort treffen sollte. Aber nur der erste Treck schaffte es bis zum hessische Eschwege, die beiden anderen gingen samt der AWAG-Fabriken in Chemnitz und Zschopau in Flammen auf.

Am 18. Januar 1945 erhielten Arthur und Ursula Lindgens, Albrecht Wertheim und Brigitte Broese sowie ihre Haustochter Fräulein Bauer schwedische Schutzpässe.[25] Wie Lindgens das zuwege brachte, wird ein Geheimnis bleiben. Vielleicht war das schwedische Entgegenkommen auch Teil der «svenska linje», einer elastischen Politik «der Konjunkturen, nicht der Prinzipien», mit der das neutrale Schweden sich durch den Krieg laviert hatte, bis der Druck der Alliierten das Land veranlasste, den deutsch-schwedischen Handelsverkehr am 1. Januar 1945 endgültig abzubrechen.[26]

Lindgens hatte seit längerem gute Beziehungen zur schwedischen Kugellagerfabrik SKF aufgebaut, die in Schweinfurt eine Tochtergesellschaft betrieben hatte. Seit der Besetzung Norwegens und Dänemarks hatte sich das Geschäftsinteresse der Svenska Kullager Fabriken (SKF) zunehmend auf Deutschland konzentriert. 1943 gingen über achtzig Prozent der schwedischen Ausfuhr hochqualitativer Spezialtypen von Kugel- und Rollenlagern in den deutschen Machtbereich.[27]

Lindgens muss geahnt haben, dass seine enge Beziehung zu Emil Georg von Stauß und Martin Bormann ihn nach dem voraussehbaren Kriegsende in Schwierigkeiten bringen würde. Gemeinsam fuhren er und Ursula aus Sassleben mit dem Auto nach Reichensachsen bei Eschwege, wo sie vermutlich die Trecks erwarten wollten.

Albrecht Wertheim und Brigitte Broese erlebten das Kriegsende in der Nähe von Berlin. Die Wertheim-Häuser in der Bellevuestraße wurden von der SS in die Luft gejagt, samt dem Duplikat des 1931 von Emil Orlik angefertigten Gemäldes von Georg Wertheim. Den Rest erledigten die einrückenden Truppen. Albrecht und Brigitte schlugen sich erst mit dem Fahrrad und, nachdem es ihnen weggenommen wurde, zu Fuß mit schlechtem Schuhwerk und schweren Rucksäcken voller Esswaren über Magdeburg und Kassel nach Reichensachsen durch. Die Lebensmittel hatten sie noch rechtzeitig gegen wertvolle Teppiche aus der Bellevuestraße eingetauscht.

Kaum waren sie mit Blasen an den Füßen angekommen, wurde Hochzeit gefeiert – die letzte Amtshandlung des Nazibürgermeisters. Da sich für Brigitte nirgends ein Ehering auftreiben ließ, steckte sie sich einen Gardinenring an den Finger. Später schenkte Ursula ihr Georg Wertheims Ehering, den Brigitte zusammen mit einem anderen Ring trug, damit er ihr nicht vom Finger rutschte.

Im Juli 1945 erhielt Arthur Lindgens die Erlaubnis der schwedischen Regierung zur Einreise nach Schweden. SKF ebnete alle Wege.[28]

Schon am 20. Juli fuhren Ursula und Arthur Lindgens, Joachim, Fräulein Bauer und das frisch vermählte Ehepaar Wertheim mit einem großen Treck über Hannover und Hamburg nach Lübeck. Die Lage in Deutschland war mehr als unübersichtlich. Zusammen mit 800 Überlebenden aus dem Konzentrationslager Bergen-Belsen kamen sie mit der «Kronprinzessin Ingrid» unter Begleitschutz von schwedischen Minenräumbooten nach Schweden.[29] Zwei Tage war Arthur Lindgens in Ramlösa interniert, Albrecht Wertheim in Malmö. Die Aufnahme durch das Kugellagerwerk SKF in Göteborg war, so Joachim Lindgens, «herzlich». Bis geeignete Wohnungen gefunden wurden, logierte man im Hotel Ritz.

Bereits im Oktober 1946 waren alle schwedische Staatsangehörige.

Albrecht und Brigitte Wertheim lebten in Göteborg, und Albrecht arbeitete bei einer Firma mit dem Namen «Fosfat».[30] 1959 übersiedelten sie nach Lausanne in der Schweiz. Ihre 1947 geborene Tochter Ursula, die Ärztin war, starb 1980 in Mexiko an einem Lungeninfarkt.

*

Während Arthur Lindgens damit beschäftigt war, seinen Fortzug aus Deutschland für sich und seine Familie vorzubereiten, fand in den zerstörten Geschäftsräumen in der Voßstraße am 6. April 1945 – die Schlacht um Berlin stand unmittelbar bevor – um neun Uhr fünfzig eine denkwürdige außerordentliche AWAG-Hauptversammlung statt. Vom Aufsichtsrat der Gesellschaft war lediglich der stellver-

Das zerstörte Wertheim-Warenhaus an der Leipziger Straße, hier von der Voßstraße aus gesehen, 1946/47.

tretende Aufsichtsratsvorsitzende Karl Haus erschienen, dafür aber der Vorstand, bestehend aus Emil Kersten, Friedrich Carl Werth, Gustav Deschepper und Albert Knoche, sowie Bankdirektor Ferdinand Kirchgeorg als Aktionärsvertreter, als dessen Wohnadresse das Protokoll die Bellevuestraße 5 angibt.

Auf der Tagesordnung stand die Umwandlung der 3000 Stück Inhaberaktien über je 4000 Reichsmark in Namensaktien, die Vernichtung der Inhaberaktion sowie die Änderung der Satzung, um diesen Akt zu ermöglichen. Namensaktien sind nicht wie Inhaberaktien übertragbar, sondern auf den Eigentümer ausgestellt, beim Verkauf ist zur Übertragung der mit der Aktie verbundenen Rechte ein Indossament erforderlich.

Karl Haus eröffnete die Versammlung, übernahm den Vorsitz und stellte fest, dass das gesamte Aktienkapital in Höhe von zwölf Millionen Reichsmark durch den erschienenen Herrn Kirchgeorg vertreten werde. Dieser erklärte, die Aktien befänden sich im Besitz der Globus-Bank Aktiengesellschaft in Berlin, deren Vorstandsmitglied er sei; «auf die Einhaltung der Bestimmungen über die Einberufung wurde allseitig verzichtet».[31]

Einstimmig wurde beschlossen, die 3000 Inhaberaktien über zwölf Millionen Reichsmark zu vernichten und die Namensaktionäre in das vom Vorstand anzulegende Aktienbuch einzutragen. Die 3000 Stück Aktien verteilten sich wie folgt:

1.	6 012 000 RM	Frau Ursula Lindgens
2.	3 100 000 RM	Geheimrat Dr. Ludwig Kastl, Anderdepot Elsa Ziehm
3.	1 252 000 RM	Staatsrat Dr. E.G. von Stauß Erben
4.	160 000 RM	Regierungspräsident a.D. Dr. Kurt Schönner
5.	200 000 RM	Rechtsanwalt und Notar Dr. Arthur Lindgens
6.	100 000 RM	Generaldirektor Karl Haus
7.	832 000 RM	AWAG Allgemeine Warenhandels-Gesellschaft Aktiengesellschaft
8.	344 000 RM	AWAG Allgemeine Warenhandels-Gesellschaft Aktiengesellschaft

«In Gegenwart des Notarvertreters und der Erschienenen wurden nunmehr die bezeichneten Aktienurkunden in der im Geschäftshause der AWAG Voßstraße 30 befindlichen Heizungsanlage verbrannt.»[32]

Mit ihren Namen sicher im Aktienbuch festgehalten, überließen die Aktionäre Berlin der anrückenden Roten Armee und gingen ihrer Wege.

Am 30. April 1945 töteten sich Adolf Hitler und Eva Braun in dem auf ehemaligem Wertheim-Grund gebauten Bunkerkomplex unter dem Garten der Reichskanzlei.

ELFTES KAPITEL

PHÖNIX AUS DER ASCHE

Bei Kriegsende waren die langjährigen Geschäftsführer Kersten, Knoche, Werth und Deschepper weiter im Amt. Albert Knoche, schon Jahrzehnte in leitender Funktion bei Wertheim, gerade sechzig Jahre alt und erst seit drei Jahren NSDAP-Mitglied, verkraftete den politischen Zusammenbruch, die persönliche Scham und wohl auch die Angst vor dem Neuen nicht und nahm sich das Leben. Gewiss war er kein überzeugter Nazi gewesen, hatte aber alle Arisierungsbeschlüsse mitgetragen. Fräulein Kunze bezeichnet ihn als «hochanständigen» Mann.[1]

Unberührt vom Schicksal der Firmengründer und deren Erben wurde der Geschäftsbetrieb gleich nach Kriegsende unter dem alten Namen Wertheim wieder aufgenommen. Mit den Aufräumungsarbeiten in den Trümmern der Wertheim-Geschäfte war schon im Mai 1945 begonnen worden. In der Ruine Leipziger Straße konnte man im Erdgeschoss Lebensmittel, Obst und Gemüse kaufen. Die Abteilung, die während der Nazizeit am heftigsten bekämpft worden war, hatte die Zeit fast unbeschadet überdauert. Eine Ironie der Geschichte.

Der Hauptbetrieb und die Verwaltung wurden in das nahe gelegene Columbushaus am Potsdamer Platz verlegt. Hier hatte in der NS-Zeit vorübergehend eine Dienststelle der berüchtigten Zentrale «T4» Räume angemietet – die so genannte Euthanasie-Behörde, deren Hauptsitz sich in der Tiergartenstraße 4 befand.

Der Frühling ließ auf sich warten. In den ersten Wochen im Ladenlokal des Columbushauses tippte Fräulein Kunze ihre Briefe im Mantel und mit Wollhandschuhen an den Händen, deren Fingerkuppen sie abgeschnitten hatte. Zur Kälte kam der Hunger. Als im Juli 1945 die Verwaltung in den ersten Stock zog, verbesserten sich ihre Arbeitsbedingungen. Im Columbushaus, das in den zwanziger Jahren ursprünglich für die Galeries Lafayette errichtet werden sollte, wurde nun ein Wertheim-Laden eröffnet. Es gab zwar Vermutungen, dass das Grundstück, auf dem das Haus stand, Wertheim gehöre, doch lässt sich diese Behauptung nicht im Grundbuch nachweisen. Bald erfreute sich der neue Laden wieder großer Beliebtheit, besonders als die Konfektionsabteilung aufgemacht wurde. Ab Dezember gab es im Keller auch eine kleine Kantine.

Die Filiale am Moritzplatz arbeitete ab Juni in einem kleinen gemieteten Laden an der Ecke Oranienstraße/Luckauer Straße, und auch in der Königstraße und in der Rosenthaler Straße entstanden kleine Verkaufsstellen. Gegen Jahresende 1945 beschäftigte Wertheim mehr als tausend Angestellte und Arbeiter, zum größten Teil altes Stammpersonal – darunter fast sechzig Einkäufer mit der anstrengenden Aufgabe, inmitten des allgemeinen Mangels Waren ausfindig zu machen und für deren Transport zu sorgen.

Die Zerstörungen, Plünderungen, Demontagen und politischen Maßnahmen der Alliierten waren in Berlin besonders hart zu spüren. Massenarbeitslosigkeit und die sehr kalten Winter der beiden ersten Nachkriegsjahre setzten der Bevölkerung zu.

Im Dezember 1947 waren von den anderthalb Millionen Berlinern mit einem Arbeitsplatz 35 Prozent krank. Die zugeteilte «amtliche Ernährung» erhöhte sich nicht, dafür stiegen aber die Schwarzmarktpreise: Im Dezember 1947 kostete ein Drei-Pfund-Brot 30 bis 35 RM, ein Pfund Butter 220 bis 260 RM und ein Pfund Kaffee 450 bis 500 RM. Der illegale Handel blühte. Vor allem auf dem Kurfürstendamm veranstalteten britische und deutsche Polizei Razzien gegen Schwarzhändler – fast vergebens. Mit Textilien konnte die Bevölkerung so gut wie gar nicht versorgt werden. Zwischen Januar 1946 und Juli 1947 teilte beispielsweise das Bezirksamt Tempelhof jedem 90. Jungen einen Anzug zu, jeder 610. Frau einen Mantel und jedem 2010. Mann eine Hose. Berlin galt als das Armenhaus Europas.

1946 beschlagnahmte die sowjetische Militärbehörde das Columbushaus, und mit der Teilung Deutschlands und Berlins in Sektoren fielen bis auf das Haus am Moritzplatz alle Wertheim/AWAG-Filialen in die Zuständigkeit der sowjetischen Militärregierung.

Für Wertheim kam es dadurch rasch zu Problemen. Im Dezember 1948 wurde das Unternehmen mit seinen Häusern und Grundstücken in die so genannte «Liste 3» aufgenommen. Diese sah die Überleitung der betreffenden Objekte in «Volkseigentum» vor. Auch wenn die jeweiligen Unternehmen teilweise erst davon erfuhren, nachdem die DDR gegründet worden war, scheinen diese Entscheidungen bereits einige Zeit vorher gefallen zu sein.

Der «Ausschuss zum Schutz des Volkseigentums» führte als Begründung für seine Entscheidung bezüglich Wertheim «den ausgesprochenen Konzerncharakter und die seit 1931 bestehenden engen freundschaftlichen Beziehungen zu dem berüchtigten Nazibankier, Staatsrat und Vizepräsident des faschistischen Reichstags, Dr. E. G. von Stauß ...»[2] an. Sein enger Vertrauter Arthur Lindgens hatte sich wohlweislich nach Schweden abgesetzt.

So zutreffend auch die Beurteilung Stauß betreffend gewesen sein mag, so ungerecht war sie für die ursprünglichen Eigentümer und deren Nachkommen, von denen mehrere in den Vereinigten Staaten und in Großbritannien ein ärmliches Leben fristeten – und einige in Konzentrationslagern umgebracht worden waren. Sie verloren jede Möglichkeit, zu einem späteren Zeitpunkt ihre Rechte geltend zu machen. Die Eigentümer von 1945 – die «Ariseure» – wurden als Kollaborateure eingestuft und mit den früheren Eigentümern, die ihren Besitz abgeben mussten, auf eine Stufe gestellt. Eine Klärung der Vorgänge in den dreißiger Jahren unterblieb.

Alle Geschäfte in der ehemals sowjetisch besetzten Zone und

späteren DDR – in der Königstraße, der Rosenthaler und der Leipziger Straße ebenso wie die Filialen in Stralsund und Rostock – wurden entschädigungslos enteignet. Das Geschäft in Breslau lag nun in Polen und wurde später ein Centrum-Warenhaus. Der Filialbetrieb im Columbushaus ging bis 1950 weiter, bis nach dem endgültigen Beschluss über die Zuordnung des Potsdamer Platzes zur DDR auch das Columbushaus im Juni geräumt werden musste. Die Trümmer der Filiale am Moritzplatz lagen zwar in Westberlin, aber in einem weithin zerstörten und entvölkerten Stadtteil nahe am Ostsektor. Ein Wiederaufbau lohnte sich nicht.

Doch Wertheim besaß auch Grundstücke in den westlichen Sektoren bzw. im späteren West-Berlin. Zuerst kam es in der Wilmersdorfer Straße zu einer Geschäftseröffnung. Bereits 1929 hatte es detaillierte Pläne für einen Neubau in der Schlossstraße im südlichen Berlin-Steglitz gegeben, die angesichts des Erweiterungsverbots für jüdische Unternehmen in der NS-Zeit nicht realisiert werden konnten.

Nun plante man in diesem sich immer stärker entwickelnden «Unterzentrum» des Handels ein neues Geschäft. In unmittelbarer Nähe befand sich der Titania-Palast, eine der wenigen noch intakten Bühnen Berlins, der sich zu einem Kulturzentrum entwickelt hatte. Mit Änderungen, die bei weitem nicht die Qualität der Vorkriegsbauten erreichten, wurde 1951/52 ein deutlich kleinerer Bau als ursprünglich geplant realisiert. Wertheim konzentrierte seine Anstrengungen auf Steglitz und schloss mit dem Erweiterungsbau 1963 die Filiale in der Wilmersdorfer Straße.

Darüber hinaus besaß das Unternehmen Grundstücke am Kurfürstendamm, wo 1971 ein großes Geschäft eröffnet wurde, das bis heute existiert und mehrere Umbauten erlebt hat. Ende der fünfziger Jahre mehrten sich die Filialen in Westdeutschland: Neue Gebäude entstanden 1957 in Bochum, 1961 in Kaiserslautern, 1966 in Lübeck und 1972 in Essen. Sie trugen alle den Namen Wertheim, hatten aber mit den ursprünglichen Eigentümern nichts mehr zu tun. Wertheim gehörte nun zu Hertie, dessen Alleineigentümer Georg Karg sich mit den früheren jüdischen Eigentümern von Hermann Tietz im Vergleichsweg geeinigt hatte.[3]

*

Doch wie war Wertheim in Georg Kargs Besitz gelangt? Die Geschichte ist kompliziert: Gleich nach Kriegsende vereinbarte Arthur Lindgens mit seiner Frau Ursula und ihrem Sohn Albrecht Wertheim in Göteborg deren Verzichtserklärung auf alle Ansprüche auf das Wertheim-Vermögen. Sie argumentierten, dass der Schenkungsakt von 1934 zugunsten von Ursula Wertheim unter dem Druck der Nazis erfolgt sei und deshalb von ihnen nicht anerkannt werde. Als Alleinerbin von Georg Wertheim, so das so genannte «Göteborger Abkommen», sei nur noch dessen in den Vereinigten Staaten lebende Tochter Ursula Froeb zu betrachten.

Im August 1945 kontaktierten AWAG-Vertreter die amerikanischen und sowjetischen Militärregierungen und teilten mit, das Unternehmen Wertheim sei als NS-verfolgt zu betrachten und befinde sich überdies zum überwiegenden Teil im Besitz von Ursula Froeb. Diese lebe in Garden City im Bundesstaat New York und habe die amerikanische Staatsbürgerschaft angenommen, also sei Wertheim eine amerikanische Firma. Ursula Froeb spielte mit und schickte an die amerikanische Militärregierung ein Schreiben gleich lautenden Inhalts.

Ein kluger Schachzug von Lindgens, der sich dadurch ein peinliches Entnazifizierungsverfahren ersparen wollte und zudem mit einer bevorzugten Behandlung durch die amerikanische Militärregierung rechnen konnte. Pech war nur, dass er über keinerlei Unterlagen verfügte, die Ursula Froebs Aktienbesitz zu bestätigen vermochten.

Die sowjetische Militärregierung war skeptisch, lagen ihr doch Dokumente vor, in denen der Name Emil Georg von Stauß verdächtig oft vorkam, «über dessen nazistische Tätigkeit doch von keiner Seite Zweifel bestehen dürften».[4]

Zweimal wurden die Wertheim-Geschäftsführer Deschepper und Dingelstedt vom Ausschuss zum Schutz des Volkseigentums vorgeladen, und zweimal drängte ihr Gesprächspartner darauf, Herrn Dr. Lindgens, «der doch so oft in Deutschland sei», möge zur Klärung der strittigen Fragen persönlich vorsprechen.[5]

Selbstredend tauchte Herr Dr. Lindgens, dessen gute Beziehungen zu Martin Bormann, einem der gesuchtesten Naziverbrecher, und Emil Georg von Stauß aktenkundig waren, niemals in Ostberlin auf, um sich mit der sowjetischen Militärbehörde auszutauschen.

Während die sowjetische Militärregierung das Göteborger Abkommen also nicht anerkannte und alle Wertheim-Grundstücke in «Volkseigentum» überführte, war die wesentlich zugänglichere amerikanische Militärregierung nur allzu froh, Unternehmen arbeiten zu lassen, zumal wenn sie die Bevölkerung mit Nahrung versorgten. Sie stellte keine Fragen.

Ende der vierziger Jahre genoss Wertheim also den privilegierten Status eines amerikanischen Unternehmens, hatte aber wie fast alle anderen Unternehmen jener Zeit wegen der sowjetischen Blockadepolitik mit schweren wirtschaftlichen Problemen zu kämpfen. Monatelang konnten die Löhne der Angestellten nicht ausbezahlt werden.

Offiziell wurde die Firma Wertheim von Geschäftsführer Deschepper geleitet, tatsächlich reiste aber Lindgens, immer noch Vorstandsvorsitzender, im Namen der Firma in ganz Deutschland herum. Nur in Berlin ließ er sich nicht blicken.

Nachdem in den Westsektoren unter amerikanischer Aufsicht die ersten deutschen Wiedergutmachungsgesetze verabschiedet wurden, meldeten Günther und Fritz Wertheim vermögensrechtliche Ansprüche: die Rückerstattung der Aktien, die sie unter dem Emigrationsdruck direkt an Stauß und Lindgens verkauft hatten – die letzten 11,3 Prozent des Aktienvermögens.[6]

Irgendwann Anfang 1951 traten Wertheim und Hertie-Besitzer Georg Karg in Verkaufsverhandlungen. Wer wen ansprach, ist nicht bekannt. Hertie besaß viele Warenhäuser in Westdeutschland und keine in West-Berlin, während Wertheim nur Geschäfte in Berlin betrieb. Eine Fusionierung bot sich also an. In den Gesprächen mit Karg äußerte Lindgens den Wunsch, Wertheim solle nicht vollkommen in Hertie aufgehen, sondern als Tochtergesellschaft unter dem Namen Wertheim weitergeführt werden.

Im August 1951 flog Lindgens nach New York, nachdem er vorher noch von Elsa Ziehm die Zusicherung eingeholt hatte, der Firma ihr Aktienpaket, etwa 25 Prozent des gesamten Aktienbesitzes, zu einem Preis von 35 000 DM zu überlassen, 5000 in bar, den Rest in Raten. Ohne die überlebenden Wertheim-Brüder Günther und Fritz zu informieren, schloss Lindgens am 12. August mit der nominellen Alleinbesitzerin Ursula Froeb eine handschriftliche «secret sale's agreement», eine geheime Vereinbarung über den Verkauf des Wertheim-Aktienkapitals an die Konkurrenzfirma Hertie.

Der neue Aufsichtsrat setzte sich aus dem von Ursula Lindgens bestellten Arthur Lindgens, einem von Ursula Froeb beauftragten Mitglied, Albrecht Wertheim, einem Vertreter des Frankfurter Bankhauses Alwin Steffan und drei von der Gruppe Hertie ernannten Mitgliedern zusammen. Aufsichtsratsvorsitzender war Lindgens. Ursula Froeb, Ursula Lindgens und Albrecht Wertheim sollten jährliche Ausschuttungen bis zu einer Höchstgrenze von 60 000 DM und eine Pension erhalten. Das Kapital der Wertheim-Gesellschaften wurde neu bewertet und mit 1 200 000 DM festgelegt.[7]

Doch anders als in jedem anderen Vertrag auf der ganzen Welt findet sich in diesem weder ein Hinweis auf die Verkäufer noch auf den ausgehandelten Preis. Die einzigen authentisch erscheinenden Unterschriften sind die von Ursula Froeb, Dr. Arthur Lindgens und Dr. Alfred Traube, der bestätigt, dass Douglas Froeb mit der Transaktion seiner Frau einverstanden ist.[8]

Nach vollbrachter Tat traf sich Lindgens am 16. August mit Fritz

Wertheim und Gunther Wortham, die für die Begegnung die damals beschwerliche Reise aus dem ländlichen New Jersey nach New York auf sich genommen hatten. Der Wertheim-Konzern stehe am Rand des Konkurses, bekamen sie und ihr Anwalt zu hören, es bestünde zur Rettung des Unternehmens aber Aussicht auf einen Kredit im Rahmen des European Recovery Program (ERP). Sollte dieser bewilligt werden, würde Lindgens die Brüder als Gegenleistung für den Verzicht auf deren vermögensrechtliche Ansprüche mit insgesamt 40 000 DM abfinden.

Werde der Kredit nicht bewilligt, erübrige sich die ganze Angelegenheit, da Wertheim dann als Firma nicht fortbestehen würde.[9] Was Lindgens nicht erwähnte, war, dass Karg ihm für den Verzicht 16-mal so viel angeboten hatte. Auch für Elsa Ziehms über drei Millionen Aktien war mit Karg eine Übernahmesumme von 350 000 RM vereinbart worden, zehnmal so viel, wie Lindgens Frau Ziehm in Raten zahlen wollte.[10]

Am 7. November 1951 unterzeichneten Fritz und Günther Wertheim durch ihren Bevollmächtigten einen Vergleich vor dem Wiedergutmachungsamt in Berlin, in dem sie auf ihre Ansprüche verzichteten. Am 17. November begab sich Lindgens nach Hamburg zu einem Treffen mit dem Notar von Hertie und berief gleich an Ort und Stelle eine Aufsichtsratssitzung der Wertheim-Handelsbeteiligungs- und der Wertheim-Grundstücksgesellschaft ein. Anwesend waren ein Notar als Bevollmächtigter von Ursula Lindgens, Ursula Froeb, Albrecht Wertheim und das durch Lindgens vertretene Unternehmen AWAG.

Wie durch ein Wunder konnten nun jene Personen, die auf ihr Vermögen verzichtet hatten, identische Aktienpakete an Hertie übertragen. Zusammengerechnet verfügten nach dem Verkaufsvertrag Ursula Froeb, Ursula Lindgens, Albrecht Wertheim und die einstige Firma AWAG über siebzig bis achtzig Prozent der Aktien, sodass der Name von Stauß nicht mehr erwähnt werden musste.[11]

Nach dem offiziellen Verkauf änderte AWAG ihren Namen zurück in Wertheim GmbH und im Laufe der Jahre in Warenhaus Wertheim GmbH. 1957 wurde Arthur Lindgens' Sohn Joachim zum Hauptgeschäftsführer der Warenhaus-Wertheim-GmbH-Tochtergesellschaft ernannt. Erst dann tauchte im Handelsregister erstmalig der Name Hertie als Eigentümer auf.[12]

Ob es mit Ursula und Arthur Lindgens eine Vereinbarung gegeben hat, den Namen Wertheim weiter zu verwenden, muss offen bleiben. Sollte eine derartige Absprache existiert haben, war sie mit der Übernahme der letzten Anteile durch Hertie 1984 erloschen, denn danach tauchte die eigenwillige Bezeichnung «Wertheim bei Hertie» auf. Seit Karstadt Anfang der neunziger Jahre Hertie übernahm, wird der Name Wertheim wieder ohne Zusatz verwendet.

1954 starb Gunther Wertheim im Alter von 52 Jahren, ohne von dem Verkauf des Familienunternehmens an Hertie erfahren zu haben.

1976 starb sein Bruder Fritz Wertheim, im selben Jahr Arthur Lindgens; seine Frau Ursula Lindgens, verwitwete Wertheim, geborene Gilka, war ein Jahr zuvor gestorben.

Ursula Froeb starb 1989.

Albrecht und Brigitte Wertheim zogen, wie erwähnt, nach einigen Jahren in Schweden in die Schweiz. Ihre Tochter Ursula starb 1980 in Mexiko, Albrecht Wertheim am 2. August 1998. Seine betagte Witwe Brigitte lebt in Lausanne.

Arthur und Ursula Lindgens, Ursula Froeb und Albrecht Wertheim sind im Familiengrab der Wertheims am Dreifaltigkeitsfriedhof in Berlin-Kreuzberg beigesetzt, wo sich auch die Urne Georg Wertheims befindet.

Hier wäre die Geschichte zu Ende, hätte es nicht Gorbatschow, die Perestroika und den Zusammenbruch des Sowjetimperiums gegeben.

EPILOG:

ANASTASIA UND DAS ZARENREICH

Mit dem Ende der DDR erhob die Jewish Claims Conference (JCC) als Sachwalterin erbenlosen jüdischen Eigentums Anspruch auf Flächen auf dem Leipziger Platz und dem Lenné-Dreieck, das sich durch die Kreuzung dreier Straßen, der Lenné-, der Bellevue- und der Ebertstraße, gebildet hatte. Nachforschungen ergaben, dass es sich dort um Grundstücke handelte, die einst zum Wertheim-Konzern gehörten, nur hatten die Erben die Anspruchsfrist zur Rückübertragung versäumt.

Das Lenné-Dreieck ist ein Berliner Kuriosum, an dem sich Juristen heute abarbeiten: Als die Berliner Mauer 1961 errichtet wurde, verlief sie parallel zum Brandenburger Tor, die Ebertstraße entlang auf den Potsdamer Platz zu, der durch die Mauer zweigeteilt wurde. Das Lenné-Dreieck, das wegen dieses Verlaufs plötzlich westlich der Mauer gelegen war, gehörte aber zu Ostberlin. Die Mauer wurde der Zweckmäßigkeit halber und aus Kostengründen dort nicht in einem Spitzen Winkel errichtet, sondern begradigt zurückgesetzt. Ähnliches geschah auch an anderen Grenzabschnitten. Die West-Berliner nutzten dieses Niemandsland als Spazierweg vom Potsdamer Platz in Richtung Brandenburger Tor.

Ende März 1988 kam es zu einer Vereinbarung zwischen dem Besuchsbeauftragten des Berliner Senats und der DDR über den Gebietsaustausch von 18 Flächen dieser Art, und das Lenné-Dreieck wurde Westberlin zugeschlagen. Unverzüglich erhob das Warenhaus Wertheim, also Hertie, Anspruch auf den wertvollen Grundbesitz der Familie Wertheim und beauftragte eine Anwaltskanzlei mit der rechtlichen Bearbeitung.

Dann fiel die Mauer.

Kurz nach der offiziellen Wiedervereinigung wurde ein Vermögensgesetz für alle Grundstücke in Ostdeutschland verabschiedet, die sich bis zum Stichtag 3. Oktober 1990 auf DDR-Territorium befanden, was auf die Wertheim-Grundstücke im Lenné-Dreieck nicht zutraf. Auf den Tag genau vierzig Jahre nach dem ominösen Vertragsabschluss zwischen AWAG/Wertheim und Hertie in New York unterzeichnete Wertheim/Hertie mit dem Land Berlin am 12. August 1991 einen richtungweisenden Vertrag, der dem Konzern die Rückerstattung des gesamten Lenné-Dreiecks zusicherte. «Die Rückübertragung erfolgt unentgeltlich», hieß es für Hertie erfreulich in der Vereinbarung. Später fragte sich das Land Berlin gewiss, ob es die Grundstücke nicht an den Falschen verschenkt hatte.

Es dauerte nicht lange, bis eine andere Behörde sich regte. Zwischen 1991 und 1995 war für die 1949 von den Sowjets konfiszierten Wertheim-Grundstücke im Ostteil der Stadt die Bundesrepublik Deutschland verfügungsberechtigt. Das Bundesfinanzministerium teilte Wertheim/Hertie mit, dass die insgesamt 90 000 Quadratmeter in bester City-Lage (Leipziger Platz, Alexanderplatz und Schiffbauerdamm) seinerzeit leider von der sowjetischen Militärregierung in die «Liste 3» aufgenommen worden waren. Laut Einheitsvertrag gelten diese Enteignungen durch die Sowjets als rechtens.

Nach jahrelangen Verhandlungen befand das Landesamt zur Regelung offener Vermögensfragen (LaRoV) im April 2001, dass es sich bei den Wertheim-Grundstücken doch um eine «Arisierung» gehandelt habe, und entschied sich zugunsten der JCC. Gegen den Teil des LaRoV-Entscheids, der sich auf das Grundstück Ecke Voßstraße/Ebertstraße bezog, reichte das Bundesfinanzministerium, das bereits Millionen in die Bebauungspläne dieses Filetstücks investiert hatte, noch im Mai Klage ein. Erfolglos bemühte sich der Bund in Verhandlungen mit der JCC um einen Ausgleich und gab sich schließlich 2003 geschlagen.

1999 erlaubte die JCC dem Anwalt der amerikanischen Wertheim-Erben Gary M. Osen Einsicht in die LaRoV-Akten. Dabei stieß seine Kanzlei auf den Wiedergutmachungsvergleich, den Fritz Wertheim und Gunther Wortham 1951 unterzeichnet hatten. Bezieht sich dieser Vergleich, der nur drei Seiten umfasst und keine Details nennt, ebenso auf Ost- wie auf Westberlin?, fragte sich Osen. Weitere Recherchen ermöglichten Akteneinsicht in die Wiedergutmachungsakte, in der sich kein Hinweis auf einen Vertrag mit Hertie fand.

Es war die KarstadtQuelle AG selbst, seit 1994 Inhaberin von Hertie, die im Jahre 2000 das Dokument des «secret sale's agreement» aus ihren Archiven holte, in der Absicht, damit ihren Anspruch auf die früheren Wertheim-Grundstücke im Osten des geeinten Deutschlands geltend zu machen. Allerdings handele es sich nicht um eine Verkaufsvereinbarung, sondern bloß um ein «Strukturpapier», das «die Neuordnung der Interessen der bisherigen Wertheim-Gesellschafter im Fall der Umsetzung einer möglichen Hertie-Beteiligung handschriftlich beschreibt».[1]

Als Osen sich die Grundbuchauszüge für die Grundstücke auf dem Lenné-Dreieck besorgte, musste er zu seinem Erstaunen feststellen, dass Deutschlands größte Warenhauskette KarstadtQuelle diese im Jahre 2000 für rund 280 Millionen DM zum größten Teil an den Milliardär und Metro-Besitzer Otto Beisheim verkauft hatte.

Während die Gerichte sich also seit Jahren in das knifflige Rechtsproblem verbeißen, hat das Land Berlin KarstadtQuelle das Lenné-Dreieck kostenfrei überlassen. Entgegen den Versprechungen errichtete der Konzern jedoch darauf nicht seine Deutschlandzentrale, sondern verkaufte den kostbaren Grund umgehend an Beisheim. Dessen Luxushotels, Büros und Apartments hinter dem Sony-Center wurden Anfang 2004 fertig gestellt. Die Wertheim-Erben verlangen nun den Erlös aus diesem lukrativen Geschäft.

Diese Information und das Auftauchen des geheimnisvollen «Strukturpapiers» veranlassten die Anwaltskanzlei Osen & Associate in New York im Namen von Gunther Worthams Tochter Barbara

Principe und dessen Enkel Martin Wortham gegen Karstadt Klage wegen betrügerischen Erwerbs des Wertheim-Konzerns und dessen Immobilien-Beteiligungen zu führen. Die KarstadtQuelle AG, so Osen, wird erklären müssen, wie sie einen großen Konzern kaufen konnte, ohne Unterschriften und ohne Verkäufer und Preis zu nennen. Und wie es ein Grundstück verkaufen konnte, dessen Besitzverhältnisse ungeklärt sind.

Im Februar 2002 wurde die in New York anhängige Klage abgeändert, und KarstadtQuelle beantragte eine Abweisung. Die Klage, behauptet der Konzern, sei unzulässig, da ihr Gegenstand von der Stiftungsinitiative der deutschen Wirtschaft mit dem klingenden Titel «Erinnerung, Verantwortung, Zukunft» – der so genannten Zwangsarbeiterstiftung – abgedeckt werde. Die Stiftung allein sei Ansprechpartnerin für Ansprüche aus der NS-Zeit gegen deutsche Unternehmen.

Das ist auch die Position der Bundesregierung. Sie will deutschen Unternehmen Rechtssicherheit gewährleisten und vor eventuellen weiteren Klagen ähnlicher Art schützen. Die Klage falle nach Meinung der Bundesregierung in den Schutzbereich des deutsch-amerikanischen Regierungsabkommens, andernfalls könnten die abgeschlossenen Restitutions- und Wiedergutmachungsverfahren (West) in ihrer Gesamtheit infrage gestellt werden. Der Bund hat deshalb mehrfach zugunsten von KarstadtQuelle bei der US-Regierung interveniert. Ein Statement of Interest möge doch dem amerikanischen Gericht die Klageabweisung aus außenpolitischen Gründen nahe legen.

In einem solchen Fall könnten die Wertheim-Erben ihre Interessen vor keinem amerikanischen Gericht durchsetzen, und eine theoretisch mögliche Klage in Deutschland hätte wenig Aussicht auf Erfolg. Die US-Regierung hat ein solches Statement nie abgegeben, was das Auswärtige Amt veranlasste, sich direkt an den Richter in New Jersey zu wenden.

Auch in anderen Fällen haben deutsche Behörden Deals mit Karstadt oder Firmen in dessen Besitz geschlossen. Die Bundesregierung hat KarstadtQuelle erlaubt, fast ein Jahrzehnt lang etwa dreißig Millionen Euro zu behalten, die es durch den Verkauf des Wertheim-Hauses in der Rosenthaler Straße eingenommen hatte, obwohl doch das LaRoV entschieden hatte, dass Karstadt nicht der rechtmäßige Eigentümer sei. Karstadt behauptet, das Geld inzwischen zurückgezahlt zu haben.

Und das Finanzministerium zahlte eine Summe von rund 17 Millionen DM für die Restitutionsansprüche an einem ehemaligen Wertheim-Grundstück, das der Wertheim-Konzern 1935 an die Post verkaufen musste. Im Grundbuch war aber die Bundesregierung bereits als Eigentümerin angegeben, da es vorher Volkseigentum gewesen war. Danach verkaufte das Finanzministerium Teile des Grunds an eine Berliner Firma (die Bewag), zum doppelten Preis.

Eine Hand wäscht die andere: Das Marie-Elisabeth-Lüders-Haus, in dem die Bibliothek des Bundesrats untergebracht ist, befindet sich auf dem Schiffbauerdamm, einem weiteren einstigen Wertheim-Grundstück. Hertie, die es für sich beanspruchte, überließ es dem Bund für 700 000 Euro, einen Bruchteil seines geschätzten Werts von zwanzig Millionen.[2]

Die Klage der Wertheim-Erben gegen Karstadt hat nicht direkt mit der Schlacht darum, wem Berlins Mitte gehört, zu tun. Es geht vielmehr um den Vorwurf, Hertie und dessen Rechtsnachfolger KarstadtQuelle hätten sich 1951 das Warenhaus Wertheim in einem betrügerischen Vorgang angeeignet. Und es geht um die Erstattung des Erlöses, den Karstadt durch den Verkauf des Lenné-Grundstücks erzielt hat.

Doch auch in dem Rechtsstreit, der die Jewish Claims Conference betrifft, können die Wertheim-Erben – neben Barbara Principe und ihrem Neffen Martin Wortham sechs weitere in den USA, den Niederlanden und in Deutschland lebende Nachkommen – auf einen gewissen Prozentsatz hoffen, den die JCC üblicherweise an die überlebenden Verwandten abgibt.

In ihrer eigenen Klage gegen Karstadt wandten sich die Wertheim-Erben an den Juristen Stuart Eizenstat mit dem Ersuchen, ihnen gegen Honorar ein Gutachten zu erstellen. Stuart Eizenstat aber ist nicht irgendein Anwalt: Er hatte im Sommer 2000 als stellvertretender US-Finanzminister der Clinton-Administration mit Otto Graf Lambsdorff die Verhandlungen über das deutsch-amerikanische Abkommen zu «Arisierungs»-Opfern und Zwangsarbeitern geführt. Ergebnis von Eizenstats Gutachten, das noch vor seiner Veröffentlichung für erhebliche Unruhe in Deutschland sorgte: In diesem Fall greift das deutsch-amerikanische Regierungsabkommen nicht.

Das Verfahren zieht sich in die Länge: Am 10. April 2003 hörte sich das Federal District Court in New Jersey, ein Bundesbezirksgericht, an das der Fall abgegeben wurde, die mündlichen Argumente zum KarstadtQuelle-Antrag auf Abweisung der US-Klage an und erließ keine Entscheidung. Im Oktober 2003 traf sich Bundeskanzler Schröder am Rand der Eröffnungssitzung der UNO-Generalversammlung mit Israel Singer und Gideon Tayler von der Jewish Claims Conference, um das «Wertheim-Problem» zu erörtern. Im November 2003 beschloss das Bundesfinanzministerium offiziell die Rücknahme seiner Klage gegen vier Entscheidungen des LaRoV zugunsten der Wertheim-Erben.

Im Mai 2004 wurde die Klage in New Jersey abgewiesen. Das Gericht befand, dass der Sachverhalt gut dargelegt wurde, anerkannte aber dennoch nicht die Rechtsnachfolge von KarstadtQuelle. Die Anwälte kündigten Berufung vor dem U.S. Court of Appeals in Philadelphia an.

Am 10. Dezember 2003, dem Tag der Menschenrechte, beging der Deutsche Bundestag die Fertigstellung seines Parlamentskomplexes mit einer Feier, bei der die Bibliothek des Bundesrates auf dem Schiffbauerdamm der Öffentlichkeit übergeben wurde. Aus diesem Anlass versammelten sich in Berlin zwölf Wertheim-Erben, die einander teilweise noch gar nicht kannten. Rasch erwies sich die energische Barbara Principe aus Newfield, New Jersey, als deren

Hauptakteurin. Die Erben aus aller Welt wollten auf die besondere Rolle des Familienkonzerns für die Geschichte der Stadt Berlin aufmerksam machen. Bundestagspräsident Wolfgang Thierse sagte, er habe keinen Zweifel, dass die anhängigen Verfahren «nach rechtsstaatlichen Grundsätzen durchgeführt» würden.

Die Wertheim-Erben brachten einen Vorschlag für eine Gedenktafel mit: «Der Grund, auf dem dieses Gebäude heute steht, gehörte einst dem berühmten Warenhaus Wertheim. Unter den Nationalsozialisten wurde das Unternehmen ‹arisiert› und die Familie in alle Winde zerstreut. Manche Familienmitglieder konnten sich retten – nach Großbritannien, in die USA und in die Niederlande. Einige überlebten Konzentrationslager und Sklavenarbeit – und andere kamen ums Leben. Nach dem Krieg enteignete die sowjetische Militarregierung das Eigentum der Familie Wertheim. Sie erhielt es nie zurück ...»

Ob der Bundestag den Vorschlag aufgreifen wird und eine Gedenktafel anbringt, bleibt abzuwarten.

*

Barbara Principe ist eine genügsame Frau. Sie lebt im südlichen New Jersey in einem verschlafenen Städtchen namens Newfield. Auf dem umliegenden Farmland gedeihen Auberginen und Blaubeeren besonders gut. Das Haus der Principes aus rostrot gestrichenem Holz sieht aus wie Millionen ähnlicher Häuser im ländlichen Amerika. Der Briefkasten steht an der Straße, und die beiden Laternen an der Eingangstür brennen Tag und Nacht, um Besucher jederzeit willkommen zu heißen. Vom Geländer der Veranda weht die amerikanische Flagge.

Die gepflegt geschminkte 72-Jährige ist seit über fünfzig Jahren mit Dominick Principe verheiratet, der ein paar Meilen von ihrem Wohnort entfernt eine bescheidene Knopffabrik betreibt. Dort, wo sie beide Arbeiter waren, haben sie sich kennen gelernt.

Sieben Kinder hat Barbara Principe großgezogen, und mit der Zeit kamen 15 Enkelkinder und vier Urenkel. Immer hat sie gleichzeitig auch in der Knopffabrik gearbeitet. An den Lärm und an den Staub der Schleifmaschinen in den beiden Hallen ist sie gewöhnt, auch heute noch geht das Paar jeden Tag in die Fabrik. Barbara Principe arbeitet täglich von acht Uhr früh bis drei Uhr nachmittags, zählt und sortiert die Knöpfe, verpackt sie in Kartons.

Einige Maschinen spucken Knöpfe und Schnallen in vielen Farben, Größen und Materialien aus, manche Maschinen stehen still. Der Konkurrenz aus Asien ist die Firma nicht gewachsen, es ist nur eine Frage der Zeit, wie lange der Betrieb noch weitermachen kann. Dominick Principe kann sich ein Leben ohne seine Arbeit nicht vorstellen.

Barbara weiß sich auch ohne die Fabrik zu beschäftigen. Sie fühlt sich wohl in ihrem Haus. Das an die Küche angrenzende Wohnzimmer trägt ihre Handschrift: in Glas gegossene Blütenblätter, Hummelfiguren in der Vitrine, mit Blumen gefüllte Vasen, eine Unzahl bunter Kissen auf der Couch, gehäkelte Deckchen, selbst angefertigte Stoffpuppen in aufwendig genähten Kleidern. An der Wand hängt ein mit Hühnern bemalter Keramikteller.

Die Hühnerfarm ihrer Kindheit in der Garden Road ist nicht weit entfernt. Doch die Leute, die sie einst dem Vater abkauften, haben sie verwahrlosen lassen. Der erbärmliche Zustand des verblichenen alten Holzhauses inmitten saftiger Wiesen macht Barbara Principe traurig. Die Hühnerfarm dahinter ist schon fast verfallen. Für sie ist das eine Schande, sie kommt nicht gern hierher.

Wenn da nicht in der Nähe der kleine Kirchenfriedhof wäre, mit dem Grab ihrer Eltern. «Frieda und Gunther Wortham, nach 34 Jahren wieder vereint», steht auf dem Grabstein. Während Barbaras Vater mit nur 52 Jahren starb, wurde ihre Mutter Frieda, die sechs Jahre älter war als ihr Mann, fast 93 Jahre alt.

Günther Wertheim war die schwere Arbeit nicht gewöhnt. Als er schon früh ernsthaft erkrankte, sprang Barbara ein. Vor der Schule

Barbara Principe, geborene Wertheim, vor ihrem Haus in Newfield im Jahr 2003.

brachte sie den Hühnern frisches Wasser, nach der Schule zog sie sich um, fütterte die Hühner und sammelte die Eier ein, die sie in der Zwischenzeit gelegt hatten. Am Sonntag besuchte sie den Gottesdienst in der methodistischen Kirche.

Auch die Mutter musste hart arbeiten. Bis spätnachts säuberte sie die Eier, prüfte sie unter der Lampe, wog und verpackte sie je nach Größe. Ebenso wie ihr Mann war Frieda Wertheim eine unglückliche, wortkarge Person. Zu ihr fällt der Tochter fast nichts ein.

Barbaras Leben im ländlichen New Jersey verlief in ruhigen Bahnen. Schulabschluss, Arbeit in der Fabrik, Heirat, Geburt der Kinder. Später die Enkelkinder.

Dann eines Tages gegen Ende der neunziger Jahre rief Gary Osen an. Der Anwalt aus Oradell, New Jersey, hatte sich in die Wertheim-Unterlagen vertieft, und es packte ihn die Berufsehre. Sein Vater

Gunther Wortham, vormals Günther Wertheim, rechts neben dem Traktor, in New Jersey, 1950.

Max war einst vor den Nazis aus Frankfurt am Main in die Vereinigten Staaten geflohen und vertrat seit Anfang der fünfziger Jahre deutsch-jüdische Emigranten. Der Sohn ist in seine Fußstapfen getreten. Rund 200 solcher Fälle bearbeiten Osen & Associate derzeit. Doch Barbara Principes Fall ist größer als alle anderen.

Gary Osen, ein arbeitsamer Mann Mitte dreißig mit einem beneidenswerten Gedächtnis und der Fähigkeit, mehrere Stunden am Stück zu reden, drückt sich gern in Bildern aus. Barbara Principe sieht er als Anastasia, die eines Tages erfährt, dass sie die Tochter des Zaren ist und Anspruch auf dessen Reich hat.

Der Schneeball, den Osen ins Rollen brachte, hat sich zu einer Lawine entwickelt. Sollte er Erfolg haben, kann sich Barbara Principe auf viel Geld einstellen. Abgesehen vom Blumenstrauß für Osen würde sie das Dach ihres Hauses reparieren lassen und sich ein neues Auto anschaffen. Einen Camper vielleicht, von dem hat sie immer schon geträumt. Darüber hinaus bedeutet ihr Geld nicht viel, sie ist mit ihrem Leben zufrieden.

Ihr geht es um Gerechtigkeit. Um einen Funken Wiedergutmachung dafür, dass sie, ihre Kinder und Enkelkinder der eigenen Familiengeschichte beraubt wurden. Und dafür, dass ihr Vater so früh sterben musste.

*

Im fernen Berlin ist die einst größte Baustelle Europas einem Sammelsurium mehr oder weniger geglückter Bauwerke gewichen. Wo die Leipziger Straße in den Potsdamer Platz übergeht, wurde mit dem Mosse-Palais im Sommer 1995 die Neubebauung des Leipziger Platzes begonnen. An der Ecke Leipziger Platz/Ebertstraße entsteht die kanadische Botschaft. Gegenüber glitzern die Kronleuchter durch die Fenster des Ritz-Carlton, das luxuriöse Herz des Gebäudekomplexes aus weißem Naturstein, in das der Metro-Chef Beisheim rund 450 Millionen Euro investiert hat.

In der Bellevuestraße verwahrt das Sony-Center hinter Glas die Reste des Hotel Esplanade, von wo sich einst die Stieftochter Wolf Wertheims aus dem Fenster stürzte. An der Stelle des Hauses, in dem Georg Wertheim vor seiner Scheidung lebte, sorgt ein gepflegter Rasen für freien Blick in den Tiergarten.

Wenn die Abgeordneten des Bundesrats aus dem Fenster schauen, schweifen ihre Augen über die stark befahrene Leipziger Straße auf eine 27 000 Quadratmeter große Brache. Keine Hinweistafel informiert die Touristen, dass sich an dieser Stelle einst das größte und schönste Warenhaus Europas befand. Doch der Leerraum, der so markant den Platz dominiert, spricht für sich. Es ist, als hielte die Zeit hier den Atem an.

WIR DANKEN

Annette Ahme für die Einsichtnahme in ihre Magisterarbeit über das Warenhaus Wertheim, Robert Dupuis für Material über Kunstausstellungen im Warenhaus, Claus Albert Wertheim für die Zusendung seiner unveröffentlichten Memoiren, Noemi Yoko Molitor für Unterstützung bei der Archivrecherche, Barbara Principe für ihre Bereitschaft, über ihre Familiengeschichte zu sprechen, den Rechtsanwälten Gary M. Osen und Matthias Druba für die Bereitstellung wichtiger Dokumente sowie allen Personen, die sich im Laufe der vergangenen zwei Jahrzehnte für Interviews zur Verfügung gestellt haben.

Zu Dank verpflichtet sind wir auch Siv Bublitz, die als frühere Verlagsleiterin das Projekt auf den Weg gebracht hat, und nicht zuletzt Jens Dehning für sein sachkundiges Lektorat.

Es gibt noch andere Personen, die uns bei der Erstellung dieses Buches geholfen haben. Auch wenn sie nicht namentlich genannt sind, soll das ihren Beitrag nicht schmälern.

Erica Fischer
Simone Ladwig-Winters

ANMERKUNGEN

ERSTES KAPITEL

1 Walter Grab: Der deutsche Weg der Judenemanzipation 1789–1938, München 1991, 10.
2 Frank Stern: Dann bin ich um den Schlaf gebracht, Ein Jahrtausend jüdisch-deutsche Kulturgeschichte, Berlin 2002, 67.
3 Nachum T. Gidal: Die Juden in Deutschland von der Römerzeit bis zur Weimarer Republik, Köln 1997, 190.
4 Reinhard Rürup (Hg.): Jüdische Geschichte in Berlin, Berlin 1995, 38.
5 Grab: Der deutsche Weg, 14.
6 Monika Richarz (Hg): Bürger auf Widerruf, Lebenszeugnisse deutscher Juden 1780–1945, München 1989, 86.
7 Margret Heitmann, Julius H. Schoeps (Hg.): «Halte fern dem ganzen Land jedes Verderben …», Geschichte und Kultur der Juden in Pommern, Hildesheim/Zürich/New York 1995, 185.
8 Leopold Donath: Geschichte der Juden in Mecklenburg, Leipzig 1874, 193.
9 Archivum Pánstwowe Szczin (APS) Regierung Stettin, 10 756, 198 ff., zit. in Heitmann/Schoeps: «Halte fern dem ganzen Land …», 185.
10 Archivum Pánstwowe Szczin, 10 511, zit. in ebd.
11 G. Becker: Einiges zum Schulwesen in Anklam, unveröffentlichtes Manuskript, Archiv Heimatmuseum Anklam, zit. in Heitmann/Schoeps: «Halte fern dem ganzen Land …», 186.
12 Grab: Der deutsche Weg, 109.
13 Irene Diekmann (Hg.): Wegweiser durch das jüdische Mecklenburg-Vorpommern, Potsdam 1998, 71.
14 Heitmann/Schoeps: «Halte fern dem ganzen Land …», 187.
15 Klaus Strohmeyer: Warenhäuser, Berlin 1980, 77.
16 Vorpommersches Landesarchiv (VpLA), Rep. 65c, 381, S. 135, zit. in Heitmann/Schoeps: «Halte fern dem ganzen Land …», 112.

17 Georg Tietz: Hermann Tietz, Geschichte einer Familie und ihre Warenhäuser, Stuttgart 1966, 31.
18 Ebd., 64.

ZWEITES KAPITEL

1 Diekmann: Wegweiser, 130.
2 Gidal: Die Juden in Deutschland, 240.
3 Fritz Stern: Gold und Eisen, Bismarck und sein Bankier Bleichröder, Frankfurt a. M./Berlin 1978, 208–210.
4 Thomas Friedrich: Berlin in Bildern 1918–1933, München 1991, 22.
5 Jules Laforgue: Berlin, Der Hof und die Stadt, Frankfurt a. M. 1981, 56.
6 Ebd., 100.
7 Ebd., 56.
8 Ebd., 80.
9 Ebd., 79.
10 Ernst Samhaber: Kaufleute wandeln die Welt, Frankfurt a. M. 1960, 319, zit. in Annette Grinôt: Zur Geschichte des Warenhauses, Leipzig 1992, 3.
11 Annette Grinôt: Geschichte und Entwicklungstendenzen des Warenhauses unter besonderer Berücksichtigung seiner Absatzstrategien, Göttingen 1997, 19.
12 Grinôt: Geschichte und Entwicklungstendenzen, 27.
13 Ebd., 22.
14 Heinz Höwing: Ein Kaufmann, wie er im Buche steht, in: «Norddeutsche Neueste Nachrichten», Stralsund, 03.06.1987.
15 Frank Bajohr: «Unser Hotel ist judenfrei», Bäderantisemitismus im 19. und 20. Jahrhundert, Frankfurt a. M. 2003, 23.
16 Tietz: Hermann Tietz, 30.
17 Ebd., 31–32.
18 Erika Thiel: Künstler und Mode, Berlin 1979, 32.
19 Margaret F. Mac Donald et al.: Whistler, Women and Fashion, New York 2003, 219.
20 Diekmann: Wegweiser, 196–201.
21 Jacob Toury: Soziale und politische Geschichte der Juden in Deutschland 1847–1871, Düsseldorf 1977, 119.

1 Königlich Preußischer Minister der öffentl. Arbeiten (Hg.): Berlin und seine Eisenbahnen. 1846–1896, Faks. der Ausgabe von 1896, Berlin 1982, 102, zit. in Ladwig-Winters: Wertheim, Geschichte, 17.
2 Die elegante Berlinerin. Graphik und modisches Beiwerk aus zwei Jahrhunderten. Ausstellung der Kunstbibliothek Berlin (West) 1962, 6, zit. in Thiel: Künstler und Mode, 40.
3 Bajohr: Bäderantisemitismus, 69/70.
4 Zit. in ebd., 30.
5 Ebd., 24/25, 30.
6 Im Drei-Kaiser-Jahr 1888 folgte auf den im Greisenalter verstorbenen Wilhelm I. für nur 99 Tage der todkranke Friedrich II., danach bestieg der junge Wilhelm II. den Thron. Mit dem Tod Wilhelms I., des «Kaisers unter Bismarck», begann nach dem 99-Tage-Intermezzo die Wilhelminische Epoche.
7 Simone Ladwig-Winters: Freiheit und Bindung, Zur Geschichte der jüdischen Reformgemeinde zu Berlin von ihren Anfängen bis zu ihrem Ende 1939, Berlin 2004, 80–81.
8 Preußens Volk und Herrscherhaus: Festrede zur Feier des 200-jährigen Bestehens des Königreichs Preußen, gehalten im Gotteshaus der Jüdischen Reform-Gemeinde in Berlin, 4, zit. in ebd., 132.
9 Rürup: Jüdische Geschichte, 38.
10 Gustav Stresemann: Die Warenhäuser, Ihre Entstehung, Entwicklung und volkswirtschaftliche Bedeutung, in «Zeitschrift für die gesamte Staatswissenschaft», Berlin 1900, 705, zit. in Peter Stürzebecher: Das Berliner Warenhaus, Berlin 1979, 13.
11 Julius Hirsch: Das Warenhaus in Westdeutschland. Seine Organisation und Wirkungen, Leipzig 1910, 20.
12 Tietz: Hermann Tietz, 30.
13 Ebd., 30–33.
14 Ebd., 32.
15 Ebd., 40.
16 Ebd., 40.
17 Ebd., 40.
18 Siegfried Giedion: Bauen in Frankreich, Leipzig/Berlin o. J. [1928], zit. in Walter Benjamin: Das Passagen-Werk, Band 1, Frankfurt a. M. 1982, 90.
19 Stürzebecher: Das Berliner Warenhaus, 26.
20 Walter Boehlich (Hg.): Der Berliner Antisemitismusstreit, Frankfurt a. M. 1965, 13.

21 Gidal: Die Juden in Deutschland, 255.
22 Andreas Nachama, Julius H. Schoeps, Hermann Simon (Hg.): Juden in Berlin, Berlin 2001, 86.
23 Ebd., 106–107.
24 Simon Dubnow: Weltgeschichte des jüdischen Volkes, Jerusalem 1971, 443.
25 Ebd., 444.
26 Paul W. Massing: Vorgeschichte des politischen Antisemitismus, Frankfurt a. M. 1959, 177.
27 Zit. in Dubnow: Weltgeschichte, 544.
28 Heiko Haumann: Geschichte der Ostjuden, München 1990, 96.
29 Nachama/Schoeps/Simon: Juden in Berlin, 124.
30 Ebd., 112.
31 Dubnow: Weltgeschichte, 446.
32 Nachama/Schoeps/Simon: Juden in Berlin, 116/117.
33 Zit. in ebd., 117/118.
34 Gidal: Die Juden in Deutschland, 295.

VIERTES KAPITEL

1 Stürzebecher: Das Berliner Warenhaus, 12/13.
2 Paul Göhre: Das Warenhaus, in: Die Gesellschaft, Frankfurt a. M. 1907, 7/8, 13/14.
3 Berliner Architekturwelt, 1911, XIV, zit. in Ladwig-Winters: Wertheim, Geschichte, 29.
4 Berliner Architekturwelt, 1911, II, zit. in ebd.
5 Walter Curt Behrendt: Alfred Messel, Berlin 1998, 29/30.
6 Karl-Heinz Hüter: Architektur in Berlin 1900–1933, Dresden 1987, 24, zit. in Ladwig-Winters: Wertheim, Geschichte, 30.
7 Benjamin: Das Passagen-Werk, 93.
8 Franz Herre: Jahrhundertwende 1900, Stuttgart 1998, 12.
9 Antonia Meiners: Berlin. Photographien 1880–1930, Berlin 2002, 94.
10 Fritz Bernhard: Wertheim und die Untergrundbahn, Berlin 1903, 5–9.
11 Paul Wittig: Vortrag über die Untergrundbahn am 12.05.1908, Berlin 1908.
12 Tietz: Hermann Tietz, 61.
13 Alfred Kerr: Mein Berlin. Schauplätze einer Metropole, Berlin 2002, 111.
14 Ebd., 114.

15 BA R 8119F P 5205, Bl. 23, Aufsichtsratssitzung Wertheim vom 19.11.1937.

16 Interview Simone Ladwig-Winters mit Albrecht Wertheim am 26.06.1994 in Lausanne.

17 Stresemann: Die Warenhäuser, 713–715, zit. in Strohmeyer: Warenhäuser, 8.

18 «Staatsbürger-Zeitung» Nr. 554, 27.11.1906.

19 Rede des Abgeordneten Rahardt; zit. in Johannes Wernicke: Warenhaus, Industrie und Mittelstand, Berlin 1911, 57.

20 Jeanne E. Rehnig: Das «Photographische Atelier» im Warenhaus, Würzburg 1999, 44.

21 Entnommen der vom Deutschen Patentamt weitergeführten Zeichenrolle des Reichspatentamts zu Wertheim, laufende Nr. 118545, eingetragen am 07.06.1909.

22 Salcia Landmann: Marienbad. Ein Roman in Briefen nach Scholem Aleichem, München/Berlin 1977.

23 Göhre: Das Warenhaus, 43.

24 Hirsch: Das Warenhaus in Westdeutschland, 52.

25 Georg Hermann: Der Kleine Gast, Berlin, Leipzig 1925, 43.

26 Göhre: Das Warenhaus, 35.

27 Ebd., 73/74, sowie Hirsch: Das Warenhaus in Westdeutschland, 64.

28 Göhre: Das Warenhaus, 77.

29 Leo Colze: Berliner Warenhäuser, Nachdruck der Erstausgabe von 1908, Berlin 1989, 73.

30 Göhre: Das Warenhaus, 133/134.

31 Colze: Berliner Warenhäuser, 73/74.

32 Göhre: Das Warenhaus, 49.

33 Ebd., 133.

34 Ebd., 82.

35 «Die Wahrheit», 08.05.1908. Diese Quelle ist zwar tendenziös gegen Warenhäuser und Juden allgemein eingestellt, scheint aber dennoch im begrenzten Rahmen hinsichtlich des Sachverhalts glaubwürdig.

36 Mode-Katalog Warenhaus A. Wertheim, 1903/1904, Hildesheim/Zürich/New York 1988.

37 Colze: Berliner Warenhäuser, 81.

38 «Die Wahrheit», 16.02.1907.

FÜNFTES KAPITEL

1 Brief von Albert Sternberg an Simone Ladwig-Winters vom 18.09.1995.
2 «Die Wahrheit», 25.06.1908.
3 Gertrud Wertheim (Truth): Meine Glaubwürdigkeit im Metternich-Proceß, Das kleine Journal Nr. 43–46, 1911.
4 «Berliner Lokal-Anzeiger», RBB-Online, Preußen, Chronik eines deutschen Staates.
5 Artur Landsberger: Wie Hilde Simon mit Gott und dem Teufel kämpfte. Der Roman einer Berlinerin, Berlin 1910.
6 «Die Wahrheit», 23.09.1905.
7 Gabriele Tergit: Effingers, Frankfurt a. M. 1982, 92.
8 «Die Wahrheit», 16.06.1906.
9 Ebd.
10 Rudolf Martin: Jahrbuch des Vermögens und Einkommens der Millionäre in der Provinz Brandenburg einschließlich Charlottenburg, Wilmersdorf und alle anderen Vororte Berlins, Berlin 1913, 3.
11 Wolf Wertheim: Dragonade in Berlin W., London 1915, 30.
12 «Die Wahrheit», 25.07.1908.
13 Ebd.
14 Ebd.
15 «Der Tag», 23.11.1911.
16 Wertheim: Dragonade, 38/39.
17 Internet, Berlin im Jahre 1909, Edition Luisenstadt 1998–2000, 31.01.2002.
18 Rehnig: Das «Photographische Atelier», 61f.
19 «Die Wahrheit», 04.09.1909.
20 Wertheim: Dragonade, 33.
21 «Der Tag», 13.07.1911.
22 «Der Tag», 14.07.1911.
23 «Der Tag», 03.10.1911.
24 Ebd.
25 «Die Wahrheit», 11.10.1911.
26 Wertheim (Truth): Meine Glaubwürdigkeit.
27 «Die Wahrheit», 09.02.1918.
28 «Die Wahrheit», 16.02.1918.
29 Interview von Simone Ladwig-Winters mit Albrecht Wertheim am 26.06.1994 in Lausanne.

SECHSTES KAPITEL

1 Alfred Grunow: Der Kaiser und die Kaiserstadt, Berlin 1970, 59.
2 «Die Wahrheit», 21.03.1908.
3 Ebd.
4 Georg Wertheims Tagebuch.
5 Ebd.
6 Ebd.
7 «Staatsbürger-Zeitung», 16.12.1912, s. Brandenburgisches Landeshauptarchiv Potsdam; Acta Pol.Präs., Pr.Br.Rep.30, Nr. 14311, zit. in Ladwig-Winters: Geschichte, 56.
8 Ebd.
9 Brandenburgisches Landeshauptarchiv Potsdam, Acta Pol.Präs., Pr.Br.Rep. 30, Nr. 14311, zit. in Ladwig-Winters. Geschichte, 57
10 Ebd.
11 Tietz: Hermann Tietz, 48.
12 Ebd., 105.
13 Brandenburgisches Landeshauptarchiv Potsdam, Acta Pol.Präs., Pr.Br.Rep. 30, Nr. 14311, zit. in Ladwig-Winters: Geschichte, 55.
14 John Röhl im Spiegel-Gespräch («Seine Schuld ist sehr groß»), in: «Der Spiegel» Nr. 8, 16.02.2004, 93.
15 Olaf Matthes: James Simon, Mäzen im Wilhelminischen Zeitalter, Berlin 2000.
16 Matthes: James Simon, 128.
17 Eberhard Straub. Albert Ballin, Der Reeder des Kaisers, Berlin 2001.
18 Peter Gay: Der berlinisch-jüdische Geist, Zweifel an einer Legende, in: Freud, Juden und andere Deutsche, München 1989, 189.
19 Franz Kobler (Hg.): Juden und Judentum in deutschen Briefen aus drei Jahrhunderten, Königstein/Ts. 1984, 388.

SIEBTES KAPITEL

1 Stürzebecher: Das Berliner Warenhaus, 15.
2 Martin: Jahrbuch des Vermögens, 5.
3 Hans Fürstenberg (Hg.): Carl Fürstenberg, Die Lebensgeschichte eines deutschen Bankiers, Wiesbaden 1961, 381.
4 «Der Tag», 08.07.1911.

5 Tietz: Hermann Tietz, 96.
6 Friedrich: Berlin in Bildern, 11–12.
7 Bajohr: Bäderantisemitismus, 89.
8 Erich Mühsam: Tagebücher 1910–1925, München 1994, 101.
9 Arnold Zweig: Mal herhören, alle! Prosa – Essays – Briefe (Hg. Wilhelm von Sternburg), Berlin 1995, 21.
10 «Jüdische Rundschau» Nr. 32, 07.08.1914.
11 Sten Nadolny: Ullsteinroman, Frankfurt a. M. 2003, 279.
12 Karl Kraus: Die Sprache, München 1962, 13.
13 Tietz: Hermann Tietz, 159–160.
14 Ebd., 157.
15 Michael Schmidt-Klingenberg: Der Kampf in den Küchen, in: «Der Spiegel» Nr. 13/2004, 145.
16 Tietz: Hermann Tietz, 162–164.
17 Schmidt-Klingenberg: Der Kampf, 145.
18 Ebd., 143.
19 Tietz: Hermann Tietz, 170.
20 Wilhelm von Sternburg: Um Deutschland geht es uns, Arnold Zweig, Die Biographie, Berlin 1998, 98.
21 Zit. in Helmut Trotnow: Karl Liebknecht, Eine politische Biographie, Köln 1980, 256.
22 Tietz: Hermann Tietz, 190–191.
23 Ebd., 197 ff.
24 Ebd., 201.
25 Ernst Toller: Eine Jugend in Deutschland, Reinbek 1963, 83.
26 Grundbuch Charlottenburg, A6 Lichterfelde, Grundakten Band 11, Bl. 32.
27 Bella Fromm: Als Hitler mir die Hand küsste, Berlin 1994, 14–15.
28 Tietz: Hermann Tietz, 211–213.

ACHTES KAPITEL

1 W. Hasselmann: Berlin – Marken und Zeichen, München 1987, 298–299.
2 Sebastian Haffner: Geschichte eines Deutschen, Stuttgart/München 2000, 87–89.
3 Friedrich: Berlin in Bildern, 36.
4 Ebd., 34.
5 Ute Scheub: Verrückt nach Leben, Reinbek 2000, 8.

6 Ladwig-Winters: Wertheim, Geschichte, 73.
7 Scheub: Verrückt nach Leben, 7.
8 Zit. in Paul S. Boyer et al.: The Enduring Vision, A History of The American People, Lexington, Mass., 1990, 833–834.
9 «Die Wahrheit», 24.01.1935.
10 «Die Wahrheit», 07.03.1908; Wertheim: Dragonade, 47.
11 Interview von Simone Ladwig-Winters mit A. Wertheim am 06.10.1988 in Lausanne.
12 Interview von Simone Ladwig-Winters mit A. Wertheim am 20.03.1987 in Lausanne.
13 Ruth Glatzer: Berlin zur Weimarer Zeit, Panorama einer Metropole 1919–1933, Berlin 2000, 343.
14 Per Maria Rossodi San Secondo: Wedekind in der Klosterstraße, Berlin 1977, 33–34.
15 Paul Westheim (Hg.): «Das Kunstblatt», Band 13, Berlin 1929, 1.
16 Interview von Simone Ladwig-Winters mit Caroline Lugani, Elsa Ziehms Enkeltochter am 01.10.1995.
17 H. R. Knickerbocker: Deutschland so oder so?, Berlin 1932, 3.
18 Zit. nach Wolfgang Benz: Der Nationalsozialismus. Studien zu Ideologie und Herrschaft, Frankfurt/M. 1994, 12.
19 Fromm: Als Hitler …, 32.
20 Ebd., 35–36.
21 BA R 8119F P 5200, Bl. 16, Georg Wertheims Stellungnahme zu den Banken, 1936.
22 Ebd., Wertheims Stellungnahme zu den Banken, 1936.
23 Ebd.
24 BA R 8135 P 4986, Bericht der Dt. Rev.- u. Treuhand-Aktiengesellschaft, Bln. 1935, 2.
25 BA RWM 3101 P 13859, Bl. 78 ff, zusammengestellt am 26.08.1932.
26 Ebd., Bl. 79.

NEUNTES KAPITEL

1 Comités des Délégations Juives (Hg.): Das Schwarzbuch. Die Lage der Juden in Deutschland 1933, Paris 1934, Neuausgabe Frankfurt a. M./Berlin 1983, 285.
2 Kurt Jakob Ball-Kaduri: Das Leben der Juden in Deutschland im Jahre

1933, Ein Zeitbericht, Frankfurt a. M. 1963, 29, zit. in Ladwig-Winters, Wertheim – ein Warenhausunternehmen, 113.

3 BA R 8119F P 24404, Aktennotiz Stauß/Frank vom 13.03.1933.

4 «Die Wahrheit», 31.04.1933.

5 Bruno Blau: Vierzehn Jahre Not und Schrecken, unveröffentlichte Memoiren, YIVO, New York, 13. Blau bezieht sich auf Alfred Hirschberg, der ihm 1948 aus São Paulo von dem Gespräch bei Göring berichtete.

6 Ralf Georg Reuth (Hg.): Goebbels' Tagebücher, Bd. 2, 1930–1934, München 1992, 788.

7 Gidal: Die Juden in Deutschland, 424.

8 Das Schwarzbuch, 302–304.

9 Ebd., 310.

10 Ebd., 284–285.

11 Interview von Simone Ladwig-Winters mit A. Wertheim am 20.03.1987 in Lausanne.

12 Das Schwarzbuch, 365.

13 Parteiprogramm nach: Heinrich Schönfelder: Deutsche Reichsgesetze, München 1944; Wolfgang Mönninghoff: Enteignung der Juden, Wunder der Wirtschaft, Erbe der Deutschen, Hamburg-Wien 2001, 70.

14 Wirtschaftsblatt der IHK zu Berlin, 12.06.1936, H. 16/17, 790.

15 Wirtschaftsblatt der IHK zu Berlin, 33. Jg., H.4 vom 05.02.1935, 157.

16 «Völkischer Beobachter», 10.07.1933, 3.

17 Zeitschrift des Vereins Berliner Kaufleute u. Industrieller, 15. Jg., 1934, 71.

18 Interview von Simone Ladwig-Winters mit A. Wertheim am 20.03.1987 in Lausanne.

19 Der im Rest des Kapitels geschilderte Prozess der «Arisierung» von Tietz und Wertheim ist zur Gänze entnommen aus den beiden Büchern von Simone Ladwig-Winters.

20 Heinrich Uhlig: Die Warenhäuser im Dritten Reich, Köln, Opladen 1956, 116.

21 Vertrag zwischen Hermann Tietz OHG und Hertie vom 29.07.1933.

22 Interview von Simone Ladwig-Winters mit Gerda X., geb. Roth, am 21.03.1995 in Berlin.

23 Feature des Westdeutschen Rundfunks: «Die Warenhausverkäuferin, Chronik eines Berufs», von Annelie Hillmer und Jeanpaul Georgen, 18.12.1981.

24 «Die Wahrheit», 06.05.1933.

25 Interview von Simone Ladwig-Winters mit A. Wertheim am 26.06.1994 in Lausanne.

26 Mönninhoff: Enteignung der Juden, 287.
27 «Die Wahrheit», 24.06.1933.
28 Interview von Simone Ladwig-Winters mit Oscar Haac am 03.11.1994 in New York.
29 Auskunft von Gary Osen, Rechtsanwalt in New Jersey.
30 Nachlass Elsa Ziehm, dem Testament vom 31.07.1912 vorangestellt.
31 BAR 8119F P 5200, Bl. 21.
32 Interview von Simone Ladwig-Winters mit A. Wertheim am 20.03.1987
33 Auskunft von Gary Osen.
34 Interview von Erica Fischer mit RA Gary Osen am 03.10.2002 in Berlin.
35 BAR 8119F P 5200, Bl. 53.
36 Ebd., Bl. 252–254, Hinweis von AR-Vorsitzenden Schönner vom 08.11.1937.
37 OMGUS: Ermittlungen gegen die Deutsche Bank, Nördlingen 1985, 46.
38 Lothar Gall et al.: Die Deutsche Bank 1870–1995, München 1995, 352.
39 «Frankfurter Zeitung», 19.10.1930.
40 Unveröffentlichte Memoiren von Claus Albert Wertheim, 12.
41 Leitfaden durch das Dr. Arthur Lindgens-Jagdmuseum in St. Hubertus.
42 Lebenslauf von Arthur Lindgens vom 09.08.1937, Bundesarchiv, Abt. Potsdam.
43 Arthur Lindgens: Wild, Bild und Kugel, Berlin 1937, 11.
44 Interview von Simone Ladwig-Winters mit A. Wertheim am 20.03.1987 in Lausanne.
45 BAR 8119F P 5200, Bl. 153, Stauß an Hoesch, 03.04.1937.
46 Interview von Simone Ladwig-Winters mit Fräulein Kunze am 01.07.1988 in Berlin.
47 Interview von Annette Ahme mit Fräulein Kunze im Oktober 1991.
48 BAR 8119F P 5205, Bl. 11–14, Protokoll der Aufsichtsratssitzung vom 28.05.1937.
49 Interview von Simone Ladwig-Winters mit A. Wertheim am 20.03.1987 in Lausanne.
50 Interview von Simone Ladwig-Winters mit Fräulein Kunze am 01.07.1988 in Berlin.
51 BAL RWM 3101 P 13862, Bl. 561 vom 13.12.1935.
52 Interview von Simone Ladwig-Winters mit A. Wertheim am 26.06.1994 in Lausanne.
53 BAR 8119F P 5200, Bl. 78.
54 Ebd., Bl. 96, A. Wertheim GmbH, 29.07.1936.

55 Ebd., Bl. 124–126.
56 BAL R 56 V, Bd. 102, Bl. 49–63, hier 63.
57 Ebd., Bl. 138.
58 BAR 8119F P 5201, Bl. 39/40, schriftlicher Bericht des AR-Vorsitzenden Schönner von seiner Unterredung mit Michel am 15.12.1937.
59 BAR 8119F P 5205, Bl. 37, AR-Sitzung vom 09.03.1938.
60 Interview von Simone Ladwig-Winters mit Frau Hartung, Kundin des Hauses am Moritzplatz, am 19.12.1986.
61 BAR 8119F P 5205, Bl. 29, 16.12.1937.
62 LAB OFP 052 05-XI/7764 Salo Wellner, Vermögenserklärung vom 17.03.1942.
63 Alle, auch die nachfolgenden Angaben, sind dem Gedenkbuch zu den jeweiligen Personen entnommen, zit. in: Ladwig-Winters: Wertheim, Geschichte, 116–177.
64 BrLHA OFP-Akte Salo Wellner, Schreiben OFP vom 28.11.1942, zit in: ebd, 117.

ZEHNTES KAPITEL

1 Verordnung datiert vom 22.04.1938.
2 Nicht zu verwechseln mit der später in New York erscheinenden Exilantenzeitschrift gleichen Namens.
3 Fromm: Als Hitler ..., 293–294.
4 Ebd., 298.
5 Helmut Genschel: Die Verdrängung der Juden aus der Wirtschaft im Dritten Reich, Göttingen 1966, 173.
6 Sozialdemokratische Partei Deutschlands (im Exil)(Sopade), 5. Jg. 1938, Nr. 11, A 47.
7 Internationales Militärtribunal – Nürnberg (IMT) 1816-PS, 537.
8 IMT 1816-PS, 197.
9 Konrad Fuchs: Ein Konzern aus Sachsen, Das Kaufhaus Schocken als Spiegelbild deutscher Wirtschaft und Politik 1901 bis 1953, Stuttgart 1990, 243.
10 BAR 8119F P 5219, Bl. 52, Erlass vom 22.01.1938.
11 BAR 8119F P 5209, Bl. vom 15.19.1938.
12 Ebd., Bl. 261 vom 18.12.1939 u. Bl. 283 vom 22.12.1939.
13 BLHA OFP Martha Wertheim, Dok. 31.

14 BAR 8119F P 5203, Bl. 281 Stauß an Schönner vom 24.03.1941.

15 Interview von Simone Ladwig-Winters mit A. Wertheim am 26.06.1994 in Lausanne.

16 Interview von Simone Ladwig-Winters mit A. Wertheim am 01.01.1988 in Lausanne.

17 Brief M. van Walsem-Fischbein an Simone Ladwig-Winters vom 27.04.1995.

18 Interview Marion Neiss, Zentrum für Antisemitismusforschung, mit Agnes Schnitzler am 08.08.1984; die Abschrift dieses Interviews wurde freundlicherweise zur Verfügung gestellt.

19 Grundbuch Charlottenburg, Bl. 173.

20 BAR 8119F P 5205, Bl. 57/4, Protokoll der AR-Sitzung vom 03.11.1938.

21 Interview Annette Ahme mit Joachim Lindgens im Oktober 1991.

22 BAR 8119F P 5203, Bl. 423, Schönner an Stauß vom 08.05.1941.

23 Interview Annette Ahme mit Fräulein Kunze im Oktober 1991.

24 Arthur Lindgens: Sorglose Stunden, Berlin 1948, 269.

25 Interview Annette Ahme mit Joachim Lindgens im Oktober 1991.

26 Klaus Wittmann: Schwedens Wirtschaftsbeziehungen zum Dritten Reich 1933–1945, München/Wien 1978, 339–400.

27 Ebd., 248.

28 Interview von Annette Ahme mit Joachim Lindgens im Oktober 1991.

29 Ebd.

30 Ebd.

31 Protokoll der Sitzung vom 12.04.1945, 1, aus den Prozessunterlagen, zur Verfügung gestellt von RA Gary Osen, New Jersey.

32 Ebd., 3.

ELFTES KAPITEL

1 Interview von Annette Ahme mit Fräulein Kunze im Oktober 1991.

2 BA DN1 3130, DWK Ausschuss zum Schutze des Volkseigentums vom 10.12.1948.

3 Über diesen Vergleich ist nichts Näheres bekannt, außer dass die Angehörigen der Familie Tietz/Zwillenberg eine gewisse Entschädigung und die Rückübertragung einiger Warenhäuser erhalten haben sollen, die wiederum an Hertie verpachtet wurden, s. Hans Otto Eglau: Der Herr von Hertie. Die Karriere des schweigsamen Warenhauskönigs Georg Karg, in: «Die Zeit» Nr. 29, 27.11.1970.

4 Aktennotiz über eine Besprechung im Ausschuss zum Schutze des Volkseigentums vom 07.07.1948, aus den Prozessunterlagen, zur Verfügung gestellt von RA Gary Osen, New Jersey.

5 Aktennotiz vom 12.07.1948, aus den Prozessunterlagen, zur Verfügung gestellt von RA Gary Osen, New Jersey.

6 Interview von Erica Fischer mit RA Gary Osen am 03.10.2002 in Berlin.

7 Vertrag vom 12.08.1951, aus den Prozessunterlagen, zur Verfügung gestellt von RA Gary Osen, New Jersey.

8 Ebd.

9 Brief von Dr. Arthur Lindgens an RA Dr. Arthur Bloch vom 16.08.1951, aus den Prozessunterlagen, zur Verfügung gestellt von RA Gary Osen, New Jersey.

10 Interview von Erica Fischer mit RA Gary Osen am 03.10.2002 in Berlin.

11 Ebd.

12 Ebd.

EPILOG

1 Karstadt-Sprecher Elmar Kratz in: Aureliana Sorrento, Das Erbe der Wertheims, in: «Berliner Zeitung» Nr. 243, 18./19.10.2003.

2 Peter Gumbel: The Battle for Berlin, in: «Time», 04.08.2003.

VERWENDETE LITERATUR

Frank Bajohr: «Unser Hotel ist judenfrei», Bäderantisemitismus im 19. und 20. Jahrhundert, Frankfurt a. M. 2003

G. Becker: Einiges zum Schulwesen in Anklam, unveröffentlichtes Manuskript, Archiv Heimatmuseum Anklam

Walter Curt Behrendt: Alfred Messel, Berlin 1998

Walter Benjamin: Das Passagen-Werk, Band 1, Frankfurt a. M. 1982

Fritz Bernhard: Wertheim und die Untergrundbahn, Berlin 1903

Bruno Blau: Vierzehn Jahre Not und Schrecken, unveröffentlichte Memoiren, YIVO, New York

Walter Boehlich (Hg.): Der Berliner Antisemitismusstreit, Frankfurt a. M. 1965

Paul S. Boyer et al.: The Enduring Vision, A History of The American People, Lexington, Mass., 1990

Leo Colze: Berliner Warenhäuser, Nachdruck der Erstausgabe von 1908, Berlin 1989

Comités des Délégations Juives (Hg.): Das Schwarzbuch, Paris 1934

Irene Diekmann (Hg.): Wegweiser durch das jüdische Mecklenburg-Vorpommern, Potsdam 1998

Leopold Donath: Geschichte der Juden in Mecklenburg, Leipzig 1874

Simon Dubnow: Weltgeschichte des jüdischen Volkes, Jerusalem 1971

Hans Otto Eglau: Der Herr von Hertie, Die Karriere des schweigsamen Warenhauskönigs Georg Karg, in: «Die Zeit» Nr. 29, 27.11.1970

Thomas Friedrich: Berlin in Bildern 1918–1933, München 1991

Bella Fromm: Als Hitler mir die Hand küsste, Berlin 1994

Konrad Fuchs: Ein Konzern aus Sachsen, Das Kaufhaus Schocken als Spiegelbild deutscher Wirtschaft und Politik 1901 bis 1953, Stuttgart 1990

Hans Fürstenberg (Hg.): Carl Fürstenberg, Die Lebensgeschichte eines deutschen Bankiers, Wiesbaden 1961

Lothar Gall et al.: Die Deutsche Bank 1870–1995, München 1995

Peter Gay: Der berlinisch-jüdische Geist, Zweifel an einer Legende, in: Freud, Juden und andere Deutsche, München 1989

Gedenkbuch – Opfer der Verfolgung der Juden unter der nationalsozialistischen Gewaltherrschaft in Deutschland, 1933–1945, hg. vom Bundesarchiv Koblenz, Frankfurt a. M. 1986
Helmut Genschel: Die Verdrängung der Juden aus der Wirtschaft im Dritten Reich, Göttingen 1966
Nachum T. Gidal: Die Juden in Deutschland von der Römerzeit bis zur Weimarer Republik, Köln 1997
Ruth Glatzer: Berlin zur Weimarer Zeit, Panorama einer Metropole 1919–1933, Berlin 2000
Paul Göhre: Das Warenhaus, in: Die Gesellschaft, Frankfurt a. M. 1907
Walter Grab: Der deutsche Weg der Judenemanzipation 1789–1938, München 1991
Annette Grinôt: Zur Geschichte des Warenhauses, Leipzig 1992
Annette Grinôt: Geschichte und Entwicklungstendenzen des Warenhauses unter besonderer Berücksichtigung seiner Absatzstrategien, Göttingen 1997
Alfred Grunow: Der Kaiser und die Kaiserstadt, Berlin 1970
Peter Gumbel: The Battle for Berlin, in: «Time», 04.08.2003
Sebastian Haffner: Geschichte eines Deutschen, Stuttgart/München 2000
W. Hasselmann: Berlin – Marken und Zeichen, München 1987
Heiko Haumann: Geschichte der Ostjuden, München 1990
Margret Heitmann, Julius H. Schoeps (Hg.): «Halte fern dem ganzen Land jedes Verderben ...», Geschichte und Kultur der Juden in Pommern, Hildesheim/Zürich/New York 1995
Georg Hermann: Der Kleine Gast, Berlin/Leipzig 1925
Franz Herre: Jahrhundertwende 1900, Stuttgart 1998
Annelie Hillmer, Jeanpaul Georgen: «Die Warenhausverkäuferin, Chronik eines Berufs», Feature des Westdeutschen Rundfunks, 18.12.1981
Julius Hirsch: Das Warenhaus in Westdeutschland, Seine Organisation und Wirkungen, Leipzig 1910
Heinz Höwing: Ein Kaufmann, wie er im Buche steht, in «Norddeutsche Neueste Nachrichten», Stralsund, 03.06.1987
Alfred Kerr: Mein Berlin, Schauplätze einer Metropole, Berlin 2002
H. R. Knickerbocker: Deutschland so oder so?, Berlin 1932
Franz Kobler (Hg.): Juden und Judentum in deutschen Briefen aus drei Jahrhunderten, Königstein/Ts. 1984
Karl Kraus: Die Sprache, München 1962
Simone Ladwig-Winters: Wertheim – ein Warenhausunternehmen und seine Eigentümer, Münster 1997

Simone Ladwig-Winters: Wertheim, Geschichte eines Warenhauses, Berlin 1997
Simone Ladwig-Winters (Hg. Peter Galliner): Freiheit und Bindung, Zur Geschichte der jüdischen Reformgemeinde zu Berlin von ihren Anfängen bis zu ihrem Ende 1939, Berlin 2004
Jules Laforgue: Berlin, Der Hof und die Stadt, Frankfurt a. M. 1981
Salcia Landmann: Marienbad, Ein Roman in Briefen nach Scholem Aleichem, München/Berlin 1977
Artur Landsberger: Wie Hilde Simon mit Gott und dem Teufel kämpfte, Der Roman einer Berlinerin, Berlin 1910
Arthur Lindgens: Wild, Bild und Kugel, Berlin 1937
Arthur Lindgens: Sorglose Stunden, Berlin 1948
Margaret F. Mac Donald et al.: Whistler, Women and Fashion, New York 2003
Rudolf Martin: Jahrbuch des Vermögens und Einkommens der Millionäre in der Provinz Brandenburg einschließlich Charlottenburg, Wilmersdorf und alle anderen Vororte Berlins, Berlin 1913
Paul W. Massing: Vorgeschichte des politischen Antisemitismus, Frankfurt a. M. 1959
Olaf Matthes: James Simon, Mäzen im Wilhelminischen Zeitalter, Berlin 2000
Antonia Meiners: Berlin, Photographien 1880–1930, Berlin 2002
Mode-Katalog Warenhaus A. Wertheim, 1903/1904, Hildesheim/Zürich/New York 1988
Wolfgang Mönninghoff: Enteignung der Juden, Wunder der Wirtschaft, Erbe der Deutschen, Hamburg/Wien 2001
Erich Mühsam: Tagebücher 1910–1925, München 1994
Andreas Nachama, Julius H. Schoeps, Hermann Simon (Hg.): Juden in Berlin, Berlin 2001
Sten Nadolny: Ullsteinroman, Frankfurt a. M. 2003
OMGUS: Ermittlungen gegen die Deutsche Bank, Nördlingen 1985
Jeanne E. Rehnig: Das «Photographische Atelier» im Warenhaus, Würzburg 1999
Ralf Georg Reuth (Hg.): Goebbels' Tagebücher, Bd. 2, 1930–1934, München 1992
Monika Richarz (Hg): Bürger auf Widerruf, Lebenszeugnisse deutscher Juden 1780–1945, München 1989
John Röhl im Spiegel-Gespräch («Seine Schuld ist sehr groß»), «Der Spiegel» Nr. 8, 16.02.2004
Reinhard Rürup (Hg.): Jüdische Geschichte in Berlin, Berlin 1995

Pier Maria Rosso di San Secondo: Wedekind in der Klosterstraße, Berlin 1997

Ute Scheub: Verrückt nach Leben, Reinbek 2000

Michael Schmidt-Klingenberg: Der Kampf in den Küchen, in: «Der Spiegel» Nr. 13/2004

Aureliana Sorrento: Das Erbe der Wertheims, in: «Berliner Zeitung» Nr. 243, 18./19.10.2003

Frank Stern: Dann bin ich um den Schlaf gebracht, Ein Jahrtausend jüdisch-deutsche Kulturgeschichte, Berlin 2002

Fritz Stern: Gold und Eisen, Bismarck und sein Bankier Bleichröder, Frankfurt a. M./Berlin 1978

Wilhelm von Sternburg: Um Deutschland geht es uns, Arnold Zweig, Die Biographie, Berlin 1998

Eberhard Straub: Albert Ballin, Der Reeder des Kaisers, Berlin 2001

Gustav Stresemann: Die Warenhäuser, Ihre Entstehung, Entwicklung und volkswirtschaftliche Bedeutung, in: «Zeitschrift für die gesamte Staatswissenschaft», Berlin 1900

Klaus Strohmeyer: Warenhäuser, Geschichte, Blüte und Untergang im Warenmeer, Berlin 1980

Peter Stürzebecher: Das Berliner Warenhaus, Berlin 1979

Gabriele Tergit: Effingers, Frankfurt a. M. 1982

Georg Tietz: Hermann Tietz, Geschichte einer Familie und ihre Warenhäuser, Stuttgart 1966

Erika Thiel: Künstler und Mode, Berlin 1979

Ernst Toller: Eine Jugend in Deutschland, Reinbek 1963

Jacob Toury: Soziale und politische Geschichte der Juden in Deutschland 1847–1871, Düsseldorf 1977

Helmut Trotnow: Karl Liebknecht, Eine politische Biographie, Köln 1980

Heinrich Uhlig: Die Warenhäuser im Dritten Reich, Köln/Opladen 1956

Pier Maria Rosso di San Secondo: Wedekind in der Klosterstraße, Berlin 1977

Johannes Wernicke: Warenhaus, Industrie und Mittelstand, Berlin 1911

Claus Albert Wertheim: unveröffentlichte Memoiren

Gertrud Wertheim (Truth): Meine Glaubwürdigkeit im Metternich-Proceß, Das kleine Journal Nr. 43–46, 1911

Wolf Wertheim: Dragonade in Berlin W., London 1915

Paul Westheim (Hg.): «Das Kunstblatt», Band 13, Berlin 1929

Paul Wittig: Vortrag über die Untergrundbahn am 12.5.1908, Berlin 1908

Klaus Wittmann: Schwedens Wirtschaftsbeziehungen zum Dritten Reich 1933–1945, München/Wien 1978
Arnold Zweig: Mal herhören, alle! Prosa – Essays – Briefe (Hg. Wilhelm von Sternburg), Berlin 1995

Desweiteren wurden die Bestände folgender Archive genutzt:
Bundesarchiv, Abt. Lichterfelde (BA)
Brandenburgisches Landeshauptarchiv Potsdam (BrLHA)

PERSONENREGISTER

BILDNACHWEIS

Archiv der BVG 64
BPK 81
Bundesarchiv Lichterfelde 305, 317
Harrods 77
Jüdisches Museum Berlin 240
Landesarchiv Berlin 6, 83, 101, 184, 213, 247, 266, 271, 334
Museum im Steintor, Anklam 24
Privatbesitz 17, 103, 104, 110, 121, 134, 138, 141, 144, 145, 165, 189, 190, 191, 194, 195, 197, 222, 223, 229, 230, 233, 234, 242, 243, 282, 294, 325, 327, 355, 356
Rowohlt · Berlin 217, 322
Archiv der Hansestadt Rostock 59, 111
Stadtarchiv Stralsund 34, 56, 225
Stadtmuseum Berlin 245
ullstein bild 265
Wertheim-Firmenbroschüre 91, 95, 113, 117, 118, 124, 166, 173, 187, 227, 254

Lewin
um 1700 Danzig–1752

Lewin Cohn
1746–1851
⚭ **Chanette (Chaune)**

8 Kinder

- 1 **Joel Cohn** (später Joel Lewin Wertheim) *1791–1866*
  ⚭ **Nache Arnheim** *gest. 1873*
  12 Kinder
  - 12 **Robert Wertheim** *5.3.1832–1918*
- 2 **Joseph Cohn** (später Joseph Lewin Wertheim) *1784 Salzwedel–1863 Anklam*
  ⚭ ① **Frida (Freide) Brahm** *gest. 1846*
  ⚭ ② **geb. Gottschalk verw. Arnheim**
  ⚭ ③ **unbekannt**
  10 Kinder
  - 6 **Laura** *17.2.1824–k.A.*
    ⚭ **Bär Teppich**
  - 7 **Theodor**
  - 4 **Abraham Werthei[m]** *18.11.1819 Anklam–3.7.1891 Seelisberg*
    - 1 **Hugo Wertheim** *9.2.1856–23.1.1883*
    - 2 **Georg Wertheim** *11.2.1857 Stralsund–31.12.1939 Berlin*
      ⚭ ① **Ursula Gilka** *12.1.1885–24.1.1975*
      ⚭ ② *Arthur Lindgens* *4.8.1899–17.3.1976*
      - 1 **Ursula Irene Eva W.** *30.3.1907–30.10.1989*
        ⚭ [2.11.1938] **Douglas Froeb** *geb. 26.9.1909–k.A.*
        - *1 Kind*
      - 2 **Albrecht Joachim W.** *5.9.1910–2.8.1998*
        ⚭ [1.6.1945] **Brigitte Broese** *geb. 20.7.1908*
        - 1 **Ursula Wertheim** *9.10.1947–19.4.1980*
    - 3 **Louise Wertheim** *7.6.1858–3.11.1861*
    - 4 **Wilhelm Wertheim** *2.7.1858–4.5.1934*
      ⚭ **Martha Meschelsohn** *10.3.1870–2.1.1953*
      - 1 **Hilda**
      - 2 **Elsa Harmening** *23.3.1911–15.10.1993*
        ⚭ **Hans-Jürgen Ziehm**
        - 1 **Inga**
        - 2 **Irmela**
        - 3 **Jürn**
    - 5 **Hedw[ig]** *28.7.1[…]*
      ⚭ **Alber[t]** *28.11.[…]*
      4 Kind[er]
      - 1 **Fritz St.** *8.7.1886–Dez. 1959 USA*
        ⚭ **Marianne**
      - 3 **Alfred St.**
        ⚭ [26.6.1924…] **Eva Gustaf[…]** *gest. 6.2.1994*
        - 1 **Albert**
        - 2 **Björn**
- 3 **Mich[…]**